Dirk WALLER

Sabine Dittrich

Kundenbindung als Kernaufgabe im Marketing

Kundenpotentiale langfristig ausschöpfen

Verlag Thexis ♦ St.Gallen

Die Deutsche Bibliothek – CIP-Einheitsaufnahme

Dittrich, Sabine

Kundenbindung als Kernaufgabe im Marketing –
Kundenpotentiale langfristig ausschöpfen /
Sabine Dittrich - St. Gallen: Verlag THEXIS, 2000
    ISBN 3-908545-55-2

Alle Rechte vorbehalten © Copyright bei der Verfasserin, CH-9000 St. Gallen, 2000

Dieses Buch erscheint zugleich unter dem Titel: Kundenbindung als Kernaufgabe im Marketing, als Dissertation Nr. 2345 der Universität St. Gallen, Hochschule für Wirtschafts-, Rechts- und Sozialwissenschaften (HSG).

Verlag THEXIS, Forschungsinstitut für Absatz und Handel
an der Universität St. Gallen, Bodanstr. 8, CH-9000 St. Gallen,
Tel.: ++41 71 224 28 20, Fax: ++41 71 224 28 57

ISBN 3-908545-55-2

Druck: Rosch Buch Druckerei GmbH, D-96110 Scheßlitz

- Für Sven -

Inhaltsverzeichnis

Abbildungsverzeichnis VI

Abkürzungsverzeichnis IX

Teil A   Einleitung 1

    1   Problemrelevanz der Kundenbindung 1

        1.1   Kundenbindung aus Sicht der Praxis und der Wissenschaft 2

        1.2   Kundenbindung als Kernaufgabe im Marketing 4

    2   Ziel der Arbeit 4

    3   Vorgehen 5

        3.1   Wissenschaftstheoretischer Bezug und Konsequenzen für den Forschungsprozess 5

        3.2   Aufbau der Arbeit 9

Teil B   Kundenbindung als Erfolgsfaktor im Wettbewerb 11

    1   Veränderungen im Marktumfeld und Herausforderungen für Unternehmen 11

        1.1   Umfeldentwicklungen: Kunden und Wettbewerb 11

        1.2   Herausforderungen für Unternehmen 14

            1.2.1   Chancen der Kundenbindung 15

            1.2.2   Gefahren der Kundenbindung 17

    2   Theoretische Erklärungsansätze zum Wiederkaufverhalten 19

        2.1   Verhaltenswissenschaftliche Ansätze 20

            2.1.1   Psychologische Ansätze 21

                2.1.1.1   Theorie des wahrgenommenen Risikos 21

                2.1.1.2   Theorien der kognitiven Dissonanz 24

                2.1.1.3 Lerntheorien 25

            2.1.2 Sozialpsychologische Ansätze 26

        2.2 Ökonomische Ansätze 27

            2.2.1 Mikroökonomische Analyse von Hirschmann:
                  Abwanderung und Widerspruch 28

            2.2.2 Transaktionskostentheorie 30

            2.2.3 Geschäftstypenansatz 33

        2.3 Würdigung der Konzepte im Hinblick auf ihren
            Erklärungsgehalt von Wiederkaufverhalten 35

3   **Konzeptionelle Grundlagen** **36**

        3.1 Einordnung der Kundenbindung in die Marketingdiskussion ... 36

        3.2 Facetten des Begriffs Kundenbindung 40

            3.2.1 Nachfragerorientierte Sichtweise 41

            3.2.2 Anbieterorientierte Sichtweise: Kundenbindung als
                  Kernaufgabe 47

Teil C   Wirkungsweise der Kundenbindung **52**

    1   **Modell der Kundenbindung** **52**

        1.1 Determinanten aufgrund bisheriger Forschungsergebnisse ... 52

        1.2 Eigener Modellentwurf 56

    2   **Enger Wirkungsrahmen** **58**

        2.1 Bindungsarten, -potentiale und -ebenen 59

            2.1.1 Bindungsarten 59

            2.1.2 Bindungspotentiale 67

            2.1.3 Bindungsebenen 70

2.2 Kundenzufriedenheit, Vertrauen und Commitment 74
    2.2.1 Kundenzufriedenheit 75
    2.2.2 Zukunftsgerichtete Faktoren: Vertrauen und Commitment ... 83
        2.2.2.1 Vertrauen 84
        2.2.2.2 Commitment 86

2.3 Zusammenwirken von Attraktivität und Abhängigkeit 88

3 Erweiterter Wirkungsrahmen 92

3.1 Umwelteinflüsse auf die Geschäftsbeziehung 92

3.2 Einflussfaktoren innerhalb der Geschäftsbeziehung 95
    3.2.1 Anbieterbezogene Faktoren 96
    3.2.2 Austauschbezogene Faktoren 98
    3.2.3 Kundenbezogene Faktoren 99

3.3 Störfaktoren 102

4 „Optimaler" Kundenbindungs-Mix 108

4.1 Stärke der Kundenbindung 109

4.2 Struktur der Kundenbindung 110

4.3 Stabilität der Kundenbindung 113

Teil D Kundenbindungsmanagement 115

1 Einbettung in die strategische Marketingplanung 115

2 Kundensegmentierung 117

2.1 Ökonomische und vorökonomische Bewertungskriterien 118
    2.1.1 Ökonomische Bewertungskriterien 118
    2.1.2 Vorökonomische Bewertungskriterien 121

2.2 Kombinierter Einsatz von Bewertungskriterien 124
    2.2.1 Scoringmodelle 124

	2.2.2	Portfoliomodelle	126
	2.2.3	Beziehungsphasenmodelle	129
2.3		Kritische Würdigung aus Sicht der Praktikabilität	134

3 Hauptaufgaben der Kundenbindung 137

    3.1 Kundenpotentiale erhalten 139

    3.2 Kundenpotentiale ausbauen 140

4 Kundenbindungsmassnahmen 144

    4.1 Massnahmen zur Intensivierung der Kundenbindung 144

        4.1.1 Isolierte Kundenbindungsmassnahmen 144

            4.1.1.1 Leistungsebene 148

            4.1.1.2 Entgeltebene 155

            4.1.1.3 Informationsebene 157

        4.1.2 Integrierte Massnahmen am Beispiel von Kundenbindungsprogrammen 161

            4.1.2.1 Arten und Ziele 162

            4.1.2.2 Erfolgsfaktoren 166

        4.1.3 Bewertung der Massnahmen aus Kundensicht 172

            4.1.3.1 Zeitpunktorientierte Massnahmen 173

            4.1.3.2 Zeitraumorientierte Massnahmen 175

    4.2 Massnahmen zur Absicherung der Kundenbindung 177

        4.2.1 Abhängigkeitsmanagement 179

        4.2.2 Migrationsmanagement 186

            4.2.2.1 Beschwerdemanagement 186

            4.2.2.2 Kundenrückgewinnung 190

5 Kennzahlengestütztes Controlling der Kundenbindung 195

    5.1 Grenzen des Marketingcontrolling 196

5.2 Cockpit zum Controlling der Kundenbindung 197

    5.2.1 Aufbau des Cockpits 198

    5.2.2 Kundenbezogene Kenngrössen 201

6 Anforderungen an die Organisation 205

    6.1 Mitarbeiterverhalten 206

    6.2 Organisationskultur 209

    6.3 Organisationsstruktur 211

    6.4 Managementsysteme 214

7 Kundenbindung und ihre Beziehung zu den anderen Kernaufgaben 219

    7.1 Kundenbindung und Kundenakquisition 219

    7.2 Kundenbindung sowie Leistungsinnovation und -pflege 223

Teil E   Fazit und weiterer Forschungsbedarf 225

Literaturverzeichnis 230

Anhang: Verzeichnis der Expertengespräche und Workshops 262

Abbildungsverzeichnis

Abb. 1:	Aufbau der Arbeit	10
Abb. 2:	Kunden und Wettbewerb mit neuen Herausforderungen für Unternehmen	12
Abb. 3:	Chancen und Gefahren der Kundenbindung	15
Abb. 4:	Attraktivität und Abhängigkeit in Beziehungen	26
Abb. 5:	Loyales Verhalten bei wachsender Diskrepanz zu einer Organisation bzw. deren Leistungen	29
Abb. 6:	Geschäftstypenansatz	33
Abb. 7:	Wichtige Bestimmungsfaktoren des Wiederkaufverhaltens in den dargestellten theoretischen Ansätzen	35
Abb. 8:	Formen intraindividuell verbundener Kaufprozesse bei einem Anbieter	46
Abb. 9:	Kunden und Leistungen als Wertgeneratoren	48
Abb. 10:	Die vier Kernaufgaben im Marketing	48
Abb. 11:	Basisorientierungen der Geschäftsbereichsleitung	50
Abb. 12:	Wirkungsrahmen der Kundenbindung	57
Abb. 13:	Bindungsarten Attraktivität und Abhängigkeit sowie deren Determinanten	59
Abb. 14:	Abhängigkeit aufgrund einer als schlechter beurteilten Alternative	61
Abb. 15:	Die Positionen des Kunden (Attraktivität und Abhängigkeit)	62
Abb. 16:	Bindungspotentiale und Bindungsebenen	66
Abb. 17:	Erhöhung des Nettonutzens und/oder der direkten Wechselkosten	68
Abb. 18:	Beispiele technisch-funktionaler und vertraglicher Bindungen	69
Abb. 19:	Beziehungen zwischen Bindungsebenen und Bindungspotentialen	70
Abb. 20:	Kundenzufriedenheit, Vertrauen und Commitment als bewertetes Ergebnis der wahrgenommenen Bindungen	75
Abb. 21:	Einflussfaktoren der Kundenzufriedenheit	75
Abb. 22:	Empirische Beispiele funktionaler Zusammenhänge zwischen Kundenzufriedenheit und Kundenbindung	79

Abbildungsverzeichnis _____ *VII*

Abb. 23: Kunden(-un-)zufriedenheitstypen und deren Auswirkung auf die Höhe der subjektiv empfundenen Wechselbarrieren 81

Abb. 24: Muss-Bindungen (Abhängigkeit) im Zeitablauf 89

Abb. 25: Einfluss der Abhängigkeit auf die Attraktivität 91

Abb. 26: Umwelteinflüsse auf die Geschäftsbeziehung 93

Abb. 27: Einflussfaktoren innerhalb der Geschäftsbeziehung 96

Abb. 28: Personenmerkmale als Einflussfaktoren des Variety-seeker-Status 101

Abb. 29: Kriterien zur Beschreibung von Wechselgründen 103

Abb. 30: Ansatzstellen für Störfaktoren 107

Abb. 31: Die drei Kriterien für eine „optimale" Kundenbindung 108

Abb. 32: Die „Soll-Position" des Kunden aus langfristiger Sicht 111

Abb. 33: Kundenbindungskonzept 116

Abb. 34: Vereinfachtes Kundenloyalitätsmodell für eine Zeitschrift 120

Abb. 35: Beispiel eines Berechnungsschemas der RFM-Methode 125

Abb. 36: Kundenportfolio nach Umsatz (oder Deckungsbeitrag) und Umsatz- (oder Deckungsbeitrags)potential 127

Abb. 37: Portfolio nach Kundenattraktivität und eigener Position beim Kunden ... 128

Abb. 38: Beispiele für Phasen eines Buying Cycle 130

Abb. 39: Modell des Beziehungslebenszyklus 131

Abb. 40: Familienlebenszyklus und Kaufverhalten – eine Übersicht 133

Abb. 41: Spielinteresse in Abhängigkeit vom Alter sowie von den Fähig- und Fertigkeiten der Kinder 134

Abb. 42: Die Hauptaufgaben der Kundenbindung 138

Abb. 43: Isoliert dargestellte Kundenbindungsmassnahmen 147

Abb. 44: Formen der Kundenintegration 154

Abb. 45: Kundenkontaktprogramm bei einem Automobilkunden 159

Abb. 46: Emotionale und rationale Vorteile von Kundenbindungsprogrammen 164

Abb. 47: Zielgruppen und Ziele unterschiedlicher Kundenbindungsprogramme ... 167

Abb. 48: Zeitpunkt- und zeitraumorientierte Massnahmen 173

Abb. 49:	Kundenbindungsmassnahmen im Zeitverlauf bzw. in Abhängigkeit von der Zufriedenheit	176
Abb. 50:	Stossrichtungen für zeitraumorientierte Massnahmen	177
Abb. 51:	Massnahmen zur Absicherung der Kundenbindung	180
Abb. 52:	Ähnlichkeitsmerkmale auf individueller und organisatorischer Ebene	185
Abb. 53:	Der Beschwerdemanagementprozess im Überblick	187
Abb. 54:	Prozess der Kundenrückgewinnung	192
Abb. 55:	Controllingebenen der Kundenbindung als Gerüst eines Cockpits	198
Abb. 56:	Verhaltensgrössen der Kundenbindung	204
Abb. 57:	Ansatzpunkte zur Steuerung des Mitarbeiterverhaltens	207
Abb. 58:	Informationsspektrum einer Kundendatenbank	216
Abb. 59:	Informationsgehalt und Informationsverarbeitung von Datenbanken	217

Abkürzungsverzeichnis

Abb.	Abbildung
AG	Aktiengesellschaft
Anz.	Anzahl
Aufl.	Auflage
bzw.	beziehungsweise
ca.	circa
CAD	Computer Aided Design
CAE	Computer Aided Engineering
CH	Schweiz
CHF	Schweizer Franken
CM	Category Management
D	Deutschland
Diss.	Dissertation
DM	Deutsche Mark
ECR	Efficient Consumer Response
Ed.	Editor
EDI	Eletronic Data Interchange
EDV	Elektronische Datenverarbeitung
et al.	et alii
evtl.	eventuell
F&E	Forschung und Entwicklung
FAH	Forschungsinstitut für Absatz und Handel
f.	folgende
ff.	fortfolgende
FL	Fürstentum Liechtenstein
GmbH	Gesellschaft mit beschränkter Haftung
H.	Heft
Hrsg.	Herausgeber
i.e.S.	im engeren Sinne
i.S.v.	im Sinne von
IuK	Informations- und Kommunikationstechnik
Jg.	Jahrgang

Kap.	Kapitel
KDB	Kundendeckungsbeitrag
KDR	Kundendurchdringungsrate
KW	Kundenwert
m.w.N.	mit weiteren Nachweisen
MbO	Management by Objectives
Mio.	Millionen
Mon.	Monate
MW	Mega Watt
No.	number
Nr.	Nummer
o.J.	ohne Jahresangabe
o.O.	ohne Ortsangabe
o.V.	ohne Verfasserangabe
OEM	Original Equipment Manufacturer
Pkt.	Punkt(e)
pp.	pages
S.	Seite(n)
s.o.	siehe oben
Sp.	Spalte
u.ä.	und ähnliches
u.a.	unter anderem
u.a.m.	und andere(s) mehr
u.U.	unter Umständen
Untern.	Unternehmen
USP	Unique Selling Proposition
usw.	und so weiter
v.a.	vor allem
vgl.	vergleiche
vs.	versus
z.B.	zum Beispiel
z.T.	zum Teil
(-/+)	neutrale Ausprägung eines Kriteriums (weder positiv, noch negativ)

Teil A Einleitung

Kundenbindung zählt vermutlich zu den am meisten diskutierten Themen der heutigen Marketingwelt. Unternehmen erwähnen sie in ihren Geschäftsberichten, wie beispielsweise die COMMERZBANK (1996): Wir werden „unserem bestehenden Kundenstamm mit einem massgeschneiderten Angebot zur Verfügung stehen, um ein grösseres Geschäftsvolumen an uns zu binden." Andere Firmen suchen in Stellenanzeigen „den/die Marketingreferent/in Kundenbindung/Dialog".[1] Seminaranbieter übertrumpfen sich mit Veranstaltungsangeboten zu Themen wie „Kundenbindung durch Beschwerdemanagement", „Kennzahlen zur Kundenbindung" oder „Wie Sie mit Kundenkarten und -clubs Kunden binden". Recherchen in betriebswirtschaftlichen Datenbanken zum Stichwort Kundenbindung ergeben für die letzten fünf Jahre über 300 publizierte Artikel einschlägiger Zeitungen und Zeitschriften.[2]

Doch auch kritische Stimmen kommen zu Wort, wie etwa die Frage, ob der Begriff Kundenbindung überhaupt an Kunden kommuniziert werden soll: „Muss man das so deutlich zum Ausdruck bringen? Wie kommt eine solch' unverblümte Botschaft denn beim Kunden an?"[3] Und in Seminaren und Workshops mit Führungskräften wird sogar die Frage gestellt: „Kunden *binden* – geht das überhaupt?"

Trotz unterschiedlicher Ansichten zum Verständnis des Begriffs Kundenbindung, wird in vielen Unternehmen seit einigen Jahren die Stammkundenpflege gegenüber der Kundenakquisition zunehmend höher gewichtet.[4] Wettbewerbsvorteile sollen verstärkt auf der Beziehungsebene zum Kunden geschaffen werden.

Die im folgenden Abschnitt 1 dargestellten Praxisprobleme und der Stand der bisherigen Forschungsergebnisse zur Kundenbindung definieren die Ziele der Arbeit (Abschnitt 2) und damit das weitere methodische und inhaltliche Vorgehen (Abschnitt 3).

1 Problemrelevanz der Kundenbindung

„Ausgangspunkt einer jeden Wissenschaft sind Probleme, und jede Problemlösung besteht im Erwerb oder in der Modifikation von Wissen."[5] Deshalb wird das Untersuchungsobjekt „Kundenbindung" zunächst aus der Sicht der Praxis und der Wissenschaft betrachtet, um daraus Forschungsbedarf ableiten zu können (Abschnitt 1.1). Eine weitere Betrachtungsperspektive ergibt sich, wenn Kundenbindung als eine der vier Kernaufgaben innerhalb des aufgabenorientierten Ansatzes beschrieben wird (Abschnitt 1.2).

---

1 Allstate Werbung & Marketing GmbH, in FAZ, Stellenmarkt vom 13. 11.99.
2 CD-ROM Datenbanken, Betriebswirtschaftliche Literatur und Wirtschaftspresse (WISO I)
3 Disch 1995, S. 75.
4 Vgl. Umfrage in asw, Stippel 1998, S. 118, Rücklaufquote 16 %; Tomczak et al. 1998.
5 Ulrich/Krieg/Malik 1976, S. 140.

1.1 Kundenbindung aus Sicht der Praxis und der Wissenschaft

1. Begriffliche Vielfalt

Wie bereits oben beschrieben, erschwert ein uneinheitliches Begriffsverständnis den Erkenntnisaustausch zwischen Praxis und Wissenschaft sowie der Praktiker untereinander. Während einige das Wort vorrangig mit (negativer oder neutraler) *Abhängigkeit* verbinden, setzen andere wiederum insbesondere auf die gedankliche Nähe zur Kunden*zufriedenheit*.[1]

Je nach Begriffsverständnis ist man sich deshalb auch nicht einig, ob Kundenbindung sich überhaupt in anonymen Massenmärkten umsetzen lässt oder ob sie gar nur bei persönlichen bzw. geplanten Geschäftsbeziehungen möglich ist.

Zudem erfolgt eine unterschiedliche Betrachtung aus Kunden- oder Anbietersicht sowie der darin eingebundenen Aspekte (Gefühl, Einstellung, Verhalten vs. Mittel/ Massnahmen, Marketingziel).[2] Die inhaltlichen Diskussionen erhalten oft einen „emotionalen Beigeschmack" aufgrund des Bindungsbegriffs i.S.v. Bindung als negativer Fesselung.

2. Situationsgerechte Kundenbindungskonzepte

Viele Anbieter beachten bei der Planung zu wenig ihre *eigene unternehmerische Situation* und übernehmen teilweise Konzepte der Konkurrenz, um zumindest deren Erfolg im Markt zu neutralisieren. Zudem werden *Veränderungen* im Umfeld sowie in der Anbieter-Kundenbeziehung nicht oder zu spät erkannt.

Massnahmen zur Kundenbindung sollten die situative Umwelt- und Unternehmenssituation berücksichtigen, worauf Kapitel C 3 noch stärker eingehen wird. Es mangelt daher nicht an wissenschaftlichen Beiträgen zur Kundenbindung in verschiedenen Branchen bzw. Sektoren, wie beispielsweise im Kreditgewerbe[3] oder bei Beratungen[4], Investitionsgütern[5], Konsumgütern[6], Buchclubs[7], Versicherungen[8]. Ein Vorteil dieser Ansätze ist, dass die jeweiligen Determinanten der Kundenbindung näher präzisiert werden können. Allerdings sind die branchenübergreifenden Erkenntnisse und damit

---

1 Vgl. z.B. Plinke/Söllner 1999; Backhaus 1999, S. 298 ff. *vs.* Reichheld 1996a,b sowie eine vorherrschende Meinung unter Führungskräften aus der Praxis.
2 Vgl. Diller 1995b sowie Kapitel B 3.
3 Vgl. Süchting 1972; Bernet/Held 1998; Oevermann 1996; Polan 1995.
4 Vgl. Kaas/Schade 1993.
5 Vgl. z.B. Wind 1970; Bubb/van Rest 1973; Cunningham/Kettlewood 1976; Wiechmann 1995; Blois 1996; Jackson 1985; Morris/Holman 1988.
6 Vgl. Christy/Oliver/Penn 1996; Sheth/Parvatiyar 1995 sowie die Untersuchungen zur Marken- und Händlerloyalität, siehe Abschnitt C 2.1.3.
7 Vgl. Eckert 1994.
8 Vgl. z.B. Reichheld 1996a; Joho 1996.

auch neuartige Impulse geringer. Eine Ausnahme bildet das allgemeinere Kundenbindungsmodell von PETER.[1] Dessen Stärke liegt jedoch insbesondere im Begründungszusammenhang, also in der Methodik der empirischen Überprüfung des gedanklichen Bezugsrahmens.

Die meisten Modelle konzentrieren sich zum einen vornehmlich auf eine oder wenige Determinanten der Kundenbindung (z.B. Kundenzufriedenheit, Vertrauen), zum anderen fehlen in der Regel die daraus zu ziehenden Schlussfolgerungen und die konkreten Massnahmen für eine praktische Umsetzung.

3. Kundenbindungskonzept

Hinzu kommt, dass es oft an einem in die bestehende strategische Marketingplanung integrierten und in sich schlüssigen Kundenbindungskonzept mangelt, das hilft, folgende Schwachstellen zu beheben.

3a. Analyse und Kundensegmentierung

Unternehmen bereitet es Schwierigkeiten, die Kunden zu definieren, auf die sich ihre Massnahmen konzentrieren sollen. Ungewissheit besteht auch darüber, welche Kriterien notwendig und geeignet sind, um diese Kunden(gruppen) zu bestimmen. Der Transfer wissenschaftlicher Erkenntnisse in die Praxis gestaltet sich insbesondere auch aufgrund fehlender Daten oder Datenbanken noch als schwierig.

3b. Massnahmen zur Kundenbindung

Die Massnahmen werden isoliert durchgeführt; ihre Effektivität – i.S.v. binden sie den Kunden tatsächlich? – ist oft fraglich. Sie erzeugen keine relevante Bindungsstärke. Umsatzpotentiale bleiben ungenutzt. Die Bindungen sind einseitig und erzeugen keine angestrebte Win-Win-Situation. Aus Anbietersicht sind entweder die Effizienz oder die Effektivität mangelhaft (z.B. zu kostenintensive Konzepte mit geringer Wirkung auf die bestehende Wechselbereitschaft). Aufgrund der isolierten und kurzfristigen Sichtweise kann es an Stabilität der Bindungen mangeln. Die Massnahmen wirken dann nur für kurze Dauer und werden von der Konkurrenz schnell imitiert.

Wissenschaftliche Beiträge befassen sich mit einzelnen Instrumenten der Kundenbindung (z.B. Kundenclub, Kundenintegration, Leistungssysteme, Beschwerdemanagement). Entscheidend ist jedoch letztlich, welche Wirkung der Kundenbindungs-Mix – die Gesamtheit aller Massnahmen – erzeugt.

---

1 Vgl. Peter 1997.

3c. Kontrolle der Kundenbindung

Die Erfolgskontrolle bezieht sich oft nicht auf den Kunden, das Kundensegment bzw. die Geschäftsbeziehung, sondern auf Produkte. Ebenso wie bei der Kundensegmentierung besteht Ungewissheit, welche Messkriterien geeignet sind bzw. erhoben und ausgewertet werden können.

3d. Organisation

Im Hinblick auf die Organisation ist grösstenteils noch offen, welche Anforderungen sich daraus an die Mitarbeiter, Feedback-, Anreiz- und Kontrollsysteme sowie Unternehmensstruktur und -kultur ableiten lassen.

1.2 Kundenbindung als Kernaufgabe im Marketing

Der *aufgabenorientierte Ansatz*[1] rückt die zentralen Wachstums- und Erfolgsgeneratoren eines Unternehmens bzw. Geschäftsbereichs in den Mittelpunkt: Wachstums- und Gewinnziele lassen sich mit zukünftigen und/oder aktuellen Kunden sowie neuen und/oder bestehenden Leistungen realisieren.

Die daraus abgeleiteten Kernaufgaben Kundenakquisition und -bindung, Leistungsinnovation und -pflege dienen u.a. dazu, die Marketinginstrumente besser mit der übergeordneten Geschäftsbereichsstrategie abzustimmen.

Dieser Ansatz ist vom Grundgedanken nicht neu. Seine Anwendung in der Praxis hängt allerdings davon ab, inwieweit es gelingt, für ein Unternehmen das geeignete Kernaufgabenprofil zu definieren sowie die einzelnen Kernaufgaben und ihr Zusammenwirken effektiv zu gestalten und zu kontrollieren.

Das bedingt zunächst eine gesamthafte Übersicht, was jeweils unter den einzelnen Kernaufgaben zu verstehen ist. Der Fokus liegt hier auf der Kernaufgabe „Kundenbindung". Zudem sind die Schnittstellen zur klassischen, strategischen Marketingplanung sowie zu den anderen Kernaufgaben noch ungenügend definiert.

2 Ziel der Arbeit

Ziel der Arbeit ist es, auf der Basis eines detaillierten Wirkungsmodells aus Kundensicht, Rahmenbedingungen sowie Analyse- und Gestaltungsansätze für das Management der Kernaufgabe Kundenbindung herauszuarbeiten.

Eine besondere Herausforderung besteht darin, den Aussagegehalt der bestehenden vielfältigen Erkenntnisse zum Thema Kundenbindung und benachbarter Themenge-

---

1   Vgl. Tomczak/Reinecke 1996.

Teil A: Einleitung _____ 5

biete zu bewerten und so weiterzuentwickeln und zu strukturieren, dass Unternehmen aus *unterschiedlichen* Branchen eine konzeptionelle Grundlage für ihre Entscheidungen erhalten. Der Neuheitsgrad liegt insbesondere im systematischen Verknüpfen isolierter Erkenntnisse zur Kundenbindung und deren praxisnaher Aufbereitung.

Dieses Vorgehen ermöglicht es zusätzlich, dem Forschungsprogramm des aufgabenorientierten Ansatzes eine fundierte inhaltliche und methodische Basis zu bieten. Im Sinne des Projektfortschritts dienen die Ausführungen als kritische Anregung, um die anderen Kernaufgaben einzeln und integriert weiterzuentwickeln.

3 Vorgehen

Der folgende Abschnitt bezieht sich auf die methodische Vorgehensweise (3.1). Im Anschluss daran wird das inhaltliche Vorgehen veranschaulicht (Abschnitt 3.2).

3.1 Wissenschaftstheoretischer Bezug und Konsequenzen für den Forschungsprozess

Wissenschaften haben das Ziel, *begründete Aussagen* über ihren Objektbereich zu formulieren. Begründet kann im Falle von wissenschaftlichen Aussagen jedoch nicht heissen, dass jede Form und jeder Inhalt von Aussagen als wissenschaftlich akzeptiert werden müssen, soweit sie irgendwie begründbar erscheinen. Es ist daher zu überlegen, welche Beurteilungskriterien für „Wissenschaftlichkeit" heranzuziehen sind.[1]

Die *Wissenschaftstheorie* bestimmt, wie wissenschaftliche Erkenntnisse zu gewinnen sind und prüft nicht die Ergebnisse der Wissenschaften auf ihre Gültigkeit. Sie muss so konkret sein, dass sich aus ihr klare Handlungsanweisungen für den wissenschaftlichen Forschungsprozess ableiten lassen, das heisst, welche Methoden man akzeptiert, um zu wissenschaftlich anerkannter Erkenntnis zu gelangen.[2]

Wissenschaftliche Methoden erfordern ein systematisches Vorgehen. Die Verfahrensschritte müssen intersubjektiv nachvollziehbar und die Methodenanwendung sowie die mit Hilfe der Methode erzielten Ergebnisse intersubjektiv prüfbar (das heisst wahr und objektiv) sein.[3]

Das methodische Vorgehen wird insbesondere dadurch bestimmt, welche *Ziele und Aufgaben der Betriebswirtschaftslehre als Wissenschaft* zugeteilt werden. Wissenschaftstheoretische Grundlage dieses Dissertationsprojekts ist das *sozialwissenschaftliche Basiskonzept*, welches die Betriebswirtschaftslehre als spezielle, interdisziplinär

---

1 Vgl. Lamnek 1995, S. 56.
2 Vgl. Lamnek 1995, S. 56 f.
3 Vgl. Wild 1975, Sp. 2655.

geöffnete Sozialwissenschaft betrachtet. Zentrale Leitidee ist das Streben nach Bedürfnisbefriedigung als Ausgangspunkt wirtschaftlicher Vorgänge.[1]

Ein weiterer wesentlicher Punkt ist das Verständnis der Betriebswirtschaftslehre als *angewandte Wissenschaft*.[2] Sie verfolgt das Ziel, empirische Entscheidungsprozesse zu beschreiben und zu beurteilen, neue Entscheidungsgrundlagen zu entwickeln sowie Handlungsalternativen zu geben.[3]

Ihr *Entdeckungszusammenhang* liegt im Streben nach praktisch nützlichem – inhaltlichem oder methodischem – Wissen. Der *Begründungszusammenhang*, das heisst der Test der praktischen Anwendbarkeit des Gestaltungsmodells sowie Nutzen und Schaden von potentiellen realen Gestaltungen, erfolgt nicht künstlich, sondern im *Anwendungszusammenhang* der Praxis. Zentrale Aufgabe angewandter Wissenschaften ist die Analyse dieses letzten der drei wissenschaftstheoretischen Untersuchungsbereiche.[4]

Die Anwendung wissenschaftlichen Wissens erfolgt in komplexen Praxis-Systemen, die nicht vollständig erfasst und beschrieben werden können (Abgrenzungsproblem).[5] Zudem kann vernünftiges menschliches Handeln im sozialen System als kontinuierlicher Lernprozess verstanden werden, der dem Versuch-Irrtum-Schema folgt.[6]

Hieraus resultieren wesentliche forschungskonzeptionelle und -methodische Konsequenzen. Eine angewandte Betriebswirtschaftslehre bedient sich vor allem empirischer, explorativer und deskriptiver Methoden sowie der Hermeneutik als Methode des Verstehens.[7] Es geht also nicht darum, gültige Theorien aufzustellen und Hypothesen an der Realität zu überprüfen, sondern darum, komplexe Zusammenhänge nachfühlend zu verstehen und in geeignete Gestaltungsmodelle für die Praxis zu übertragen.

Die Methode der Muster-Erkennung[8] ist in dieser Hinsicht vielversprechend, da sie nach abstrakten, typischen Merkmalen oder „Mustern" komplexer Phänomene sucht. Mittels des situativen Ansatzes (Kontingenzansatz)[9] konzentriert sich die Mustererkennung auf spezifische Situationen. Diese bilden die Ausgangsbasis, um unter anderem durch Induktion allgemeine, über den Einzelfall hinausgehende Erkenntnisse zu

---

1 Vgl. Raffée 1993, S. 26.
2 Vgl. Ulrich 1981, S. 1 ff.
3 Vgl. Wöhe 1996, S. 34.
4 Vgl. Ulrich 1981, S. 5 ff.; zur näheren Beschreibung von Entdeckungs-, Begründungs- und Anwendungszusammenhang siehe auch Kroeber-Riel/Weinberg 1999, S. 20 f. m.w.N.
5 Vgl. Ulrich 1981, S. 8 f.
6 Vgl. Popper 1972, insb. S. 242 ff.; Lorenz 1973, insb. S. 38.
7 Beschreibung und Kritik, insbesondere an der fehlenden kritischen Funktion einer hermeneutischen Betriebswirtschaftslehre, siehe Raffée 1993, S. 14.
8 Vgl. Vester 1980, S. 33 ff.; Ulrich 1981, S. 14 f.
9 Beschreibung und Grenzen siehe z.B. Raffée 1993, S. 37 ff.

gewinnen. Damit strebt der Forscher einen Mittelweg zwischen Generalisierung und Spezifizierung an.[1]

Realitätsorientierte Marketingforschung sollte theoretisch geleitete Fragen an die Praxis stellen. Ein theoretisches Vorverständnis ist demnach genauso wichtig wie auch die kritische Reflexion und Abstraktion des gewonnenen Realitätsbildes.[2]

Die verwendeten *theoretischen Ansätze* erfüllen diese Funktion. Sinnvoll erscheint es beispielsweise für das Gebiet der Kundenbindung, verhaltenswissenschaftliche Ansätze heranzuziehen. Sie untersuchen die psychischen und sozialen Faktoren, welche für längerfristige Geschäftsbeziehungen entscheidend sein können (z.B. Involvement, Markentreue, Vertrauen, Zufriedenheit, Commitment, Macht und Abhängigkeit).[3] Neben der Theorie der kognitiven Dissonanz, der Lern- und Risikotheorie ist insbesondere der Ansatz von THIBAUT/KELLEY[4] zu nennen. Er hilft, das Nutzen- und Kostenempfinden der Kunden in Geschäftsbeziehungen besser zu verstehen und erklärt die Attraktivität der Beziehungen sowie mögliche Abhängigkeiten näher. Interaktionsansätze[5] konzentrieren sich auf die Wechselseitigkeit in Anbieter-Kundenbeziehungen und verdeutlichen u.a. die dynamische Seite der Kundenbindung. Weiterhin sind auch die bisherigen Erkenntnisse der Neuen Institutionenlehre[6] wertvoll. Vor allem die Transaktionskostentheorie analysiert die Austauschbeziehungen zwischen zwei Transaktionspartnern und versucht, diese unter Effizienzgesichtspunkten zu gestalten.[7]

Das methodische Vorgehen hängt ausserdem davon ab, in welcher *Phase sich die Marketingforschung* zum Thema „Kundenbindung" befindet. In Abhängigkeit vom Erkenntnisstand unterscheidet DYLLICK drei Phasen im Lebenszyklus eines Forschungsbereichs: Genese, Entwicklung und Reife.[8] Das hier gewählte Gebiet ist der Entwicklungsphase zuzuordnen. Im Vordergrund steht die *qualitative Forschungsmethodik* aus folgenden Gründen:

- In der Praxis herrscht noch kein allgemeines Verständnis zum Begriff und zu den Ziele der Kundenbindung. Ohne einen Konsens darüber können auch keine Erfolgsbeispiele sowie Erfahrungen zu Wirkungen und Massnahmen übertragen und verallgemeinert werden.

---

1 Vgl. Belz 1989, S. 9.
2 Vgl. Tomczak 1992, S. 84.
3 Vgl. Weinberg 1999, S. 41 ff.
4 Vgl. Thibaut/Kelley 1959.
5 Beschreibung und Grenzen siehe z.B. Backhaus 1999, S. 132 ff.
6 Auch unter den Namen: Neue Institutionenökonomie, Neue institutionelle Mikroökonomik, vgl. z.B. Hax 1991, S. 55.
7 Als populärster Vertreter siehe Williamson 1975; 1985.
8 Vgl. Dyllick 1996

- Bei einer branchenübergreifenden Untersuchung unterscheiden sich die Massnahmen zur Kundenbindung erheblich. Qualitative Methoden können diese Differenzen weitaus besser berücksichtigen. Eine Orientierung an den situativen Problemen der Realität ist notwendig.

- Entscheidungen zum Kundenbindungsmanagement werden in der Regel nicht von einem Mitarbeiter oder einer Abteilung getroffen. Auch „Kunden" entscheiden über Wiederkäufe oft nicht allein. Die Ergebnisse einer standardisierten Befragung einzelner Personen würden eine Scheinobjektivität erzeugen.

Um die Validität der Untersuchung zu erhöhen, wurden verschiedene qualitative Methoden kombiniert (Methoden-Mix):[1]

Desk Research

Die Desk Research bezog sich auf relevante wissenschaftliche Literatur und die Auswertung empirischer Studien, populärwissenschaftlicher Veröffentlichungen sowie Presseartikeln. Sie diente dazu, das Problem zu erfassen und zu strukturieren, Expertengespräche und Workshops vorzubereiten, theoretische Zusammenhänge mit Praxisbeispielen anderer Untersuchungen zu erklären und unterstützte systematische Handlungsempfehlungen der Arbeit.

Expertengespräche

Als Gesprächspartner wurden vor allem Führungskräfte gesehen, die sich aktiv mit dem Management der Kundenbindung – möglichst aus verschiedenen Branchen sowie auf verschiedenen Ebenen und in unterschiedlichen Funktionen – beschäftigen. Expertengespräche waren die primäre Erkenntnisquelle dieser Untersuchung. Sie dienten dem Verständnis der Problemzusammenhänge und als Grundlage der Fallbeispiele. Insgesamt wurden mit 34 Experten aus 22 Unternehmen verschiedener Branchen Interviews durchgeführt (siehe Anhang).

Fallbeispiele

Mittels Fallbeispielen gelingt es, die Nähe zum Forschungsgegenstand zu gewährleisten und Argumentationen anschaulich zu belegen. Sie leiteten sich aus den Ergebnissen der Desk Research und der Expertengespräche ab und haben somit Entdeckungs-, Illustrations- und/oder Empfehlungscharakter.

---

1 Vgl. Ulrich 1981, S. 21; Tomczak 1992, S. 84.

Teil A: Einleitung

Workshops mit Führungskräften

Die Einzelinterviews wurden durch Workshops ergänzt, in denen die Teilnehmer mit unterschiedlichem Know-how und Branchenkenntnissen ihre Meinungen in der Gruppe diskutieren konnten. Es fanden vier Workshops (insgesamt neun Tage) mit bis zu zehn Partnerfirmen und externen Referenten im Rahmen des Projekts „Best Practice in Marketing" statt (siehe Anhang). Zudem wurden zwei Workshops (je ein Tag) mit Teilnehmern des Seminars für System-Marketing des FAH an der Universität St. Gallen durchgeführt.

Teilnahme an Tagungen und Konferenzen sowie Vorträge mit Diskussion

Eine praxisbegleitende Forschung muss immer wieder den Kontakt zur Praxis suchen. Die Teilnahme an Tagungen und Seminaren ermöglichte eine kritische Reflexion in jeder Phase des Forschungsprozesses. Ausserdem wurde die Möglichkeit genutzt, die gewonnenen Erkenntnisse im Rahmen von Vorträgen zu vermitteln und ihre praktische Umsetzung zu diskutieren.

3.2 Aufbau der Arbeit

Die Arbeit ist im Anschluss an diese Einleitung in vier weitere Teile gegliedert (siehe Abbildung 1 auf der folgenden Seite).

Teil B beschäftigt sich mit den Chancen und Risiken der Kundenbindung aus Anbietersicht sowie grundsätzlichen theoretischen Erklärungsansätzen des Wiederkaufverhaltens aus Kundensicht. Danach werden die konzeptionellen Grundlagen und Begriffe näher erläutert.

Teil C enthält ein branchenübergreifendes Modell der Kundenbindung, in dem die Determinanten sowie mögliche Störgrössen der Kundenbindung ausführlich beschrieben werden. Die dargelegten Zusammenhänge führen letztlich zur Diskussion, ob bzw. warum ein gewisses Optimum an Kundenbindung empfehlenswert ist.

Teil D zeigt, welche Managementanforderungen sich daraus an die Unternehmen ergeben. In Form eines Kundenbindungskonzepts werden die einzelnen Planungsschritte beschrieben, um daraus auch Anforderungen an die Organisation ableiten zu können. Ein letzter Abschnitt befasst sich mit der Beziehung zwischen der Kundenbindung und den anderen Kernaufgaben.

Teil E reflektiert nochmals die wichtigsten Erkenntnisse und gibt Hinweise für den weiteren Forschungsbedarf.

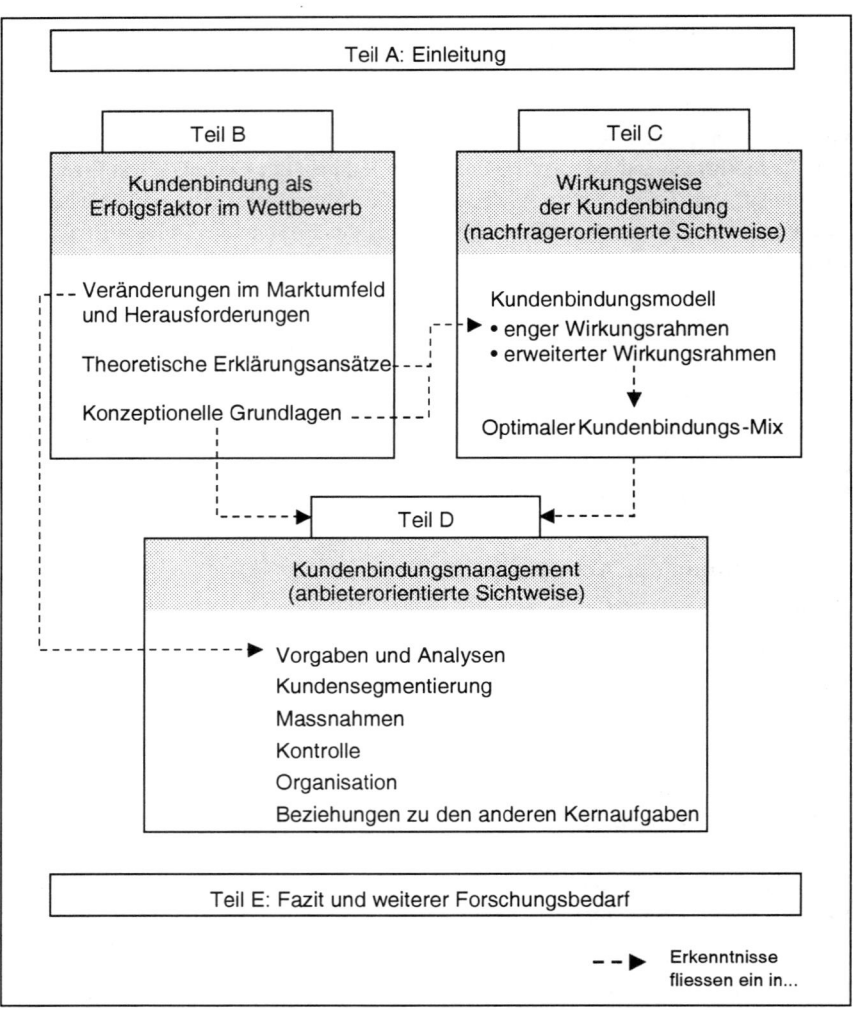

Abb. 1: Aufbau der Arbeit

Teil B Kundenbindung als Erfolgsfaktor im Wettbewerb

Versteht man unter Kundenbindung, dass Kunden wiederholt beim gleichen Anbieter bzw. dessen Marktleistungen kaufen, so sollte dieser beziehungsorientierte Austausch – zumindest aus Sicht einer der Parteien – attraktiv sein. Deshalb werden zunächst die Chancen und Risiken der Kundenbindung aus Anbieterperspektive dargestellt (Abschnitt 1). Positive Wirkungen sind aber auch von der Höhe des Nutzens abhängig, den ein Kunde durch seine Bindung an einen Anbieter erzielt. Die theoretischen Erklärungsansätze in Abschnitt 2 binden deshalb die Kundensicht stärker ein und zeigen, was Kunden veranlassen kann, Leistungen eines Anbieters erneut zu kaufen. Abschnitt 3 wird die konzeptionellen Grundlagen und Begriffe integrieren und näher erläutern.

1 Veränderungen im Marktumfeld und Herausforderungen für Unternehmen

Unternehmen stehen in Wechselwirkung mit ihrer Umwelt. Sie sind in der Lage, sich Veränderungen anzupassen oder diese auch in ihrem Sinne zu beeinflussen.[1] Aus diesem Grund ist es zunächst sinnvoll, auf veränderte Markt- und Wettbewerbsstrukturen[2] (Abschnitt 1.1) sowie auf potentielle Vorteile für Unternehmen (Abschnitt 1.2) hinzuweisen, die Kundenbindung als attraktive Option näher darlegen.

Kundenbindung kann auch mit Gefahren verbunden sein. Diese werden ebenfalls in Abschnitt 1.2 berücksichtigt.

1.1 Umfeldentwicklungen: Kunden und Wettbewerb

Eine eingehende Analyse vielfältiger Veränderungen im Kunden- und Wettbewerbsverhalten zeigt den Führungskräften in Unternehmen, ob und inwieweit Kundenbindung für sie eine attraktive Option ist.

Abbildung 2 auf der folgenden Seite enthält eine zusammenfassende Übersicht relevanter Umweltentwicklungen. Die Zeichen (-) und (+) geben an, ob diese tendenziell eine Abnahme oder eine Zunahme der Kundenbindung bewirken. Im Falle einer Bewertung mit (-/+) ist die Richtung offen.

---

1 Vgl. Hrebiniak/Joyce 1985; Child 1972; Hannan/Freeman 1977.
2 Vgl. im folgenden Beinlich 1995, S. 3 ff.; Peter/Schneider 1994, S. 7.

Kunden	Wettbewerb
• erhöhte Wechselbereitschaft (-) • hoher Informationsstand und Erfahrungen (-) • Reizübersättigung (+) • steigende Qualitätsansprüche, Wunsch nach individuellen Leistungen (-/+) • als höher wahrgenommene Beschaffungsrisiken (+) • Zusammenarbeit mit Kunden (+) • Konzentration der Abnehmer (-/+)	• Deregulierung (-) • Chancen durch neue Technologien (-/+) • zunehmende Wettbewerbsintensität (-) • stagnierende, reife Märkte (-/+) • zunehmende Kosten-Ertragsschere (-/+) • nur kurzfristige Wettbewerbsvorteile (-/+) • Differenzierung über Kernleistung schwierig (-/+)

Abb. 2: Kunden und Wettbewerb mit neuen Herausforderungen für Unternehmen

- Kunden sind immer *häufiger bereit*, die Marke bzw. den Anbieter *zu wechseln*. Eine Studie ergab, dass beispielsweise besonders von Kunden im Alter zwischen 20 und 40 Jahren die Bank häufiger gewechselt wird als in anderen Altersgruppen.[1] Dieses Phänomen ist nicht neu. Bereits 1955 verwies BERGLER darauf, dass die „Markentreue des modernen Verbrauchers von vor zwanzig und dreißig Jahren ganz erheblich nachgelassen hat."[2]

- Zudem möchten Kunden sich *nicht nur auf einen Anbieter* oder *ein Produkt festlegen*. So hat mittlerweile ein durchschnittlicher deutscher Bankkunde ein Portfolio von 14 Produkten bei insgesamt sieben Finanzdienstleistern inklusive Versicherungsgesellschaften.[3]

- Ein Grund für die Wechselbereitschaft ist der *hohe Informationsstand* heutiger Käufer. Sie nutzen vermehrt neue Medien oder den Rat von Verbraucherverbänden und verschaffen sich dadurch einen schnellen und kostengünstigen Überblick über mögliche alternative Angebote.[4] *Austauschbare Leistungen* erleichtern den Kundenwechsel.

- *Zunehmende Erfahrungen* rücken oft das Thema Preis in den Vordergrund.[5] Pflicht- und Treuegefühl seitens der Kunden bestehen nicht per se, sondern müssen verdient werden.

---

1 Vgl. Szallies 1996, S. 98; Clef 1996, S. 40.
2 Bergler 1955, S. 114.
3 Vgl. Szallies 1996, S. 94; Paul/Paul 1997, S. 876 m.w.N.
4 Vgl. Matthyssens/Van den Bulte 1994, S. 72 ff.; Paul/Paul 1997, S. 877 m.w.N.
5 Vgl. Debruicker/Summe 1985, S. 41.

- Kooperationen und Fusionen führen zu *Abnehmerkonzentrationen*, wodurch Einzelkunden an Bedeutung gewinnen (z.b. Einzelhandel).[1]
- *Steigende Ansprüche der Kunden* und ein als *erhöht wahrgenommenes Risiko bei der Kaufentscheidung* aufgrund komplexer, schwer beurteilbarer Leistungen verlangen einen Beziehungsrahmen, in dem sowohl aktuelle als auch latente Bedürfnisse aufgedeckt und Kaufunsicherheiten reduziert werden.
- *Komplexe kundenspezifische Leistungen* sind mit zeitintensiven Verkaufsprozessen und notwendigen Dienstleistungen verbunden. Diese Veränderungen erfordern einen regelmässigen Kontakt zwischen den Marktpartnern, einen kontinuierlichen und umfassenden Informationsaustausch sowie eine individuelle Ansprache einzelner Kunden(-segmente). Eine *Integration des Kunden* in Leistungsentwicklungs- und/oder -erstellungsprozesse (Prosuming)[2] erfordert ebenfalls spezifische Vereinbarungen über Kommunikation und Zusammenarbeit.[3]
- Andererseits fördern *beratungsbedürftige Leistungen* besonders persönliche Bindungen. Bei automatisierten Dienstleistungen fehlt hingegen der „personal touch". Die Kunden wechseln leichter von einer Internet-Seite oder einem Geldautomaten als von einem Kundenbetreuer, den sie gut kennen. Hier zeigt sich das Spannungsfeld im Technologieeinsatz: Die Risiken liegen im Verlust der persönlichen Beziehung, die Chancen in der individuellen, regelmässigen Kommunikation und Betreuung, z.B. per Direct Marketing oder Beratung per Laptop.[4]
- In reifen und stagnierenden Märkten ist die *Gewinnung neuer Kunden schwierig*.[5] Viele Branchen sind durch eine *hohe Wettbewerbsintensität* geprägt. Aufgrund neuer, ausländischer oder branchenfremder Wettbewerber sowie einer hohen Flexibilität der Konkurrenz sind oft echte Wettbewerbsvorteile nur von kurzer Dauer. Markterfolge, basierend auf einem hohen Marktanteil (*quantitative* Sichtweise), lassen sich durch eine *qualitative* Perspektive auf die einzelne Anbieter-Kundenbeziehung ergänzen.[6] Diese Strategie wird auch als *defensives* Marketing bezeichnet, das die Marketingressourcen auf vorhandene Kunden lenkt.[7] Durch die Bindung von Kunden an ein Unternehmen kann eine Quasi-Monopolstellung aufgebaut werden.[8]

---

1 Vgl. Matthyssens/Van den Bulte 1994, S. 78; Blois 1977, S. 281; Jackson 1985, S. 2.
2 Prosuming dient der Illustration, dass der Kunde gleichzeitig Produzent und Konsument ist.
3 Vgl. zu einer interaktionsorientierten Sicht von Dienstleistungen z.B. Lehmann 1995, S. 31 ff.
4 Vgl. Lehmann 1995, S. 39 ff.; Held 1998, S. 38; Simon/Butscher 1997, S. 47; Szallies 1996, S. 100.
5 Siehe zu Phasen und zentralen Merkmalen des Marktlebenszyklus auch Meffert 1989, S. 280.
6 Vgl. Lehmann/Ruf 1993, S. 33.
7 Vgl. Haedrich/Tomczak 1990. Siehe auch Fornell/Wernerfelt 1987, wobei diese darunter hauptsächlich das „Halten" von Kunden verstehen (Retention), weniger z.B. eine Umsatzerhöhung bei bestehenden Kunden.
8 Joseph et al. 1995, S. 34.

1.2 Herausforderungen für Unternehmen

Sind Anbieter bereits mit diesen Umweltbedingungen konfrontiert, so wird eine stärkere Berücksichtigung ihrer Stammkunden aus weiteren Gründen attraktiv:

- Aufgrund einer *hohen Marktdurchdringung* und damit oft verbunden einem *grossen Marktanteil* können sie ihre bestehende Position sichern und nach weiteren Wachstumsmöglichkeiten bei vorhandenen Kunden suchen. Hierzu gehören auch Unternehmen mit *hohen, stagnierenden oder nur wenig wachsenden Umsätzen* (absolut und in Relation zum Gesamtmarkt).[1]

  Wenn beispielsweise 71 Prozent aller Schweizer Haushalte jede Woche einmal die *MIGROS* besuchen, um Güter des täglichen Bedarfs zu kaufen, ist es schwer, neue Kunden zu gewinnen.[2] Ein weiteres Beispiel ist *COCA-COLA*: Kundenakquisition ist nicht mehr das hauptsächliche Ziel, „auch wenn Kuba, Nordkorea, Libyen, Bhutan, Somalia und Myanmar (Burma) immer noch Coke-Trockenzonen sind. (...) Die 1,2 Milliarden Chinesen trinken pro Kopf jährlich nicht einmal drei 0,33 l-Dosen der Company, vergleicht man dies mit der Vorzeigestadt Iquique in Nordchile: Pro Kopf und Jahr trinken die Iquiquer 114 Liter aus dem *COCA-COLA* Sortiment."[3]

- Ein *zunehmender Kostendruck* betrifft auch die Marketing- und Verkaufsbereiche. Unternehmen suchen vermehrt nach Möglichkeiten, dort effizienter zu werden, ohne jedoch aufgrund von Leistungskürzungen die Effektivität zu verlieren. Für Unternehmen mit kostenintensiver Neukundenakquisition, starkem Wiederholungsgeschäft oder intensiven, komplexen Austauschbeziehungen können Einsparungspotentiale in der Kundenbetreuung bestehen.

- *Aufwendige Innovations-, aber kurze Produktlebenszyklen* fördern das Sicherheitsstreben, mit bekannten Kunden einen Informationsvorsprung in der Produktentwicklung zu realisieren.

- Die Kernleistung ist *objektiv vergleichbar* mit der Konkurrenz. Eine Differenzierung muss über andere Wege erfolgen.

- Wichtig ist Kundenbindung auch dann, wenn der *Verlust eines Kunden weitere Verluste* nach sich zieht. Das betrifft entgangene Erlöse beim betreffenden Kunden, aber auch eine erschwerte Akquisition infolge negativer Reputationseffekte, insbesondere in transparenten Märkten mit wenigen Kunden.

- Für Hersteller in *mehrstufigen Märkten* kann ein erhöhter Kontakt zu Endkunden die eigene Position gegenüber dem Absatzmittler stärken.[4]

---

1 Vgl. Buchanan/Gillies 1990, S. 524.
2 Vgl. Schweiz. Verkaufsförderungs-Forum 1998, S. 24.
3 Wiezorek/Wallinger 1997, S. 155.
4 Vgl. Christy/Oliver/Penn 1996, S. 184.

Teil B: Kundenbindung als Erfolgsfaktor 15

1.2.1 Chancen der Kundenbindung

Die folgenden *positiven Wirkungen* der Kundenbindung stellt Abbildung 3 in der linken Spalte zusammenfassend dar. Sie wurden zum Teil empirisch bestätigt.[1]

Chancen	Gefahren
• aktuelle Kundeninformationen • Kostensenkungspotentiale • höhere Weiterempfehlungs- und Wiederkaufabsichten • Cross Selling-Potentiale • Reduktion des allgemeinen Geschäftsrisikos • Kunde als Mitgestalter • loyale Mitarbeiter • „Quasi-Monopolstellung"	• Informations- und Flexibilitätsverluste • verlustbringende Kundenbindung unrentabler Kunden • einseitige Kundenstruktur • unterlassene, erschwerte Neukundenakquisition • vernachlässigte Kunden • Kundenwiderstand • wirkungslose Bindungsprogramme, Nullsummenspiel

Abb. 3: Chancen und Gefahren der Kundenbindung

Genaue und aktuelle Kundeninformationen

Regelmässige, zufriedenstellende Wiederholungskäufe erzeugen Gewohnheitsentscheidungen. Die Leistungen sind dem Kunden bekannt; er sucht keine zusätzlichen Informationen – weder vom Anbieter noch von der Konkurrenz. Dadurch gewinnt auch der Anbieter zunehmend Kenntnisse darüber, wie er sich am besten auf seine Kunden und deren Anforderungen einstellen kann. Zudem verringert sich die Gefahr, an den Bedürfnissen der Kunden vorbeizuproduzieren.

Kunden werden mit der Zeit profitabler

Eine oft zitierte Studie aus dem Bereich Finanzdienstleistungen zeigt, dass Kunden erst mit der Zeit profitabler werden.[2] Häufig bestehen unausgeschöpfte *Umsatz- und Absatzpotentiale bei Stammkunden*. Beispielsweise können sie bisherige Leistungen öfter oder in grösseren Mengen kaufen oder zusätzliche Angebote des Anbieters nutzen (Cross-Selling).[3] Zudem betrachten Stammkunden den Preis oft nur als *ein* wichtiges Kaufkriterium neben anderen wie beispielsweise pünktliche Lieferungen, korrekte

---

1 Vgl. z.B. die Übersichten bei Lehmann/Ruf 1993, S. 31 ff.; Diller 1995b, S. 33 ff. und Buchanan/Gillies 1990, S. 524; Peter/Schneider 1994, S. 8 f.; Diller 1995b, S. 33 ff.; Tomczak/Dittrich 1997, S. 11.
2 Vgl. hier und im folgenden Reichheld/Sasser 1990, S. 106 ff.; Buchanan/Gillies 1990, S. 524; Dawkins/Reichheld 1990.
3 Vgl. Held 1998, S. 42.

Zahlungsmodalitäten, Kulanzbereitschaft. Die Rolle des Preises wird relativiert; Kunden sind weniger preissensibel.

Während dadurch die Umsätze gesteigert werden können, *verringern sich die Kundenbetreuungskosten* mit der Dauer einer Geschäftsbeziehung. Ein Grund dafür ist, dass die Pflege loyaler Kundenpotentiale lediglich 15-20 Prozent der Aufwendungen erfordert, die das Marketing für die Gewinnung neuer Kunden einsetzen muss; Zufriedenheit bewirkt z.B. Einsparungen bei Gewährleistungs-, Produktverbesserungs- und Kommunikationskosten.[1] Spezielle Kosten der Kundenbindung aufgrund zusätzlicher kommunikativer Massnahmen oder spezifischer Produktanpassung amortisieren sich oft im Verlauf des Kundenlebenszyklusses.

Wenn weniger neue Kunden gewonnen werden müssen, um Abwanderungen im Kundenstamm auszugleichen, reduzieren sich die Akquisitionskosten. Aufgrund von Weiterempfehlungen können Kosten einer (sehr kostenintensiven) „kalten" Akquisition reduziert werden. Bei RANK XEROX fällt zum Beispiel etwa nur die Hälfte der üblichen Akquisitionskosten an, wenn das Unternehmen einen Referenzkunden gewinnt.[2]

Insgesamt können diese Kosteneinsparungen und zusätzlichen Einnahmen im Laufe der Kundenbeziehung einen ständig wachsenden Gewinnfluss erzeugen. Beispielsweise bringt ein Stammkunde, der bereits zehn Jahre dieselbe Kreditkarte einsetzt, dem Unternehmen einen dreimal höheren Gewinn als ein anderer Kunde mit der Hälfte dieser Verweildauer.[3] Eine geringe Kundenfluktuation in den frühen Phasen einer Geschäftsbeziehung erhöht entsprechend das Gewinnpotential eines Unternehmens.

Höhere Weiterempfehlungs- und Wiederkaufabsichten

Gebundene Kunden besitzen aufgrund ihrer guten Kenntnisse über den Anbieter und dessen Leistungen ein höheres Referenzpotential. Zufriedene Kunden sind zudem eher bereit, ihre Erfahrungen an andere, potentielle Kunden weiterzugeben. Eine enge positive Korrelation ergibt sich auch aus der geäusserten Wiederkaufabsicht und der Bereitschaft zur Weiterempfehlung des Produktes an Freunde und Bekannte.[4]

Grössere Toleranz – auch gegenüber Fehlern

Kunden mit einer positiven Einstellung zum Unternehmen bzw. dessen Leistungen besitzen in der Regel eine höhere Toleranzschwelle gegenüber möglichen Fehlern des Anbieters oder gegenüber Komplikationen in Einführungs- und Umstellungsphasen von Produkten. Als COCA-COLA 1985 seine Produktrezeptur veränderte, erhöhte sich

---

1 Vgl. Müller/Riesenbeck 1991, S. 69; Christy/Oliver/Penn 1996, S. 184.
2 Vgl. Buchanan/Gillies 1990, S. 524; siehe Zitat von Rank Xerox in Bunk 1992, S. 41.
3 Vgl. Rose 1990, S. 17.
4 Vgl. Meyer/Dornach 1995, S. 434; Reichheld/Kenny 1990, S. 20.

die Zahl der Kundenanrufe von täglich 400 auf 12 000, von denen sich 90 % die alte Rezeptur zurückwünschten. Bei ihrer Wiedereinführung bedankten sich 18 000 Anrufer; ein erhöhter Marktanteil war die Folge.[1] Darüber, ob gebundene Kunden weniger anfällig für Sonderaktionen der Konkurrenz sind, liegen keine eindeutigen Studienergebnisse vor.[2]

Kunde als aktiver Mitgestalter

Gebundene Kunden zeigen eine höhere *Bereitschaft zur Mitgestaltung der Beziehung*. Sobald Kunden an einem Fortbestand der Zusammenarbeit interessiert sind, werden sie selbst aktiv: Sie geben eher Auskunft über ihre (Un-)Zufriedenheit, entwickeln neue Ideen und Verbesserungsvorschläge und arbeiten in Kundenforen und -arbeitskreisen mit. Dieser Feedback-Effekt wird um so stärker ausfallen, je positiver die Einstellung des Kunden ist und je mehr die Mitwirkung vom Anbieter gefördert und honoriert wird.

Loyale Mitarbeiter

Mitarbeiter sehen ihren Erfolg auch in zufriedenen und loyalen Kunden. Das erhöht wiederum ihre Motivation und Treue. Eine geringere Mitarbeiterfluktuation, verbunden mit reduzierten Einstellungskosten und eine Amortisation der Investitionen in Mitarbeiterschulungen, kann die Folge sein. Der Kreis schliesst sich, wenn aufgrund einer besseren Kundenkenntnis langjährige Mitarbeiter ihre Klientel besser betreuen.[3]

1.2.2 Gefahren der Kundenbindung

Trotz aller Bemühungen von Unternehmen im Bereich der Kundenbindung treten die aufgeführten positiven Wirkungen nicht immer auf oder sind nicht eindeutig nachweisbar. Gefährlicher sind zudem *potentielle Negativeffekte*, die in Abbildung 3 auf Seite 15 in der rechten Spalte zusammengefasst wurden.

Informations- und Flexibilitätsverluste

Eine zu starke Konzentration auf bestimmte Kunden führt möglicherweise dazu, dass neue Märkte und Marktentwicklungen gar nicht oder zu spät erkannt werden. Findet ein intensiver Informationsaustausch statt, der den Kunden mehr Kenntnisse über den Anbieter vermittelt, werden diese versuchen, auch einen stärkeren Einfluss auf Entscheidungen des Anbieters auszuüben. Sein autonomer Handlungsspielraum wird dadurch kleiner, Flexibilitätsverluste können entstehen.[4] Besondere Bedeutung erhält

---

1 Vgl. Müller/Riesenbeck 1991, S. 69.
2 Vgl. Cunningham 1956; Engel/Kollat/Blackwell 1968, S. 582 m.w.N.
3 Vgl. Reichheld/Kenny 1990, S. 21; siehe auch Kap. D 6.1 zum Mitarbeiterverhalten.
4 Vgl. MacDonald 1996, S. 97 ff.

dieser Aspekt, wenn Unternehmen sich dabei auf Kunden mit einem geringen (zukünftigen) Kundenwert konzentrieren.

Aufgrund einer engen persönlichen Zusammenarbeit, bei der Mitarbeiter des Anbieters zu „Kundenbetreuern vor Ort" werden, ist es möglich, dass diese während oder nach dem Projekt zum Kunden überlaufen. Eine solche Mitarbeiterfluktuation ist mit Informations- und Know-how-Verlusten verbunden.

Kundenbindung um jeden Preis

Gefahren für den Anbieter ergeben sich auch aus der Strategie einer „Kundenbindung um jeden Preis". Die Investitionen in Kundenbeziehungen rentieren sich nicht, oder Kunden nutzen das Entgegenkommen opportunistisch aus.[1] Sie honorieren die Anstrengungen nicht mit Wieder- oder Zusatzkäufen, konzentrieren sich auf die „Schnäppchen" oder nutzen die Kulanz bei Beschwerden grundlos aus.

CARROLL/ROSE verweisen beispielsweise auf die grosse Gefahr einer „Zero Defection" im Retailbanking, wenn alle Anstrengungen allein darauf abzielen, Kunden *zu halten*, nur um eine geringe Migrationsrate zu erreichen. Nichtprofitable Kunden würden nicht aufgrund einer längeren Zeitdauer per se zu profitablen Kunden werden; auch Cross-Selling Potentiale sind oft zu klein.[2]

Einseitige Kundenstrukturen

Eng mit dem vorhergehenden Aspekt verbunden ist die Gefahr eines unausgewogenen Kundenportfolios, beispielsweise: ein oder wenige Schlüsselkunde(n); viele Kleinkunden, die zudem nur unwirtschaftlich bearbeitet werden können oder fehlende Kunden mit hohen, zukünftigen Potentialen.

Ein einseitiger Fokus auf die Kundenbindung zu Lasten der Neukundenakquisition[3] entsteht dann, wenn sich beispielsweise der Kontakt zu bekannten Kunden viel einfacher gestaltet als ein Überzeugen neuer Kunden. Starke Systembindungen können zudem die Akquisition neuer Kunden, die sich nicht in die Abhängigkeit begeben wollen, erschweren.

Vernachlässigung anderer Kunden

Des weiteren kann es vorkommen, dass andere, weniger intensiv betreute, aber *potentiell rentable Kunden sich diskriminiert fühlen, verärgert sind* und deshalb *abwandern*. Diese Gefahr besteht insbesondere dann, wenn Unternehmen differenzierte Kundenbindungsmassnahmen durchführen, die den unterschiedlichen ökonomischen Wertig-

---

1 Siehe z.B. Engelhardt/Freiling 1996.
2 Vgl. Carroll/Rose 1993, S. 8 ff.; Carroll 1990.
3 Vgl. Krafft/Marzian 1999, S. 33.

keiten ihrer Kunden entsprechen (spezielle Dienstleistungen, Geschenke, Clubmitgliedschaft oder Bonusprogramme mit Eintrittsbarrieren).[1]

Widerstand bei Kunden

Bindungen erzeugen Abhängigkeiten, die – wenn sie als zu stark empfunden werden – *Widerstand beim Kunden* erzeugen, der sich wiederum destruktiv auf die Entwicklung der Geschäftsbeziehung auswirkt.[2] Widerstand entsteht beispielsweise, wenn der Kunde über sich oder seine Geschäftsabläufe zu viele Informationen preisgeben muss (Glashaus-Effekt).[3] Ausserdem lehnen Kunden zunehmend die überhäuften Werbeversuche für neue Produkte, Kundenkarten oder Bonusprogramme ohne erkennbaren Zusatznutzen und die damit einhergehende Informationsflut ab. Amerikanische Autoren berichten von einem historischen Tiefstand in der Kundenzufriedenheit mit einer Flut von Beschwerden, Boykotten und sonstigen Kundenprotesten.[4]

Anbieterübergreifende Effekte

Wenn sich alle Kundenbindungsmassnahmen allein auf Karten, Clubs und Punkte konzentrieren, laufen die umworbenen Kunden Gefahr, die Orientierung zu verlieren. Zudem erschweren derartige Programme die Neukundenakquisition innerhalb einer Branche, wenn alle Wettbewerber vergleichbare Massnahmen treffen (siehe Kap. D 4.1.2 zu Bonusprogrammen).

Unternehmen sollten Kundenbindung als Chance begreifen, Effizienz- und Effektivitätsvorteile zu erzielen. Allerdings dürfen dabei die potentiellen Gefahren nicht unberücksichtigt bleiben. Was dabei zu beachten ist, zeigt diese Arbeit im folgenden.

2 Theoretische Erklärungsansätze zum Wiederkaufverhalten

Wurden im Abschnitt 1 vorwiegend Chancen und Risiken der Kundenbindung aus Anbietersicht erläutert, so steht nachfolgend die Frage im Mittelpunkt, was Kunden veranlassen kann, Beziehungen zu einem Anbieter oder dessen Leistungen einzugehen. Das Interesse am Wiederkauf ist auf Determinanten zurückzuführen, die sowohl verhaltenswissenschaftlich als auch ökonomisch interpretiert werden können.

Auf eine ausführliche und detaillierte Darstellung sämtlicher theoretischer Ansätze, die Treue, Bindung, Abhängigkeit oder Wiederkaufverhalten zu erklären versuchen, kann

---

1 Vgl. Fournier/Dobscha/Mick 1998; Oggenfuss 1995, S. 59 f.
2 Vgl. Reinecke 1996, S. 121 ff.
3 Vgl. Engelhardt/Freiling 1996.
4 Vgl. Fournier/Dobscha/Mick 1998, S. 101.

im Rahmen dieser Arbeit verzichtet werden. Es existieren bereits einige Untersuchungen, die sich damit beschäftigt haben.[1] Allerdings scheint es sinnvoll, die Kernaussagen dieser Ansätze aufzunehmen, um Hinweise für die Kundenbindung in den folgenden Kapiteln ableiten zu können. Dabei werden die Einflussfaktoren nicht zwangsläufig zur Folge haben, dass ein Kunde erneut nur bei *diesem einen* Anbieter oder allein diese Marke kaufen wird. Eher geht es darum, wie sie zu einer – aus Kundensicht – begrenzten Auswahl an Alternativen („Limited choice-Effekt"[2]) führen.

2.1 Verhaltenswissenschaftliche Ansätze

Unter Verhaltenswissenschaften versteht man in erster Linie alle Wissenschaften, die sich auf das menschliche Verhalten beziehen.[3] Beobachtet werden „psychische, individuelle Aspekte" und/oder „soziale Aspekte" des Verhaltens. Die Sozialpsychologie wird am meisten für die Forschung des Käuferverhaltens herangezogen. Sie verbindet beide Betrachtungsweisen und versucht, menschliches Verhalten im sozialen Kontext zu beschreiben und zu erklären.

Die moderne Forschung zum individuellen Käuferverhalten ist durch eine Vielfalt theoretischer Konzepte und empirischer Studien gekennzeichnet. *Behavioristische* Ansätze konzentrieren ihre Untersuchungen auf beobachtbare Sachverhalte. Zentrale Frage ist, welche Reize (Stimuli), welche Verhaltensweisen (Response) verursachen (SR-Paradigma). Die *neobehavioristischen* Erklärungsmuster hingegen versuchen, das Black-Box-Modell aufzuheben und insbesondere die sogenannten intervenierenden Variablen, das heisst, meist nicht beobachtbare Sachverhalte, die innerhalb der Person wirksam werden, zur Erklärung des Verhaltens heranzuziehen (SIR- bzw. SOR-Paradigma)[4]. KROEBER-RIEL/WEINBERG unterteilen diese inneren, psychischen Vorgänge in aktivierende Prozesse (Emotion, Motivation, Einstellung) und kognitive Prozesse (Wahrnehmung, Beurteilung, Entscheidung, Lernen, Gedächtnis).[5]

Im folgenden Abschnitt sollen diejenigen Ansätze kurz erläutert werden, die das Phänomen „Wiederkaufverhalten" zumindest beschreiben, wenn nicht sogar dazu einen erklärenden Beitrag leisten können.[6] Dies sind zunächst die psychologischen Theorien des wahrgenommenen Risikos, der kognitiven Dissonanz und die Lerntheorie. Die gezeigten Ansätze repräsentieren zum Teil reine SR-Theorien (insbesondere die klassischen Lerntheorien), zum anderen enthalten sie bereits kognitive Prozesse.

---

1 Vgl. z.B. Peter 1997; Beinlich 1998; Schütze 1992; Wiechmann 1995; Nolte 1976; Freiling 1995; Oevermann 1996.
2 Vgl. Sheth/Parvatiyar 1995, S. 256.
3 Siehe hier und im folgenden sowie zur Unterscheidung von Psychologie, Soziologie und Sozialpsychologie Kroeber-Riel/Weinberg 1999, S. 8 ff. Vgl. auch Herkner 1991.
4 SIR = Stimulus, intervenierende Variabel, Responce oder auch SOR = Stimulus, Organism, Response
5 Vgl. Kroeber-Riel/Weinberg 1999, S. 29 ff. sowie die genaueren Ausführungen zu einzelnen Prozessen.
6 Vgl. Nolte 1976; Wiechmann 1995; Oevermann 1996, S. 64 ff.; Peter 1997.

Soziologische Ansätze, die das Einflussverhalten sozialer Gruppen auf das Individuum untersuchen, werden in Kapitel C 3.1 berücksichtigt.

Mit Hilfe des SR- oder SOR-Paradigmas lassen sich lediglich die Reaktionen der Käufer auf die jeweiligen Anbietermassnahmen erklären. Allerdings hängt das Ergebnis nicht allein von diesen Leistungen ab, sondern - insbesondere im Investitionsgüter- und Dienstleistungsbereich - vom direkten Zusammenspiel von Käufer und Verkäufer bzw. ganzer Organisationseinheiten. *Interaktionsansätze* berücksichtigen diese Interdependenz zweier oder mehrerer Personen bzw. Gruppen.[1] Dieses Verständnis von Austauschprozessen geht vor allem auf die sozialpsychologischen Theorien von THIBAUT/KELLEY (1959) und HOMANS (1961) zurück (siehe Abschnitt 2.1.2). Das erste Modell beschreibt die Attraktivität der Beziehung und die Abhängigkeit, die sich aufgrund der existierenden Alternativen und deren Wertigkeiten für die beteiligten Interaktionspartner ergeben.

Auf diesen Aussagen ist das „Investment-Modell" von RUSBULT, einen Vertreter der *Beziehungslehre*, aufgebaut. Es schliesst zusätzlich langfristige Aspekte der Beziehung in Form von Investitionen ein. Während die soziale Austauschtheorie die Einflussfaktoren einer Beziehung zu einem bestimmten Zeitpunkt analysiert (*Strukturansatz*), berücksichtigt das Investment-Modell RUSBULT's, als Beispiel aus der Beziehungslehre, einen ganzen Strom von Interaktionen.[2] Diese *Prozessansätze* können das Entstehen von Bindungen im Zeitablauf erklären. Hierzu gehören Modelle, die die Gesamtheit oder einzelne Phasen einer Geschäftsbeziehung näher beleuchten (Total- und Partialmodelle; siehe auch Kap. C 1.1).

2.1.1 Psychologische Ansätze

2.1.1.1 Theorie des wahrgenommenen Risikos

Die Theorie des wahrgenommenen Risikos geht davon aus, dass aufgrund unvollständiger Informationen ein Kunde zum Zeitpunkt des Kaufs nicht genau einschätzen kann, ob sich seine Erwartungen an die Gegenleistung vollständig erfüllen werden.[3]

Die Höhe des wahrgenommenen Risikos wird durch zwei Aspekte beeinflusst:

- von dem empfundenen *Ausmass* der Wahrscheinlichkeit über das Eintreten negativer Folgen des Kaufes und
- von der empfundenen *Bedeutung* dieser negativen Folgen für den Kunden.[1]

---

1 Einen bedeutenden Schritt erzielten die Vertreter der „Industrial Marketing & Purchasing Group – IMP", Håkansson 1982; Ford 1990; eine Typologisierung erfolgt bei Backhaus 1999, S. 132 ff. m.w.N.
2 Vgl. Rusbult 1980; 1983.
3 Vgl. Bauer 1967.

Vorausgesetzt, diese Gefahr einer Fehlentscheidung überschreitet die subjektiv akzeptierte Toleranzschwelle eines Käufers,[2] wird er versuchen, das dabei von ihm empfundene Kaufrisiko zu reduzieren.

Bei der Frage „Was geschieht, wenn der Schaden bereits eingetreten ist?" (2. Aspekt) können Kunden das Risiko reduzieren, indem sie zum Beispiel finanzielle Reserven bilden, das Risiko abwälzen (Versicherung) oder teilen.[3]

Wichtiger ist jedoch die Frage, wie der Kunde eine empfundene Unsicherheit senken kann (1. Aspekt). Im folgenden werden diejenigen Reduktionsstrategien beschrieben, die sich auf die Kundenbindung auswirken können.[4]

1) *Marken- oder Anbietertreue*: Die Wahrscheinlichkeit für einen Wiederholungskauf ist relativ hoch, wenn das Anspruchsniveau des Käufers auf positiven Erfahrungen mit einer Marke oder einem Geschäftspartner beruht und ihm hilft, risikoarm und bewährt einzukaufen.[5]

2) *Informations- und Kontrollmassnahmen*: Kunden suchen und verarbeiten Informationen unterschiedlichster Art, um ihre Verhaltensunsicherheit zu reduzieren (z.B. Reputation des Anbieters, Empfehlungen durch Freunde, Einsicht in Referenzprojekte, bisherige Kauf-, Beziehungs- oder Produkterfahrungen).

3) *Teilen des Risikos*: Ein Nachfrager bezieht die Problemlösung nicht allein von einem Anbieter, sondern kauft Teile von jeweils unterschiedlichen Lieferanten (Order Splitting bzw. Multiple Sourcing).

4) *Beeinflussen des Anbieterverhaltens*: Der Käufer erwartet Garantien bezüglich Qualität, Menge usw. der zukünftigen Leistungen sowie vertragliche Vereinbarungen (über Leistungen, Vertragsstrafen).

Die *erste* Strategie der Marken- bzw. Anbietertreue ist genaugenommen eine Variante der Strategie *zwei*: Informations- und Kontrollmassnahmen. Denn auch im wiederholten Kauf eines Produkts oder in der erneuten Wahl eines Anbieters zeigt sich ein Kaufverhalten, das „ebenfalls eine bestimmte Art der Informationsbeschaffung und -verarbeitung dar(stellt), nämlich das Abrufen von Informationen, die man aufgrund von Erfahrungen gesammelt hat."[6] BAUER äusserte sich folgendermassen dazu: „... in large part, risk handling is information handling."[7]

---

1 Vgl. Bauer 1967; Cox 1967; Cunningham 1967.
2 Vgl. Wittmann 1959, S. 148 ff.; Cox 1967, S. 80.
3 Vgl. hier und im folgenden Plötner 1995, S. 16 ff.
4 Vgl. auch ausführlicher Plötner 1995, S. 16 ff. m.w.N.
5 Vgl. Nolte 1976, S. 197; Weinberg 1977, S. 116 f.
6 Nolte 1976, S. 197.
7 Bauer 1967, S. 80.

Das Beispiel des „Order Splitting" in der *dritten* Strategie zeigt, dass sich die angestrebte Risikoreduktion nicht allein positiv auf die Kundenbindung gegenüber einem einzelnen Anbieter auswirken muss.[1]

Die Konsequenzen der *vierten* Strategie sind ebenfalls nicht eindeutig. Je nachdem, ob und in welcher Art und Weise Kunden das Anbieterverhalten mittels z.B. Garantien oder über Verträge beeinflussen können, ist eine erhöhte Kundenbindung, aber auch eine stärkere Anbieterbindung möglich.

Massnahmen zur Risikoreduktion sind nicht nur eine Frage des Erstkaufs und gelten nicht allein für den Beginn einer Geschäftsbeziehung. Kaufrisiken bleiben auch dann bei Wiederkaufentscheidungen relevant, wenn die Leistungen sogenannte „Vertrauenseigenschaften"[2] aufweisen, das heisst, weder vor noch nach dem Kauf vollständig beurteilbar sind. Zudem stammen sie aus dem Beziehungs*umfeld* (Technologie, Politik, Gesetz) und befinden sich damit nicht unbedingt im Einflussbereich der beteiligten Partner. Längere Kaufzyklen oder persönliches Risikoempfinden können ebenfalls die Wahrnehmung bestimmen.

Daneben gilt es zu berücksichtigen, dass identische Wiederkäufe der absolut gleichen Leistung – insbesondere im Industriegüter- und Dienstleistungsbereich – selten sind.

Für den Anbieter ergeben sich daraus folgende Konsequenzen: Er muss zum einen versuchen, den Verhaltensunsicherheiten kommunikativ zu begegnen, indem er den Kunden zusätzliche Informationen bereitstellt, die seine Kompetenz und Glaubwürdigkeit bzw. Vertrauenswürdigkeit unterstreichen (z.B. Einsicht in interne Abläufe, Referenzen, Gutachten/Zertifikate neutraler Institutionen).[3] Zum anderen wird insbesondere im OEM-Geschäft Lieferanten empfohlen, durch sogenannte Selbstbindungsmassnahmen (Garantien, Akzeptanz von Konventionalstrafen, kundenspezifische Investitionen) das Vertrauen der Kunden zu stärken.[4] Anbieterbindung ist hier die Voraussetzung für Kundenbindung (siehe Kap. D 4.2.1 Abhängigkeitsmanagement).

Das wahrgenommene Risiko als Unsicherheit bezüglich der Handlungsfolgen ist Ausdruck eines inneren Konflikts. Es kann als eine Form der Vorentscheidungsdissonanz interpretiert werden. BAUER meinte deshalb, dass vieles, was er zum wahrgenommenen Risiko sage, bereits in der Theorie der kognitiven Dissonanz von FESTINGER enthalten sei.[5]

---

1 Für positive Wirkungen auf die Kundenbindung siehe z.B. Wiechmann 1995; Homburg/Giering/Hentschel 1998, S. 91; Hentschel 1991.
2 Vgl. Nelson 1970; Darby/Karni 1973; Kaas 1990.
3 Siehe hierzu v.a. auch die informationsökonomisch geprägten Ausführungen bei Fließ 1995, S. 309; Backhaus 1999, S. 722 f. oder Kaas 1990, S. 541 m.w.N. zum Begriff „Signaling".
4 Vgl. Kaas 1992a; Rößl 1996, S. 311 ff.
5 Vgl. Bauer 1967.

2.1.1.2 Theorien der kognitiven Dissonanz

Grundannahme ist, dass ein Individuum nach Harmonie strebt und versucht, unangenehme, psychische Spannungen, die auf Widersprüche zwischen Kognitionen beruhen, zu vermeiden oder zu verringern.[1] Kognitionen sind dauerhafte und bewusst wahrgenommene psychische Prozesse; es kann sich dabei um einzelne Wissenselemente, wahrgenommene Affekte, Meinungen oder Einstellungen handeln.[2]

Hier interessiert besonders die Dissonanz in der Nachkaufphase. Eine kognitive Dissonanz entsteht durch das Wissen, gewisse Nachteile der gewählten Alternative hinzunehmen und nicht in den Genuss der Vorteile ausgeschlagener Wahlmöglichkeiten zu gelangen. Je mehr sich die Alternativen gleichen und je mehr Vorteile diese aufweisen, desto grösser ist die Dissonanz. Sie ist zudem abhängig von der Bedeutung des Kaufs: Je wichtiger dieser für den Kunden ist, desto stärker ist die Dissonanz (Schokoriegel vs. Kauf eines Hauses).[3]

Kunden werden verschiedene Strategien verfolgen, Dissonanzen zu reduzieren oder gar nicht aufkommen zu lassen. Signifikant wurde die Hypothese gestützt, dass der Kunde nach dem Kauf offener für bestimmte Informationen ist, die ihm bei der Dissonanzreduktion helfen.[4] Werden Kaufverzicht oder Rücktritt nicht berücksichtigt, so erfolgt die Reduktion etwa dadurch, dass Vorzüge hervorgehoben und Nachteile bagatellisiert oder dissonante Informationen verdrängt bzw. vergessen werden.

Ein marken- oder anbietertreues Verhalten ist eine Möglichkeit, das Risiko einer kognitiven Dissonanz nach dem Kauf bereits von vornherein einzuschränken. Wird das Produkt oder die Marke häufiger und routinemässig erworben, ohne Blick auf andere Alternativen, so fallen die Ursachen für eine Dissonanz weg.[5] Die Berührungspunkte zur Risikotheorie sind allerdings offensichtlich.[6]

Für den Anbieter ergeben sich daraus folgende Konsequenzen: Wenn Käufer Leistungen präferieren, von denen sie aufgrund vorliegender Kauferfahrungen keine oder kaum Dissonanzen auf sich zukommen sehen,[7] so muss es darum gehen, kognitive Dissonanzen gar nicht erst auftreten zu lassen oder Kunden im nachhinein bei der Reduktion zu unterstützen. Zum ersten Punkt gehört das gesamte Zufriedenheitsmanagement. Ein zufriedener Kunde befindet sich in einem psychischen Gleichgewicht und ist bestrebt, dieses durch einen wiederholten Kauf zu erhalten.[8] Die Kommunikation in

---

1　Vgl. insb. Festinger 1957, S. 18 ff.
2　Vgl. Kroeber-Riel/Weinberg 1999, S. 183 f.
3　Vgl. Festinger 1957; Kroeber-Riel/Weinberg 1999, S. 184.
4　Vgl. Ehrlich/Guttman et al. 1957.
5　Vgl. Kroeber-Riel/Weinberg 1999, S. 186.
6　Vgl. Bänsch 1995a, S. 71.
7　Vgl. Bänsch 1995a, S. 66 f.
8　Vgl. Weinberg 1987, S. 165.

der Nachkaufphase[1] und das Beschwerdemanagement spielen im zweiten Punkt eine besondere Rolle. Eine prozessorientierte Betrachtung zeigt zudem, dass die Zufriedenheit beim Erstkauf (Akquisition) sich besonders auf die Folgekäufe auswirken kann (siehe Kap. D 7).

2.1.1.3 Lerntheorien

Aufgrund der Vielschichtigkeit und Komplexität menschlichen Lernens existiert ein ganzes Spektrum theoretischer Ansätze, die sich mit dem Lernverhalten von Individuen auseinandersetzen.[2] Unter die klassischen SR-Theorien fällt auch das *Lernen nach dem Verstärkerprinzip*. In diesem Fall ändert sich die Wahrscheinlichkeit eines Verhaltens aufgrund der Konsequenzen, die das Verhalten für das Individuum hat. Konsequenzen sind Umweltreize, die auf die Person aufgrund ihres Verhaltens einwirken. Das Individuum lernt durch diese Konsequenzen, die es als Belohnungen oder Bestrafungen empfinden kann.

Die Grundaussage lautet vereinfacht: Belohnte Aktivitäten (z.B. durch Geld, soziale Anerkennung) werden tendenziell verstärkt, bestrafte Aktivitäten (z.B. durch schmerzauslösende Reize, soziale Missbilligung) geschwächt.[3] Wenn ein Kunde positive Erfahrungen mit einem Produkt, einer Marke, einer Einkaufsstätte oder einem Verkäufer verbindet, so wird er weitere positive Erfahrungen erwarten und entsprechende Verhaltenswiederholungen zeigen.[4]

Für den Anbieter ergeben sich daraus folgende Hinweise: Das Ziel, positive Erfahrungen beim Kunden hervorzurufen, betrifft erneut den breiten Bereich des Zufriedenheitsmanagements. Aber auch Bonussysteme spielen insbesondere dann eine Rolle, wenn sie das Kundenverhalten effektiv steuern können. Schliesslich fallen darunter auch andere Belohnungen und Geschenke, die als Reaktion auf ein bestimmtes Kundenverhalten erfolgen.

Ein spezieller Fall des individuellen Kontaktes mit der Umwelt ist die soziale Interaktion. Das oben beschriebene Verstärkungsprinzip wird von anderen Theorien aufgegriffen, um Interaktionen zu erklären. Ein Beispiel ist die soziale Austauschtheorie von THIBAUT/KELLEY.[5]

---

1 Vgl. z.B. Raffée/Sauter/Silberer 1973, S. 72 ff.; Nolte 1976, S. 664 ff.
2 Für einen Überblick siehe z.B. Bower/Hilgard 1984.
3 Vgl. z.B. Skinner 1973, S. 70 ff., 175 ff; Kroeber-Riel/Weinberg 1999, S. 330 f.
4 Vgl. Bänsch 1998, S. 45; siehe zur Kritik an der vereinfachten Beziehung Kaufverhalten und Belohnung Kroeber-Riel/Weinberg 1999, S. 332.
5 Vgl. Thibaut/Kelley 1959.

2.1.2 Sozialpsychologische Ansätze

THIBAUT/KELLEY gehen davon aus, dass jedem Interaktionspartner eine Anzahl von Verhaltensalternativen zur Verfügung steht. Jede Alternative hat einen bestimmten Wert und ist für beide Partner mit „Lohn" (Nutzen) oder Kosten verbunden. Um die *Attraktivität* der Beziehung zu bewerten, führen die Autoren ein Vergleichsniveau ein (comparison level = CL). Aus den früheren positiven (+) und negativen (-) Erfahrungen wird eine Art Mittelwert gebildet. Dabei wirken sich jüngere Erfahrungen stärker als ältere auf den CL aus. Je positiver die Erlebnisse waren, desto höher ist das Vergleichsniveau (der subjektive Wertnullpunkt) und desto anspruchsvoller wird der jeweilige Partner. Eine Beziehung ist dann attraktiv, wenn die Differenz von Nutzen und Kosten aus der Beziehung (Nettonutzen W) grösser ist als das Vergleichsniveau CL (Erwartung).

Die *Abhängigkeit* wird durch das Vergleichsniveau für Alternativen CL_{alt} bestimmt. Es entspricht ebenfalls einem Mittelwert aus Nutzen- und Kostenelementen anderer Beziehungen inklusive der besten Alternative. Je nach Relationen zwischen W, CL und CL_{alt} ist eine Beziehung attraktiv oder nicht bzw. ist man in verschiedenem Ausmass von ihr abhängig (siehe Abbildung 4).

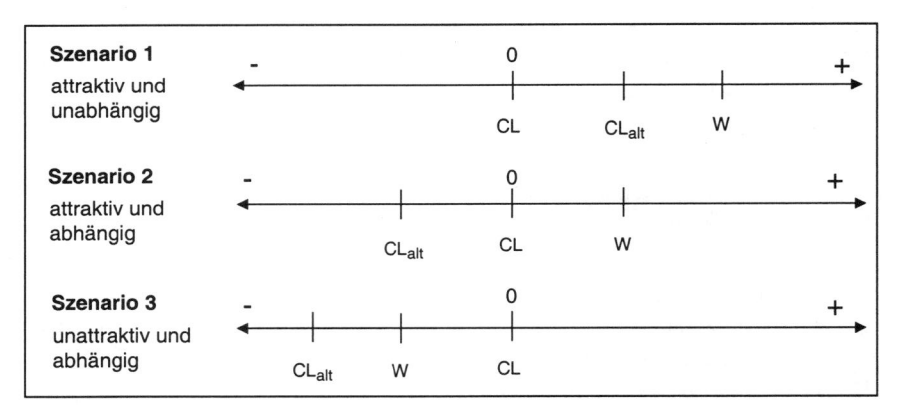

Abb. 4: Attraktivität und Abhängigkeit in Beziehungen
(Quelle: Herkner 1991, S. 398)

Wenn der Nettonutzen W das Vergleichsniveau CL übertrifft, ist die Beziehung aus Sicht des beurteilenden Kunden attraktiv (1, 2). Zudem ist er in Szenario 1 auch noch unabhängig, denn die Kosten-Nutzen-Differenz des Vergleichsniveaus der besten Alternative liegt ebenfalls über CL. Unattraktiv und abhängig ist der Kunde in Szenario 3, da der aktuelle Wert der Beziehung W unter CL liegt und der Wechsel zur nächsten Alternative CL_{alt} seine Situation noch weiter verschlechtern würde.

Die praxisnahe Anwendung dieses Ansatzes wird dadurch beeinträchtigt, dass die qualitativen Kosten- und Nutzenkomponenten nur schwer gemessen werden können. Zudem ist dieses Verfahren primär für Zwei-Personenbeziehungen geeignet.[1] Dennoch sind einige Implikationen für den Anbieter zu nennen: Zufriedenstellende Erfahrungen in einer Beziehung sind eine wichtige Voraussetzung für deren weiteres Fortbestehen. Der Begriff des CL_{alt} eröffnet eine Perspektive für die Konkurrenz und liefert als Einflussfaktor der Abhängigkeit einen wichtigen Input für die Untersuchung der „optimalen" Kundenbindung in Kapitel C 4.

Nach dem *Investment-Modell* von RUSBULT, einem Vertreter der Beziehungslehre, hängt die Attraktivität einer Beziehung sowie die Bindung, er nennt hier den Begriff Commitment (COM), nicht allein vom Ausmass der Zufriedenheit (SAT) und den verfügbaren Alternativen bzw. deren Wertigkeit für den einzelnen Partner (CL_{alt}) ab. Zusätzlich spielt es eine Rolle, welche Investitionen bereits in die Beziehung getätigt wurden. Da er dieses Modell auf die partnerschaftliche Beziehung zwischen Mann und Frau anwendet, findet man folgende Beispiele: *Extrinsische* Investitionen sind gemeinsame Freunde, geteilte Erinnerungen oder geteilter Besitz. Als *intrinsische* Investitionen bezeichnet er Zeit, emotionale Anstrengungen oder Selbstoffenbarung.[2] Die Investitionen haben zur Folge, dass die Kosten eines Beziehungsabbruchs erhöht werden.[3]

Nach der Gleichung COM = SAT + INV − CL_{alt} existiert beispielsweise ein starkes Commitment bei grosser Zufriedenheit, hohen Investitionen und fehlenden bzw. unattraktiveren Alternativen.[4] Da diese Investitionen aber auch als Kosten (sunk costs) des Beziehungsabbruchs in die Kosten der nächstbesten Alternative CL_{alt} einfliessen können, ist der formale Aussagegehalt des Investment-Modells im Gegensatz zum Ansatz von THIBAUT/KELLEY nur bedingt grösser. Allerdings verweist es darauf, Beziehungen aus einer längerfristigen Perspektive zu betrachten. MUMMALANENI/WILSON haben dieses Modell auf Geschäftsbeziehungen übertragen und empirisch bestätigt.[5]

2.2 Ökonomische Ansätze

Während sich die verhaltenswissenschaftlichen Ansätze von den engen und unrealistischen, neoklassischen Annahmen abwandten, fussen die Ansätze der Neuen mikroökonomischen Theorie auf der Neoklassik, jedoch mit deutlich realistischeren Prämissen.[6] Ihr Grundgedanke konkretisiert sich in dem Problem, wie Transaktionen

---

1 Weitere Kritik an den Austauschtheorien vgl. z.B. Mikula 1985, S. 293.
2 Extrinsische Investitionen sind verbunden mit dieser speziellen Beziehung; intrinsische Investitionen fliessen direkt in Beziehung ein.
3 Vgl. Rusbult 1980, S. 173 f.; 1983, S. 102 f.
4 Vgl. Rusbult 1980; 1983. Zur Kritik an der Operationalisierung vgl. Wiechmann 1995, S. 89 f.
5 Vgl. z.B. Mummalaneni/Wilson 1991.
6 Vgl. Hax 1991, S. 54 ff.

zwischen asymmetrisch informierten und unter Unsicherheit agierenden Marktparteien vollzogen sowie optimal gestaltet werden.[1] Die Neue Institutionenlehre hat als Kernziel, die Gestaltung und Evolution von Institutionen zu erklären, welche die Unsicherheit der Akteure zu reduzieren wissen. Hier wiederum gruppieren sich Forschungsansätze mit unterschiedlicher Fragestellung und Methodik.

Im Zusammenhang mit Wiederkaufprozessen vermag der Transaktionskostenansatz einen Beitrag zu leisten, da er zum Teil die Bedingungen einer dauerhaften, engen Beziehung zwischen zwei Transaktionspartnern erklären kann (siehe Abschnitt 2.2.2).

Der Geschäftstypenansatz[2] wurde unter Rückgriff auf die Transaktionskostentheorie entwickelt. Er ist demzufolge kein theoretischer Ansatz auf gleicher Ebene, ermöglicht aber eine differenzierte Sichtweise der Kundenbindung bei einzelnen Geschäftstypen (siehe Abschnitt 2.2.3).

Zuvor wird jedoch die mikroökonomische Theorie von HIRSCHMANN vorgestellt. Er vertritt allerdings keine reinen mikroökonomischen Prämissen, sondern weist darauf hin, dass der Widerspruch als Reaktionsweise zur Abwanderung bei Unzufriedenheit mit einem Anbieter ebenfalls zu betrachten ist.[3] HIRSCHMANN kritisiert damit das Allokationsmodell der Mikroökonomie, das eine eingeschränkte Beweglichkeit von Nachfragern und ein Wiedergutmachen von Fehlern von Wirtschaftssubjekten vernachlässigt.

2.2.1 Mikroökonomische Analyse von Hirschmann: Abwanderung und Widerspruch

HIRSCHMANN (1974) untersucht die drei Verhaltensweisen Abwanderung, Widerspruch und Loyalität von Mitgliedern in Organisationen (z.B. Parteien, Firmen). Er bezeichnet Loyalität als besondere „Anhänglichkeit an eine Organisation"[4]. Ein Kunde verfügt über zwei (aktive) Reaktionsmechanismen, wenn sich die Qualität der Organisation oder deren Produkte verschlechtert: Er kann widersprechen, das heisst sich beschweren, oder er kann abwandern.

Die Zusammenhänge zwischen Loyalität, Widerspruch und Abwanderung zeigt Abbildung 5.

---

1 Vgl. Hax 1991.
2 Vgl. Backhaus 1999, S. 298 ff.
3 Vgl. Hirschmann 1974, S. 31.
4 Hirschmann 1974, S. 66.

Teil B: Kundenbindung als Erfolgsfaktor 29

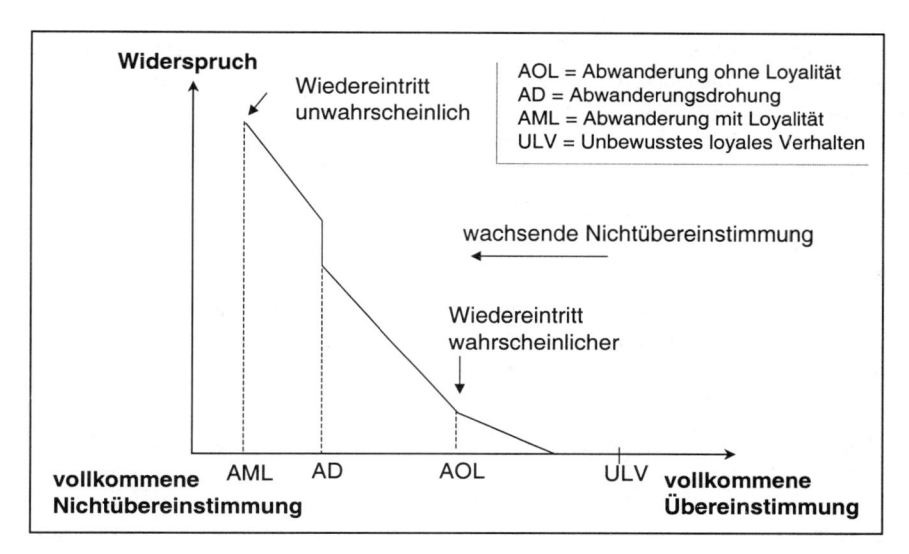

Abb. 5: Loyales Verhalten bei wachsender Diskrepanz zu einer Organisation bzw. deren Leistungen (Quelle: in Anlehnung an Hirschmann 1974, S. 74)

Von rechts nach links nimmt die Diskrepanz zwischen Erwartungen und Erfahrungen mit der Leistung eines Unternehmens zu. Ab einem gewissen Punkt AOL werden bei Unzufriedenheit relativ schnell nichtloyale Kunden das Unternehmen verlassen (Abwanderung ohne Loyalität). Die Loyalität wirkt als Bremse. Der loyale Kunde überlegt sich, was er tun könnte, um seine Unzufriedenheit zu reduzieren. Er wird den Widerspruch intensivieren (steilerer Anstieg der Kurve AOL – AD) bis zur Abwanderungsdrohung AD. AD soll hier ein artikulierter Widerspruch sein, z.B. in Form einer Beschwerde. Aussagen darüber, wie breit die Spanne AOL – AD ist, gibt das Modell nicht. Genaugenommen kann die Beschwerde bereits zu dem Zeitpunkt geäussert werden, wenn andere Kunden schon abwandern (Punkt AOL). Schliesslich wird der Punkt erreicht, an dem die Loyalität überbeansprucht wird. Der Kunde wechselt das Unternehmen (AML = Abwanderung mit Loyalität).

Punkt ULV steht für ein unbewusstes loyales Verhalten. Da der Kunde die Verschlechterungen selbst gar nicht bemerkt, kommt es auch zu keinem Widerspruch.

Für den Anbieter ergeben sich daraus folgende Konsequenzen: Werden Abwanderung und Widerspruch als Sanierungsmechanismen verstanden, die Organisationen wieder zur Effizienz zurückführen können, so sollten Unternehmen eine für sie optimale Mischung beider Reaktionen fördern. In Märkten mit einer Vielzahl gleichartiger Leistungen und ohne hohe Wechselkosten stehen Anbieter meist vor dem Problem, dass sie Informationen über die Unzufriedenheit der Kunden primär erst durch deren Abwanderung und kaum durch Widerspruch erhalten.[1] Diese Informationen sind wenig konkret und vergangenheitsbezogen. Ausserdem ist die Abwanderung aus Sicht der meisten Anbieter – wie im Abschnitt 1.2 erläutert – keine zu fördernde Reaktion, wenn Kunden erst mit der Zeit profitabel werden. Die Rückgewinnung ist meist mit hohen Anstrengungen verbunden, denn der Kunde wird wahrscheinlich nicht bereit sein, das gleiche (geringe) Qualitätsniveau wie bei seinem Ausstieg zu akzeptieren (siehe Abbildung 5).

Mit dem Fokus auf die Kundenbindung stehen diesen Firmen verschiedene Handlungsvarianten zur Verfügung: Sie können ihre Reaktionsbereitschaft gegenüber der Abwanderung erhöhen (z.b. Wechselkosten erhöhen, Lapser-Analysen[2], Rückgewinnungsmassnahmen) oder ihre Kunden dazu bringen, sich verstärkt auf den Widerspruch einzulassen (Beschwerdemanagement, Hotline usw.).

HIRSCHMANN stellt fest, dass im Fall von Unzufriedenheit die Kundenloyalität in der Regel die Neigung zur Abwanderung hemmen und den Widerspruch fördern wird.[3] Wenn dem so ist, dann schaden sich Unternehmen selbst, wenn sie einerseits die Bindungen erhöhen wollen, andererseits aber keinen Widerspruch im Sinne von Beschwerden akzeptieren.

2.2.2 Transaktionskostentheorie

Die Transaktionskostentheorie ist ein Forschungsansatz der Neuen Institutionenökonomie.[4] Jene steht in der Tradition neoklassischer Theorien, versucht aber, sich von den unrealistischen Prämissen der Mikroökonomie zu lösen.[5] Ihr Kernziel ist es, die Gestaltung und Evolution von Institutionen[6] zu erklären.

Ausgangspunkt ist die Tatsache, dass Marktteilnehmer in mehr oder weniger grossem Masse Unsicherheiten in bezug auf die zu tauschenden Leistungen wahrnehmen. Aufgrund ihrer begrenzten Informationsaufnahme und -verarbeitungskapazität ist es den Nachfragern und Anbietern nicht möglich, diese Unsicherheiten vollständig zu beherrschen. Zudem ist ein gewisser Grad an Opportunismus zu berücksichtigen, das heisst, die Akteure können Informationsvorsprünge auf Kosten anderer ausnutzen. Qualitätsunsicherheiten lösen „marktergänzende Institutionen"[7] zwischen Anbietern und Nachfragern aus, die helfen, Unsicherheiten zu reduzieren.

---

1 Vgl. hier und im folgenden Hirschmann 1974, S. 34 ff., 102, 105.
2 Analyse verlorener Kundenbeziehungen
3 Vgl. Hirschmann 1974, S. 67.
4 Vgl. z.B. Hax 1991, S. 52 ff.; zu den Prämissen siehe gleiche Quelle.
5 Ein Überblick zur neoklassischen Theorie gibt z.B. Schumann 1992.
6 Vgl. Picot 1991a, S. 144.
7 Hauser 1979, S. 762.

Die Transaktionskostentheorie beschäftigt sich mit den Austauschbeziehungen zwischen zwei Transaktionspartnern unter dem Effizienzkriterium. Das heisst, die Partner wählen diejenige Form des Austauschs, bei dem das kleinste Transaktionsrisiko und damit die geringsten Transaktionskosten entstehen, z.b. Kosten der Partnersuche, Verhandlungen, Kontrolle, Anpassung oder Beendigung.[1]

Generell wird davon ausgegangen, dass eine Zusammenarbeit in Form einer längerfristigen Geschäftsbeziehung gewählt wird, wenn die Transaktionen mit hohen spezifischen Investitionen verbunden sind und eine grosse Unsicherheit aufweisen, sie zudem sehr häufig erfolgen sowie eine hohe wettbewerbsstrategische Relevanz besitzen.[2]

Besonders *spezifische Investitionen* können einen sogenannten „Lock in-Effekt" verursachen. Das heisst, der eine Partner wird in die Geschäftsbeziehung „eingeschlossen", weil seine getätigten Investitionen genau auf den anderen Geschäftspartner zugeschnitten sind und nicht oder nur mit Wertverlust auf eine andere Beziehung übertragen werden können. Spezifische Investitionen werden in unterschiedliche Ressourcen getätigt, beispielsweise:[3]

- *Standort*, z.B. Verlagerung des eigenen (Produktions-)Standorts in die Nähe des Anbieters,

- *Sachkapital*, z.B. Investitionen in Spezialwerkzeuge oder -maschinen, Logistiksysteme oder der Entscheid für eine bestimmte Systemarchitektur, die allein auf den Austausch mit einem bestimmten Anbieter zugeschnitten sind,

- *Humankapital*, z.B. Aneignung von Spezialkenntnissen und Erfahrungen, die nicht auf andere Anbieter übertragbar sind.

Spezifische Investitionen sind materiell oder immateriell. Sie werden explizit getätigt oder entwickeln sich erst im Zeitverlauf (implizit).[4] Die daraus resultierenden Bindungen können sowohl beim Anbieter als auch beim Kunden entstehen. Wie stark der Kunde nun abhängig ist, wird nicht nur durch Höhe und Spezifitätsgrad seiner Investitionen bestimmt, sondern auch durch die Asymmetrie der Bindungen zwischen den Geschäftspartnern (siehe auch Kap. C 4.3; D 4.2).[5] Diese „relative Kundenbindung"- aufgrund der Existenz von Anbieter- *und* Kundenbindungen insbesondere im Business-to-Business Bereich (vor allem im OEM-Geschäft) wird im Abschnitt 2.2.3 anhand des Geschäftstypenansatzes verdeutlicht.

---

[1] Vgl. z.B. Freiling 1995, S. 105 ff. m.w.N.
[2] Vgl. hier und im folgenden Williamson 1985; Picot 1982; 1991b, S. 346 f.
[3] Siehe auch Williamson 1985.
[4] Vgl. Kaas 1992b, S. 48.
[5] Vgl. Jackson 1985, S. 10 (Beispiele); Kleinaltenkamp/Preß 1995 m.w.N.

Einzelne Autoren erweitern den Transaktions*kosten*ansatz, indem sie *Nutzen*elemente, die im Rahmen einer Transaktion entstehen können, z.B. Erfahrungs- und Lerneffekte berücksichtigen.[1] Zum Beispiel kann Händlertreue positiv beeinflusst werden, wenn sich Endkonsumenten mit der Regal- und Produktanordnung im Geschäft vertraut gemacht haben.

Spezifische Investitionen sind allerdings nicht die einzigen Ursachen für Wechselkosten (switching costs):[2]

- *Direkte Wechselkosten* fallen auch beim Wechsel zu einem Produkt der Konkurrenz mit potentiell gleichem Nettonutzen an. Der Kunde muss die Alternative suchen, beurteilen und letztlich auch kaufen, was zeitaufwendig sein und Kosten verursachen kann. Auch die mit der Aufnahme einer neuen Geschäftsbeziehung verbundenen Risiken gehören hierzu.
  Gleichzeitig sind Beendigungskosten beim alten sowie zusätzliche Schulungs-, Umrüstungskosten u.ä. beim neuen Anbieter zu berücksichtigen. Vertragliche Wechselkosten (Vertragsstrafen) können beispielsweise bei einer vorzeitigen Vertragskündigung anfallen.

- Die Gefahr von „*sunk costs*" durch spezifische Investitionen und dem damit verbundenen Wertverlust sind in die Entscheidung einzubeziehen.

- Eine Sonderform der „sunk costs" sind „*künstliche*" Wechselkosten, die ein Unternehmen selbst kreiert, um seinen Kunden den Wechsel zu erschweren. Hierzu gehören Bonusprogramme wie beispielsweise Frequent Flyer Programme der Fluggesellschaften oder Bonus- bzw. Rabattsysteme im Handel.

- *Opportunitätskosten des Wechsels:* Dazu zählen der schwer quantifizierbare entgangene Nutzen aus der bestehenden Beziehung, insbesondere auch psychologische Wechselkosten, die dazu führen, dass der Kunde nicht aufgrund rein ökonomischer/monetärer Überlegungen wiederholt kauft, sondern aus Gewohnheit, infolge Zufriedenheit oder grossen Vertrauens.

Kundenbindung ist gemäss dieser Ansätze dann vorhanden, wenn Wechselkosten die Abwanderung zur Konkurrenz erschweren oder - zumindest kurzfristig - verhindern. Spezifische Investitionen spielen dabei eine entscheidende Rolle.

---

1   Vgl. Plinke 1989, S. 310 f.; Kaas 1992b, S. 10 f.; Söllner 1993, S. 197 ff.
2   Vgl. z.B. Jackson 1985, S. 42 ff.; Klemperer 1987, S. 375 f.; Schütze 1992;

2.2.3 Geschäftstypenansatz

Der Geschäftstypenansatz basiert ebenfalls auf einer institutionenökonomischen Analyse und ermöglicht eine differenzierte Sichtweise der Kundenbindung bei einzelnen Geschäftstypen (siehe Abbildung 6).[1]

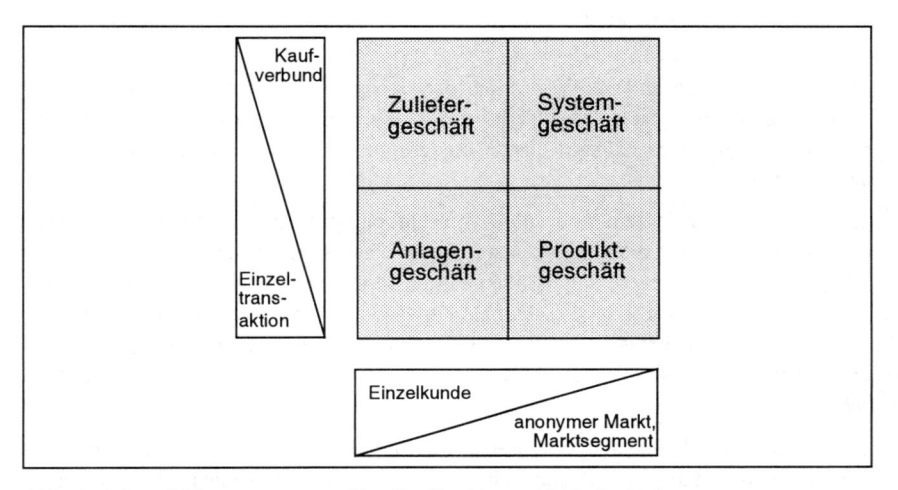

Abb. 6: Geschäftstypenansatz (Quelle: Backhaus 1999, S. 306)

Anbieterseitige Bindungen entstehen vor allem, wenn Unternehmen spezifische Investitionen in eine Geschäftsbeziehung mit Einzelkunden tätigen, zum Beispiel eine kundenindividuelle Auftragsfertigung im *Anlagen- und Zuliefergeschäft*.

Kundenbindung entsteht dann, wenn der Erstkauf unmittelbar zu Folgekäufen führt. Ein zeitlicher Kaufverbund besteht beispielsweise aufgrund der Entscheidung eines Kunden für eine spezielle Systemtechnologie (*Systemgeschäft*). Im Zuliefer- bzw. OEM-Geschäft kann ein Kunde an eine eigens für ihn entwickelte Problemlösung längerfristig gebunden sein.

Aufgrund dessen, dass es möglich ist, Systeme in allen vier Geschäftstypen zu vermarkten,[2] werden Systeme nicht zwangsläufig auf dem Massenmarkt und im Kaufverbund angeboten, sondern bilden auch eigenständige Problemlösungen für den Kunden.[3] Wichtig für diese Arbeit ist ein breiter Systembegriff, bei dem der Gesamtnutzen des Systems grösser als die Summe der Teilnutzen ist. Dabei können die aus dem

---

[1] Vgl. Backhaus 1999, S. 298 ff. und dort die genauere Herleitung des Ansatzes.
[2] Systeme - als eine Anzahl über physische Netze in Wechselwirkung stehender Funktionselemente auf der Basis verschiedener Technologien, vgl. Backhaus/Aufderheide/Späth 1994, S. 9, 105 ff.
[3] Vgl. Wimmer/Zerr 1995, S. 82.

Erstkauf resultierenden Folgekäufe ebenfalls aufgrund eines speziellen Designs, preislicher Anreize oder anderer Kompatibilitäten zustande kommen. LEVITT zeigt auf, dass zukünftig der Zeitaspekt sowie der Systemcharakter des Angebots eine stärkere Rolle spielen werden.[1] BELZ formuliert den Begriff Leistungssysteme als ganzheitliche Problemlösungen, die optimal auf die Erfordernisse des Anbieters *und* seiner jeweiligen Kunden(segmente) abgestimmt sind.[2]

Das Angebot im *Produktgeschäft* ist auf den anonymen Markt ausgerichtet. Es kann vom Kunden isoliert nachgefragt werden, das heisst, es existiert kein zeitlicher Kaufverbund.[3] Dieser Geschäftstyp besitzt die grösste Nähe zum klassischen Konsumgütermarketing.[4]

Im Gegensatz zum System- und Zuliefergeschäft entsteht Kundenbindung im Produkt- und Anlagengeschäft nicht per se, sondern wird insbesondere durch aktive, anbieterseitige Massnahmen erzeugt. Ziel muss es hier sein, einen Kauf*verbund* herzustellen. Kundenbindung bewirkt in diesem Fall eine Geschäftstypenveränderung („dynamisches Geschäftstypenmanagement").[5] Die Form der Kundenbindung kann jedoch auch im Zuliefer- und Systemgeschäft verändert, zum Beispiel intensiviert oder zeitlich verlängert werden.

Aus der Sicht des Geschäftstypenansatzes ist Kundenbindung eine infolge spezifischer Investitionen resultierende Abhängigkeit, die vom Kunden – mehr oder weniger – wahrgenommen wird und deshalb in Vermarktungsprozessen berücksichtigt werden muss. Hierunter fallen Kaufprozesse, die eine sukzessive Beschaffungsschrittfolge seitens des Kunden erfordern oder ermöglichen. Zudem entsteht die Abhängigkeit auch aufgrund des hohen Spezifitätsgrads kundenindividuell erstellter Leistungen.

Die Aussagen dieses Ansatzes erleichtern die Konzeption und Umsetzung zielgerichteter Massnahmen, obwohl in dieser Arbeit Abhängigkeit und Bindung nicht gleichgesetzt werden. Zudem ist dieser Ansatz auch deshalb nützlich, weil er eine branchenübergreifende Sichtweise zulässt.

---

1 Vgl. Levitt 1983, S. 89.
2 Vgl. Belz 1991a; 1991d.
3 Vgl. Backhaus 1999, S. 305.
4 Siehe auch Backhaus 1992, S. 780.
5 Vgl. Backhaus/Baumeister 1999, S. 316.

2.3 Würdigung der Konzepte im Hinblick auf ihren Erklärungsgehalt von Wiederkaufverhalten

Jeder der dargestellten Ansätze ist geeignet, Wiederkaufverhalten aus seinem Blickwinkel heraus zu erklären (siehe Abbildung 7).[1]

	Risikotheorie	Dissonanztheorie	Lerntheorie	Interaktionstheorie von Thibaut/Kelley	Investment-Modell von Rusbult	Abwanderung/ Widerspruch von Hirschmann	Transaktionskostenansatz
Erwartungen	x		x	x	x		x
Erfahrungen	x	x	x	x	x	x	
Persönliche Charakteristika	x	x	x				
Zufriedenheit		x	x	x	x	x	
Treue	x	x	x			x	
Alternativen und Umfeld				x	x	x	x
Wechselkosten					x	x	x
Risiko	x	x					x
Ziele	x	x	x	x	x	x	x
Abhängigkeit				x	x	x	x

Abb. 7: Wichtige Bestimmungsfaktoren des Wiederkaufverhaltens in den dargestellten theoretischen Ansätzen

Die Risikotheorie verweist auf die Unsicherheit des Käufers, ob sich seine Erwartungen an die Gegenleistung vollständig erfüllen werden. Das empfundene Ausmass ist intra- und interindividuell unterschiedlich und auch von den bisher erworbenen Erfahrungen abhängig. Durch das Abrufen bisheriger Informationen, beispielsweise bisheriger Produktkäufe, wird das Kaufrisiko reduziert.

In ähnliche Richtung zielen die Theorien der kognitiven Dissonanz. Um Nachkaufdissonanzen zu vermeiden oder zu reduzieren, verhalten sich Käufer marken- oder anbietertreu. Zufriedene Kunden wollen ihr psychisches Gleichgewicht durch einen wiederholten Kauf erhalten.

---

[1] Siehe auch Schütze 1992, S. 109 ff.; Wiechmann 1995.

Die Lerntheorien verdeutlichen den Zusammenhang zwischen Erfahrungen und zukünftigen Erwartungen. Bei positiven Erfahrungen wird der Käufer weitere positive Erfahrungen erwarten und entsprechende Verhaltenswiederholungen zeigen.

THIBAUT/KELLEY thematisieren die Attraktivität (Zufriedenheit) und die Abhängigkeit in Beziehungen. Letztere wird durch das Vergleichsniveau für Alternativen bestimmt CL_{alt}. Das Vergleichsniveau CL drückt die Erwartungen aus, welche durch Ziele und Interessen der Individuen beeinflusst werden.

Ähnlich argumentiert RUSBULT, bei dem Abhängigkeit zudem noch von den bereits getätigten spezifischen Investitionen abhängt. Damit werden auch anfallende Wechselkosten thematisiert.

Die Theorie von HIRSCHMANN hebt insbesondere die Zufriedenheit (und damit Erfahrungen und Erwartungen) hervor, loyales Verhalten zu zeigen. Er erwähnt auch die Zufriedenheit im Hinblick auf die Ergebnisse des Widerspruchs und verweist auf mögliche Sanktionen bei Abwanderung (Wechselkosten). Mögliche echte Alternativen bestimmen zudem die Kundenreaktionen Abwanderung oder Widerspruch.

Der Transaktionskostenansatz argumentiert in erster Linie aus Kostensicht. Ziel ist, Transaktionskosten zu minimieren. Dann, wenn hohe spezifische Investitionen getätigt werden müssen, die zu einem „Lock-in-Effekt" (Abhängigkeit, Wechselkosten) und zu Unsicherheit führen, ob und inwieweit die andere Partei dies opportunistisch ausnutzen wird, ist die Zusammenarbeit in Form einer Geschäftsbeziehung empfehlenswert.

3 Konzeptionelle Grundlagen

3.1 Einordnung der Kundenbindung in die Marketingdiskussion

Unternehmen als Systeme unterhalten eine Reihe unterschiedlichster Beziehungen zu ihrer Systemumwelt, beispielsweise zu Kapitalgebern, Regierungskreisen, Interessensgruppen, Wettbewerbern, zur Öffentlichkeit sowie zu Lieferanten und Kunden. Beziehungsmanagement oder Relationship Marketing muss sich somit nicht allein auf die *Kunden* eines Unternehmens beziehen,[1] wird aber in der Literatur oft gleichgesetzt. BERRY definierte Relationship Marketing als „attracting, maintaining and ...enhancing customer relationships"[2] und betonte damit, dass es neben dem Gewinnen neuer Kunden ebenso notwendig ist, dauerhafte Anbieter-Kundenbeziehungen zu entwickeln.

Dieser Grundgedanke wurde in verschiedene Definitionen aufgenommen.[3] Bei DILLER umfasst das Kundenmanagement – als Teil des Beziehungsmanagements – „alle Auf-

---

1 Vgl. Diller 1994.
2 Berry 1983, S. 25.
3 Vgl. z.B. Gummesson 1987, S. 11.

gaben der Planung, Durchführung und Kontrolle beim Aufbau, der Gestaltung und Erhaltung der Geschäftsbeziehungen zu bestimmten Kunden(gruppen)."[1] Strategische Ziele des Kundenmanagements sind Kundengewinnung, -selektion und -bindung.[2]

Die Erkenntnis, dass es der Wirklichkeit näher kommt, wenn Untersuchungen die *Beziehung* der Partner sowie den *Verbund* zwischen scheinbar isolierten Kaufprozessen stärker in den Vordergrund rücken, führte zu Diskussionen darüber, ob das Relationship Marketing eine neue paradigmatische Position begründet.[3]

Um die „neue" Denkweise einprägsam zu verdeutlichen, trennt die Literatur idealtypisch zwischen reinen Spotgeschäften, das heisst, isolierten Transaktionen und – im anderen Extrem – Geschäftsbeziehungen zwischen Anbieter und Kunden.[4] Der praktische Nutzen ist allerdings geringer, weil *reines* „Transaction-" oder „Relationship-Marketing" in der Realität kaum existieren und somit die Empfehlungen der Wissenschaftler zunächst auf die eigenen, innerhalb des Kontinuums liegenden Austauschprozesse, spezifiziert werden müssten.[5]

Kundenbindungsmanagement wird oft als Teilaspekt des Relationship Marketing gesehen.[6] Soll das Thema Kundenbindung im Rahmen von Geschäftsbeziehungen näher untersucht werden, bedarf dies aus drei Gründen einer weiteren Erläuterung:

1) Verständnis von Geschäftsbeziehungen: „Long-term" und „Short-term"-Orientierung

Das bisherige Verständnis von Geschäftsbeziehungen greift für diesen Zweck zu kurz. Geschäftsbeziehungen müssen oft gewissen Kriterien genügen, um als solche bezeichnet zu werden, zum Beispiel Organisationen und nicht Individualkunden als Partner,[7] hohe Wertvolumina, gegenseitige Abhängigkeiten, komplexe Transaktionssituationen[8] und/oder wechselseitige Kontingenz[9] bezogen auf das Planen und Handeln beider Seiten.

ENGELHARDT/FREILING argumentieren, dass „jeder Anbieter – auch auf Marktsegmenten mit einer Vielzahl von Kunden – (..) sein Marketing darauf aus(richtet), den Kunden an sein Unternehmen zu binden, ihn zufriedenzustellen, um Folgekäufe

---

1 Diller 1995a, Sp. 1363; ähnlich auch Kundenbindungsmanagement zur Intensivierung der Kundenbindung Diller/Müllner 1997, S. 5.
2 Vgl. Diller 1995a, Sp. 1369.
3 Vgl. z.B. die Diskussion bei Backhaus 1997; Blois 1996.
4 Die Bezeichnung der Relationship-Seite ist unterschiedlich, vgl. Arndt 1979, S. 72 (domesticated markets); Jackson 1985; Dwyer/Schurr/Oh 1987, S. 12 (relational exchange); Anderson/Narus 1991 (pure collaborative exchange). Siehe auch Levitt 1983; Frazier 1983, Plinke 1989; Gummesson 1987, S. 10 ff.
5 Vgl. z.B. Dwyer/Schurr/Oh 1987, S. 14.
6 Vgl. z.B. Homburg/Bruhn 1999, S. 5.
7 Vgl. Diller/Kusterer 1988, S. 211.
8 Vgl. Jackson 1985; Dwyer/Schuh/Oh 1987; Söllner 1993.
9 Vgl. Schütze 1992, S. 35.

herbeizuführen."[1] ARNDT verwies 1979 auf Beispiele für langfristige Beziehungen aus der Dienstleistungs- und Konsumgüterbranche, wie Buchclubs, Saisontickets für Sport- und Kulturveranstaltungen, Zeitschriftenabonnements, Kreditkarten oder langjährige Beziehungen zum Hausarzt oder einem Berater.[2] LEVITT schrieb „The future will be marked by intense business relationships in all areas of marketing, including frequently purchased consumer goods."[3]

Abgesehen von sogenannten „Hit-and-Run"-Situationen, die vom Anbieter explizit verfolgt werden können,[4] ist ein Denken in Einzeltransaktionen demnach auch für diejenigen zu relativieren, deren Geschäftsbeziehungen *nicht* die oben genannten Kriterien erfüllen. Oder anders: Nur wer eine „Now-or-Never" Marketingpolitik betreibt, muss sich nicht mit dem Kundenstamm-Marketing auseinandersetzen.[5]

Entscheidend sind die *differenzierten Marketingaktionen* aufgrund einer „Long-term"- oder „Short-term"-Orientierung der jeweiligen Partner in Geschäftsbeziehungen. Dabei kann eine „innere Verbindung"[6] zwischen den einzelnen Transaktionen auf Macht, Abhängigkeit, Vertrauen oder Commitment zurückzuführen sein oder „allein" aufgrund positiver Erfahrungen des Kunden beim letzten Kauf bestehen.

In den meisten Fällen steht daher nicht die Frage des „Ob" einer Kundenbindung zur Diskussion, sondern es kommt vielmehr auf das „Wie" an. Diesen Aspekt unterstreicht JACKSON, die Kundenbindung, im Sinne von Folgekäufen, in transaktionsorientierten Geschäften für möglich hält, nur eben anders ausgeprägt.[7]

Ein Beispiel dafür zeigt auch die Studie der Werbeagentur GREY. Sie bezeichnet 29 Prozent ihrer Befragten als „Smart Shopper" und schreibt dazu: „Weder an Hersteller- noch Handels-Marken gebunden, suchen sie ständig die bessere Offerte. Sie sind grundsätzlich immer offen für das überzeugendere Argument – Loyalität ist für sie im Konsum-Leben kein zwingender Begriff. „Smart Shopper" an Marken zu binden ist vielleicht die (!) Marketing-Aufgabe der Zukunft."[8]

HANSEN/JESCHKE widmen sich in ihren Untersuchungen insbesondere dem Nachkaufmarketing im Konsumgütergeschäft, das „die Zufriedenheit der Kunden nach dem Kauf und ihre langfristige Bindung an den Anbieter in den Mittelpunkt rückt".[9]

---

1 Engelhardt/Freiling 1995a, S. 37. Siehe auch die anschliessende Diskussion bei Bauer 1995 und Engelhardt/Freiling/Reckenfelderbäumer 1995.
2 Vgl. Arndt 1979, S. 71.
3 Levitt 1983, S. 89.
4 Vgl. Bauer 1995, S. 46; Engelhardt/Freiling/Reckenfelderbäumer 1995, S. 52.
5 Vgl. Weinhold-Stünzi 1987, S. 8 ff.
6 Vgl. Plinke 1989, S. 308.
7 Vgl. Jackson 1985, S. 16.
8 Grey Strategic Planning 1996, S. 12.
9 Hansen/Jeschke 1992; Hansen/Hennig 1995b; 1996.

In die gleiche Richtung zielt die Aussage in einem Expertengespräch: „Kundenbindung heisst, immer wieder den Kunden zu gewinnen und zu überzeugen."[1]

2) Kundenbindung in kooperativen Beziehungsmustern

Das „Wie" der Kundenbindung hängt stark von den Beziehungsstrukturen ab, die sich aufgrund einer unterschiedlichen Dominanz der Partner ergeben (z.b. Macht, Abhängigkeit). In dieser Arbeit soll der Schwerpunkt auf Beziehungsmustern liegen, in der beide Partner eine vertikale, *kooperative Strategierichtung* verfolgen.[2] Im Gegensatz zu reinen kompetitiven Strategien oder Strategien mit einseitiger Dominanz wird der kooperative Stil häufig empfohlen, weil es dadurch eher gelingt, Beziehungen *langfristig* aufrechtzuerhalten. Die Begriffe Win-Win-Situation, Relationship, kundenindividuelle Leistungen oder Integration von bzw. Interaktion mit Kunden sind dafür Beispiele.

3) Kundenbindung im Produktgeschäft: Low- und High-Involvement

Aufgrund eines branchenübergreifenden Ansatzes stellt sich die Frage, ob ein kooperativer Geschäftsbeziehungsansatz für alle Branchen, insbesondere für den Konsumgüterbereich oder das Komponentengeschäft geeignet, das heisst letztlich ökonomisch sinnvoll für alle Beteiligten ist.[3] Es zeigt sich, dass Marken- oder Produkttreue sowohl unter „High-Involvement"- als auch unter „Low-Involvement"-Bedingungen auftreten kann, je nachdem, was unter „Treue" verstanden wird.[4]

High-Involvement-Bedingungen

Zunächst soll dies aus Sicht des „High-Involvement" untersucht werden. Wenn die These gilt „People stay in relationships for two major reasons: because they want to; and because they have to."[5], erfordert die Bereitschaft beider Partner allerdings folgende Minimalkriterien:

1) Die theoretischen Erklärungsansätze weisen bereits auf die Notwendigkeit eines – wie auch immer gearteten – Benefits für *beide* Partner hin, den die Beteiligen ausserhalb dieses Austauschrahmens nicht erhalten würden, z.B. ein reduziertes Risiko von Fehlentscheidungen, Kosten- oder Zeitvorteile. Der Benefit muss zudem von den Beteiligten wahrgenommen und geschätzt werden.[6]

---

1 Vgl. LEGO Fallbeispiel in Dittrich 1998a, S. 119.
2 Vgl. Campbell 1985.
3 Vgl. Sheth/Parvatiyar 1995; Christy/Oliver/Penn 1996; Harnischfeger 1996, S. 15 ff.
4 Siehe zu dieser Unterteilung auch Weinberg 1977, S. 112 ff.; Weinberg 1987, S. 166 ff.
5 Johnson 1982, S. 52 f.
6 Siehe auch Christy/Oliver/Penn 1996, S. 178; Sheth/Parvatiyar 1995, S. 256.

2) Das setzt wiederum ein gewisses Ausmass an *kognitiv gesteuerten, limitierten* Kaufentscheidungen beim Kunden voraus.[1] Nach ASSAEL erfordert markenloyales Verhalten ein hohes Involvement,[2] also – in dem Fall – einen hohen Grad wahrgenommener persönlicher Wichtigkeit und/oder persönlichen Interesses gegenüber der Leistung.[3] Der Grad des Involvements kann vom Produkt (z.B. Eigenheim vs. Glühbirne), von situativen (z.B. Zeitdruck, Verkaufsatmosphäre) sowie von personenspezifischen Faktoren (z.B. Markenfan) abhängen und damit auch bei einer einzelnen Person oder beim gleichen Produkt variieren. Markentreue dient der Reduktion von empfundenen sozialen, finanziellen, psychischen oder funktionellen Kaufrisiken.[4] Ein hohes Involvement ist Bedingung dafür, den Nutzen auch wahrzunehmen und in eine entsprechende Verhaltensweise umzusetzen.

Low-Involvement-Bedingungen

Als Produkt- bzw. Markentreue wird jedoch auch das Phänomen *habitualisierter* Kaufentscheidungen mit *geringem emotionalen oder kognitiven Involvement* bezeichnet, wenn Käufe der gleichen Marke unreflektiert und aus Gewohnheit getätigt werden; der Benefit liegt insbesondere in der „kognitiven Entlastung" sowie im zeitsparenden Einkauf.[5]

Während bei limitierten Kaufentscheidungen der Wiederholungskauf *gewählt* wird, um wahrgenommenen Risiken auszuweichen, bildet sich „Treue" in habitualisierten Entscheidungen, „wenn Konsumenten weitgehend gleichgültig bei einer routinemäßigen und eingefahrenen Markenwahl bleiben."[6] Deshalb ist sie relativ instabil und durch kein festes Überzeugungs- und Einstellungssystem abgestützt.[7] Diese zuletzt genannte Art von Marken- oder Anbietertreue bezeichnet die Literatur auch als „unechte" Loyalität,[8] wie im folgenden Abschnitt näher erklärt wird.

3.2 Facetten des Begriffs Kundenbindung

Bisher wurde vereinfacht angenommen, dass Kundenbindung ein wiederholtes Kaufverhalten abbildet. Bei genauerer Analyse zeigt sich jedoch ein sehr facettenreiches Begriffsverständnis.

---

1 Vgl. Kuß 1991, S. 22 ff. m.w.N., wobei Assael (1987, S. 13) habituelles Verhalten in Kombination mit hohem Involvement als Markenloyalität bezeichnet. Vgl. auch Kroeber-Riel/Weinberg 1999, S. 362, 373 ff.
2 Vgl. Assael 1987, S. 76 f.; Christy/Oliver/Penn 1996, S. 180.
3 Siehe hier und zu den Determinanten Antil 1984, S. 203 ff., insb. S. 204.
4 Vgl. z.B. Kroeber-Riel/Weinberg 1999, S. 360 ff., 389.
5 Vgl. z.B. Dieterich 1986; Kuß 1991, S. 28 ff.; Kroeber-Riel/Weinberg 1999, S. 362, 393 ff.
6 Kroeber-Riel/Weinberg 1999, S. 396 f. m.w.N.
7 Vgl. Wiswede 1992, S. 86.
8 Vgl. Jarvis/Wilcox 1977; Nolte 1976, S. 114 ff.; anders Dick/Basu 1994: hohes Wiederkaufverhalten, aber *negative* Einstellung.

Teil B: Kundenbindung als Erfolgsfaktor 41

Zunächst gilt es daher, zwischen einer nachfrager- und einer anbieterbezogenen, bzw. wie MEFFERT formuliert, einer kaufverhaltens- und managementbezogenen Sichtweise der Kundenbindung zu unterscheiden.[1] Letztere trägt einen instrumentellen Charakter und umfasst die Tätigkeiten der Unternehmen, die dazu dienen, das Ziel Kundenbindung zu erreichen. Hierzu gehört auch die Kundenbindung als Kernaufgabe[2] (siehe Abschnitt 3.2.2). Im folgenden wird die nachfragerorientierte Sichtweise eingenommen, welche auf Einstellung und/oder Verhalten beim Kunden abzielt (Abschnitt 3.2.1).

3.2.1 Nachfragerorientierte Sichtweise

Das Bezugs*subjekt*, das heisst, der Träger einer bestimmen Einstellung oder eines speziellen Verhaltens, ist der Kunde. Seine Treue oder Bindung kann sich nun auf verschiedene *Objekte* beziehen: beispielsweise auf ein Produkt, eine Marke, eine Firma, ein Handelsgeschäft, eine Technologie oder auf eine Person.[3] Die umfangreichsten Forschungsergebnisse liegen zur Markentreue vor. Ein weiterer grosser Bereich, wenn auch vorwiegend älteren Datums, ist die Einkaufsstättentreue.[4] Da Kundenbindung sich sowohl auf Beziehungen zwischen Personen, Institutionen und/oder auf Sachen beziehen kann[5], lassen sich insbesondere die Forschungsergebnisse zur Markentreue gut in die Diskussion unterschiedlicher Begriffskonzeptionen einbinden.

Behavioristische Markentreue-Konzepte, die rein auf die Wiederkauf*handlung* bezogen sind, kennzeichnen wiederholtes Kaufen einer Marke als Markentreue.[6] Für die Kundenbindung würde dies bedeuten, Kunden sind allein dann gebunden, wenn sie Wiederkäufe tätigen. Ein aktives Weiterempfehlungsverhalten zählt als eine weitere Verhaltenseigenschaft.

Diese Aussage ist aus zwei Gründen zu einseitig:

1) Die behavioristischen Konzepte sind Black-Box-Modelle. Sie erklären nicht, ob eine Auswahl nach einer Heuristik verläuft oder ob die Wahl rein spontan getroffen wird.[7] Zudem sind sie ausschliesslich vergangenheitsorientiert und entsprechen einer Status-Quo-Analyse.

2) Da diese Ansätze nicht das „Warum" der Kundenbindung aufzeigen, berücksichtigen sie auch nicht den Unterschied zwischen Kundenloyalität bzw. -treue und Kundenbindung (S. 43).

---

1 Vgl. Meffert 1999, S. 119 sowie hier und im folgenden Diller 1995b, S. 5 ff.
2 Vgl. Tomczak/Reinecke 1999.
3 Siehe z.B. Jackson 1985, S. 67; Morris/Holman 1988, S. 119.
4 Vgl. ausführlich Matthes 1967; Nolte 1976; Kroeber-Riel/Weinberg 1999, S. 393 ff.
5 Anders siehe Diller 1995b, S. 5, der „Sachen" ausklammert.
6 Ein Überblick über die verschiedenen Konzepte der Markentreue gibt Nolte 1976, S. 16, ff.; S. 108.
7 Vgl. Day 1969, S. 29 ff.

Dem „Warum" widmen sich *einstellungsorientierte* Konzepte,[1] die Markentreue durch Präferenz und Verhaltensabsichten beim Kunden erfragen. Diese psychischen Faktoren, welche dem Verhalten vorgelagert sind, können stärker durch Marketingmassnahmen beeinflusst werden. Einstellungen sind jedoch – je nach erzielter Messgültigkeit – nur als ein mehr oder weniger treffender Indikator für Kaufhandlungen zu werten.[2]

Aus diesem Grund haben sich zunehmend die *integrativen* Ansätze der Anbieter- oder Markentreue durchgesetzt, bei denen zu den wiederholten Kaufakten ein psychologisch-evaluativer Entscheidungsprozess hinzukommt.[3] DAY formulierte diese Notwendigkeit so: „There is more to brand loyalty than just consistent buying of the same brand – attitudes, for instance."[4]

Dieser Aspekt ist auch beim Controlling der Kundenbindung wichtig, das somit mehrdimensional ausgerichtet sein sollte. So kann sich ein Anbieter aufgrund einer hohen Zahl an gemessenen Wiederkäufen in Sicherheit fühlen, obwohl die Kaufmotive der Kunden (z.B. Preis, keine Alternative) diese schnell und zum Teil unerwartet zu einem Wechsel veranlassen können.

Nicht einig sind sich die Autoren, 1) welche Einstellungsaspekte zum Konstrukt Kundenbindung gehören sollen. Hierzu gehört ebenfalls die Frage, inwiefern sich Einstellung von Zufriedenheit unterscheidet. Zudem hat 2) die qualitative Ausprägung der Einstellungskomponente einen Einfluss darauf, ob es sich um Kundenloyalität oder -bindung handelt.

1) Einstellung vs. Zufriedenheit

Bei Einstellungen unterscheidet man nach der Drei-Komponenten-Theorie kognitive (Wissen, Erfahrungen und gedankliche Prozesse), affektive (Werthaltungen, Sympathie und Emotionen) sowie intentionale (Handlungsabsichten) Aspekte.[5]

Die Intentionen werden dabei auch als ein eigenes Konstrukt von der Einstellung getrennt. Dies hat den Vorteil einer einfacheren Operationalisierung und trifft die in der Praxis mit Kundenbindungsmassnahmen intendierten Ziele.[6] Folglich umfasst bei einigen Autoren Kundenbindung einerseits das bisherige Kauf- und Weiterempfehlungs-

---

1 Vgl. Nolte 1976, S. 71 ff.
2 Vgl. ähnlich Bänsch 1995a, S. 42.
3 Vgl. Jacoby/Kyner 1973, S. 2 f.; Assael 1987, S. 74.
4 Vgl. Day 1969, S. 29.
5 Vgl. auch Kroeber-Riel/Weinberg 1999, S. 169 f.
6 Vgl. Diller 1995b, S. 7; Bankloyalität bei Süchting 1972, S. 269.

verhalten und andererseits die zukünftigen Wiederkauf-, Zusatzkauf- (Cross-Selling-) und Weiterempfehlungs*absichten*.[1]

Dies ist insofern sinnvoll, als es dadurch gelingt, das Konstrukt der Kundenbindung nicht durch die Integration anderer verhaltenswissenschaftlicher Begriffe, wie Zufriedenheit oder Einstellung zu verwässern.[2] Das Problem des „Warum" der Kundenbindung ist dadurch aber nicht gelöst. Aus diesem Grund erscheint es notwendig, die vorgelagerten psychologischen Prozesse einzubeziehen, auch wenn gerade für Messungen der Kundenbindung dieser Vorwurf ernst zunehmen ist.

In der Literatur werden die Begriffe Kundenzufriedenheit (+/-)[3] und Einstellung teilweise synonym verwendet.[4] Gemeinsamkeiten lassen sich hinsichtlich ihrer Mehrdimensionalität sowie ihrer Verhaltenswirksamkeit erkennen. Während Einstellungen antizipierenden und spekulativen Charakter haben können, basiert (Un)zufriedenheit auf konkreten Kauferfahrungen. Einstellungen sind relativ konstant. Hingegen kann (Un)zufriedenheit einem raschen Wandel unterliegen und so auch stärker veränderbar sein. Da Einstellungen situationsunabhängig sind, fehlt es ihnen – im Gegensatz zur Zufriedenheit (+/-) – häufig an Verhaltensnähe.[5]

Eine klare Trennung beider Konstrukte nach oben genannten Kriterien scheint nicht möglich zu sein und soll auch in dieser Arbeit nicht verfolgt werden. Der zunehmende Fokus auf eine *langfristige* Kundenzufriedenheit, die die *gesamte* Beziehung zum Anbieter betrifft, erschwert es zudem, die beiden Konstrukte zu trennen.

2) Kundenloyalität vs. Kundenbindung

Kundenloyalität oder -treue ist ein relativ älterer Begriff als Kundenbindung. Loyale Kunden bleiben beim Unternehmen, weil sie sehr zufrieden sind, eine positive Einstellung oder grosses Vertrauen in die Kompetenz und das Verhalten der Mitarbeiter besitzen.[6] Unternehmen wünschen sich treue, anständige, redliche Kunden – wie der Begriff *Loyalität* in den deutschen Wörterbüchern beschrieben wird.[7] Loyalität setzt bei JACOBY/KYNER Alternativen voraus. Der Kunde muss die Wahl haben, bewerten und entscheiden können. Mehrmarkenloyalität ist ebenfalls möglich.[8] Der Begriff Kundentreue lässt sich zudem gut gegenüber den eigenen Kunden kommunizieren und ist deshalb auch in der Praxis sehr beliebt.

---

1 Vgl. Homburg/Faßnacht 1998, S. 415 in Anlehnung an Meyer/Oevermann 1995, Sp. 1341.
2 Vgl. Bruhn 1998, S. 213; Homburg/Faßnacht 1998, S. 411.
3 (+/-) bedeutet Kundenzufriedenheit als neutraler Begriff, nicht als positive Ausprägung.
4 Vgl. Czepiel/Rosenberg 1977, S. 93.
5 Vgl. Runow 1982; Kaas/Runow 1984, S. 454; Bruhn 1985, S. 304, 306.
6 Vgl. ähnliche Definitionen bei Helm 1995, S. 30; Polan 1995, S. 18, obwohl dieser auf Wechselkosten hinweist.
7 Vgl. Wahrig 1997, S. 289; Duden 1989, S. 969; Brockhaus 1995, S. 2157.
8 Vgl. Jacoby/Kyner 1973, S. 3.

Da Kunden allerdings nicht nur aus diesen Gründen wiederkaufen, bewog es bereits Autoren früherer Studien, zwischen „wahrer" und „falscher" Loyalität zu unterscheiden.[1] Bei einer „falschen" oder „unechten" Kundentreue sind Entscheidungen des Kunden *allein* beispielsweise auf den geringsten Preis, die niedrigsten Kosten, eine begrenzte Informationssuche, schnelle Lieferzeiten, staatliche Einflüsse oder auf fehlende Alternativen zurückzuführen.[2]

Kundenbindung berücksichtigt zusätzliche materielle und formelle Wechselbarrieren und deren subjektive Wahrnehmung. Letztere sind für das Marketing entscheidend. Sie entstehen beispielsweise durch das Wissen um fehlende oder schlechtere Alternativen, gesetzliche Bestimmungen, hohe Wechselkosten, proprietäre Technologien (*kognitiv*), oder aufgrund von Sympathie, Geschmack, Vorliebe (*affektiv*).[3]

Der Begriff *Wechselbarrieren* ist in diesem Kontext neutral. Es können aus Kundensicht damit positive (Nutzen) und/oder negative (Kosten) Aspekte verbunden sein (siehe Kapitel C 2.1).

Auch der Begriff Kundenbindung ist hier wertfrei, obwohl dies vornehmlich der Praxis Schwierigkeiten bereitet.[4] Deutsche Wörterbücher erklären Bindung mit „Verpflichtung", „Gebundensein", aber auch mit „innerer Verbundenheit". Jemanden binden heisst, ihn „an der Bewegung hindern", ihn „zu fesseln" und kann bedeuten, sich „auf etwas festzulegen".[5]

Der englische Begriff „Customer retention" ist allerdings nicht ganz deckungsgleich mit dem Begriff Kundenbindung, da die hier vornehmlich das „Halten" von (bereits) hochprofitablen Kunden verstanden wird.[6]

Wiederholtes Kaufverhalten *kann*, muss aber nicht aufgrund von Treue oder Zufriedenheit erfolgen. Kundentreue ist so betrachtet auch nicht der Kundenbindung vorgelagert, sondern kann ein Bestandteil davon sein.[7] Insofern ist der Begriff Kundenbindung umfassender und wird auch von vielen Autoren in ähnlicher Form definiert.[8] Im Rahmen dieser Arbeit wird folgende nachfragerorientierte Definition von Kundenbindung verwendet:

---

1 Siehe auch Studien zur Markentreue.
2 Vgl. Jarvis/Wilcox 1977, S. 10; Bubb/van Rest 1973, S. 27 f.
3 Siehe auch Wiswede, der zwischen affektiver, kognitiver, habitueller, Risiko meidender, tradierter, sozialer sowie Scheintreue unterscheidet, 1992, S. 84
4 Vgl. z.B. Disch 1995, S. 75.
5 Vgl. Wahrig 1997, S. 824; Duden 1989, S. 261 f.; Brockhaus 1995, S. 537 f.
6 Vgl. Fornell/Wernerfelt 1987; Reichheld/Sasser 1990 und auch Meffert 1999, S. 119; Oggenfuss 1992.
7 Vgl. anders Homburg/Bruhn 1999, S. 10.
8 Vgl. Bruhn 1998, S. 212 m.w.N.; Meyer/Oevermann 1995, Sp. 1341.

Teil B: Kundenbindung als Erfolgsfaktor 45

> *Kundenbindung ist dann vorhanden, wenn es auf Kundenseite Gründe gibt, die wiederholtes Kaufen als sinnvoll und/oder notwendig erscheinen lassen. Dies äussert sich im bisherigen Kauf- und Weiterempfehlungsverhalten sowie durch zukünftige Kauf- und Weiterempfehlungsabsichten.*

Das bedeutet zusammenfassend:

1) *Psychologische* Bewertungsprozesse, Verhaltens*absichten* und tatsächliches *Verhalten* erklären Kundenbindung.
2) Kundenbindung setzt ein gewisses Ausmass an *Involvement* voraus.[1]
3) *Bezugsobjekte* können Sachen (Marke, Produkt, Technologie), Personen und/oder Organisationen sein.
4) Kundenbindung bedingt in der Regel erste Kauf*erfahrungen*. Der Erstkauf kann aber bereits zur Kundenbindung führen.

Arten des Kaufverbundes

Kunden sehen also eine sinnvolle und/oder notwendige innere Verbindung zwischen isolierten Transaktionen. Worauf kann diese innere Verbindung begründet sein? Zunächst ist zwischen inter- und intraindividuellen Kaufverbunden zu unterscheiden.[2] Bei den interindividuellen Verbunden ist die Entscheidung der betreffenden Nachfrager nicht unabhängig von anderen Parteien ausserhalb der aktuellen Transaktionssituation. Ein Beispiel sind technologische Netzeffekte, wenn der Nutzen eines Faxgerätes auch davon abhängt, wie viele Geräte bereits von anderen, in Beziehung zum Käufer stehenden Personen, verwendet werden.

Interessanter ist jedoch der intraindividuelle Verbund, da Kundenbindung auf *einen Kunden* bzw. ein Kundensegment bezogen ist. Hierunter fällt in dieser Arbeit vereinfachend auch das Unternehmen oder die Familie, obwohl dort auf einer tieferen Ebene ebenfalls verschiedene Individuen agieren. Werden zudem allein *ein* Anbieter und dessen Leistungen berücksichtigt, so unterscheiden sich folgende Formen intrapersonell verbundener Kaufprozesse (siehe Abbildung 8).[3]

---

1 Vgl. z.B. auch Weinberg 1999, S. 41.
2 Der Angebotsverbund wird vernachlässigt, siehe Engelhardt 1976, S. 78 ff. Vgl. Beinlich 1998, S. 11 ff.
3 Siehe auch Beinlich 1998, S. 13. Weitere Kriterien des Nachfrageverbunds siehe Hruschka 1983, S. 165 f.

	Produkt A	Produkt B
Periode 2	Typ 1 • Wiederholungskauf	Typ 2 • Folge- oder Zusatzkauf
Periode 1	Typ 3 • Mengen- oder Auswahlverbund A	Einkaufsverbund • Typ 4

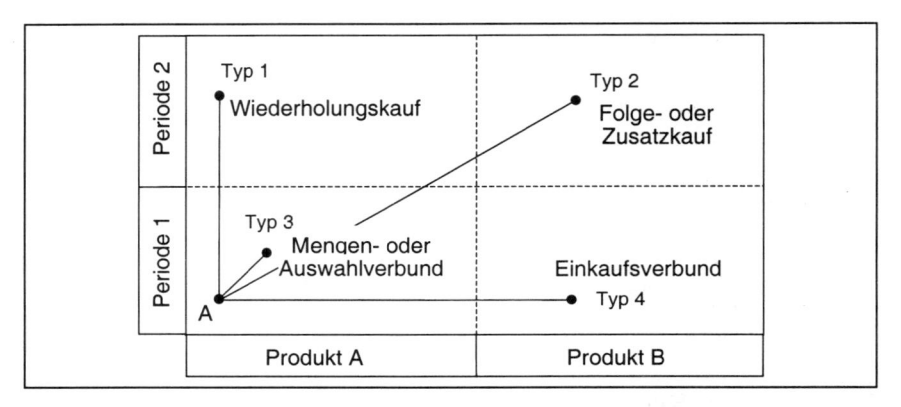

Abb. 8: Formen intraindividuell verbundener Kaufprozesse bei einem Anbieter

Typ 1 und 2 sind *zeitraum*bezogene, Typ 3 und 4 *zeitpunkt*bezogene Verbunde. Ausgehend von der Anfangssituation A ist Typ 1 der wiederholte Kauf eines gleichartigen Produktes, mit dem der Kunde zufrieden war und gute Erfahrungen gemacht hat. Bei Typ 2 wird beispielsweise ein Folge- oder Zusatzkauf aufgrund einer technisch-funktionalen Verbundenheit realisiert (z.B. Rasiersysteme, Systemspielzeug). Typ 3 erklärt den Kauf infolge eines *Mengenverbunds* (z.B. Familienpackungen). Ein Spezialfall ist hier der *Auswahlverbund*, das heisst, Güter der gleichen Gattung, die in einem substitutionalen Verhältnis stehen (z.B. verschiedene Sorten Müsli). Der Kunde erwartet in der Regel eine Auswahl ähnlicher Modelle, Typen, Grössen, Formen, Geschmacksrichtungen oder Farben. Diese Verbundart kann sowohl für den Handel als auch für einen einzelnen Hersteller relevant sein. Typ 4 bezeichnet den Kauf verschiedener Produkte zur gleichen Zeit, etwa den Einkauf in einem Handelsgeschäft oder eines vom Anbieter geschnürten oder empfohlenen Leistungsbündels (*Einkaufsverbund*). Wie auch bei den Typen 1 oder 2 muss der Verbund nicht allein durch das Austauschobjekt bedingt sein, sondern basiert beispielsweise auf bisherigen Erfahrungen mit dem Anbieter (Hausrat und Haftpflicht bei *einer* Versicherung).[1]

Alle Typen lassen sich aus zwei Perspektiven begründen. Zum einen kann durch den Verbund zweier oder mehrerer Produkte ein höherer *Verwendungsnutzen* entstehen (verwendungsbasierte Verbundenheit). Zum anderen erleichtert ein Kaufverbund u.U. die Beschaffungsprozesse beim Kunden in der Form, dass dadurch *Beschaffungskosten* (Risiko, Zeit, Preis) gesenkt werden (beschaffungsbasierte Verbundenheit).[2]

---

[1] Vgl. den Begriffen Engelhardt 1976, S. 81 ff.
[2] Vgl. Engelhardt 1976, S. 82 ff. Zu letzteren siehe insb. die Erklärungen in Kap. B 3.2.1.

3.2.2 Anbieterorientierte Sichtweise: Kundenbindung als Kernaufgabe

Eine anbieterorientierte Sichtweise berücksichtigt die Massnahmen der Unternehmen, das Ziel Kundenbindung zu erreichen. Viele Beiträge in der Literatur beschränken sich auf eine Untersuchung einzelner Instrumente, wie beispielsweise Verkaufsförderung, Direct Marketing, Beschwerdemanagement, Kundenberatung, Internet, Kundenzeitschriften, Kundenkarten, Kundenclubs, Hotlines, Bonusprogramme, Servicegarantien.[1]

Das *Kundenbindungsmanagement* umfasst die systematische Konzeption, Planung, Durchführung und Kontrolle aller Tätigkeiten, um im Rahmen der Unternehmensziele eine positive Einstellung und ein zielkonformes Verhalten bei vorhandenen Kunden beizubehalten und auszubauen.[2]

Allerdings geht es um weit mehr, als um „das Bemühen, Abnehmer mit ökonomischen, sozialen, technischen oder juristischen Mitteln an einen Lieferanten zu ketten."[3] Als eine der vier Kernaufgaben im Rahmen des „aufgabenorientierten Ansatzes" übernimmt die Kundenbindung weitere, wichtige Funktionen.

Der folgende Abschnitt enthält die wesentlichen Ziele und Inhalte dieses Ansatzes sowie eine nähere Definition der Kundenbindung als Kernaufgabe im Marketing.

Der Markterfolg von Unternehmen – ausgedrückt in Marktanteilsgewinnen, Umsatzzuwächsen, Gewinnverbesserungen – ist einer der wichtigsten Hebel, ihren Wert zu steigern sowie langfristig und kontinuierlich zu wachsen.

Hier setzt der *aufgabenorientierte Ansatz*[4] an, indem er die zentralen Wachstums- und Erfolgsgeneratoren eines Unternehmens bzw. eines Geschäftsbereichs in den Mittelpunkt rückt: Wachstums- und Gewinnziele lassen sich mit zukünftigen und/oder aktuellen Kunden sowie neuen und/oder bestehenden Leistungen realisieren (siehe Abbildung 9).

---

1 Vgl. Bunk 1992; Aries/Michel 1997, S. 37; Kurtz 1997, S. 22 ff. sowie die Quellen Kap. D 4 Massnahmen.
2 Vgl. Meyer/Oevermann 1995, Sp. 1344; Diller/Müllner 1997, S. 5.
3 Nieschlag/Dichtl/Hörschgen 1997, S. 125.
4 Vgl. Tomczak/Reinecke 1996.

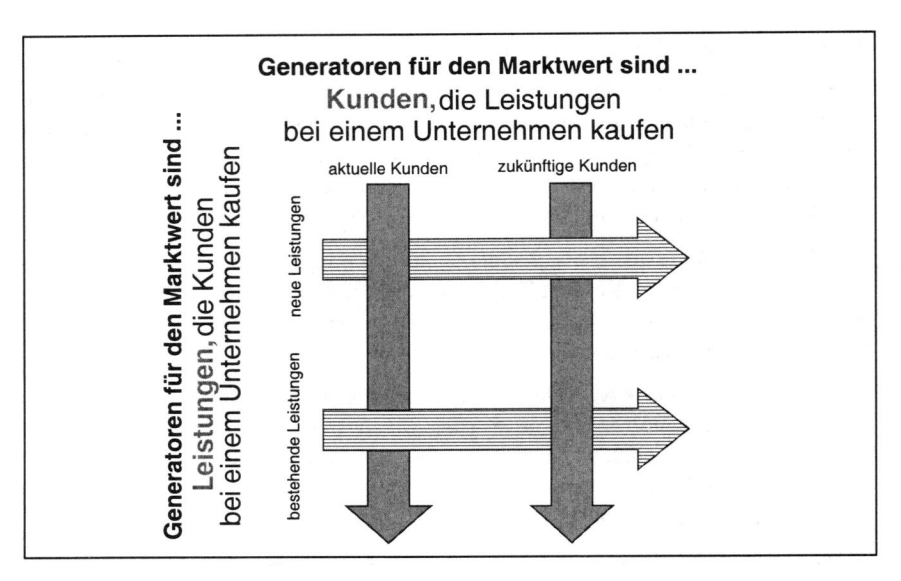

Abb. 9: Kunden und Leistungen als Wertgeneratoren
(Quelle: Tomczak/Reinecke 1999, S. 294)

Aus den Wertgeneratoren leiten sich die vier *Kernaufgaben im Marketing* ab (siehe Abbildung 10).

Wert-generatoren	Kern-aufgabe	Operationale Definition
zukünftige Kunden	Kunden-akquisition	Sämtliche Massnahmen, die dazu führen, dass ein Kunde erstmals beim betreffenden Anbieter kauft.
aktuelle Kunden	Kunden-bindung	Sämtliche Massnahmen, die zu kontinuierlichen oder vermehrten Wieder-, Zusatz- und Folgekäufen führen bzw. verhindern, dass Kunden abwandern.
neue Leistungen	Leistungs-innovation	Sämtliche Massnahmen, die ergriffen werden, um neue Angebote zu kreieren und im Markt durchzusetzen.
bestehende Leistungen	Leistungs-pflege	Sämtliche Massnahmen, die zu einer möglichst nach-haltigen Marktpräsenz eines Angebotes führen.

Abb. 10: Die vier Kernaufgaben im Marketing
(Quelle: in Anlehnung an Tomczak/Reinecke 1999, S. 296)

An der operationalen Definition zeigt sich bereits ein *Unterschied* zur nachfragerorientierten Sichtweise der Kundenbindung. Diese betont allein die kontinuierlichen Käufe über einen gewissen Zeit*raum*. Weitere Angaben über deren *Quantität*, also vermehrte Käufe sowie *Qualität* (Folge, Wiederholungs- oder Zusatzkäufe) können jedoch daraus nicht abgeleitet werden. Zusatzkäufe sind zudem, wie die Ausführungen zu Arten des Kaufverbundes zeigen, nicht nur über den Zeit*raum*, sondern auch zu einem gewissen Zeit*punkt* möglich (z.B. Mengen- oder Einkaufsverbund). Somit sind die nachfrager- und anbieterorientierte Definition nicht deckungsgleich. Dieses Problem wird im Kapitel D nochmals aufgegriffen.

Einen zusätzlichen Einblick in den aufgabenorientierten Ansatz gewährt die wettbewerbsorientierte Sichtweise. Für den Auf- und Ausbau von Wettbewerbsvorteilen ist es notwendig, Potentiale im Markt und/oder Unternehmen zu *erschliessen* und *auszuschöpfen*.[1] Unternehmen können sich dabei sowohl auf *Ressourcenpotentiale* als auch auf *Marktpotentiale* konzentrieren, um wettbewerbsfähige Leistungen zu gestalten.[2]

Zum Beispiel werden Spezialisten als Mitarbeiter eingestellt, damit sie dann in verschiedenen Niederlassungen ihr Know-how weitergeben. Oder die Ingenieure entwickeln eine neue Technologie, mit der sich später die Qualität mehrerer Leistungsangebote verbessern lässt. Dagegen wird aufgrund eines grossen Kundeninteresses ein neuer Absatzweg zum Kunden über das Internet aufgebaut, damit über diesen zukünftig auch weitere Produkte des Unternehmens verkauft werden.

Dies verlangt von den Unternehmen allerdings ein zielgerichtetes Vorgehen, das sich an sogenannten *Basisorientierungen* ausrichtet. Geht man davon aus, dass sämtlichen Entscheidungen eine explizite Wettbewerbsorientierung zugrunde liegen muss, so lassen sich vier Basisorientierungen unterscheiden (siehe Abbildung 11 auf der nächsten Seite):[3]

Ressourcenorientierung: autark und/oder kooperativ überlegene Ressourcen und Fähigkeiten bereitstellen,

Kundenorientierung: autark und/oder kooperativ relevante Bedürfnisse und Erwartungen von Kunden schneller und genauer als der Wettbewerb identifizieren,

Innovationsorientierung: Potentiale schneller, kostengünstiger und/oder besser als der Wettbewerb erschliessen, indem bisher nichtbesetzte Wettbewerbspositionen eingenommen werden,

---

1   Vgl. ähnlich Pümpin 1989, S. 47; 1992, S. 19 ff. Für eine genauere Herleitung dieser These siehe Tomczak/Reinecke 1999, S. 301 ff.; 307 ff.
2   Siehe ähnlich auch Gälweiler 1987; Kirsch 1991, S. 17; Bleicher 1999; Müller-Stewens/Lechner 1999.
3   Für eine genauere Herleitung siehe Tomczak/Reinecke 1999, S. 310 ff.

Persistenzorientierung: erschlossene Potentiale schneller, kostengünstiger und/oder besser als der Wettbewerb ausschöpfen, indem effizient und/oder repetitiv agiert wird.

```
                          Kundenorientierung
    ┌──────────────────────────────┬──────────────────────────────┐
    │  Kundenpotentiale            │  Kundenpotentiale            │
    │  erschliessen                │  ausschöpfen                 │
    │                              │                              │
    │   Innovations-    ┌Streben nach┐   Persistenz-              │
    │   orientierung    │Wettbewerbs-│   orientierung             │
    │                   └ vorteilen ─┘                            │
    │                                                             │
    │  Leistungspotentiale         │  Leistungspotentiale         │
    │  erschliessen                │  ausschöpfen                 │
    └──────────────────────────────┴──────────────────────────────┘
                          Ressourcenorientierung
```

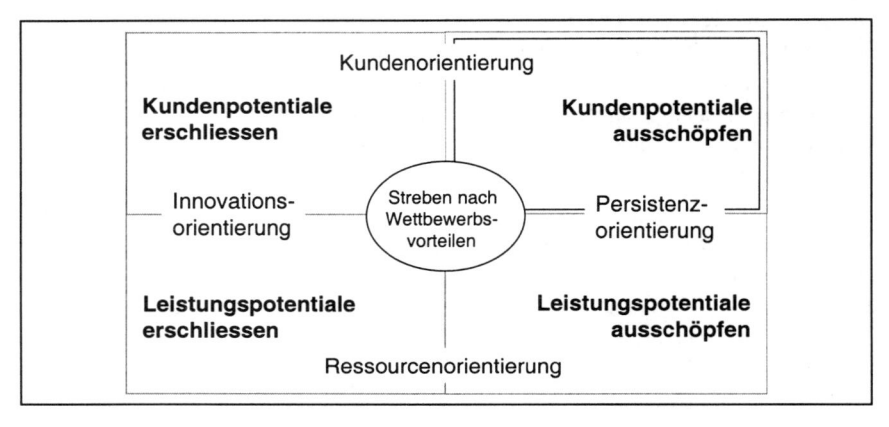

Abb. 11: Basisorientierungen der Geschäftsbereichsleitung
(Quelle: in Anlehnung an Tomczak/Reinecke 1999, S. 305)

Die *zentrale These* des aufgabenorientierten Ansatzes lautet: „Um strategische Wettbewerbsvorteile auf- und ausbauen zu können, muss die Geschäftsbereichsleitung ihr Handeln an den vier Basisorientierungen (Kunden-, Ressourcen-, Innovations- und Persistenzorientierung) integriert ausrichten."[1]

Es wird angenommen, dass sich jede Kernaufgabe jeweils auf zwei Basisorientierungen als notwendige, aber nicht hinreichende Bedingungen stützt. Kundenbindung benötigt zwar in erster Linie eine Kunden- und Persistenzorientierung, sie muss dafür aber auch zum einen überlegene Ressourcen und Fähigkeiten bereitstellen (Ressourcenorientierung), zum anderen schnell nichtbesetzte Wettbewerbspositionen durch Innovationen einnehmen, damit die vorhandenen Kunden nicht zur Konkurrenz wechseln (Innovationsorientierung).

Im Rahmen dieser Arbeit wird folgende anbieterorientierte Definition von Kundenbindung verwendet:

Die Kernaufgabe Kundenbindung umfasst das Ausschöpfen von Kundenpotentialen. Hierzu gehören alle Massnahmen, die zu kontinuierlichen oder vermehrten Wieder-, Zusatz- und Folgekäufen führen bzw. verhindern, dass Kunden abwandern.

---

1   Tomczak/Reinecke 1999, S. 309.

Erste Untersuchungsergebnisse liegen darüber vor, wie Führungskräfte im Marketing die vier Kernaufgaben derzeit und in Zukunft gewichten.[1] In einer empirischen Befragung von 1874 Unternehmensvertretern aus insgesamt 38 Branchen (Rücklauf: 33 %) nahm die Kundenbindung mit etwa 32 Prozent den ersten Rang ein (max. 100 Punkte für alle vier Kernaufgaben). Diesen Anteil hatte sie bei Dienstleistern (32,3 %) ähnlich wie bei Handels- (32,8 %), Konsumgüter- (31,3 %) und Industriegüterunternehmen (32,5 %). Unterschiede liegen in der zukünftigen Gewichtung. Im Gegensatz zu letzteren wollen Dienstleister und Händler Kundenbindung noch weiter intensivieren.[2]

Eine andere Untersuchung der Zeitschrift ABSATZWIRTSCHAFT bei insgesamt 95 deutschen Marketing- und Vertriebsleitern der Markenartikelindustrie kommt zu ähnlichen Aussagen. 1999 sollte demnach ein Jahr der Konsolidierung werden, in dem sich die Führungskräfte „auf die Stärken, die Kernkompetenzen, die langfristig wichtigen und tragfähigen Säulen des Unternehmens besinnen." Die Stärkung der Kernprodukte verdrängte die Innovationen vom ersten Platz. Etwa jeweils die Hälfte der Befragten messen der Kundenbindung und damit der Investition in ihre Stammkunden eine hohe Priorität bei.[3]

Es ist wahrscheinlich, dass in Abhängigkeit von der Unternehmenssituation (Ziele, Ressourcen, Kunden, Wettbewerb) unterschiedliche *Kernaufgabenprofile* existieren, die einzelne Kernaufgaben u.U. stärker hervorheben. So finden sich bei den Kundenbindern insbesondere Anbieter aus sehr konkurrenzintensiven und reifen Branchen. Konsumgüterhersteller, die ihre Händler als Kunden sehen, kümmern sich vor allem um Kundenbindung im Rahmen ihres Handelsmarketing.[4]

In dieser Arbeit liegt der Fokus allein auf der Kernaufgabe Kundenbindung. Ihre Beziehungen zu den anderen Kernaufgaben werden vor allem in Kapitel D 4 und 7 deutlich. Der folgende Teil C widmet sich der Kundenbindung aus *nachfrageorientierter* Sicht. Ein Modell zeigt, welche Determinanten dazu führen, dass Kunden gebunden sind. Kapitel D führt die *anbieterorientierte* Sichtweise dieses Abschnittes fort und leitet branchenübergreifende, handlungsorientierte Schlussfolgerungen für die Kernaufgabe Kundenbindung ab.

---

1 Vgl. Tomczak et al. 1998.
2 Vgl. Tomczak et al. 1998, S. 89 ff.
3 Vgl. Stippel 1998, S. 106, 118.
4 Vgl. Tomczak et al. 1998, S. 95.

Teil C Wirkungsweise der Kundenbindung

Mit Hilfe bisheriger Erkenntnisse über Bestimmungsfaktoren der Kundenbindung sowie der theoretischen Ansätze im vorhergehenden Kapitel wird ein branchenübergreifendes Modell vorgestellt (Abschnitt 1). Der Fokus liegt zunächst auf den Determinanten, die eine Entscheidung zum Wiederkauf direkt beeinflussen können, weil sie sich aus dem Austausch selbst ergeben (Abschnitt 2). Diese werden jedoch durch Faktoren aus der Umwelt sowie der Geschäftsbeziehung und ihren Akteuren bedingt. Zudem existieren Variablen, die negativ auf die Wiederkaufentscheidung einwirken können (Abschnitt 3). Diese Überlegungen führen letztlich zur Diskussion, ob, bzw. warum ein gewisses Optimum an Kundenbindung empfehlenswert ist (Abschnitt 4).

1 Modell der Kundenbindung

1.1 Determinanten aufgrund bisheriger Forschungsergebnisse

Wissenschaftler untersuchen seit Jahrzehnten Beziehungsstrukturen. Das geschieht in erster Linie aus der Sicht beider (oder mehrerer) Parteien mit dem Ziel, Handlungsempfehlungen zur Gestaltung von Geschäftsbeziehungen geben zu können. Diese Untersuchungen sind für die vorliegende Arbeit sehr hilfreich, da sie auch die relevanten Treiber für die Kundenbindung aufzeigen.

Aus den theoretischen Erklärungsansätzen im Kapitel B wurden bereits erste Determinanten der Kundenbindung abgeleitet (siehe Abbildung 7, S. 35). Zweifelsohne bilden die Beziehungslehre und die soziale Austauschtheorie[1] sowie die spezifischen Investitionen der ökonomischen Ansätze die Basis, auf welche sich auch das Modell dieser Arbeit stützt. In erster Linie sollen die Einflussfaktoren zu einem bestimmten Zeitpunkt – nämlich dem der Wiederkaufentscheidung – analysiert werden (Strukturansatz). Zudem erfolgen erste Hinweise bezüglich einer dynamischen Betrachtung der Kundenbindung in Beziehungen (Prozessansatz).

Somit sind in erster Linie jene Modelle relevant, welche sich auf die oben erwähnten theoretischen Ansätze konzentrieren und vor allem eine zeitpunktbezogene Betrachtung gewähren. Prozessmodelle erklären das Entstehen von Bindungen im Zeitablauf und sind hilfreich für die dynamische Perspektive. Ausserdem werden insbesondere jene Modelle berücksichtigt, in denen aus einer nachfrager- oder beziehungsorientierten Sicht argumentiert wird.

---

1 Vgl. Rusbult 1980; 1983; Thibaut/Kelley 1959 sowie Kapitel B 2.1.2.

Teil C: Wirkungsweise der Kundenbindung 53

In Ergänzung zu den darauffolgenden Abschnitten, in welche die wichtigsten Modellaussagen in bezug auf die Kundenbindung integriert werden, erfolgt zunächst ein kurzer Überblick über relevante Kernaussagen der Struktur- und Prozessmodelle.[1]

1) Strukturmodelle

WIND (1970) leitet aus seinem Modell des industriellen Kaufverhaltens vier Determinanten für Lieferantentreue ab: Leistungsangebot (insbesondere Preis), Erfahrungen des Abnehmers (z.B. seine Einstellung zum Anbieter), Arbeitserleichterungen bei der Beschaffung sowie unternehmensbezogene Variablen, wie Kostendruck, Höhe des Auftragswerts und Anzahl der Beschwerden (i.S.v. Unzufriedenheit).

Der Ansatz von CUNNINGHAM/KETTLEWOOD (1976) ähnelt stark dem vorher beschriebenen Modell. Sie wenden es auf die Speditionsbranche an und heben die Strategien der Risikoreduktion sowie die positiven Erfahrungen des Nachfragers aus der Vergangenheit als entscheidende Faktoren für Kundentreue hervor.

Nach MORRIS/HOLMAN (1988) ist Lieferantentreue abhängig von relationalen Variablen, wie z.B. Macht und Abhängigkeit zwischen zwei Partnern. Je ungleicher die Positionen von Verkäufer und Käufer, desto stärker sind die Prozesse formalisiert und desto weniger haben persönliche Bindungen einen Einfluss. Ähnlichkeiten sollten deshalb auch auf sozio-personeller Ebene bestehen. Die Erfüllung spezieller Erwartungen und Rollen sowie Normen prägen den Fortbestand der Beziehung.

Die IMP GROUP (1982), eine entscheidende Mitbegründerin der Interaktionsansätze, gibt mit ihrem Modell Impulse für die Bindungsebenen. Sie unterscheidet den Austausch von Produkten und Dienstleistungen, den Informationsaustausch sowie den finanziellen und sozialen Austausch. Beteiligte Parteien können auf der Ebene der Organisation und des Individuums untersucht werden. Auf Organisationsebene beeinflussen Grösse, Struktur und eingesetzte Produktions- bzw. Anwendungstechnologie, auf individueller Ebene Ziele und Erfahrungen den Austausch. Die Beziehungsatmosphäre (u.a. Macht- und Abhängigkeitsverhältnis) hängt sowohl vom Interaktionsprozess und seinen Akteuren als auch von der Umgebung ab (z.B. Marktstruktur, Dynamik).

HALLÉN/JOHANSON/MOHAMED (1987), als weitere Vertreter der Interaktionsansätze, verweisen auf notwendige Anpassungsprozesse beim Produkt, in der Produktion oder in der Lagerhaltung. Diese hängen von der Produktkomplexität und der Lieferhäufigkeit ab. Zwischen Informationsaustausch- und Anpassungsprozessen bestehen Wechselwirkungen. Beide beeinflussen letztlich die Stabilität der Beziehung.

---

1 Zu detaillierten Beschreibungen siehe die angegebenen Quellen sowie die Übersichten z.B. bei Wiechmann 1995; Beinlich 1998; Peter 1997.

METCALF/FREAR/KRISHNAN (1992) greifen ebenfalls Variablen des Modells der IMP GROUP auf. Die Charakteristika der ausgetauschten Produkte haben einen wichtigen Einfluss auf die sich entwickelnde Beziehung, etwa das Ausmass der Standardisierung und Komplexität, die Bedeutung des Kaufs, den Neuheitsgrad und die Häufigkeit von Transaktionen. Persönliche Beziehungen und Informationsaustausch sind kritische Erfolgsfaktoren für die Kooperation. Hieraus wächst wiederum die Bereitschaft zu weiteren Anpassungen.

MORGEN/HUNT (1994) stellen Commitment und Vertrauen in den Mittelpunkt ihres Modells und beschreiben sowohl die Inputfaktoren (Kosten nach Auflösung der Beziehung, Beziehungserfolg, übereinstimmende Werte und Vorstellungen, Kommunikation, opportunistisches Verhalten) als auch ihre Outputfaktoren (Wechselabsicht, Anpassungen, Entscheidungsunsicherheit, aktive Zusammenarbeit, Art der Konfliktbewältigung).

MICHELL/SANDERS (1995) untersuchen im Markt der Werbeagenturen, warum Klienten ihren Agenturen treu bleiben. Tendenziell existiert unter anderem bei stabilen Umweltverhältnissen, grösseren Kundenunternehmen, ähnlicher Geschäftspolitik, gleichen Werten und Vertrauen, abgestimmten, kontinuierlichen Prozessen, interpersoneller Kompatibilität und zufriedenstellender Performance eine stärkere Kundenloyalität.

Der Modellvorschlag von DILLER (1995b) bezieht sich auf drei Beziehungsebenen (Sach-, Organisations- und Emotionsebene) sowie auf drei prinzipielle Gestaltungsmedien: Macht, Recht und Vertrauen, die er übereinanderlegt. An jeder der neun Schnittstellen entsteht eine unterschiedliche Form von Kundenbindung.

BENDAPUDI/BERRY (1997) entwarfen für den Dienstleistungsbereich ein Modell in Anlehnung an STANLEY/MARKMAN (1992), wobei Abhängigkeit und Vertrauen zu Zwangs- und Hingabebindungen („constraint-based" und „dedication-based") führen. Diese werden wiederum durch verschiedene Einflussfaktoren aus den Kategorien Umwelt, Anbieter, Kunde und Interaktion beeinflusst. Sie verwiesen zudem auf ähnliche Ergebnisse andere Forschungsrichtungen, die Beziehungen zwischen Mitarbeitern und Arbeitgebern oder private Beziehungen untersuchten.[1]

Eine vergleichbare Auffassung möglicher Positionen des Kunden in Geschäftsbeziehungen vertreten BLIEMEL/EGGERT (1998), die zwei Zustände der Bindung erwägen: *Verbundenheit* (hoher Nettonutzen, Zufriedenheit und Vertrauen) sowie *Gebundenheit*. Letztere entsteht durch die Existenz von Wechselbarrieren, die dem Kunden keinen Nutzen stiften. Eine Gebundenheitsstrategie ist aus ihrer Sicht nur in Kombination mit Verbundenheit und dann auch nur wettbewerbsstarken Unternehmen zu empfehlen.

---

1 Vgl. Stanley/Markman 1992; Iverson/Roy 1994.

MUMMALANENI/WILSON (1991) stützen sich auf das Modell von RUSBULT (1980; 1983). Enge persönliche Beziehungen haben zum einen positiven Einfluss auf die Zufriedenheit, zum anderen begünstigen sie die Bereitschaft zu spezifischen Investitionen. Beides führt wiederum zum Commitment, dessen Ausmass zudem die Attraktivität der besten verfügbaren Alternative (CL_{alt}) bestimmt.

Aus der gleichen Schule stammt die Arbeit von SONI/WILSON/O'KEEFFE (1996). Sie unterscheidet zwischen sozialen Bindungen („social bonds" wie Vertrauen, Qualität der persönlichen Beziehung) und Strukturbindungen („structural bonds" wie Beziehungserfolg in Relation zu Alternativen, Zielkompatibilität, spezifischen Investitionen, sozialem Druck). Die Autoren zeigen, dass die Bereitschaft, eine Beziehung fortzusetzen, nicht allein von der Zufriedenheit abhängt, sondern auch vom Ausmass sozialer und struktureller Bindungen.

E.ANDERSON/WEITZ (1989) definieren die Faktoren, die zu einer inneren Verbundenheit zwischen Transaktionen und damit zu stabilen, langfristigen Beziehungen führen: Vertrauen, Reputation und Abhängigkeit üben darauf aus Sicht der Nachfrager einen positiven, die Machtpotentiale beider Parteien hingegen einen negativen Einfluss aus. Vertrauen selbst wird wiederum durch kongruente Ziele, eine gute Reputation und Kommunikation erhöht. 1992 bauen die Autoren auf dieser Studie auf und untersuchen die Einflussfaktoren für ein *beiderseitiges, wahrgenommenes* Commitment, unter anderem spezifische Investitionen und vertragliche Bindungen.

J. ANDERSON/NARUS (1990) untersuchen Geschäftsbeziehungen in Distributionskanälen. Auch hier stehen Zufriedenheit, Vertrauen und Machtbeziehungen im Vordergrund. Wichtig erscheint ihnen die Grösse der relativen Abhängigkeit als wahrgenommene Differenz zwischen der eigenen Abhängigkeit und der des Partners.

Auch HEIDE/JOHN (1988) beziehen sich auf Hersteller-Händlerbeziehungen und argumentieren aus Nachfragersicht (Händler). Hervorzuheben sind die sogenannten „Offsetting-Investments" des Händlers, welche die Bindung der *eigenen* Kunden erhöhen und dadurch die Herstellerbindung an den Händler stärken sollen (relative Abhängigkeit).

GANESAN (1994) nimmt neben Abhängigkeit, Zufriedenheit und Vertrauen ebenfalls die spezifischen Investitionen hinzu. Zudem spielen in seinem Modell Umwelteinflüsse (Dynamik und Komplexität) eine Rolle.

WIECHMANN (1995) leitet aus insgesamt achtzehn untersuchten Ansätzen folgende Determinanten der Kundenbindung für den Investitionsgüterbereich ab: Zufriedenheit, Investitionen/Anpassungen (finanziell, rechtlich), persönliche Beziehungen (als soziale Investitionen), Risiko/Unsicherheit und das Vergleichsniveau für Alternativen. Aus seiner Sicht sind allein Zufriedenheit und Investitionen vom Anbieter beeinflussbar und bieten damit Gestaltungsansätze für Kundenbindungsinstrumente.

OEVERMANN (1996) trennt in seinem Modell zwischen tendenziell statischen Bestandteilen (Alter, Ausbildung, Lebenszyklusstellung, Beruf, Einkommen, Familienstand von Bankkunden) und dynamischen Bestandteilen. Hierzu zählen psychische Komponenten (z.b. Involvement, Risiko, Dissonanzen, Vertrauen, Image), die – zusammen mit bestimmten Erwartungen und Erfahrungen – die wahrgenommene Qualität und damit die Zufriedenheit beeinflussen. Die Verhaltensabsichten sind abhängig von nicht-psychischen Wechselbarrieren (Kosten, Verträge) und Zufriedenheit. Ob daraus ein konkretes Verhalten resultiert, bestimmen letztlich auch situative Einflüsse.

2) Prozessmodelle

Dynamische Modelle, welche die Entwicklung der Geschäftsbeziehung als Lebenszyklus in einzelnen Phasen darstellen, liefern insbesondere Ideen für die Veränderungen der Determinanten im Zeitablauf.

SCANZONI (1979) untersucht bei privaten Austauschbeziehungen die vermehrte Interdependenz im Verlauf der drei Phasen: „exploration", „expansion" und „commitment". Infolge einer stärkeren Abhängigkeit vom Partner und dessen Wohlergehen verschieben sich individuelle Interessen mit der Zeit zunehmend in Richtung gemeinsamer Interessen.

FORD (1980) verweist auf die steigenden Erfahrungen und die abnehmende Unsicherheit im Umgang mit dem Partner. Bestimmte soziale, technologische oder kulturelle Distanzen werden durch Anpassungen überwunden, was zu Bindungen führt.

Auch WACKMAN/SALMON/SALMON (1986) zeigen, dass sich die Determinanten der Zufriedenheit im Laufe der Zeit verändern. Kunden in unterschiedlichen Beziehungsphasen können demnach auch unterschiedliche Erwartungen an den Anbieter stellen.

DWYER/SCHURR/OH (1987) stützen sich in ihrem Phasenmodell u.a. auf SCANZONI (1979) und THIBAUT/KELLEY (1959). Sie erklären den Fortbestand von Geschäftsbeziehungen aufgrund von Zufriedenheit und eines hohen, beiderseitigen Vertrauens. Das Ausmass der Abhängigkeit wird zudem durch Höhe und Kontinuität des Inputs beider Partner sowie durch die Dauer der Beziehung bestimmt. Gleichzeitig bindet die wahrgenommene (auch zukünftige) Attraktivität der Zusammenarbeit.

1.2　Eigener Modellentwurf

Mittels eines Modells sollen die komplexen Zusammenhänge zwischen Umwelt und Geschäftsbeziehung sowie zwischen den Akteuren im Austauschprozess dargestellt werden. Es handelt sich um ein Strukturmodell aus Kundenperspektive. Das heisst, es bildet einen idealtypischen Beurteilungsrahmen zum Zeitpunkt der Wiederkauf- bzw. Wechselentscheidung (siehe Abbildung 12).

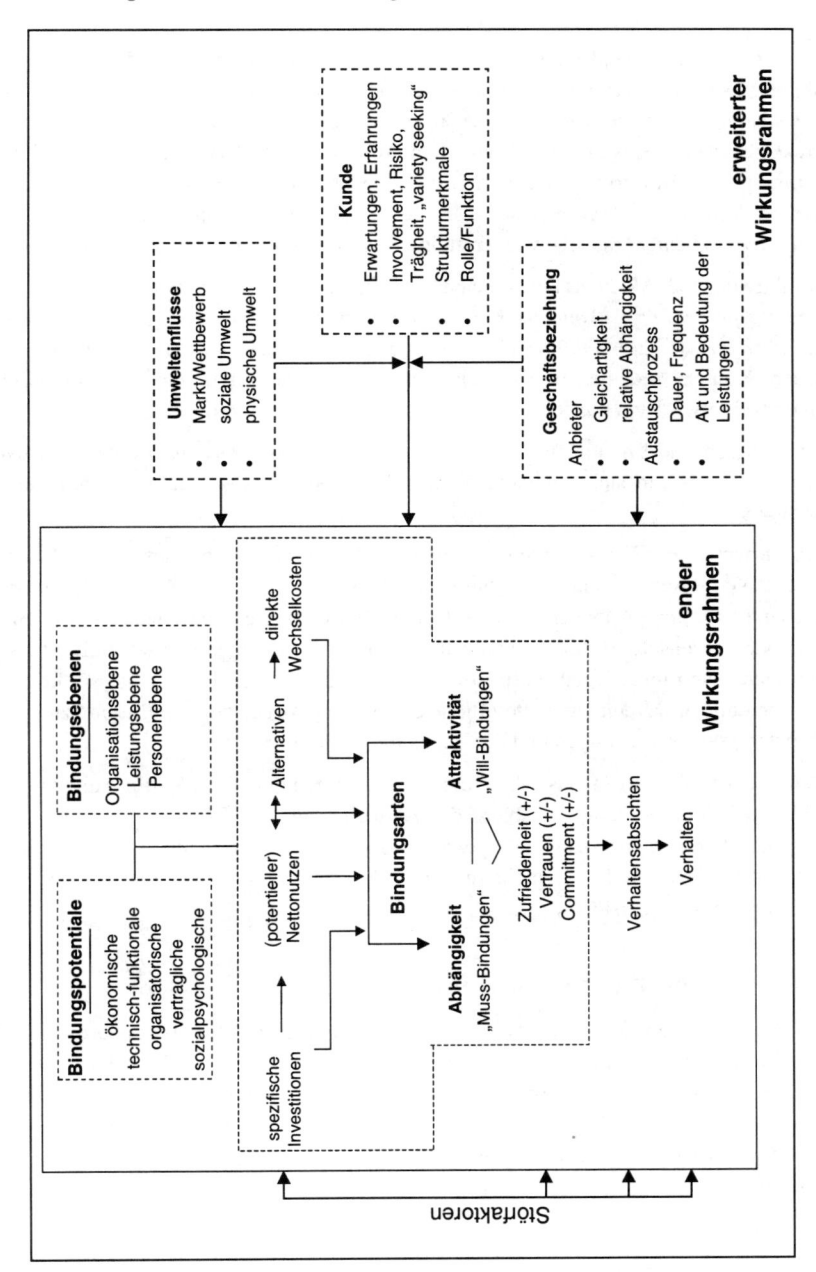

Abb. 12: Wirkungsrahmen der Kundenbindung [(+/-) als neutrale Bezeichnung]

Das Modell unterscheidet zwischen einem engen und einem erweiterten Wirkungsrahmen. Der *enge Wirkungsrahmen* bezieht sich auf die Bindungs*arten Attraktivität und Abhängigkeit*. Sie können eine Entscheidung zum Wiederkauf (oder Wechsel) direkt beeinflussen, weil sie sich aus dem Austausch selbst ergeben. Erst die Wahrnehmung und Bewertung dieser Will- und Muss-Bindungen führen zu *psychologischen Bindungen Zufriedenheit, Vertrauen und Commitment*. Hieraus resultieren *Verhaltensabsichten*, die sich wiederum in einem konkreten *Verhalten* äussern können.

Attraktivität und Abhängigkeit können zum einen durch die Nutzung verschiedener Bindungs*potentiale – ökonomischer, technisch-funktionaler, vertraglicher, organisatorischer und sozialpsychologischer* Art – erreicht werden. Der Begriff Potential in diesem Kontext bedeutet, dass daraus materielle, formelle wie auch psychologische Bindungen erwachsen können.

Zum anderen sind Bindungen auf *Personen-, Leistungs- und Organisationsebene* realisierbar. Hier bieten sich unterschiedliche Möglichkeiten, die Bindungspotentiale zu gestalten.

Der *erweiterte Wirkungsrahmen* enthält Einflussfaktoren aus der *Umwelt* (Markt/Wettbewerb, soziale und physische Umwelt) sowie des *Austauschprozesses* und seiner *Akteure* (Anbieter, Kunde). Kunden bewerten die Konsequenzen ihres Bleibens oder Wechsels in Abhängigkeit ihrer persönlichen Eigenschaften (z.B. Risikoempfinden) und ihrer Funktion im sozialen Umfeld (Familie, Unternehmen). In diese Entscheidungen werden Umwelteinflüsse ebenso einbezogen wie die Einschätzung des Anbieters, seiner Leistungen und der Beziehung zu ihm.

Während die Wirkungen dieser Einflüsse eher über den einzelnen Kaufprozess hinausgehen, existieren zudem Variablen, die zeitweilig auf die Wiederkaufentscheidung einwirken können, sogenannte *Störfaktoren*. Kundenbindung entsteht somit in vielen Fällen sukzessiv, im Laufe mehrerer Transaktionsprozesse, kann aber schnell und punktuell ge- oder zerstört werden.

2 Enger Wirkungsrahmen

Die Determinanten des engen Wirkungsrahmens beeinflussen insbesondere die Entscheidung zum Wiederkauf (oder Wechsel), weil sie sich aus dem Austausch selbst ergeben. Angelehnt an die zwei wesentlichen theoretischen Richtungen in der Beziehungsforschung (siehe Kapitel B 2) wird zunächst eine tendenziell ökonomische (Abschnitt 2.1) und danach eine verhaltenswissenschaftliche Perspektive (Abschnitt 2.2) eingenommen.

Teil C: Wirkungsweise der Kundenbindung 59

2.1 Bindungsarten, -potentiale und -ebenen

2.1.1 Bindungsarten

Kundenbindung ist dann vorhanden, wenn es auf Kundenseite Gründe gibt, die wiederholtes Kaufen als sinnvoll und/oder notwendig erscheinen lassen. In Anlehnung an die Ansätze der sozialen Austauschtheorie lassen sich die Gründe grundsätzlich in drei Kategorien einteilen, vorausgesetzt, sie werden vom Kunden mehr oder weniger wahrgenommen.

Kunden bleiben aufgrund:

- Attraktivität infolge eines derzeitigen und/oder zukünftigen positiven Nettonutzens,
- Attraktivität infolge eines derzeitigen und/oder zukünftigen positiven Nettonutzens *und* eines gewissen Ausmasses an Abhängigkeit oder
- eines gewissen Ausmasses an Abhängigkeit.

Für ein besseres Gesamtverständnis werden zunächst die *Bindungsarten* mit Hilfe der Begriffe 1) Attraktivität und 2) Abhängigkeit näher erläutert (siehe Abbildung 13).

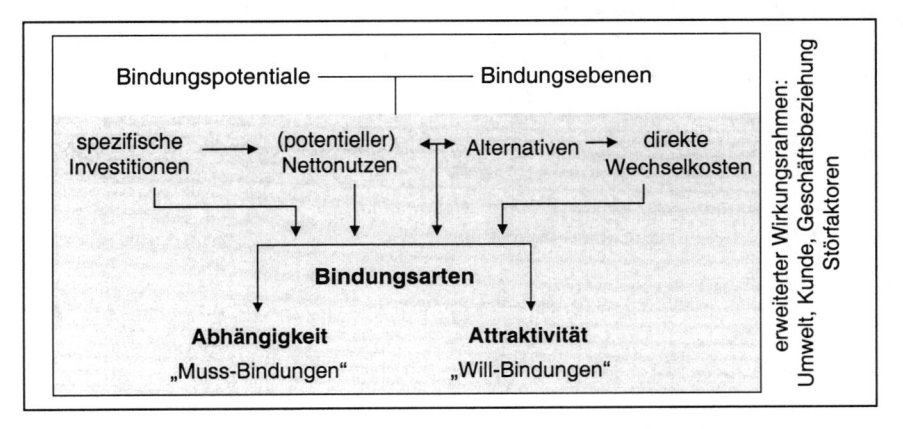

Abb. 13: Bindungsarten Attraktivität und Abhängigkeit sowie deren Determinanten

1) Attraktivität

Attraktive Geschäftsbeziehungen bieten dem Kunden einen positiven derzeitigen und/oder zukünftigen Nettonutzen.

Unter *Nettonutzen* versteht man alle:

- *technisch-funktionalen* (z.b. Kapazitätsumfang, Messgenauigkeit, Qualität i.e.S.), *wirtschaftlichen* (z.b. monatliche statt wöchentliche Rechnungen, längere Lebensdauer von Verbrauchsteilen), *servicebezogenen* (z.B. Beratung, Schulung) sowie *emotionalen* (Sicherheitsgefühl) und *sozialen Vorteile* (z.b. Image gegenüber eigenen Kunden, Anerkennung im sozialen Umfeld), die durch die Leistung *und* innerhalb der Beziehung gewonnen werden abzüglich
- aller damit verbundenen *Kosten*, inklusive des Einkaufspreises.[1]

Der subjektive Nutzenbegriff ist somit sehr breit gefasst. Aspekte wie Wohlbefinden, Beseitigung von Schuldgefühlen (z.b. beim Kauf ökologischer Produkte) bis hin zu „Convenience" fallen darunter. Auch der Beziehungsnutzen, zum Beispiel aufgrund eines hohen Vertrauens, gehört hierzu.

Zu den Kosten zählen beispielsweise Folgekosten über die Lebensdauer des Gutes sowie Transaktionskosten wie die gesamten Beschaffungsanstrengungen (zeitlicher, physischer oder psychischer Aufwand) oder Massnahmen zur Risikoreduzierung (z.B. Informationskosten).

Ausschlaggebend sind jedoch jene Komponenten, die aus Kundensicht *entscheidend für den Wiederkauf* sind. Entsprechen oder übertreffen die Erfahrungen die Erwartungen des Kunden, so entsteht Zufriedenheit.[2] Kurz: Der Kunde *will* beim Anbieter bleiben oder dessen Leistungen weiter beziehen.

Sehr viel schwieriger wird die Bewertung eines *zukünftigen* Nettonutzens innerhalb bestehender Geschäftsbeziehungen. Dieser ist vor allem bei Geschäftsbeziehungen entscheidend, in denen sich der Erfolg für beide Partner meist erst langfristig einstellt, zum Beispiel bei gemeinsamen Entwicklungsprojekten oder „Value Adding"-Partnerschaften.[3]

2) Abhängigkeit

An dieser Stelle soll es genügen, Abhängigkeit beim Kunden als dessen eingeschränkte Handlungsfreiheit in bezug auf den Wiederkauf zu bezeichnen. Diese Einschränkung resultiert daher, dass bei einem Wechsel zusätzliche Kosten und/oder Nutzeneinbussen entstehen.

---

[1] Ähnlich Anderson/Narus 1999, S. 98, die den Nettonutzen als „Wert" ohne Einkaufspreis definieren, diesen jedoch beim Alternativenvergleich wieder einbeziehen.
[2] Vgl. z.B. Day 1982, S. 5; siehe zu einer intensiven Diskussion des Konstrukts Zufriedenheit Schütze 1992.
[3] Vgl. Plinke 1989, S. 314.

Teil C: Wirkungsweise der Kundenbindung 61

Die Quellen der Abhängigkeit sind folgende:

- *spezifische Investitionen*, die mit einem potentiellen Nutzenverlust im Fall eines Partnerwechsels verbunden sind („sunk costs"),
- *direkte Wechselkosten*, das heisst, Vertragsstrafen bzw. Anstrengungen, um beispielsweise eine gewisse Wechselträgheit zu überwinden oder hohe Umstellungskosten und gewisse Risiken bei der Aufnahme einer neuen Beziehung, und/oder
- fehlende oder als schlechter beurteilte *Alternativen*.

Die Ursachen von Abhängigkeit sind bereits beispielhaft im Kapitel B 2.2.2 zur Transaktionskostentheorie erklärt worden. Wichtig scheint der Hinweis, dass spezifische Investitionen nicht allein im Business-to-Business-Bereich getätigt werden. Dann, wenn man dem Friseur ausführlich die Wunschfrisur erklärt (in der Hoffnung, dass dieser beim nächsten Mal diese Hinweise wieder berücksichtigt), Bonuspunkte gesammelt, einen Rasierapparat für Systemklingen gekauft oder seinem Anlageberater detailliert Auskunft über die eigenen Sparpläne gegeben hat, liegen spezifische Investitionen vor.[1] Auch die *Bahncard* oder das *Halbtaxabo* sind Investitionen, die sich erst mit der Zeit amortisieren. Ausserdem gehören hierzu alle „gewachsenen Werte" wie eingespielte Kommunikationsmuster, gemeinsame Wertvorstellungen und soziale Bindungen (immaterielle Investitionen).[2]

Abbildung 14 zeigt vereinfacht den *Alternativenvergleich* eines Kunden, indem dieser den Nettonutzen beim derzeitigen Anbieter A in Relation zum potentiellen Nettonutzen eines Konkurrenzangebotes K setzt.

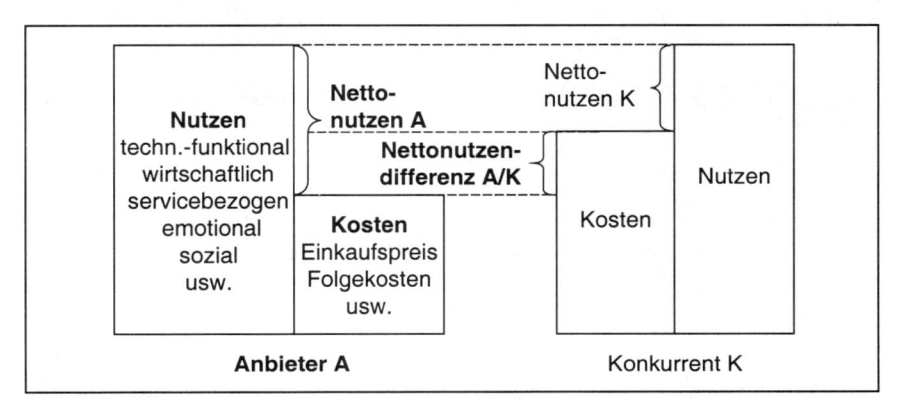

Abb. 14: Abhängigkeit aufgrund einer als schlechter beurteilten Alternative

---

1 Vgl. Bendapudi/Berry 1997, S. 24.
2 Siehe hierzu auch „Amount at stake" bei Söllner 1993, S. 109 ff. m.w.N.

Dazu muss 1) objektiv mindestens eine weitere Option bestehen. Ist keine Wechselmöglichkeit vorhanden, existieren auch keine direkten Wechselkosten. Der Kunde muss 2) diese Alternativen auch wahrnehmen und beurteilen können. 3) In dem Fall, dass alle Optionen als schlechter beurteilt werden, ist der Kunden abhängig.[1] Dabei kann der derzeitige Nettonutzen auch negativ sein. Trotzdem sind die Opportunitätskosten, das heisst, die *relativen* Nettonutzenvorteile, in der jetzigen Beziehung entsprechend höher (nicht attraktiv und abhängig).

Auch diese Phänomene lassen sich in einem kurzen Satz formulieren: Der Kunde *muss* beim Anbieter bleiben bzw. dessen Leistungen weiter beziehen.

Wie bereits geschildert, kann die Bindung eines Kunden aufgrund von Attraktivität und Abhängigkeit – sowohl getrennt als auch in Kombination – auftreten. „Getrennt" bedeutet, dass eines der beiden Kriterien deutlich vorherrscht. Im folgenden werden die Positionen *idealtypisch* beschrieben (siehe Abbildung 15). Die Aussagen geben Tendenzen an. Sobald mindestens *eine* Dimension der Abhängigkeit existiert, kann diese zu derselben führen.

	Position 1	Position 2	Position 3	Position 4
	attraktiv, nicht abhängig	attraktiv/ abhängig	nicht attraktiv, abhängig	weder attraktiv, noch abhängig
Nettonutzen	positiv	positiv	Negativ	nicht wahrgenommen
Alternativen	gleich oder nicht wahrgenommen	schlechter oder nicht vorhanden	schlechter oder nicht vorhanden	nicht wahrgenommen
spezifische Investitionen	nicht vorhanden	vorhanden	Vorhanden	nicht vorhanden
direkte Wechselkosten	gering	höher	Höher	gering

Abb. 15: Die Positionen des Kunden (Attraktivität und Abhängigkeit)

Position 1 – Attraktivität

Aufgrund eines hohen positiven Nettonutzens sind Kunden sehr zufrieden und wollen beim Anbieter bleiben. Es gibt allerdings zahlreiche, subjektiv austauschbare Alternativen, die direkten Wechselkosten sind gering und tendieren im Extremfall gegen Null,

---

[1] Vgl. Jarvis/Wilcox 1977, S. 11; Anderson/Narus 1990, S. 43 f.

wenn etwa das andere Produkt im gleichen Regal des Händlers steht. Spezifische Investitionen in Standorte, Maschinen oder Personen sind nicht getätigt worden. Deshalb empfinden Kunden aus Kosten- oder Nutzensicht keine Nachteile bei einem Wechsel. Diese Position ist typisch für das klassische Produktgeschäft, insbesondere bei Komponenten, konsumtiven Dienstleistungen und Verbrauchsgütern.

Einige Autoren bewerten Attraktivität *gleichzeitig* in Verbindung mit Abhängigkeit; denn je attraktiver die Beziehung, desto mehr gibt der Kunde bei einem Wechsel auf.[1] Allerdings setzt diese Argumentation voraus, dass 1) keine austauschbaren Leistungen der Konkurrenz aus Kundensicht vorhanden sind, 2) bei anscheinend homogenen Leistungen zumindest die direkten Wechselkosten zur Abhängigkeit führen und 3) immer andere Optionen in die Bewertung der Attraktivität einbezogen werden.

Wer zufrieden ist, wird diesen Vergleich aber nicht kontinuierlich vornehmen und die Abhängigkeit aus diesem Grund gar nicht *wahrnehmen*. Schliesslich ist das Leistungsangebot – gerade bei komplexen Produkten – nicht immer im voraus vergleichbar und somit auch die Bewertung eingeschränkt.

Position 2 – Attraktivität und Abhängigkeit

Neben einem hohen Nettonutzen sind auch spezifische Investitionen getätigt worden, z.B. zufriedene Kunden mit dem Apple-Betriebssystem, zufriedene Abnehmer von Zubehörteilen durch Just in Time-Lieferung oder zufriedene Jahresabonnenten bei einem Fitnessclub. Zufriedene Kunden eines Monopolisten würden ebenfalls hierzu zählen, oder es existieren zwar Konkurrenzangebote, aber nur relativ schlechtere. Auch können höhere direkte Wechselkosten anfallen, wenn es beispielsweise nur einen Detailhändler im näheren Umkreis gibt oder der Wechsel von einer Bank zur anderen den Druck neuen Briefpapiers mit geänderter Geschäftsadresse erfordert.

Spezifische Investitionen beeinflussen zum einen die Höhe des Nettonutzens, wenn beispielsweise aufgrund einer kundenindividuellen Problemlösung (Nutzen) das Kundenunternehmen eine Spezialmaschine zur Weiterverarbeitung kaufen muss (Kosten). Zum anderen bestimmt das Ausmass der Spezifität, welche Alternativen als solche überhaupt noch wahrgenommen werden. Je höher der Spezifitätsgrad, desto höher ist auch der Wertverlust bei einer alternativen Verwendung.

Position 3 – Abhängigkeit

Hier ist der Kunde in einer „Locked in"-Situation und unzufrieden. Diese Situation kann in monopolistischen Märkten sowie kurz- und mittelfristig vor allem im Busi-

---

1 Vgl. z.B. Dwyer/Schurr/Oh 1987, S. 14 f.; Ganesan 1994; Plinke/Söllner 1999 sowie für die Resource-Dependence Theorie, Pfeffer/Salancik 1978 und Abschnitt C 2.2.2.2 zum Commitment.

ness-to-Business-Bereich existieren, wenn vom Anbieter und vom Kunden spezifische Investitionen nicht gleichzeitig und/oder nicht in gleichem Umfang getätigt werden.

Position 4 – weder Attraktivität noch Abhängigkeit

Bisher wurde angenommen, dass Kunden wiederholte Käufe als sinnvoll und/oder notwendig erachten. Das setzt zumindest minimale psychologische Bewertungsprozesse voraus. Unter Low-Involvement-Bedingungen besteht aber die Möglichkeit, dass Kunden weder Attraktivität noch Abhängigkeit explizit *wahrnehmen* (Position 4).

Ein Wiederkauf aus Gewohnheit ist durch Will- und Muss-Bindungen schwer darzustellen. In der Regel ist der Kunde dann mehreren Produkten treu („unechte Treue"). Dies wurde bereits in einem früheren Abschnitt zum High- und Low-Involvement im Produktgeschäft diskutiert. Der Kunde bleibt, sofern ein Produktwechsel psychischen oder zeitlichen Zusatzaufwand (direkte Wechselkosten) bedeutet.[1] Er nimmt diesen Aufwand aber gar nicht bewusst wahr und bewertet ihn nicht. In dieser Position handelt es sich *nicht* um Kundenbindung entsprechend der nachfragerorientierten Definition.[2] Jedoch können aus anbieterorientierter Sicht wie beispielsweise im Sinne des aufgabenorientierten Ansatzes bestimmte Massnahmen (z.B. Verkaufsförderung am Point-of-Sale) zu Wiederkäufen führen.[3] Kapitel D 4.1.3, S. 172 ff. zeigt hierfür Ansätze. Bis dahin wird diese Position nicht berücksichtigt, um Missverständnisse zu vermeiden.

Exkurs: „Will"- und „Muss-Bindungen" vs. psychologische und faktische Bindungen

Bisher definierten Attraktivität und Abhängigkeit, warum Kunden beim Anbieter bleiben. Die Aussagefähigkeit ist jedoch bezogen auf Ausmass bzw. Intensität der Kundenbindung begrenzt.

„Will-" und „Muss-Bindungen" geben ein erste Erklärung, warum Kunden nicht wechseln. Sie sind stark durch die Wahrnehmung des Kunden geprägt und zwar, wie hoch dieser den Nettonutzen bzw. die Nachteile infolge eines Wechsels bewertet. So wird wahrscheinlich kein Kunde bei seinem jetzigen Versicherer bleiben *müssen*, weil es einen gewissen Aufwand bedeutet, eine neue Offerte einzuholen und abzuschliessen (direkte Wechselkosten). Selbst bei einer vertraglichen Bindung gibt es Wege, diese aufzulösen. Eine Vertragsstrafe kann der Kunde durchaus in Kauf nehmen.

Eine andere Unterteilung in psychologische (oder emotionale) und „faktische" Bindungen verhilft zu neuen Einblicken und löst das Problem teilweise. *Psychologische*

---

1 Vgl. hier und im folgenden Gierl 1991, S. 107 f.
2 Siehe auch z.B. Homburg 1999, S. 874, der eine Interpretation von Kundenbindung aus Gewohnheit und Bequemlichkeit für einigermassen fragwürdig hält.
3 Auf die emotionale Ansprache gering involvierter Kunden verweist Weinberg 1999, S. 43.

Bindungen beruhen auf Zufriedenheit (+)[1] oder Vertrauen (+) bzw. auf einer entsprechenden Präferenz für ein bestimmtes Gut. Sie werden deshalb den Will-Bindungen zugeordnet. Man spricht auch von immateriellen Wechselkosten. Allerdings ist nicht zu erklären, warum psychologische Bindungen allein auf freiwilliger Basis bestehen. So können Angst, „innere Verpflichtung" oder auch Commitment durchaus auf Abhängigkeiten hindeuten.[2]

Materielle Wechselkosten hindern bei *„faktischen"* Bindungen – zumindest temporär – den Kunden am Wechsel. Gleichgesetzt mit Synonymen wie „wirklich" oder „tatsächlich" geben sie jedoch noch keine Auskunft darüber, ob das vom Kunden auch so wahrgenommen wird. „Absolute" Wechselbarrieren bestehen eigentlich nur dann, wenn keine Alternativen vorhanden sowie ein Verzicht und eine Eigenproduktion nicht möglich sind.

Weitere Missverständnisse können entstehen, wenn ökonomische, technisch-funktionale, organisatorische oder vertragliche Bindungen per se als „faktisch" bezeichnet werden. Verständlicher ist deshalb die Einteilung in formelle (rechtliche, vertragliche) und materielle (ökonomische bzw. auch technisch-funktionale, organisatorische) Bindungen.[3]

Höhere Kosten bzw. Nutzeneinbussen entstehen, wenn der Wechsel vertraglich unzulässig, technisch ausgeschlossen oder ökonomisch unvorteilhaft ist (entspricht Muss-Bindungen).[4] In der Regel sind diese Muss-Bindungen aber mit Will-Bindungen verbunden. Geschlossene Systemlösungen führen beispielsweise zu Nutzen *und* Abhängigkeit und damit durchaus auch zu (positiven) psychologischen Bindungen.

Anders formuliert: Will man die Forderung nach Kundenbindung über psychologische Grössen wie Zufriedenheit erfüllen, sind ökonomische, technisch-funktionale, vertragliche oder organisatorische Bindungs*potentiale* heranzuziehen. Erst deren Ausgestaltung führt zu Will- und/oder Muss-Bindungen. Psychologische Bindungen sind aus dieser Sicht das *bewertete Ergebnis* wahrgenommener „freiwilliger" *und* „nichtfreiwilliger" Bindungen.

Aus diesen Erkenntnissen lassen sich zwei Wege ableiten, um das *Ausmass der Kundenbindung,* in bezug auf die dem *Kundenverhalten vorgelagerten Prozesse,* näher zu bestimmen. Die Perspektiven entsprechen den zwei hauptsächlichen theoretischen Richtungen in der Beziehungsforschung,[5] wie bereits im Kapitel B deutlich wurde.

---

1 Das Zeichen (+) bedeutet *positive* Ausprägung.
2 Siehe Abschnitt C 2.2.2.2 zu Commitment.
3 Ähnlich z.B. Kaas 1992b, S. 49; Kaas/Schade 1993, S. 75 f.
4 Vgl. z.B. Johnson 1982; Backhaus/Büschken 1995, S. 140.
5 Vgl. Bendapudi/Berry 1997, S. 17.

1) Ökonomischer Fokus (Abschnitte 2.1.1 – 2.1.3)

Hierzu sind die relevanten Kosten- und Nutzenkomponenten beim Kunden zu bestimmen und zu bewerten. Spezifische Investitionen kennzeichnen zum einen jeweils unterschiedliche *Spezifitätsgrade*.[1] Zum anderen bestimmt auch die (in bezug auf Unternehmenstätigkeit und -grösse) *relative Investitionshöhe* das Ausmass der wahrgenommenen Bindung. Es sind daher sowohl relevante Nutzen- und Kostenkomponenten als auch die Spezifität, die relative Investitionshöhe, Opportunitätskosten (Nettonutzendifferenz) und die direkten Wechselkosten zu quantifizieren.

2) Verhaltenswissenschaftlicher Fokus (Abschnitt 2.2)

Wenn psychologische Grössen das Ergebnis wahrgenommener Bindungen abbilden können, bestimmt ihr Ausmass auch die Intensität der Kundenbindung. Deshalb werden Kundenzufriedenheit, Vertrauen und Commitment als hauptsächlich verwendete Konstrukte näher erläutert. Diese verhaltenswissenschaftlich geprägte Analyse verlangt direkte Kundeninformationen.

Im Rahmen der ökonomischen Perspektive kann neben der Analyse der Bindungs*arten* die Untersuchung der Bindungs*potentiale* hilfreich sein. Zudem stehen den Unternehmen unterschiedliche Massnahmen zur Verfügung, je nachdem, auf welchen Bindungs*ebenen* sie agieren können (siehe Abbildung 16).

Kap. 2.1.2	Kap. 2.1.3	
Bindungspotentiale	**Bindungsebenen**	erweiterter Wirkungsrahmen: Umwelt, Kunde, Geschäftsbeziehung Störfaktoren
ökonomische technisch-funktionale organisatorische vertragliche sozialpsychologische	Organisationsebene Leistungsebene Personenebene	
Bindungsarten		
Abhängigkeit	Attraktivität	

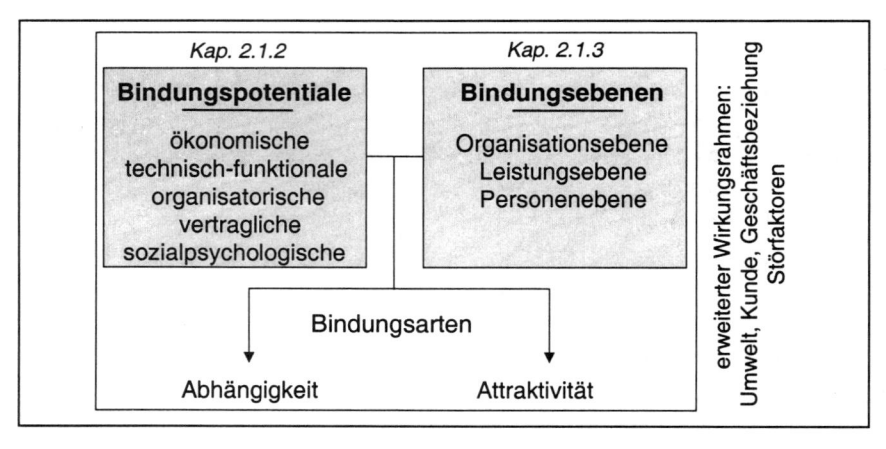

Abb. 16: Bindungspotentiale und Bindungsebenen

---

1 Vgl. Backhaus/Aufderheide/Späth 1994, S. 42 ff.

2.1.2 Bindungspotentiale

Die Ausgestaltung der *Bindungspotentiale* führt zu Will- und/oder Muss-Bindungen. Es lassen sich ökonomische, technisch-funktionale, organisatorische, vertragliche und sozialpsychologische Bindungspotentiale unterscheiden. Ökonomische Potentiale – und damit Nutzen und Kosten – sind zentral für die betrachteten Geschäftsbeziehungen. Ökonomisch unvorteilhaft wäre es aber auch, wenn technisch-funktionale Bindungen mit Wertverlust aufgelöst werden oder hohe Vertragsstrafen bei Austritt entstehen. Somit lassen sich genaugenommen die ersten vier Bindungspotentiale unter diesen Begriff einordnen. Für ein besseres Verständnis werden die genannten Potentialarten separat beschrieben.

Ökonomische Bindungspotentiale beziehen sich insbesondere auf die Leistung und die damit verbundenen Austauschprozesse. Es gibt drei Quellen, um diese Potentiale zu erhöhen:

1) Anbieter können den Nettonutzen vergrössern (*Zeitpunkt*), indem Kosten gesenkt und/oder Nutzen gesteigert werden. Genauer geht es um den Nettonutzenvorteil gegenüber der Konkurrenz. Ein relativ höherer Nettonutzen ist anzustreben.

2) Ein höherer Nettonutzen entsteht erst *im Zeitverlauf*. Zukünftige Boni, Rationalisierungs- oder Profitabilitätseffekte steigern zunehmend den Wert der Beziehung.[1]

3) Infolge hoher direkter Wechselkosten, insbesondere bei der Beendigung der Beziehung, ist es ökonomisch unvorteilhaft, zu wechseln.

Abbildung 17 auf der folgenden Seite zeigt Möglichkeiten, wie Anbieter den Nettonutzen erhöhen und den Wechsel zur Konkurrenz erschweren können. Auf den Unterschied zwischen Zeitpunkt und -raum verweisen die einzelnen Beispiele.

---

1 Vgl. Krapfel/Salmond/Spekman 1991, S. 25 f.

| **Fokus: Nutzen steigern**
- Zusätzliches Know-how, Erfahrungen
- Prozessoptimierungen
- vielfältige Einsatzmöglichkeiten erworbener Leistungen, Baukastensystem
- exklusive Produkte und Dienstleistungen, Informationen
- schnellere Lieferungen, Reparaturen

Fokus: Kosten/Preis reduzieren
- Rabatt- und Bonussysteme, Folgekäufe mit Preisreduktion, freie Leistung bei x-mailgem Bezug; hohe fixe Eintrittskosten und ermässigte Folgekosten sowie andere Preis- und Konditionssysteme
- Reparatur- und Nacharbeitskosten, Ausfallkosten reduzieren
- Kosten der Umrüstung auf neue Systeme

Fokus: Direkten Wechsel erschweren
- Anreize für weitere spezifische Investitionen in Nachfolgeprodukte
- Austrittsgebühren
- Verlust finanzieller Vorteile bei Austritt
- Vertragsstrafe |

Abb. 17: Erhöhung des Nettonutzens und/oder der direkten Wechselkosten (Quelle: in Anlehnung an Tomczak/Dittrich 1997, S. 25)

Technisch-funktionale Bindungspotentiale erzeugen einen Kaufverbund von Kern- und Zusatzleistungen, zum Beispiel aufgrund einer inkompatiblen Systemtechnologie. Hierzu zählen im weiteren Sinne ästhetisch-stilistische Leistungsbündel von Büromöbel- und Porzellanherstellern (Funktion, Farbe, Design) oder Bündel infolge propagierter Verwendungszusammenhänge (z.b. Kosmetiklinien).[1] Zum letzteren gehören auch Sammelobjekte wie beispielsweise Briefmarken, *SWATCH*-Uhren, *MÄRKLIN*-Modelleisenbahnen, Plüschtiere von *STEIFF* oder *SWAROVSKY*-Diamanten.

Zum einen kann Abhängigkeit („Lock in-Effekt") durch eingeschränkte Beschaffungswege von Zusatz- oder Ersatzteilen die Folge sein. Zum anderen besteht die Möglichkeit, dass Kunden einzelne Komponenten in einem zeitlich sukzessiven Beschaffungsprozess erwerben, was insbesondere im klassischen Systemgeschäft sinnvoll ist.[2] Eine spezifische Investition wird in diesem Fall nicht in die Transaktion direkt getätigt, sondern das Transaktions*objekt* selbst stellt für den Nachfrager eine solche dar.[3]

---

[1] Vgl. Bänsch 1998, S. 190.
[2] Vgl. Weiber/Beinlich 1994, S. 120.
[3] Vgl. Weiber/Beinlich 1994, S. 123.

Teil C: Wirkungsweise der Kundenbindung 69

Vertragliche Bindungspotentiale dienen vorrangig der Absicherung von Austauschprozessen. Für den Kunden erwachsen daraus in der Regel sowohl Rechte (z.b. auf den Erhalt einer bestimmten Leistung) als auch Pflichten (z.B. Zahlung innerhalb einer bestimmten Frist), die – je nach Sachlage – vom Vertragspartner eingefordert werden können. Die tatsächliche Wirksamkeit der Verträge bestimmt Art und Ausmass der Bindungen (siehe Kap. D 4.2.1). Abbildung 18 zeigt Beispiele für technisch-funktionale und vertragliche Kundenbindung.

	...führen zu Wiederkäufen
technisch-funktionale Bindungen...	• Beschaffung von Ersatz- und Zubehörteilen (z.b. Druckerpatronen, Rasierklingen) • Erweiterungskäufe (z.B. Software, Spielzeugsysteme) • Wartungs- und Reparaturservice
vertragliche Bindungen...	• Jahresabonnements bei Fitnessklubs, Zeitschriften • Mindestbezugsvereinbarungen • Versicherungsverträge • Garantie- und Wartungsverträge • potentielle Vertragsstrafen

Abb. 18: Beispiele technisch-funktionaler und vertraglicher Bindungen
(Quelle: in Anlehnung an Tomczak/Dittrich 1997, S. 24, 26)

Organisatorische Bindungspotentiale sind dann relevant, wenn Unternehmen ihre internen Prozesse und Strukturen aufeinander abstimmen. Schulungen der Mitarbeiter des Kunden und eingespielte Abläufe (z.B. Bestellung, Bezahlung) führen dann zu höherem Nettonutzen, aber auch zu einer gewissen Abhängigkeit. Das kommt insbesondere dann zum Ausdruck, wenn Anwendungssysteme wie zum Beispiel *R3* von *SAP* auf ganze Betriebsabläufe und -strukturen angepasst werden.

Sozialpsychologische Bindungspotentiale sind unterschiedlicher Herkunft und entziehen sich u.U. dem Einflussbereich der Anbieterorganisation. Bindungen zwischen Mitarbeitern der beiden Geschäftspartner können sich innerhalb und ausserhalb der Geschäftsbeziehung ergeben. Sie sind eine besonders wichtige Quelle für Vertrauen und emotionale Bindungen. Zudem lassen sich dadurch Ängste aus Abhängigkeit abbauen.[1] Aber auch ein „verpflichtendes Gefühl" dem Verkäufer gegenüber beeinflusst die Kaufentscheidung. Der gesamte Bereich der Markenpolitik und die Vermittlung von Emotionen spielen eine wichtige Rolle.

---

1   Vgl. Bendapudi/Berry 1997, S. 25.

2.1.3 Bindungsebenen

Geschäftsbeziehungen sind komplex. Je intensiver die Zusammenarbeit und je grösser die Zahl der beteiligten Personen am Kauf- und Entscheidungsprozess, desto zahlreicher sind die Schnittstellen zwischen Anbieter und Kunde. Vereinfacht lassen sich drei Bindungsebenen unterscheiden:[1]

- Organisationsebene – betrifft die Bindung an das Unternehmen als solches sowie transaktions*übergreifend* wirkende Strukturen und Prozesse zwischen Anbieter- und Kunde(n-Unternehmen).
- Leistungsebene – betrifft die Austauschleistung und alle direkt damit zusammenhängenden Prozesse zwischen Anbieter- und Kunde(n-Unternehmen).
- Personenebene – betrifft die beteiligten Individuen und gegebenenfalls diese in ihrer Rolle als Mitarbeiter des Anbieter- und Kunden(-Unternehmens).

Die Bindungsebenen greifen den Sachverhalt auf, dass sich Kunden an verschiedene Bezugsobjekte binden können (siehe Abschnitt B 3.2.1). Abbildung 19 zeigt die Beziehung zwischen Bindungspotentialen und Bindungsebenen. Während sich organisatorische Bindungspotentiale genau einer Ebene zuordnen lassen, bieten die anderen Potentiale Gestaltungsansätze auf mehreren Ebenen. Der folgende Abschnitt geht auf Beispiele der einzelnen Schnittstellen ein.

Bindungen zwischen Kunde und Anbieter auf...	Bindungspotentiale				
	ökonomische	technisch-funktionale	vertragliche	organisatorische	sozialpsychologische
Organisationsebene	x	x	x	x	x
Leistungsebene	x	x	x		x
Personenebene	x				x

Abb. 19: Beziehungen zwischen Bindungsebenen und Bindungspotentialen

---

[1] Siehe auch Diller/Kusterer 1988; Diller 1995b; Plinke 1989, S. 308.

1) Personenebene

Auf der Personenebene entstehen sozialpsychologische Bindungen zwischen zwei oder mehreren Individuen (z.B. Bindung durch Vertrauen). Die Ebene ist insbesondere für Dienstleister und Unternehmen mit persönlichem Verkauf relevant.[1] Immer dann, wenn Produkt und Anbieter nicht trennbar sind (z.b. Friseur, Arzt), entwickeln Kunden auch zum Mitarbeiter eine Beziehung.[2] SÜCHTING hebt zum Beispiel das „menschliche Element der Bank" hervor, das in der Person des Beraters Qualität und Vertrauen vermitteln soll.[3] Händler bezeichneten deshalb in einer Befragung Mitarbeitermotivation und -schulung als die wirkungsvollsten Instrumente zur Kundenbindung.[4] Auch bei Vertrauensgütern ist die Personenebene sehr wichtig.

Kundenclubs und andere Events dienen dazu, den persönlichen Kundenkontakt im anonymen Massenmarkt zu verbessern. Kommunikationsmedien werden immer weiter individualisiert. Auf der CD-ROM vom *OTTO VERSAND* moderiert neuerdings die virtuelle *Jenny*. *Jenny* bedeutet für das Unternehmen eine weitere Annäherung zum Kunden im Distanzverkauf.[5] Der Bekanntheitsgrad von „*Günter Kaiser*" beträgt 80 Prozent. Er ist mittlerweile der dritte Versicherungsagent der *HAMBURG-MANNHEIMER* seit 1972 und soll kein „schnelles Geschäft machen", sondern mit guten Ratschlägen Vertrauen aufbauen.[6]

Neben den sozialen Beziehungen an der Verkaufsfront dürfen auch die Netzwerke auf Geschäftsleitungs- oder Vorstandsebene nicht vergessen werden. Zudem arbeiten Teammitglieder beider Partner auf verschiedenen Wertschöpfungsstufen zusammen.

Beispiele der Automatisierung von Dienstleistungen zeigen, dass es kritisch sein kann, wenn wichtige Träger der Bindungspotentiale – und zwar das Personal – eingeschränkt werden. Derartige Massnahmen dienen der Kostensenkung. So sind bei Banken (Retailgeschäft) gemäss Schätzungen aus den USA die anfallenden Verarbeitungskosten einer vom Kunden mittels PC ausgelösten Transaktion fast elf mal niedriger als bei Geschäften am Schalter.[7] Sie können aber auch zu einer abnehmenden Kundenbindung führen: „Von einem Geldautomaten oder einer Internet-Page wechselt man viel leichter als von einem Kundenbetreuer, den man kennt und zu dem man einen persönlichen Kontakt pflegt."[8]

---

1 Siehe die Auswertungen einer empirischen Studie in Tomczak 1998 et al., S. 15 ff.; 63.
2 Vgl. Sheth/Parvatiyar 1995, S. 256.
3 Vgl. Süchting 1972, S. 275.
4 Vgl. Kaapke/Dobbelstein 1999, S. 140.
5 Laut Interview mit Ingo Saleck, Leiter Neue Medien, siehe o.V. 1999a, S. 10.
6 Vgl. o.V. 1997c, S. 13.
7 Vgl. o.V. 1999d, S. 24.
8 Simon/Butscher 1997, S. 47; vgl. auch Szallies 1996, S. 100; Reichheld 1993a, S. 68.

2) Leistungsebene

Auf der Leistungsebene führen die ausgetauschten Leistungen und Gegenleistungen sowie die damit verbundenen Prozesse zu Bindungen (z.b. Bindung durch technische Kompatibilität, Zufriedenheit mit dem Produkt, Finanzierungsmodelle).

Ein Beispiel ist eine holländische Firma, die Autolacke an ihre Kunden verkauft. Bei einer Reparatur in der Werkstatt ist es oft schwierig, den richtigen Farbton zu besorgen bzw. zu mixen, weil dieser sich auch mit der Zeit aufgrund spezieller Einflüsse (Klima, Region, Garagenwagen) verändert. Mittels eines Computerprogramms bietet der Hersteller nun die Möglichkeit, diesen Ton genau zu spezifizieren, allerdings nur für den Fall, dass seine eigenen Farben verwendet werden.[1]

Als Kernstück der Austauschbeziehungen ist die Leistungsebene für alle Unternehmen entscheidend. Für Markenartikler und Konsumgüterhersteller ist sie oft die einzige direkte Beziehung zum Kunden und deshalb besonders wichtig.[2] Bindungen durch ökonomische, vertragliche oder technisch-funktionale Potentiale sind bereits beschrieben worden. Besonders viele Beispiele existieren über preis-, kommunikations-, distributions- und produktpolitische Massnahmen zur Kundenbindung (siehe Kapitel D 4).

Als Mittel zur sozialpsychologischen Bindung nimmt die Marke eine besondere Position ein und gewinnt auch bei Dienstleistern und Industriegüterunternehmen an Bedeutung. Gerade wegen ihrer Nichtgreifbarkeit sind Dienstleistungen kaum vor Nachahmung zu schützen, z.B. patentierbar. In dieser Situation ist die Marke das zentrale Instrument zur Differenzierung des Angebots.[3] In mehrstufigen Märkten übernimmt sie zudem eine Brückenfunktion zwischen Hersteller und Endkunde und dient der Verkürzung des Informations- und Auswahlprozesses zugunsten des Markenanbieters.[4]

Grosse ökonomische Potentiale bieten sich in der fachlichen Beratung und Betreuung vor und nach dem Kauf. Hierzu gehören alle „Augenblicke der Wahrheit"[5] im persönlichen oder telefonischen Kontakt zwischen Mitarbeiter und Kunde.

3) Organisationsebene

Auf der *Organisationsebene* entstehen einerseits Bindungen aufgrund formeller und informeller Arbeitsabläufe zur Geschäftsabwicklung. Mittels Systemen sind a) Informations-, b) Waren- und c) Zahlungsströme zu bewältigen. Beispiele hierfür sind a) EDV-Vernetzungen (EDI, ECR),[6] elektronische Bestellsysteme, Produktionspla-

---

[1] Vgl. Jackson 1985, S. 142.
[2] Vgl. Sheth/Parvatiyar 1995, S. 256 sowie die Befragungsergebnisse in Tomczak et al. 1998, S. 42 ff.
[3] Vgl. Cowell 1991, S. 165 ff.; King 1991, S. 7; Stauss 1995, S. 3 ff.; Tomczak/Schögel/Ludwig 1998.
[4] Vgl. Büschken 1997, S. 192 ff.
[5] Vgl. Carlzon 1988; Stauss 1991.
[6] EDI = Eletronic Data Interchange als Basis für ECR = Efficient Consumer Response

nungssysteme (CAD, CAE),[1] b) gemeinsame Lager, Mehrwegverpackungssysteme und c) papierloser Zahlungsverkehr. Online-Banking oder virtuelle Reisebüros zeigen aktuelle Veränderungen auch im Endkundengeschäft.

Über ein eigenes System konnte beispielsweise AMERICAN HOSPITAL SUPPLY (AHS) die Vorgänge beim Bestellen und Auffüllen von Verbandsmaterialien, Spritzen und Desinfektionsmitteln stark vereinfachen. Die Kunden sind direkt mit dem EDV-System verbunden, das eine automatische Warenanlieferung und Wiederauffüllung der Lagerbestände ermöglicht, sobald sie unter eine Mindesthöhe fallen.[2]

Andererseits können durch Reputation und Markenaufbau sozialpsychologische Bindungen auf Firmenebene entstehen. Im Dienstleistungsbereich werden mehrheitlich Dachmarken in der Weise gebildet, dass der Firmenname zentraler Bestandteil der jeweiligen Dienstleistungsmarken wird (z.B. *LUFTHANSA* Service, *LUFTHANSA* Hotel).[3] Mit Firmen- als Markennamen will man vorrangig Vertrauen erzeugen (*MCKINSEY, IBM*). Das Beispiel *INTEL* zeigt, dass dies sogar bei mehrstufigen Märkten erfolgreich sein kann.[4]

Zusammenwirken der Ebenen

In der Regel haben Unternehmen auf mehreren Ebenen Schnittstellen zum Kunden aufgebaut. Dabei kann durchaus eine Ebene dominieren oder sich die Bedeutung einzelner Ebenen im Verlauf der Geschäftsbeziehung verschieben. Pauschalreisende entwickeln beispielsweise Bindungen zu einer bestimmten Mitarbeiterin eines Reisebüros (Person), einer Reisebürokette, Fluggesellschaft oder zu einem Reiseveranstalter (Unternehmen). Auch Urlaubsregionen, Hotels oder eine gewisse Marke (Leistung) werden bevorzugt.

In mehrstufigen Märkten bilden sich Bindungen an den Hersteller, dessen Produkte und/oder zum Händler.[5] Wenn etwa ein Schweizer Haushalt einen bestimmten Lebensmittelkanal bevorzugt, tätigt er dort rund drei Viertel aller Ausgaben während eines Jahres.[6] Mehrere Bezugsobjekte können auch zu Konflikten führen, was bei Hersteller-Händlerbeziehungen deutlich wird. DILLER/GOERDT/GEIS sprechen hier von horizontalen (Markentreue auf der Ebene mehrerer Hersteller) und vertikalen Aspekten der Kundenbindung (Marken- und Einkaufsstättentreue). Sie zeigen beispielhaft, dass Hersteller und Handel sowohl kooperative (ECR, CM[7]) als auch konfliktäre Be-

---

1 CAD = Computer Aided Design, CAE = ~ Engineering; andere C-Techniken siehe z.B. Mertens 1995.
2 Vgl. Jackson 1985, S. 135; MacMillan/Gunther McGrath 1998, S. 100.
3 Vgl. Stauss 1995, S. 2, Bunk 1991a.
4 Vgl. Büschken 1997, S. 192 ff.; Arnott 1994, S. 78 ff.
5 Vgl. Burmann 1991, S. 251.
6 Vgl. Schweiz. Verkaufsförderungsforum 1998, S. 92.
7 CM = Category Management

ziehungen, insbesondere in der Marken- und Kommunikationspolitik (z.B. Handelsmarken), unterhalten.[1]

Oft ist Markentreue in Relation zur Händlertreue stärker ausgeprägt, das heisst, Kunden wechseln, wenn eine Marke beim bestimmten Händler ausgelistet wird. Händler müssen sich deshalb genau die Auswirkungen überlegen, wenn sie sich von einer Marke oder einem Anbieter trennen wollen.[2] Aber auch für Hersteller ist eine sorgfältige Händlerauswahl entscheidend. Eine starke Marke ist notwendig, aber – wie Studienergebnisse zeigen – oft nicht ausreichend.[3]

In Abhängigkeit vom Geschäftstyp sind bestimmte Ebenen zentral. Beispielsweise bewirkt im Systemgeschäft das Transaktionsobjekt (Leistungsebene) bereits einen gewissen Bindungsgrad. Im Produktgeschäft ist es die Marke, bei Dienstleistungen die persönliche Beziehung.

Den Unternehmen kann eine Differenzierung gelingen, wenn sie die unterschiedliche Bedeutung der Bezugsobjekte erkennen. Der Erfolg des Automobilherstellers *TOYOTA* gegenüber *HONDA* in Japan wurde u.a. darauf zurückgeführt, dass die Autoverkäufer bei *TOYOTA* aufgrund der geringen Fluktuation (< 10 % pro Jahr) eine vertraute Beziehung zum Kunden aufbauen konnten, die stärker war als die (subjektiven) Produktvorteile von *HONDA*.[4]

2.2 Kundenzufriedenheit, Vertrauen und Commitment

Bisher wurden die Ursachen der Kundenbindung hauptsächlich aus Kosten- und Nutzengesichtspunkten betrachtet. Diese Analyse hatte den Vorteil, dass sich daraus Gestaltungsansätze zur Intensivierung der Kundenbindung ableiten lassen, insbesondere, welche Bindungsarten, -potentiale und/oder -ebenen für das eigene Geschäft derzeit und in Zukunft sinnvoll sind.

Der Vorteil folgender psychologischer Konstrukte liegt darin, dass sie – wie sich zeigen wird – eine relativ höhere Aussagekraft auf Verhaltens*absichten* und das tatsächliche Kunden*verhalten* haben. Im Gegensatz zu reinen Kosten- und Nutzenaspekten berücksichtigen sie zudem die subjektive Kundenwahrnehmung und den Vergleich mit bisherigen Erwartungen (siehe Abbildung 20).

---

1   Vgl. Diller/Goerdt/Geis 1997, S. 13ff., 46 f.
2   Vgl. Gegenmantel 1997, S. 88 ff.
3   Vgl. Schweiz. Verkaufsförderungs-Forum 1998, S. 100.
4   Vgl. Reichheld 1993b, S. 109.

Teil C: Wirkungsweise der Kundenbindung 75

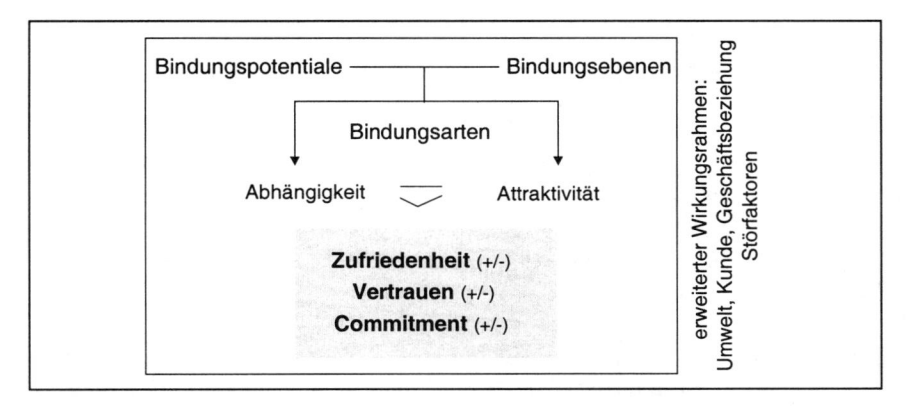

```
Bindungspotentiale ─────┬───── Bindungsebenen
                        │
                   Bindungsarten
                        │
         Abhängigkeit ──┴── Attraktivität

              Zufriedenheit (+/-)
              Vertrauen (+/-)
              Commitment (+/-)
```
erweiterter Wirkungsrahmen: Umwelt, Kunde, Geschäftsbeziehung, Störfaktoren

Abb. 20: Kundenzufriedenheit, Vertrauen und Commitment als bewertetes Ergebnis der wahrgenommenen Bindungen (+/- als neutrale Bezeichnung)

2.2.1 Kundenzufriedenheit

Kundenzufriedenheit wird neben den klassischen theoretischen Konstrukten wie zum Beispiel Einstellung oder Involvement herangezogen, um das Verhalten von Konsumenten näher zu erklären.[1] Sie ist das Ergebnis eines psychischen Bewertungsprozesses, bei dem die subjektiv wahrgenommenen Leistungen eines Anbieters (Ist) mit den eigenen Erwartungen (Soll) verglichen werden[2] (siehe Abbildung 21).

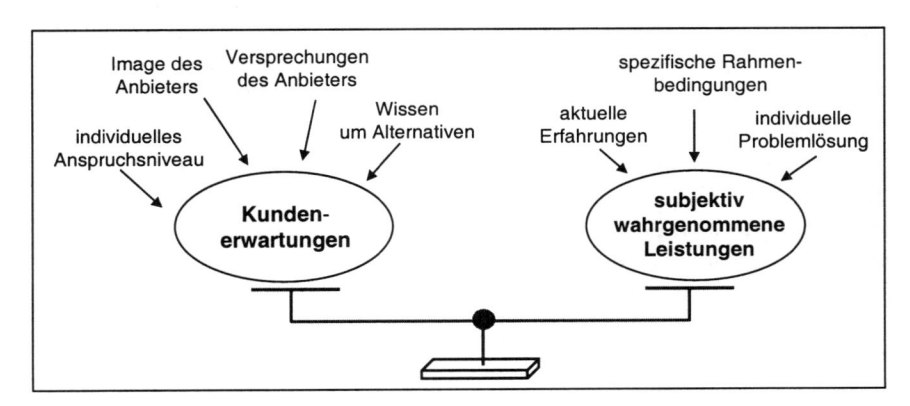

Abb. 21: Einflussfaktoren der Kundenzufriedenheit
(Quelle: in Anlehnung an Meyer/Dornach 1994, S. 28)

---

1 Vgl. Bruhn 1985, S. 300 f.
2 Vgl. Day 1982, S. 5 sowie ausführlicher Schütze 1992.

Die Erwartungen entstehen über das individuelle Anspruchsniveau des Kunden in der jeweiligen Nachfragesituation und sind dynamischen Veränderungen infolge neuer Erfahrungen,[1] Änderung des Einkommens bzw. des wirtschaftlichen oder gesellschaftlichen Umfeldes unterworfen. Individuelle Merkmale eines Kunden, wie etwa Wissen oder Charakter, die spezifische Funktion des Käufers innerhalb eines nachfragenden Unternehmens sowie der Neuigkeitsgrad der Kaufsituation sind ebenfalls Einflussfaktoren. Weiterhin prägen das Wissen um Alternativen sowie die Kommunikationsmassnahmen (z.b. Versprechen in der Vorkaufphase) des Anbieters die Erwartungen.[2]

Das Image eines Anbieters wirkt sowohl auf die Erwartungshaltung als auch auf die subjektive Wahrnehmung der Leistung. Letztere wird ebenfalls durch bereits vorliegende Erfahrungen und die individuelle Problemlösung beeinflusst und ist situationsabhängig.[3] Gute Erfahrungen mit einem Anbieter wecken wiederum die Erwartung, dass dieser in einer zukünftigen, gleichen oder anderen Situation eine wertvolle Hilfe sein kann.[4]

Nach dem Erklärungsansatz des *Confirmation/Disconfirmation-Paradigm* entsteht Zufriedenheit, wenn die wahrgenommene Qualität der Leistung die Erwartung eines Kunden erfüllt oder übersteigt. Dagegen stellt sich Unzufriedenheit ein, wenn Leistungen unterhalb der Erwartungen liegen.[5]

Allerdings ist dieser Bewertungsprozess komplexer als hier erläutert, weil der Kunde im nachhinein sein Anspruchsniveau (Soll) und/oder seine Wahrnehmung (Ist) korrigieren kann. Meint ein Kunde etwa, seine Unzufriedenheit ist auf zu hohe Erwartungen (Soll) zurückzuführen, wird er diese nach unten berichtigen, um Zufriedenheit zu erreichen. Andererseits kann er die Ist-Komponente (z.B. wahrgenommene geringe Produktqualität) so verändern, dass sie mit den Erwartungen besser im Einklang steht.[6]

Hieraus ergibt sich eine wichtige Ergänzung zur Diskussion, mit welchen Möglichkeiten der Nettonutzen erhöht werden kann, um Will-Bindungen zu erreichen (siehe S. 60). Erst der positive Saldo des Vergleichs von *wahrgenommenem* Nettonutzen mit den eigenen Erwartungen führt zur Zufriedenheit (+). Sowohl der objektive Nettonutzen als auch Wahrnehmung und Erwartungen können vom Anbieter beeinflusst werden (siehe Abbildung 21, S. 75). Das heisst beispielsweise, Händler können tatsächlich die Preise senken oder vor allem durch Kommunikation, Warenpräsentation oder Aktionen ein günstiges Preis*image* erzeugen (z.B. *MEDIA MARKT*)[7].

---

1   Vgl. Horstmann 1998, S.90 ff.
2   Vgl. für eine differenzierte Sicht der Soll-Komponente Schütze 1992, S. 154 ff.
3   Vgl. Schütze 1992, S. 3 ff., 247 ff.; Meyer/Dornach 1994, S. 27 f. Siehe auch Esch/Billen 1994, S. 410 ff.
4   Vgl. Engelhardt/Freiling 1995a, S. 39.
5   Vgl. z.B. Day 1982, S. 5; siehe zu einer intensiven Auseinandersetzung mit dem Konstrukt Schütze 1992.
6   Vgl. zur Kritik am Konzept auch Kaas/Runow 1984, S. 452 ff.
7   Siehe auch Belz/Schindler 1994.

Zufriedenheit (+/-) bezieht sich zum einen auf den Anbieter selbst, seine Leistungen oder deren Bestandteile sowie auf die Beziehung zwischen Anbieter und Kunde.[1] Somit spielt sie auf Personen-, Leistungs- und Organisationsebene eine Rolle. Im Kontext dieser Arbeit gewinnt die kumulierte Zufriedenheit an Relevanz, die sich nicht auf eine einzelne Transaktion bezieht, sondern die gesamten Erfahrungen mit dem Anbieter und dessen Produkten widerspiegelt. Sie ist ein stärkerer Indikator für das zukünftige Kaufverhalten und damit auch für die unternehmerischen Erfolge.[2]

Ökonomische Bedeutung der Kundenzufriedenheit

Während in den 80er Jahren Kundenzufriedenheit generell proklamiert wurde, untersuchen Forscher insbesondere seit Anfang der 90er Jahre ihre ökonomische Bedeutung für die Unternehmen.[3]

FORNELL beschrieb die Erfolge einer konsequenten Zufriedenheitsstrategie folgendermassen: höhere Loyalität vorhandener Kunden, geringere Preiselastizitäten, reduzierte Fehlerkosten, erhöhte Resistenz der Kunden gegenüber Konkurrenzmassnahmen, geringere Kosten bei der Kundenakquisition, erhöhte Reputation der Firma.[4]

Wird eine erhöhte Wiederkaufbereitschaft durch Zufriedenheit[5] auch von vielen Praktikern erfahrungsgemäss bestätigt, bestehen Diskussionen hinsichtlich der abnehmenden Preisempfindlichkeit.[6] Nach SÜCHTING sinkt die Preissensibilität mit der Loyalitätsdauer, allerdings nur bis zu dem Punkt, an dem der erfahrene Kunde sich ein Informationsnetz aufgebaut hat und preisliche Entwicklungen besonders kritisch bewertet.[7] Auch GUTENBERG verwies auf das „akquisitorische Potential" eines Anbieters, das es ihm ermöglicht, sich innerhalb bestimmter Preisober- und Preisuntergrenzen wie ein Monopolist zu verhalten; in diesem Bereich zeigt der Käufer eine grössere Toleranz gegenüber Preiserhöhungen.[8]

Zufriedene Kunden kaufen häufiger und grössere Mengen oder auch zusätzliche Produkte und Dienstleistungen desselben Anbieters.[9] Damit lassen sich auch Transaktionskosten reduzieren.[10] Die Kostenseite spricht ebenfalls CROSBY an. Produkte, die

---

1 Vgl. Schütze 1992, S. 212 ff.
2 Vgl. Anderson/Fornell/Lehmann 1994, S. 54; Coyne 1989, S. 73. Siehe auch die Diskussion bei Homburg/Giering/Hentschel 1999, S. 85 f. m.w.N.
3 Vgl. LaBarbera/Mazursky 1983; Fornell 1992; Rust/Zahorik 1993; Anderson/Sullivan 1993; Boulding et al. 1993; Anderson/Fornell/Lehmann 1994; Ehresmann/Hensche 1995, 1996; Wilson/Soni/O'Keeffe 1995, S. 1; Zeithaml/Berry/Parasuraman 1996, S. 31 ff.; Krüger 1997.
4 Vgl. Fornell 1992.
5 Vgl. LaBarbera/Mazursky 1983.
6 Siehe dazu z.B. Zeithaml/Berry/Parasuraman 1996, S. 33, 42.
7 Vgl. Süchting 1972, S. 298; Debruicker/Summe 1985.
8 Vgl. Gutenberg 1984, S. 243 ff., 251 ff. sowie das Beispiel von Turnbull/Wilson auf S. 114.
9 Siehe auch die empirische Studie zum Cross Buying in Bruhn 1998, S. 226 f.
10 Vgl. Reichheld/Sasser 1990, S. 108 ff.

mit dem Ziel der Kundenzufriedenheit hergestellt werden, verursachen geringere Fehlerkosten infolge weniger Nacharbeit und seltenen Reklamationen.[1] Aufgrund einer positiven Mund-zu-Mund-Kommunikation werden Akquisitionskosten reduziert.[2] Kundenzufriedenheit hat somit einen positiven Effekt auf die Reputation, welche wiederum andere Aktivitäten, wie zum Beispiel Produkteinführungen, unterstützen kann.[3]

Der Zusammenhang zwischen Kundenzufriedenheit und Wiederkaufbereitschaft bzw. -verhalten soll zunächst aus positiver Sicht näher untersucht werden. Daran schliessen sich die Ausführungen zu den Grenzen der Zufriedenheit in bezug auf die Kundenbindung an. Das Kundenverhalten bei Unzufriedenheit beendet diesen Abschnitt.

Zusammenhang zwischen Kundenzufriedenheit und Kundenbindung

Beim Wechsel eines bekannten Anbieters besteht für den Kunden eine Unsicherheit, ob das bisherige Zufriedenheitsniveau mit einem alternativen Angebot erreicht werden kann. Eine Reduzierung dieser Unsicherheit ist oft mit einer aufwendigen Informationssuche und -beurteilung verbunden. Zufriedene Kunden sind somit bestrebt, an bestehenden Geschäftsbeziehungen festzuhalten bzw. Wiederholungskäufe zu tätigen. Wird ein positiver Zusammenhang zwischen Zufriedenheit und Bindung vielfach vermutet oder sogar empirisch bestätigt, so muss dieser weder zwingend noch linear sein.[4] Eine Studie in der Automobilbranche zeigte beispielsweise, dass zwischen 65 und 85 Prozent der abgewanderten Kunden zufrieden bzw. sehr zufrieden waren.[5]

Die funktionale Form des Zusammenhangs konzentriert sich in den Untersuchungen auf einen progressiven bzw. sattelförmigen Verlauf. Abbildung 22 auf der folgenden Seite verdeutlicht anhand zweier empirischer Untersuchungen diese vermuteten Funktionsverläufe.

---

1 Vgl. Crosby 1979, S. 119 ff.
2 Vgl. Fornell 1992.
3 Vgl. Robertson/Gatignon 1986, S. 4; Montgomery 1975.
4 Siehe hier die Übersicht bei Homburg/Giering/Hentschel 1999, S. 93 ff.; Schütze 1992, S. 324.
5 Vgl. Reichheld 1993a, S. 71.

Teil C: Wirkungsweise der Kundenbindung 79

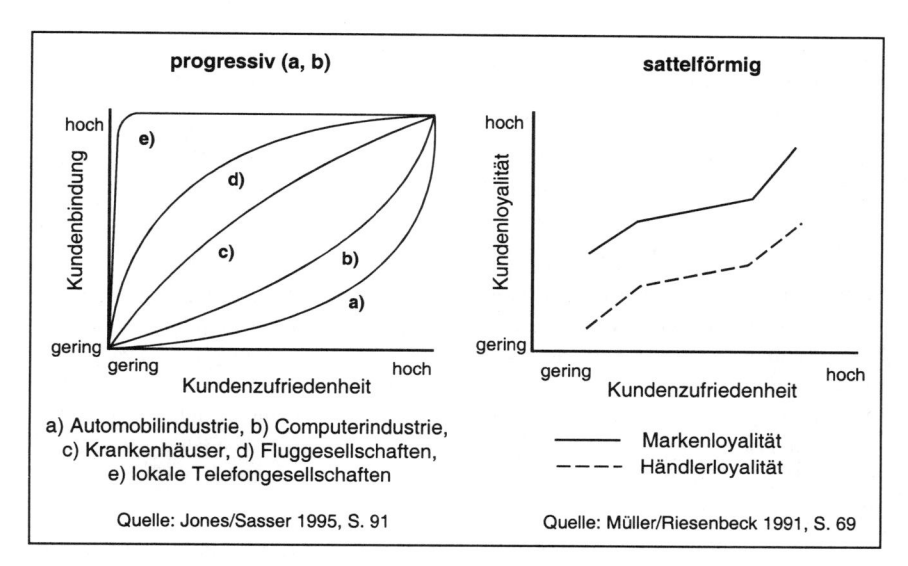

Abb. 22: Empirische Beispiele funktionaler Zusammenhänge zwischen Kundenzufriedenheit und Kundenbindung

Die linke Grafik verweist zudem auf einen weiteren Aspekt, der zeigt, dass der Zusammenhang zwischen Kundenzufriedenheit und -bindung branchenabhängig ist oder genauer, dass er dadurch bestimmt wird, inwieweit auch weitere Bindungsarten – neben der Zufriedenheit – eine Rolle spielen (Kurven c-e). Hieran wird auch die generelle Schwierigkeit deutlich, die Aussagen vorhandener Studien miteinander zu vergleichen: Die beteiligten Konstrukte wurden unterschiedlich operationalisiert und gemessen.

Die Kurven a und b (linke Grafik) haben einen progressiven, funktionalen Verlauf. Vertreter dieses Zusammenhangs betonen den überproportional grossen Unterschied zwischen zufriedenen und sehr zufriedenen Kunden und ihrem jeweiligen loyalen Verhalten. Sie fordern daher, Kunden zu „begeistern" und nicht nur zufriedenzustellen.[1] Zum Beispiel waren bei *RANK XEROX* äusserst zufriedene Kunden sechsmal eher bereit, Wiederkäufe über die nächsten 18 Monate zu tätigen als lediglich zufriedene Kunden.[2]

Je höher die Wettbewerbsintensität und Käuferdominanz in den Märkten, desto bedeutender sind „sehr zufriedene" Kunden für die Erhöhung der Kundenbindung. Firmen in der Automobil-, Nahrungsmittel-, Pauschalreise- oder PC-Branche sind weit-

---

1 Siehe z.B. Heskett et al. 1994, S. 167.
2 Vgl. Jones/Sasser 1995, S. 91.

aus stärker von zufriedenen Kunden abhängig, um Wiederkäufe zu generieren, als Branchen, die durch beschränkte Entscheidungsfreiheit der Kunden (z.b. Regulierung, Patente, Gebietsschutz) charakterisiert sind.[1]

Nach der Untersuchung von JONES/SASSER (1995) führen zum Beispiel Frequent Flyer-Programme der Fluggesellschaften, der Einfluss der Ärzte bei der Wahl des Krankenhauses oder Monopole zu relativ stärkeren Bindungen beim gleichen Zufriedenheitsniveau (siehe Kurven c-e, linke Grafik).

Die Vertreter der sattelförmigen Kurve (Abbildung 22, rechts) betonen insbesondere den Indifferenzbereich, bei dem eine erhöhte Zufriedenheit nur marginal die Kundenbindung steigert. COYNE vermutet, dass in vielen Branchen zwei kritische Zufriedenheitsschwellen auftreten. Wenn sich die Zufriedenheit ab einem bestimmten Niveau erhöht, steigt die Kundenbindung überproportional an. Wenn Kundenzufriedenheit unter ein bestimmtes Niveau sinkt, bewirkt die weitere Abnahme einen stärkeren Bindungsverlust.[2] Danach können Unternehmen im Indifferenzbereich ausgiebig in Zufriedenheit investieren, ohne jedoch sofort verhaltenswirksame Effekte zu erzielen.

Die rechte Grafik verdeutlicht *eine mögliche* Ausprägung von Händler- und Markenloyalität. Zudem besteht die Vermutung, dass sich die Kurven – je anspruchsvoller die Kunden sind – nach rechts verschieben können sowie auch der Indifferenzbereich sich vergrössern kann.[3]

Grenzen der Kundenzufriedenheit

Einleitend wurde erwähnt, dass Zufriedenheit nicht zwingend zum Wiederkauf führen muss. Für eine Kundenabwanderung *trotz* Zufriedenheit sind die unterschiedlichen Quantitäten und Qualitäten von Kundenzufriedenheit massgebliche Gründe.[4] Andere Ursachen, wie beispielsweise das Bedürfnis nach Abwechslung oder attraktive Konkurrenzmassnahmen, werden im Abschnitt 3.3 (Störfaktoren) genauer untersucht.

1) Intensität der Kundenzufriedenheit (Quantität)

In Abhängigkeit von Untersuchungsdesign und Auswertung der Daten können Messergebnisse zur Kundenzufriedenheit u.U. eine geringe Aussagekraft über die tatsächliche Zufriedenheit und Bindung der Befragten besitzen. Bei einem hohen prozentualen Anteil „zufriedener" und „sehr zufriedener" Kunden sehen zumindest die lediglich „zufriedenen" Käufer Verbesserungspotentiale. Ihre empfundene Wechselbarriere ist geringer als die der „sehr zufriedenen" Kunden.

---

1 Vgl. Fornell 1992, S. 16; Jones/Sasser 1995.
2 Vgl. Coyne 1989, S. 73. Siehe auch Müller 1990; Müller/Riesenbeck 1991; Wildemann 1998b, S. 5.
3 Vgl. Dresselhaus 1999, S. 661 am Beispiel Porsche.
4 Vgl. hier und im folgenden Stauss 1997a. Mögliche Ursachen für (vermeintliche) Kundenloyalität trotz Unzufriedenheit werden hier nicht behandelt.

Teil C: Wirkungsweise der Kundenbindung _____ 81

Vorhersagen aus Messergebnissen lassen sich auch nur dann ableiten, wenn tatsächlich alle Zufriedenheitskriterien abgefragt wurden, die entscheidend für einen Wiederkauf sind. Schliesslich existiert auch eine zeitliche Differenz zwischen Zufriedenheit und Verhalten. So kann eine einzelne Transaktion zufriedenstellend sein, aber erst nach mehreren solcher Erfahrungen wirkt sich dies konkret auf den Wiederkauf aus.[1]

2) Kundenzufriedenheitstyp mit geringen Wechselbarrieren (Qualität)

Zufriedenheit und Unzufriedenheit ist jeweils ein Erlebniszustand, der sich nicht nur in der Intensität (s.o.), sondern auch in seiner Qualität unterscheidet.[2] Die Kombinationen emotionaler, kognitiver und intentionaler Komponenten führen zu verschiedenen Typen der Kundenzufriedenheit. Abbildung 23 zeigt drei Zufriedenheits- und zwei Unzufriedenheitstypen mit unterschiedlich hohen Wechselbarrieren. Sie entstehen u.a. dadurch, dass – wie bereits erwähnt – die Soll- oder Ist-Komponente im Nachhinein verändert wird. Bei „stabil zufriedenen" Kunden sind demnach die subjektiv empfundenen Barrieren höher als bei „fordernd zufriedenen" (Soll ↑) oder „resignativ zufriedenen" (Ist ↓) Käufern.

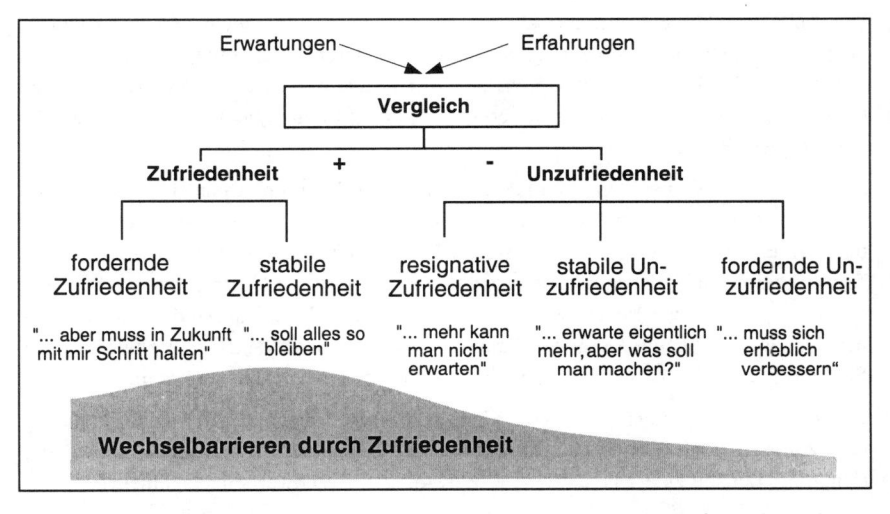

Abb. 23: Kunden(-un-)zufriedenheitstypen und deren Auswirkung auf die Höhe der subjektiv empfundenen Wechselbarrieren (Quelle: in Anlehnung an Stauss/Neuhaus 1995; Stauss 1997a)

---

1 Vgl. Coyne 1989, S. 73.
2 Vgl. Stauss/Neuhaus 1995, S. 137 ff.

Kundenverhalten bei Unzufriedenheit

Im Falle der *Unzufriedenheit* hat der Käufer grundsätzlich vier Verhaltensoptionen, die er auch gleichzeitig ergreifen kann: 1) Abwanderung bzw. Wechsel des Produktes, der Marke oder des Anbieters, 2) Beschwerde gegenüber dem Anbieter oder einer dritten Partei (Verbraucherschutz, Schiedsstellen, Medien), 3) negative Mund-zu-Mund-Kommunikation gegenüber dem sozialen Umfeld, Freunden und Verwandten sowie 4) Inaktivität („unvoiced complaint").[1]

Die Abwanderung kann partiell oder total erfolgen. Im ersten Fall wird der Kunde einen Teil seines Bedarfs weiterhin beim Anbieter beschaffen. Eine Rückgewinnung abgewanderter Kunden stellt sich oft als schwierig und kostenintensiv heraus (siehe Kap. D 4.2.2.2, Kundenrückgewinnung).

Eine negative Mund-zu-Mund-Kommunikation über das Produkt oder den jeweiligen Anbieter betrifft laut Studien dreimal mehr Personen im Umfeld des betroffenen Kunden als die Weitergabe positiver Erfahrungen.[2] Kennen sich zudem in einem Markt die wenigen Kunden untereinander gut, kann dieser negative Ruf besonders schädlich für das Neu- und Zusatzgeschäft werden.[3]

Der Anbieter erhält ein sehr geringes Feedback von inaktiven, unzufriedenen Kunden. Dadurch entsteht das Problem, dass er nicht reagieren kann, obwohl die Wechselbereitschaft des Kunden relativ gross ist. Wenn zudem andere Wechselbarrieren das Abwandern unzufriedener Kunden verhindern, kommt dem Widerspruch als Reaktion eine grössere Bedeutung zu.

Aus diesen Gründen sollten Unternehmen das aktive Bearbeiten von Beschwerden als Chance begreifen, den (potentiellen) Verlust von Stammkunden zu verhindern. Kunden werden eher reklamieren, wenn sie die Erfolgswahrscheinlichkeit einer Beschwerde in Relation zum Aufwand (Zeit, Ärger) positiv bewerten.[4] Untersuchungen belegen, dass eine erfolgreiche Beschwerde die Wiederkaufabsicht des anfänglich unzufriedenen Kunden massgeblich erhöhen kann.[5] FORNELL/WERNERFELT empfehlen in ihrer Studie sogar, im Interesse des Unternehmens die Beschwerdezahl zu maximieren.[6]

Beschwerdemanagement ist ein besonders wichtiges Instrument zur Kundenbindung,[7] das zugleich den Vorteil bietet, aktuelle Informationen über die Quellen der (Un)Zufriedenheit zu erhalten (siehe Kap. D 4.2.2.1, Beschwerdemanagement).

1　Vgl. Kap. B 2.2.1; Richins 1983, S. 68, insb. negative Mund-zu-Mund Kommunikation.
2　Vgl. Richins 1983, S. 76, TARP 1979, 1986.
3　Vgl. Webster 1970, S. 187; Czepiel 1974, S. 172 ff.
4　Vgl. Hirschmann, Abschnitt B 2.2.1.
5　Vgl. Hennig-Thurau 1999; TARP 1986; Richins 1983; Lovelock 1994, S. 206 ff.; Trawick/Swan 1981, S. 27; Hansen/Jeschke 1995, S. 242 ff; Webster/Sundaram 1998.
6　Vgl. Fornell/Wernerfelt 1987, S. 339.
7　Siehe die Befragungsergebnisse in Tomczak et al. 1998, insb. S. 16, 63, 80.

Obwohl Kundenzufriedenheit keine hinreichende Voraussetzung für Kundenbindung ist, schafft sie eine wichtige Wechselbarriere.[1] In wettbewerbsintensiven Käufermärkten bleibt sie ein oberes Ziel, welches durch weitere Bindungsdeterminanten unterstützt werden sollte. Kunden sind nur dann bereit, sich in gewisse Abhängigkeiten zu begeben, wenn sie für sich einen eindeutig positiven Gesamtnutzen erkennen können. Zufriedenheit dient in diesem Fall – neben anderen Sicherheitsinstrumenten (z.B. Garantien, Verträgen, „Exit-Optionen") – nicht allein der Bindung, sondern insbesondere dazu, Abhängigkeitsgefahren zu reduzieren (siehe Abschnitt D 4.2.1, Abhängigkeitsmanagement).[2]

Für das Zufriedenheitsmanagement sind insbesondere die *wiederkauf*entscheidenden Kriterien relevant. Zudem kann sich der Einfluss einzelner Dimensionen im Laufe der Zeit verändern.[3] TANNER stellte beispielsweise fest, dass die Zufriedenheit mit dem Verkaufsprozess stärker zum Wiederkaufentscheid beiträgt als die verkaufte Marktleistung.[4] WILSON/SONI/O'KEEFFE beschreiben diese Aussage wie folgt: „It is said that the sales person sells the first car to the customer and the service department determines future sales."[5] Insbesondere dominieren die Zufriedenheitsquellen, welche am kürzesten zurückliegen oder die starke, individuelle Merkmale enthalten, wie beispielsweise bei persönlichen Dienstleistungen.

2.2.2 Zukunftsgerichtete Faktoren: Vertrauen und Commitment

Vertrauen und Commitment werden als die Schlüsselfaktoren für langfristige Beziehungen bezeichnet.[6] Sie helfen dabei, dass sich durch kooperatives Verhalten spezifische Investitionen rechnen. Kurzfristige, attraktive Alternativen aus der Sicht *eines* Partners werden zugunsten langfristiger, *gemeinsamer* Erfolge abgewehrt. Aufgrund der Erwartung, dass der Partner sich nicht opportunistisch verhält, können unsichere, aber ökonomisch sinnvolle Aktionen durchgeführt werden, die allein nicht realisierbar gewesen wären.[7]

Während sich aus Zufriedenheit nur indirekt ein künftiges Verhalten ableiten lässt, sind Vertrauen und Commitment des Kunden direkt zukunftsgerichtet. Die Erwartungen beziehen sich auf das künftige Anbieterverhalten (Kundenvertrauen) oder definieren die eigenen Handlungsweisen in der Zukunft genauer (Commitment).[8]

---

1 Vgl. Wilson/Soni/O'Keeffe 1995, S. 1.
2 Weiber/Beinlich 1994, S. 123 f.; Backhaus 1999, S. 586, 601.
3 Vgl. z.B. Burmann 1991, S. 254.
4 Vgl. Tanner 1996, S. 130.
5 Wilson/Soni/O'Keeffe 1995, S. 20.
6 Vgl. z.B. Ganesan 1994; Morgan/Hunt 1994.
7 Vgl. Morgan/Hunt 1994, S. 22.
8 Vgl. Garbarino/Johnson 1999, S. 71; Moorman/Zaltman/Deshpande 1992; Morgan/Hunt 1994.

Im folgenden werden beide Konstrukte und ihre Wirkung auf die Kundenbindung vorgestellt. Anschliessend erfolgt eine kurze Beschreibung der Interdependenzen von Zufriedenheit, Vertrauen und Commitment.

2.2.2.1 Vertrauen

Die Risikotheorie in Kapitel B 2.1.1.1 verwies bereits darauf, dass jede Kaufsituation ein gewisses „Risiko einer Fehlentscheidung" birgt. Die Höhe des wahrgenommenen Risikos wird 1) durch das empfundene *Ausmass* der Wahrscheinlichkeit über das Eintreten negativer Folgen des Kaufes und 2) von der empfundenen *Bedeutung* dieser negativen Folgen für den Kunden beeinflusst.[1]

Die Strategien zur Risikoreduktion wurden ebenfalls im früheren Kapitel beschrieben: Wiederholungskauf, Risikostreuung in der Beschaffung sowie Informations- und Kontrollmassnahmen bzw. Beeinflussung des Anbieterverhaltens (siehe S. 21 ff.).

Die genannten Optionen können aber in einer bestimmten Situation nicht zur Verfügung stehen (z.b. kein identischer Wiederkauf bzw. keine Risikostreuung möglich) oder unterliegen Restriktionen, wodurch in der Regel ein gewisses Restrisiko bleibt: Die umfassende Informationssuche und -bewertung hängt beispielsweise von der Komplexität der Kaufsituation und der Leistung sowie dem vorhandenen Zeit- und Kostenbudget ab.[2] Ein Einfluss auf mangelhaften Leistungswillen und/oder ungenügende Leistungsfähigkeit des Anbieters setzt voraus, dass diese beobachtet *und* sanktioniert werden können.[3]

Vertrauen spielt insbesondere dann eine Rolle, wenn sogenannte „Vertrauensgüter" angeboten werden.[4] Bei diesen Leistungen besteht weder vor noch nach dem Kauf die Möglichkeit, *kaufentscheidende* Eigenschaften zu kontrollieren und zu beurteilen. Die Palette dieser Produkte und Leistungen ist breit. Sie reicht von Lebensmitteln aus ökologischem Anbau über Arzt- oder Versicherungsleistungen bis zum Kauf einer Systemlösung.

Vertrauen impliziert spezifische Erwartungen bezogen auf:[5]

- Die *Kompetenz* eines Anbieters, dass dieser seine Leistungen verlässlich und effektiv erbringt und

- seine *zukünftigen Handlungen*. Das heisst, dass dieser sich bei neuen, unvorhergesehenen Situationen nicht opportunistisch verhält.

---

1 Vgl. Bauer 1967; Cox 1967; Cunningham 1967.
2 Siehe z.B. Kuß 1991, S. 30 ff.; Plötner 1992, S. 75 ff.
3 Vgl. Backhaus/Aufderheide/Späth 1994, S. 102. Auf die Unvollständigkeit von Verträgen wird noch genauer eingegangen (siehe Kap. D 4.2.1).
4 Vgl. Nelson 1970; Darby/Karni 1973; Kaas 1990.
5 Vgl. Ganesan 1994, S. 3. Siehe auch Moorman/Zaltman/Deshpande 1992, S. 315; Morgan/Hunt 1994, S. 23 f. jeweils m.w.N.

Vorausgesetzt wird, dass der vertrauende Partner den anderen für *vertrauenswürdig* hält. Oder anders: Vertrauen ist im institutionenökonomischen Ansatz immer *begründetes* Vertrauen. Es schliesst damit blindes oder fatalistisches Vertrauen aus und bedeutet, dass Anbieter ihre Leistungsfähigkeit und ihren Leistungswillen überzeugend begründen müssen.[1] Vertrauen wird deshalb auch als ein *Produkt verzichtender Kontrolle* bezeichnet.[2]

Wissenschaftlich noch nicht abschliessend geklärt ist die Frage, inwieweit Vertrauen sich auch auf Produkte richten kann, also nicht auf Personen oder Personengruppen.[3] Zwar lässt die oben formulierte Definition ein Produktvertrauen nur dann zu, wenn „Kompetenz" mit bestimmten Qualitäts- und Funktionseigenschaften gleichgesetzt und opportunistisches Verhalten unberücksichtigt bleibt, doch ist im praktischen Sprachgebrauch Vertrauen auch gegenüber Produkten oder Produktbestandteilen verankert. Ein Beispiel dafür ist das Markenvertrauen, das Preisvertrauen[4] oder Vertrauen gegenüber Organisationen. In diesem Fall sind Vertrauensmassnahmen auf allen Bindungsebenen möglich.

Vertrauen ist zunächst eine notwendige Bedingung, um Zeitdifferenzen zu überbrücken, zum Beispiel zwischen dem Abgeben und Einhalten von Versprechen. Zudem hat Vertrauen einerseits eine kostenreduzierende Funktion, beispielsweise bürokratischen Koordinations- und Kontrollaufwand zu senken, Verhandlungen einzusparen, einen offenen Informationsaustausch zu führen und teilweise auf schriftliche Vereinbarungen zu verzichten. LUHMANN bezeichnet deshalb Vertrauen als Mechanismus zur Reduzierung von unkontrollierbarer Komplexität.[5] Andererseits beeinflusst Vertrauen auch die Leistungsseite, indem es beispielsweise das „akquisitorische Potential"[6] eines Anbieters erhöht und ihm dadurch Vorteile gegenüber der Konkurrenz bringen kann.[7]

Vertrauen muss nicht allein vorteilhaft sein, sondern kann sogar notwendig erscheinen, wenn beispielsweise ein Anbieter für eine kundenindividuelle Leistung besonders sensible Informationen vom Kunden benötigt. Ohne das Vertrauen, dass der Anbieter diese Informationen nicht an die Konkurrenz weitergibt, kann schwerlich eine optimale Problemlösung entstehen.[8] Ausgeprägtes Kundenvertrauen in Geschäftsbeziehungen stellt eine bedeutende Wechselbarriere dar, weil die bisherigen Investitionen in Vertrauen nicht auf einen neuen Anbieter übertragbar sind und somit bei einem Wechsel verlorengehen würden.

---

1 Vgl. Backhaus/Aufderheide/Späth 1994, S. 54.
2 Vgl. Platzköster 1990, S. 44.
3 Vgl. zu anderen Objekten des Vertrauens z.B. Loose/Sydow 1994, S. 163, 181 m.w.N.; Plötner 1995, S. 38.
4 Vgl. Diller 1997; Simon/Pohl 1996, S. 172.
5 Vgl. Luhmann 1973, S. 23 ff.
6 Vgl. Gutenberg 1984, S. 243.
7 Vgl. Albach 1980, S. 3; Morgan/Hunt 1994, S. 25 f. Zur ökonomischen Bedeutung von Vertrauen z.B. Loose/Sydow 1994, S. 164 ff. m.w.N.
8 Vgl. Plötner 1992, S. 78.

Vertrauen basiert auf Erfahrungen und äussert sich in spezifischen Erwartungen bezüglich des zukünftigen Anbieterverhaltens. Erfahrungen betreffen zum Beispiel frühere Situationen, in denen der Anbieter bereits seine Vertrauenswürdigkeit bewiesen hat. Zudem beeinflussen Art und Intensität der Kommunikation zwischen den Partnern die Erwartungen (Geschäftspraktiken, -philosophien, Normen, persönliches Gespräch, Auftreten). Vertrauensbezogene Erwartungen konzentrieren sich oft auf Bereiche, in denen der Kunde mit einer hohen Kompetenz des Anbieters rechnet.[1] Werden diese erfüllt oder übertroffen, stabilisiert bzw. erhöht sich das Vertrauen mit der Zeit.[2]

2.2.2.2 Commitment

Das Konstrukt des Commitment hat seinen Ursprung in der Verhaltensforschung, insbesondere in der Sozialpsychologie. Verschiedene Forschungsschwerpunkte liessen kein einheitliches Bild darüber entstehen, welche Dimensionen Commitment enthält und welche Bedingungen dazu führen können. Bezugsobjekte in der Commitment-Forschung sind Beziehungen, Produkte, Aktivitäten und Organisationen.[3] ASSAEL bezeichnet beispielsweise die Markenloyalität als „a strong commitment to a particular brand."[4]

Für diese Arbeit ist ein zentraler Bestandteil des Commitments die *Absicht*, eine *wertvolle Beziehung* fortzusetzen: „Commitment to the relationship is defined as an enduring desire to maintain a valued relationship."[5] Darin enthalten ist die Bereitschaft, dafür auch kurzfristige Opfer zu bringen.[6]

1) Commitment entsteht zum einen aufgrund einer positiv bewerteten Differenz aus Belohnung und Kosten, das heisst, einer insgesamt vorteilhaften Beziehung.[7] Der Wert der Beziehung wird durch ihre Attraktivität und – wenn vorhanden – durch die Abhängigkeit von dieser bestimmt. Determinanten sind beispielsweise:

- die Bedeutung der angebotenen Leistung für den Kunden (z.B. Anteil an seinem Einkommen bzw. Beschaffungsvolumen),
- die Höhe des Anteils der Leistung, den der Kunde bei diesem Anbieter tätigt, in Relation zu weiteren Anbietern,

---

1 Vgl. Kumar 1996, S. 98.
2 Vgl. Plötner 1995, S. 108 ff. m.w.N.; Swan/Trawick/Silva 1985, S. 205.
3 Siehe die ausführliche Diskussion bei Söllner 1993, S. 92 ff.
4 Vgl. Assael 1987, S. 13 f.
5 Moorman/Zaltman/Desphande 1992, S. 316. Siehe auch Morgen/Hunt 1994, S. 23 und anders Anderson/Weitz 1992, S. 19; Rusbult 1983, S. 102 m.w.N.
6 Vgl. Dwyer/Schurr/Oh 1987.
7 Siehe hier und im folgenden Krapfel/Salmond/Spekman 1991, S. 25 f.; vgl. auch Dwyer/Schurr/Oh 1987, S. 14 f.; Söllner 1993; Frazier 1983, S. 71 m.w.N.; Thibaut/Kelley 1959 in Abschnitt C 2.1.1.

- die erwarteten zukünftigen Potentiale der Nutzensteigerung und/oder Kostensenkung sowie
- die Ersetzbarkeit dieses Angebots durch Konkurrenzangebote, die Höhe der Wechselkosten und die Zeitdauer des spezifisch gebundenen Kapitals.

2) Commitment als „freier Willensakt"[1] kann zum anderen – wie bereits bei der zitierten Definition ersichtlich – entstehen, „wenn sich das Subjekt auf Werte, Normen, Ansichten und dergleichen festgelegt (.) bzw. sich verpflichtet fühlt, diese Inhalte zu verteidigen" oder „zu erwartende finanzielle und/oder soziale Einbussen (..) eine Verhaltensrevision schwerlich (er)möglich(en)."[2]

Darin sind Wiederholungskäufe aufgrund einer „freiwilligen inneren Verpflichtung" enthalten, die aus einem moralisch-ethisch begründeten Dankbarkeitsempfinden resultieren. Es ist häufig auf früheres Anbieterverhalten zurückzuführen oder basiert auf traditionellem Denken. Je rationaler die Kaufentscheidungsprozesse ablaufen, desto weniger wird diese Art von Verpflichtung eine Rolle spielen.

3) Als dritter Einflussfaktor wird das eigene Commitment von der Höhe des wahrgenommenen Commitments des Partners bestimmt.[3]

Zusammenfassend betrachtet, ist Commitment in diesem Kontext eine psychologische Wechselbarriere, die aufgrund der Wahrnehmung von Attraktivität oder „innerer Verpflichtung" entsteht; gegebenenfalls verbunden mit Abhängigkeit. Damit entspricht das Konstrukt Commitment der Einstellungsdimension (inklusive der intentionalen Komponente) der nachfragerorientierten Kundenbindungsdefinition. Allerdings beschreibt es diese mit Hilfe konkreter Einstellungsaspekte (z.B. innere Verpflichtung) und Absichten (z.B. Opferbereitschaft) inhaltlich genauer.

Zusammenwirken von Kundenzufriedenheit, Vertrauen und Commitment

Im Gegensatz zum Konstrukt Zufriedenheit ist Commitment – eben wie Vertrauen – stärker zukunftsgerichtet (i.S.v. Bereitschaft, Erwartung).[4] Während Kundenvertrauen allein durch passives Verhalten zum Ausdruck kommen kann, enthält Commitment eine grössere aktive Komponente. Das wird auch durch die Forderung unterstützt, Commitment durch entsprechendes Handeln „zu zeigen".

Die Bereitschaft, kurzfristig Opfer dafür zu bringen, um die Beziehung langfristig aufrecht zu erhalten, birgt eine potentielle Verletzbarkeit, dass der Partner dies opportuni-

---

1 Brehm/Cohen 1962.
2 Raffée/Sauter/Silberer 1973, S. 32.
3 Vgl. Anderson/Weitz 1992.
4 Vgl. Garbarino/Johnson 1999, S. 71.

stisch ausnutzt. In dem Falle ist Vertrauen eine Voraussetzung, damit sich Commitment einstellen kann.[1]

Um Vertrauen zu gewinnen, muss ein Anbieter dafür sorgen, dass seine Kunden gute Erfahrungen mit ihm machen oder von guten Erfahrungen anderer hören.[2] Eine konsistente und nachhaltige Zufriedenheit spielt für den Vertrauensaufbau demnach eine wichtige Rolle.

Ein ungleich hohes Commitment zwischen den Beteiligten kann auf einer unterschiedlichen Wertschätzung der Beziehung (s.o.) beruhen und zu Unzufriedenheit bei dem Partner führen, der das geringere Commitment des anderen wahrnimmt.[3] Will der Anbieter die Bereitschaft des Kunden erhöhen, eine Beziehung fortzusetzen, sind eigene „Credible Commitments"[4], das heisst, eine glaubhafte Selbstbindung, hilfreich. Spezifische Investitionen und eine hohe Reputation, unterstützt durch eine interaktive Kommunikation, sind Möglichkeiten des Anbieters, das Commitment letztlich auf beiden Seiten zu erhöhen (siehe auch Abschnitt D 4.2.1).

In Wiederkaufsituationen, die besonders von positiver Erfahrung vergangener Käufe beeinflusst werden, spielt Zufriedenheit eine entscheidende Rolle. Können Kunden ihre bisherigen konkreten Erfahrungen nicht oder nur bedingt in den Entscheidungsprozess einbeziehen oder stellt sich der zu erwartende Nutzen aus der Beziehung erst in der Zukunft ein, werden Vertrauen und Commitment wichtiger.[5]

2.3 Zusammenwirken von Attraktivität und Abhängigkeit

Bisher wurde Kundenbindung vorrangig statisch betrachtet. Der Schwerpunkt liegt nun auf der Frage, wie sich im Verlauf der Zeit Attraktivität und Abhängigkeit aufgrund ihrer Wechselbeziehung verändern können.

Der folgende Abschnitt geht zunächst auf den Verlauf von Muss-Bindungen, also Bindungen aufgrund von Abhängigkeit, ein (siehe Abbildung 24).

---

1 Vgl. Pruitt 1981, 16 ff.; Moorman/Zaltman/Deshpande 1992; Morgan/Hunt 1994, S. 22 ff.; Kumar 1996, S. 97; Garbarino/Johnson 1999, S. 73.
2 Vgl. Kaas 1992a, S. 896.
3 Vgl. Anderson/Weitz 1992, S. 20.
4 Vgl. hier und im folgenden Backhaus/Aufderheide/Späth 1994, S. 126 ff., siehe auch „pledges" bei Anderson/Weitz 1992, S. 20 ff.
5 Vgl. Garbarino/Johnson 1999, S. 81; Morgan/Hunt 1994, S. 20 ff.; Gundlach/Achrol/Mentzer 1995, S. 79.

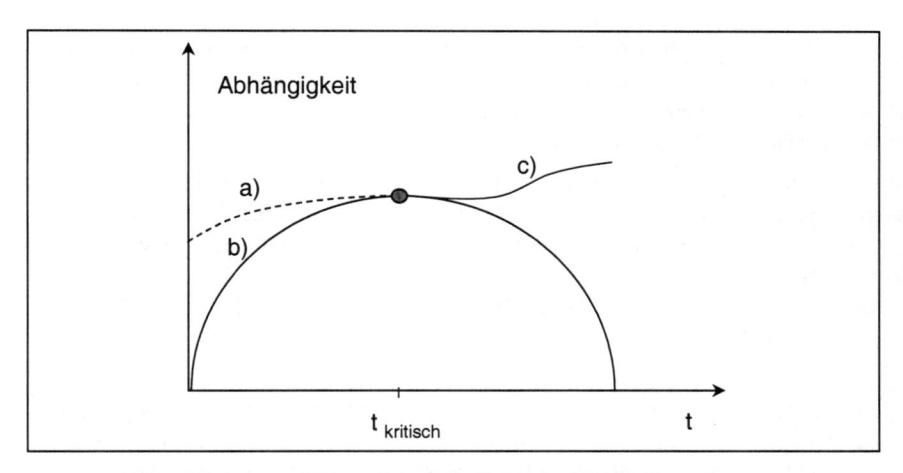

Abb. 24: Muss-Bindungen (Abhängigkeit) im Zeitablauf (Modell)

In sogenannten „geplanten" Geschäftsbeziehungen hat der Nachfrager bereits beim Erstkauf eine Reihe zukünftiger Transaktionen im Auge.[1] Meist erfordern diese schon zu Beginn spezifische Investitionen (Kurvenverlauf a), zum Beispiel die gemeinsame Entwicklung eines Prototyps, eine detaillierte Beschreibung des Bedürfnisses inklusive des Offenlegens relevanter, sensibler Informationen. Kundenbindung durch Abhängigkeit kann demnach gleich beim Erstkauf entstehen. JACKSON beschreibt dies so, dass der Kunde die erste Stufe einer Rolltreppe betritt, die vom Anbieter erst noch kontinuierlich weitergebaut wird.[2] Diese Abhängigkeit erhöht sich, wenn zu beziehungsspezifischen noch transaktions*objekt*spezifische Investitionen hinzukommen, was im klassischen Systemgeschäft der Fall ist.[3]

Andererseits können sowohl materielle als auch immaterielle Investitionen *sukzessive* entstehen (Kurvenverlauf b). Letztere sind beispielsweise die gesamten Bemühungen zum Vertrauensaufbau, gewonnene Erfahrungen, eingespielte Abläufe und erprobte soziale Beziehungen, die sich nicht im gesamten Ausmass auf andere Geschäftsbeziehungen übertragen lassen.

In beiden Fällen wird der Nachfrager die zukünftige, eingeschränkte Handlungsfreiheit nur dann in Kauf nehmen, wenn sie durch entsprechende Nutzenkomponenten aufgewogen wird. Das heisst, die Beziehung muss für ihn attraktiv sein (oder werden). Wahrscheinlich sind Will-Bindungen sogar Voraussetzung für die Erhöhung von Muss-Bindungen. Die Vermutung liegt nahe, dass positive Erfahrungen und Zufrie-

---

1 Vgl. Plinke 1989, S. 314.
2 Vgl. Jackson 1985, S. 69.
3 Vgl. Weiber 1997, S. 325.

denheit die Bereitschaft erhöhen, vertieft mit einem Anbieter zusammenzuarbeiten.[1] Wie hoch der Nettonutzen mindestens sein muss oder wie gross die Abhängigkeit nur sein darf, hängt vom Erwartungsniveau des Kunden, seiner Bindungs- und Risikobereitschaft sowie seiner wahrgenommenen relativen Abhängigkeit zum Anbieter ab.

Transaktionsobjektspezifische Investitionen wirken allerdings nur bis zum Ende der Nutzungszeit. Ab einem bestimmten Zeitpunkt ($t_{kritisch}$) wird die Bindewirkung geringer.[2] Vertragliche Bindungen haben in der Regel einen ähnlichen Verlauf. Für den Fall, dass Beziehungen nicht gepflegt werden, nimmt auch die Wirkung immaterieller Investitionen ab. Es bedarf daher der Anreize zu neuen, spezifischen Investitionen, um die Bindewirkung wieder zu erhöhen bzw. auf gleichem Niveau zu halten (Kurvenverlauf c).

Spätestens hier wirkt Attraktivität erneut als Motor für eine Fortführung der Beziehung auf hohem Niveau. Im Gegensatz zum Erstkauf, bei dem es entscheidend ist, den Kunden zu überzeugen, dass er – trotz Unsicherheit – das Richtige wählt, muss zum jetzigen Zeitpunkt dafür bereits der Beweis erbracht worden sein. Nach BENDAPUDI/ BERRY wirken deshalb Muss-Bindungen auf die Stabilität der Beziehung, Will-Bindungen dagegen haben Einfluss auf ihr zukünftiges Wachstum.[3]

Eine Erhöhung der Attraktivität kann jedoch auch gleichzeitig zu einer grösseren Abhängigkeit führen, die wiederum einen rückwirkenden Einfluss auf die Attraktivität hat (siehe Abbildung 25 auf der folgenden Seite).

Diese Zusammenhänge sollen an dem fiktiven Beispiel eines Komponentenlieferanten erklärt werden. In der Schnittstelle zur vertikalen Achse besitzt die Beziehung für den Kunden einen positiven Nettonutzen. Sie ist attraktiv (Preis-Leistungsverhältnis stimmt), aber es besteht keine Abhängigkeit. Das ist der Fall, wenn keine spezifischen Investitionen vorhanden sind, die Alternativen als mindestens gleich gut beurteilt werden und die direkten Wechselkosten so minimal sind, dass sie vernachlässigt werden können (z.B. ähnliches Konkurrenzprodukt kann auf dem gleichen Wege bestellt werden). Nun erhöht der Anbieter die Attraktivität und gleichzeitig die Abhängigkeit (Kurvenverlauf a). Indem er zusätzliche Vorteile bietet (schnellere Verfügbarkeit, Beratung bei der Montage der Komponenten, Logistiksupport, Kosteneinsparungen bei der Bestellung und Lagerung der Teile), werden die Alternativen relativ schlechter. Zudem erfordert der Logistiksupport spezifische Investitionen seitens des Kunden.

---

[1] Vgl. Frazier 1983; Bendapudi/Berry 1997, S. 18; Freiling 1995, S. 239.
[2] Vgl. Weiber 1997, S. 326.
[3] Vgl. Bendapudi/Berry 1997, S. 18, 32.

Teil C: Wirkungsweise der Kundenbindung _____ 91

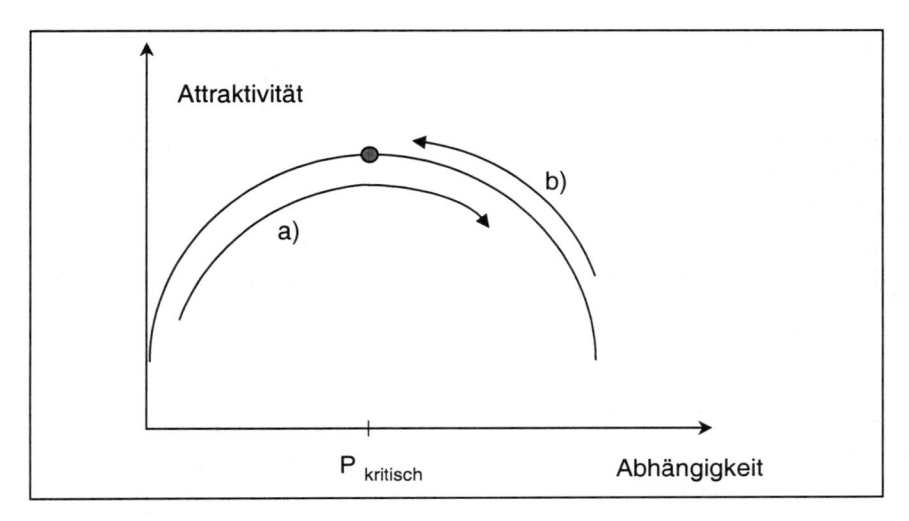

Abb. 25: Einfluss der Abhängigkeit auf die Attraktivität

(Diagramm: Attraktivität über Abhängigkeit, mit Kurven a) und b), Markierung $P_{kritisch}$)

Ab einem gewissen Punkt ($P_{kritisch}$) nimmt jedoch der positive Nettonutzen ab. Das ist der Fall, wenn die negativen Begleiterscheinungen der Abhängigkeit, das heisst, die eingeschränkte Handlungsfreiheit, die Unsicherheit bezüglich eines opportunistischen Verhaltens seitens des Anbieters und die damit verbundenen Kosten der Kontrolle und Absicherung eigener Ziele stärker zunehmen als der Nutzenzuwachs.

Das heisst, Abhängigkeit kann die wahrgenommene Attraktivität schmälern.[1] Das schwedische Kundenbarometer dokumentiert eine niedrigere Kundenzufriedenheit in den Branchen, in denen Wiederholungskäufer nur unter hohen Kosten wechseln können.[2]

Eine andere Ausgangssituation besteht, wenn der Kunde unzufrieden, aber abhängig ist. Er wird nicht ohne weiteres bereit sein, zusätzliche Bindungen einzugehen und sucht aktiv nach Alternativen.[3] Will der Anbieter den Fortbestand der Beziehung auch nach dem Ende der Abhängigkeit sichern, so sollte er versuchen, ein optimales Verhältnis zwischen Attraktivität und Abhängigkeit wiederherzustellen (Kurvenverlauf b). Je nach Ursache der Kunden*un*zufriedenheit muss er entweder den Nettonutzen erhöhen (Leistungen verbessern, Kosten senken) und/oder die Abhängigkeit reduzieren. Letzteres kann auf absolutem Wege (z.B. kürzere Vertragsdauer, mehr Mitspracherechte, offenere Systeme) oder relativ durch Selbstbindungsmassnahmen erfolgen.

---

1 Vgl. Meffert 1994, S. 4.
2 Vgl. Fornell 1992.
3 Vgl. Bendapudi/Berry 1997, S. 28 ff.

Abschliessend sei darauf hingewiesen, dass sich beide Bindungsarten selbst verstärken können. Aufgrund guter Erfahrungen und Zufriedenheit erhöhen sich die Erwartungen. Werden diese wiederum erfüllt, intensiviert das Zufriedenheit und Vertrauen sowie die Bereitschaft, die Beziehung fortzusetzen.[1] Nach einer Untersuchung von DILLER sind beispielsweise Kundenclubs geeignet, die bereits bestehende Loyalität zu erhöhen, aber weniger, diese erst aufzubauen.[2]

Besteht andererseits eine asymmetrische Bindung zugunsten des Anbieters, so kann dieser u.U. Macht auf seine Kunden in einer Art ausüben, dass sich diese in eine noch stärkere Abhängigkeit begeben müssen.

3 Erweiterter Wirkungsrahmen

Nach den bisherigen Ausführungen können Unternehmen den engen Wirkungsrahmen selbst mitgestalten. Allerdings sind dabei Umweltfaktoren, die Charakteristika der Geschäftsbeziehung und des Käufers sowie mögliche Störfaktoren zu berücksichtigen.

Auf externe Einflüsse verwies bereits das vorherige Kapitel: Der Vergleich mit Alternativen muss die Tätigkeiten der *Konkurrenz* berücksichtigen. Soziale Bindungen zwischen Personen *ausserhalb* der Beziehung wurden genannt. Zudem beurteilen Kunden den wahrgenommenen Nettonutzen aufgrund ihrer bisherigen Erfahrungen, die wiederum durch verschiedene *externe* Faktoren geprägt werden. Die Einflussfaktoren lassen sich grob nach ihrer Herkunft unterscheiden: externe Umwelteinflüsse auf die Geschäftsbeziehung (Abschnitt 3.1) sowie die Beziehung selbst, das heisst, ihr Austauschrahmen (z.B. Austauschleistungen, -frequenz) und ihre Akteure (Abschnitt 3.2.). Der darauffolgende Abschnitt enthält Störgrössen als typische Wechselursachen (Abschnitt 3.3).

3.1 Umwelteinflüsse auf die Geschäftsbeziehung

Zur Umwelt gehört in diesem Kontext alles, was nicht zur Geschäftsbeziehung zwischen Anbieter und Kunde (als Organisation und Person) gerechnet werden kann, diese aber beeinflusst (siehe Abbildung 26).[3]

---

1 Vgl. Wackman/Salmon/Salmon 1986; Dwyer/Schurr/Oh 1987; Diller/Lücking/Prechtel 1992; Larson 1992.
2 Vgl. Diller 1996 insb. S. 51.
3 Vgl. im folgenden Freiling 1995, S. 48 ff.; Sheth/Parvatiyar 1995; Bendapudi/Berry 1997.

Teil C: Wirkungsweise der Kundenbindung 93

Umwelteinflüsse auf die Geschäftsbeziehung

- **Einfluss des Marktes**
  Anzahl der Anbieter, Verhältnis zwischen Angebot und Nachfrage, Markttransparenz bzw. Marktkomplexität, Marktdynamik, Stadium innerhalb des Marktlebenszyklus, Marktstruktur, Wettbewerbscharakter
- **Einfluss der sozialen Umwelt**
  soziale Gruppen, Staat, Gesetzgebung, Religion
- **Einfluss der physischen Umwelt**
  räumliche Orientierung, emotionale Auswirkungen der Umwelt

Abb. 26: Umwelteinflüsse auf die Geschäftsbeziehung

Einfluss des Marktes

Die *Anzahl der Anbieter*, die im gleichen Markt agieren, bestimmt mit, wie viele Wahlmöglichkeiten dem Kunden zur Verfügung stehen. Der Eintritt neuer, ausländischer oder branchenfremder Wettbewerber wird in vielen Märkten beobachtet (z.b. Finanzdienstleistungsbranche). Je weniger Anbieter über die relevanten Ressourcen (z.b. Rohstoffe, Technologie-Know-how) verfügen, desto stärker sind Kunden abhängig.[1] Im Extremfall existiert ein monopolistischer Markt, der durch gesetzliche (z.B. Patente, Regulierung) oder ökonomische Faktoren (z.B. Technologievorsprung) aufrechterhalten wird.

Das *Verhältnis zwischen Angebot und Nachfrage* führt zu Käufer- oder Verkäufermärkten. Steht einem grossen Bedarf – zumindest kurzfristig – kein ausreichendes Angebot gegenüber, dominieren die Anbieter die Beziehungen.[2]

Die *Markttransparenz (bzw. -komplexität)* gibt Auskunft darüber, wie schnell und sicher Marktinformationen gewonnen oder die Qualität von Produkten und anderen Anbietern beurteilt werden können. Ist die Transparenz allgemein gering (bzw. die Komplexität hoch), sind insbesondere risikoscheue Partner eher geneigt, sich aneinander zu binden.[3]

Der Einfluss der *Marktdynamik* ist nicht eindeutig. Einerseits ist es erforderlich, die eigenen Technologien und Leistungsprozesse schnellen Entwicklungen anzupassen. Diese Entscheidungen werden zudem häufig unter Unsicherheit getroffen. Es kann also durchaus im Interesse des Kunden liegen, Beziehungen einzugehen, um schneller als der Gesamtmarkt zu sein oder um das Risiko von Fehlentscheidungen zu reduzie-

---

1   Vgl. Pfeffer/Salancik 1978.
2   Vgl. Campell/Cunningham 1983.
3   Vgl. Freiling 1995, S. 53.

ren.¹ Andererseits ändern sich u.U. die eigenen Ziele und Vorstellungen sehr oft. Man will sich in diesem Fall nicht festlegen und immer neue Kriterien in die Wiederkaufentscheidung einfliessen lassen.² Partnerschaften in einem instabilen Umfeld sind deshalb sehr viel kritischer zu pflegen als innerhalb ausgeglichener Marktstrukturen.³

IBM zielt darauf hin, im Lösungsgeschäft Standardleader zu sein und damit das Marktgeschehen (Produkte, Preise) mitzubestimmen. Das ist wiederum wichtig für eine langfristige Partnerschaft, weil die Unsicherheit des Kunden bei der Investitionsentscheidung aufgrund der Dynamik in diesem Markt und der Ungewissheit, „Was brauche ich wirklich in der Zukunft?" sehr hoch ist. Deshalb sind schrittweise Lösungen sinnvoll. Es ist notwendig, sich mit dem Kunden und seinen Bedürfnissen weiterzuentwickeln.⁴

In Relation zur Kundenakquisition wird die Bindung vorhandener Kunden in *reifen, stagnierenden Märkten* eher Priorität besitzen als bei Märkten in der Einführungs- oder Wachstumsphase.⁵ Im Gegensatz zum Reifenmarkt verzeichnet beispielsweise der Mobilfunkmarkt ein überdurchschnittlich hohes Wachstumspotential, wodurch die Neukundengewinnung eine entsprechend grössere Bedeutung erhält.⁶

In *mehrstufigen Märkten* besteht eine massgebliche Grösse darin, wie hoch der jeweilige Einfluss auf den Letztabnehmer ist. Besitzen beispielsweise Hersteller besonderes Know-how über die Kunden ihrer Kunden (d.h. Markt-Know-how), so können sie darüber auch Einfluss auf ihre direkten Abnehmer ausüben (Pull-Effekt). Analog umgekehrt ist das Beispiel von FREILING, der fehlendes Markt Know-how von Automobilzulieferern als eine Ursache für Nachteilspositionen und damit einer starken einseitigen Abhängigkeit vom OEM bezeichnet.⁷

Der *Wettbewerbscharakter* im betreffenden Markt prägt auch das Verhalten der Akteure. Auf Konsumgüter bezogen wurde beispielsweise bereits in den 50er und 60er Jahren festgestellt, dass die Ursachen eines zunehmenden Markenwechsels nicht allein beim „Verbraucher", sondern gleichermassen bei den Herstellern und Händlern zu suchen sind. Beispiele dafür sind die „wachsende Markenflut" aufgrund einer „Neuerungssucht, von der selbst Hersteller sogenannter klassischer Markenartikel befallen zu sein scheinen", die steigende Zahl absatzfördernder Sonderaktionen, welche nach Untersuchungen eher zum Markenwechsel als zur -treue führen sowie die „Unterhöhlung des Preisvertrauens und der Preisstabilität" durch fortlaufende Preisexperimente oder eine undurchsichtige Rabattpolitik.⁸

---

1 Vgl. Anderson/Narus 1991, S. 101 f.
2 Vgl. Dick/Basu 1994, S. 110; Ganesan 1994, S. 5 f.
3 Vgl. Klein/Lachhammer 1996, S. 65
4 Expertengespräch IBM.
5 Siehe auch Meffert 1989, S. 280.
6 Expertengespräch T-Mobil.
7 Vgl. Freiling 1995, S. 55.
8 Matthes 1967, S. 315 ff. m.w.N.

Teil C: Wirkungsweise der Kundenbindung 95

Einfluss der sozialen Umwelt

Der Einfluss *sozialer Gruppen* (Familie, Meinungsführer, eigene Kunden) wird in seinem Ausmass auch dadurch bestimmt, wie gross die soziale Orientierung des betroffenen Kunden oder Unternehmens selbst ist. Kunden können also einen Wiederkauf für sinnvoll halten, wenn sie dadurch eine „Belohnung" aus dem Umfeld erfahren (z.B. soziale Anerkennung) oder für notwendig, wenn ihnen sonst eine „Bestrafung" drohen würde.[1] So wird bei Jugendlichen oft vermutet, dass sie ihre Entscheidungen stärker nach ihren Freunden ausrichten. Für die eigene Unternehmensreputation kann es massgeblich sein, von welchem Lieferanten das Material beschafft wird.

Die Richtung des sozialen Einflusses auf die Kundenbindung ist offen. Unter Umständen werden beispielsweise aufgrund verschiedener Vorlieben der Familienmitglieder *mehrere* Marken *gleichzeitig* bevorzugt.[2] Andererseits hat gerade die amerikanische Telefongesellschaft *MCI* diesen sozialen Einfluss für ihr „Friends and Family Program" erfolgreich genutzt.[3]

Ausser der gesetzlichen Regulierung kann der *Staat* neben dem Verbraucherschutz, Ladenöffnungszeiten, Steuern oder Verkehr auch durch Beschaffungsvorschriften auf Kunden(unternehmen) Einfluss nehmen. Die *Religion* (Identifikation mit Glaubensinhalten) soll der Vollständigkeit halber erwähnt werden.

Einfluss der physischen Umwelt

Erkenntnisse der Umweltpsychologie werden beispielsweise verwendet, um die *räumliche Orientierung* der Konsumenten beim Einkauf oder beim Konsum sowie die *emotionalen Auswirkungen* der Umwelt zu erklären.[4] Aufgrund der Tatsache, dass bei vielen Händlern der Standort oder die Laden- und Schaufenstergestaltung ein wichtiges Kriterium für Kundenbindung ist (i.S.v. „man weiss, wo die Produkte stehen"), sollten diese Einflüsse nicht unterschätzt werden. Erlebniskäufe oder die immer noch aktuelle „Convenience"-Diskussion[5] sind weitere Beispiele, die zweckmässige oder notwendige Wiederkäufe begünstigen, weil sie schneller oder bequemer sind.

3.2 Einflussfaktoren innerhalb der Geschäftsbeziehung

Faktoren aus drei Kategorien beeinflussen die wahrgenommene Attraktivität und Abhängigkeit des Kunden: die Bewertung 1) des Marktpartners, in diesem Fall des an-

---

1 Vgl. Sheth/Parvatiyar 1995, S. 259 ff.; Blois 1996, S. 165.
2 Vgl. Gierl 1993, S. 104.
3 Siehe hier und weitere Beispiele zum Mehrpersonen-Pricing in: Simon/Tacke/Woscidlo 1998.
4 Vgl. Kroeber-Riel/Weinberg 1999, S. 425 ff.
5 Der Begriff stammt aus dem Bereich der Produkttypologien (nach Kaufverhalten), bei denen zu „convenience goods" Güter des mühelosen Kaufs gezählt werden, vgl. Copeland 1925.

bietenden Unternehmens, 2) der Austauschobjekte und -prozesse sowie 3) der kundenspezifischen Kriterien (siehe Abbildung 27).

Einflussfaktoren innerhalb der Geschäftsbeziehung

- **Anbieterbezogene Faktoren (3.2.1)**
  - Gleichartigkeit bezüglich Geschäftsphilosophie, Ziele, Strategien, Grösse; Know-how-(Dis)Paritäten
  - relative Abhängigkeit vom Anbieter
- **Austauschbezogene Faktoren (3.2.2)**
  Dauer der Geschäftsbeziehung, Kauffrequenz, Umfang und Individualität der Leistungen, Grad der objektiven Qualitätsbewertung, wirtschaftliche Bedeutung für den Kunden, wahrgenommene Beziehungsgerechtigkeit
- **Kundenbezogene Faktoren (3.2.3)**
  - Kundenerwartungen und –erfahrungen
  - Strukturmerkmale, wie z.B. Einkommen, sozialer Status, Alter, Haushaltsgrösse, Bildungsniveau, Beschaffungsrichtlinien öffentlicher bzw. privater Unternehmen, Organisationsstruktur und -kultur
  - Involvement, Risikowahrnehmung, Gewohnheit
  - „Variety Seeking"-Motiv
  - Funktion und Rolle der Entscheider

Abb. 27: Einflussfaktoren innerhalb der Geschäftsbeziehung

3.2.1 Anbieterbezogene Faktoren

Gleichartigkeit

Viele Studien untersuchen den Aspekt, inwieweit die *Gleichartigkeit* von Partnern die Attraktivität von Geschäftsbeziehungen erhöht.[1] Diese Ähnlichkeitsmerkmale finden sich sowohl auf individueller (z.B. Verkäufer/Einkäufer) als auch auf organisationaler Ebene. Ein Kunde bringt eher dem Anbieter Vertrauen entgegen, der ihm ähnelt (siehe auch Abbildung 52, S. 185).

Gleichartige *Geschäftsphilosophien und -strategien* unterstützen die Attraktivität einer Beziehung. Kundenunternehmen, die beispielsweise eine Kostenführerstrategie wie ihre Lieferanten verfolgen, schätzen den Wert des Leistungsangebots höher ein als andere und sind auch eher bereit, an gemeinsamen Programmen zur Kostenreduktion mitzuarbeiten.[2]

---

1 Vgl. z.B. Schoch 1969; Crosby/Evans/Cowles 1990.
2 Vgl. Jackson 1985, S. 36; Anderson/Narus 1991, S. 101.

Im Gegensatz dazu besteht eher eine Vorteilsposition des Grösseren, je ausgeprägter die *Betriebsgrössendisparitäten* sind.[1] Ein Beispiel sind Kooperationen zwischen Grossunternehmen sowie Klein- und mittleren Unternehmen (KMU), die oft gewisse organisationsstrukturelle Anpassungen verlangen, um die Grössen- und Machtunterschiede zu verringern.

Existiert ein generell grosses *Know-how-Gefälle* (z.B. im Entwicklungs- oder Marktbereich) zu Ungunsten der Kunden, binden sich diese eher an einen Anbieter.[2] Das ist besonders bei erklärungsbedürftigen Produkten und Vertrauensgütern der Fall (z.B. Arzt- oder Beratungsleistungen). Ein Beispiel aus Anbietersicht ist der Automobilzulieferer BOSCH, der u.a. aufgrund seines technischen Know-hows in der Lage ist, der Marktmacht der Automobilhersteller entgegenzutreten.[3] Wenn allerdings diese Knowhow-Unterschiede so beschaffen sind, dass sich die jeweiligen Stärken und Schwächen der Geschäftspartner gut *ergänzen*, ist eine längere Zusammenarbeit ebenfalls sinnvoll.

Relative Abhängigkeit

Spezifische Investitionen sowie Kosten oder Nutzeneinbussen durch einen Kundenverlust können auch beim Anbieter anfallen. Besonders im Business-to-Business-Bereich sind deshalb *gegenseitige* Abhängigkeiten (Interdependenzen) keine Seltenheit. Je ungleicher spezifische Investitionen von beiden Seiten getätigt werden, desto asymmetrischer sind die Bindungen.[4]

Eine *relative* Abhängigkeit ist die wahrgenommene Differenz der eigenen Abhängigkeit in Relation zu der des Partners.[5] Abhängigkeit ist ein Konstrukt, das insbesondere durch die *Exchange Theory*[6] und den *Resource Dependence Ansatz*[7] näher behandelt wurde. Beide Ansätze konzentrieren sich auf die Abhängigkeit von Ressourcen, über welche die jeweils andere Partei verfügt und deshalb Macht ausüben kann. Aus Anbietersicht sind das etwa Geld oder Informationen, aus Kundensicht Problemlösungen, die einen ganz bestimmten Nutzen stiften. Das Wohl*ergehen* des Kunden ist im letzten Fall abhängig vom Wohl*verhalten* des Anbieters.

Das bedeutet, dass mit Abhängigkeit – wie bereits dargestellt – nicht nur erhöhte Kosten oder ein geringerer Nutzen *beim Wechsel* verbunden sein können. Zusätzlich ist der andere Partner dadurch in der Lage, Macht ausüben.[8] Im Fall einer höheren Ab-

---

1 Vgl. z.B. Freiling 1995, S. 54.
2 Vgl. Sheth/Parvatiyar 1995, S. 258; Bendapudi/Berry 1997, S. 23.
3 Siehe hier und im folgenden Freiling 1995, S. 233.
4 Vgl. Söllner 1993, S. 488; Kleinaltenkamp/Plinke/Söllner 1996.
5 Vgl. Anderson/Narus 1990 m.w.N.
6 Vgl. Homans 1961; Emerson 1962.
7 Vgl. Pfeffer/Salancik 1978.
8 Vgl. Dahl 1957; Emerson 1962; Aldrich 1979, S. 118 ff., 268 ff.; Dwyer/Schurr/Oh 1987, S. 17; Ganesan 1994, S. 4 m.w.N.

hängigkeit des Kunden besteht die Gefahr, dass der Anbieter diese Position opportunistisch ausnutzen wird.

Deshalb wird Abhängigkeit oft nur als negative Erscheinung eingestuft. Allerdings ergeben sich auch Chancen, insbesondere dann, wenn die Abhängigkeiten bei beiden Partnern etwa gleich hoch sind und das eigene Wohl*ergehen* vom Wohl*ergehen* des anderen abhängt.[1]

Die Höhe der wahrgenommenen Differenz zwischen der eigenen Abhängigkeit und der des Anbieters sowie die Bewertung der möglichen Konsequenzen (z.b. begründete Angst vor Machtmissbrauch) beeinflussen letztlich die Bereitschaft des Kunden, an dieser Geschäftsbeziehung festzuhalten und in sie weiter zu investieren.

3.2.2 Austauschbezogene Faktoren

In *längerfristigen Geschäftsbeziehungen* haben die Partner ihre Absatz- und Beschaffungsbemühungen stärker aufeinander abgestimmt. Beruht eine Beziehung auf guten gemeinsamen Erfahrungen sowie eingespielten effizienten Prozessen und Vertrauen, dann wird der Kunde eine solche Situation auch für die Zukunft erwarten.[2]

Eine hohe *Kauffrequenz* stabilisiert einerseits die Geschäftsbeziehung zum Anbieter (oder seinen Produkten), der dann – im Gegensatz zu isolierten oder einmaligen Geschäften – um so interessierter sein muss, seine Kunden auch *nach* dem Kauf zufriedenzustellen.[3] Hierzu gehören auch Produkte, die Service oder reguläre Wartung benötigen.[4] Durch Bindungen lassen sich Transaktionskosten reduzieren; die Möglichkeiten eines ständigen Kontakts und somit auch sozialer Bindungen sind grösser.[5] Andererseits kann eine hohe Kauffrequenz gleichartiger Produkte dazu führen, dass Kunden aufgrund ihrer gewonnenen Erfahrungen zu Preiskäufern werden (z.B. Routineentscheidungen bei PC-Käufern).[6]

Je *kundenindividueller und umfangreicher die Leistungen* zugeschnitten sind, desto weniger alternative Angebote werden dem Kunden tatsächlich zur Verfügung stehen, um einen gleich hohen Nutzen zu erhalten.[7] Im Gegensatz dazu reduzieren als homogen wahrgenommene Produkte die Bindung. Kundenindividuelle Leistungen erfordern oft eine *enge Zusammenarbeit* mit dem Kunden (Kundenintegration), die auch zu gegenseitigen Abhängigkeiten führen kann (siehe Kap. 4.1.1.1 b).

---

1 Vgl. Anderson/Narus 1991, S. 101; Freiling 1995, S. 43.
2 Vgl. Tanner 1996, S. 126; Freiling 1995, S. 67.
3 Vgl. Backhaus/Aufderheide/Späth 1994, S. 56.
4 Vgl. Christy/Oliver/Penn 1996, S. 180; Jeschke 1995b, S. 187.
5 Vgl. Lehmann/Ruf 1993, S. 36.
6 Vgl. Nolte 1976, S. 291.
7 Vgl. Anderson/Narus 1991, S. 101.

Wenn Kunden den Gesamtnutzen einer *Leistung nur schwer bewerten* können, binden sie sich eher an einen Anbieter, um die hohen Kontroll- und Überwachungskosten einzuschränken. Beurteilungsprobleme ergeben sich nicht nur aus der Produktart, sondern auch möglicherweise aufgrund des Distributionswegs (z.B. Internet).

Je höher die *wirtschaftliche Bedeutung einer Leistung* für den Kunden ist, desto eher ist er einerseits bereit, mögliche Risiken durch stabile Geschäftsbeziehungen abzusichern (z.b. bei der Beschaffung sogenannter „strategischer Teile").[1] Die Wichtigkeit hängt nicht nur von wirtschaftlichen, sondern auch von funktionalen, finanziellen und sozialpsychologischen Leistungskriterien ab.[2] Andererseits kann er sich wegen der Risikostreuung auch auf mehrere Anbieter gleichzeitig konzentrieren (Multiple Sourcing). Das ist vor allem dann möglich, wenn die Produkte der verschiedenen Anbieter *unabhängig* voneinander eingesetzt bzw. genutzt werden oder *kompatibel* sind.[3]

Empfindet der Nachfrager letztlich die *Verteilung des Erfolgs* zwischen den Geschäftspartnern, das heisst, das Verhältnis von eigenen Kosten und Nutzen zum Kosten-Nutzen-Verhältnis des Anbieters als *gerecht,* so erhöht sich dadurch auch seine wahrgenommene Bindung.[4]

3.2.3 Kundenbezogene Faktoren

Kundenerwartungen und -erfahrungen

Erfahrungen aus der Vergangenheit beeinflussen das Erwartungsniveau. Existieren lediglich wenige Erfahrungen, so liegen nur vage Vorstellungen über das Ausmass der Soll-Leistung vor. Sie haben damit einen geringeren Einfluss auf den Prozess der Zufriedenheitsbildung. Kunden unterscheiden sich daher nicht nur bezüglich ihrer ökonomischen Attraktivität, sondern auch darin, ob sie zu den unerfahrenen Generalisten oder eher zu den erfahrenen Spezialisten gehören.[5]

Mit wachsender Erfahrung steigt das produktspezifische *Selbstvertrauen*, also das Vertrauen in die eigene Urteilskraft. Ob sich dadurch das wahrgenommene Risiko verringert, ist allerdings fraglich, weil der erfahrene Kunde u.U. eine grössere Anzahl an Alternativen viel detaillierter bewertet.[6]

---

1 Vgl. Dick/Basu 1994, S. 110.
2 Vgl. Nolte 1976, S. 269 ff.
3 Vgl. Jackson 1985, S. 39.
4 Vgl. Oliver/Swan 1989, S. 21 ff.; Söllner 1993; Preß 1997, S. 83. Siehe auch Gerechtigkeits-(Equity-)theorie z.B. Mikula 1980.
5 Vgl. Debruicker/Summe 1985.
6 Vgl. Nolte 1976, S. 301 ff.; z.B. Scheiter/Binder 1992.

Strukturmerkmale

Bereits zu Beginn der Loyalitätsforschung versuchte man, jene Kunden näher zu beschreiben, die eher bereit sind, längerfristige Beziehungen zu Anbietern oder Marken einzugehen. Der Einfluss von z.b. Einkommen, sozialem Status, Alter oder Haushaltsgrösse auf die Markentreue ist allerdings umstritten.[1]

Bei Geschäftsbeziehungen zwischen Werbeagenturen und Klienten verweisen MICHELL/SANDER auf die Firmengrösse als relevanten Faktor, da zwischen grösseren Unternehmen stärker formalisierte Prozesse bestehen und damit höhere organisatorische Bindungen.[2] Bei Endkonsumenten sollen Kunden mit zunehmendem Alter und abnehmendem Bildungsniveau eher zu loyalem Verhalten neigen.[3]

Ausserdem beeinflussen *formale Beschaffungsrichtlinien, Organisationsstruktur* und *-kultur* das Kaufverhalten. Mittels des „Multiple Sourcing" können Kunden ihre Abhängigkeit relativieren.[4] Behörden unterliegen zudem bei ihrer Beschaffung ganz anderen Bestimmungen als privatwirtschaftlich geführte Nachfragerunternehmen. Ihre konkrete Wirkung auf die Kundenbindung ist branchenspezifisch zu definieren.

Involvement, Risikowahrnehmung, Gewohnheit

Ein starkes (kognitives) *Involvement* erhöht das Informationsbedürfnis und damit die Bereitschaft, sowohl Alternativen zu vergleichen als auch die Kaufentscheidungen stärker zu überdenken (siehe auch Abschnitt B 3.1, S. 39 f.).[5]

Mit Hilfe *psychologischer* Ansätze wurden zudem massgebliche Einflussfaktoren erläutert (Abschnitt B 2.1.1, S. 21 ff.). Das Streben nach Risikoreduktion und nach vereinfachten, effizienten Entscheidungsprozessen sowie der Wille, Bewährtes beizubehalten und auf gespeicherte Erfahrungen zurückzugreifen, um kognitive Dissonanzen zu vermeiden, begünstigen Wiederkäufe.

Je ausgeprägter die Neigung ist, sich *Gewohnheiten* hinzugeben, desto mehr sucht der Kunde nach einem problemlosen Anspruchsniveau, das wenige Risiken in sich birgt.[6] Das Phänomen der *Trägheit* ist dann interessant, wenn Kunden aus diesem Grund nicht oder nicht sofort wechseln (Vermeiden direkter Wechselkosten). Vereinfachte Beschaffungsprozesse und zufriedenstellende Leistungen führen dazu, dass Kunden gar nicht nach Alternativen suchen.[7]

---

1 Vgl. die unterschiedlichen Ergebnisse bei Cunningham 1967, S. 102 ff.; Kroeber-Riel/Weinberg 1999, S. 396 und die Ausführungen zu „Variety seeking". Siehe auch Diller/Goerdt/Geis 1997, S. 57.
2 Vgl. Michell/Sander 1995, S. 11.
3 Vgl. z.B. Süchting 1972; Hentschel 1991, S. 25; Paul/Paul 1997, S. 878.
4 Vgl. Kleinaltenkamp/Preß 1995, S. 171.
5 Vgl. Christy/Oliver/Penn 1996, S. 180.
6 Vgl. Kroeber-Riel/Weinberg 1999, S. 392.
7 Vgl. Sheth/Parvatiyar 1995, S. 258.

„Variety seeking"-Motiv

Ein dominierendes Motiv, welches den Wechsel forcieren kann, ist „Variety seeking" als Folge des Bedürfnisses nach Abwechslung. Dabei sind zwei grundsätzliche Ursachen zu erkennen: 1) Der Wechsel aufgrund verschiedener Bedürfnisse (z.T. auch in einem Haushalt), die nur mit mehreren Produkten abgedeckt werden oder 2) der Wechsel selbst stiftet Zufriedenheit.[1] Untersuchungen ergaben, dass diese Motive besonders bei bestimmten Produktkategorien und Konsumentengruppen auftreten.[2]

Personenbezogene Einflussfaktoren für das „Variety seeking" zeigt Abbildung 28. Diese Kriterien können nur Tendenzen aufzeigen.

		eher niedriges Bedürfnis	eher hohes Bedürfnis
Alter	jüngeres		x
	mittleres		x
	höheres	x	
Grund-einstellung	**hedonistisch**		x
	ökologisch	x	
Bildungs-stand	niedrig	x	
	hoch		x
Grundaus-richtung	Introversion	x	
	Extraversion		x
	Risikoaversion	x	
	Risikofreude		x
	Rationalität	x	
	Emotionalität		x

Abb. 28: Personenmerkmale als Einflussfaktoren des Variety-seeker-Status [fett gedruckt] (Quelle: Bänsch 1995b, S. 350)

Folgende *produktbezogene Kriterien* und Kategorien fördern den verstärkten Wechsel zwischen alternativen Leistungen:[3]

- (objektiv oder subjektiv) hohe verfügbare Zahl an Alternativen,
- hohe Kauffrequenz,
- niedriges Produktinvolvement bzw. als niedrig wahrgenommenes Produktrisiko,
- als gering wahrgenomme Unterschiedlichkeit der Alternativen,

---

[1] Vgl. McAlister 1982; McAlister/Pessemier 1982; Feinberg/Kahn/McAlister 1992 m.w.N.
[2] Siehe die Auswertungen in Bänsch 1995b.
[3] Vgl. Bänsch 1995b, S. 351 ff. und die dort zitierte Literatur.

- Güter, die der sozialen Einordnung und der Selbstdarstellung dienen (z.B. Bekleidung, Schmuck, Frisuren, Brillen) sowie modetangierte Produkte,
- Güter, die bei intensiver Nutzung an Bedeutung verlieren bzw. Abnutzungserscheinungen aufweisen, z.b. durch häufiges Sehen (Kleidungsstück), Riechen (Parfüm), Schmecken (Speisen und Getränke) oder Hören (Musikstück).

Käufer als Rollenträger in Unternehmen

Die Entscheidungen der Käufer werden sowohl durch ihre persönlichen Ziele als auch durch ihre Rolle als Unternehmens- bzw. Buying Center-Mitglied beeinflusst.[1] Das einzelne Mitglied muss unterschiedlichen Erwartungen genügen und strebt nach einem bestimmten, vorteilhaften Status innerhalb der Gruppe, aus dem sich ein entsprechendes Rollenverhalten ableitet. Auch an das Buying Center richten sich wiederum gewisse Erwartungen des Unternehmens.[2]

Ohne auf die verschiedenen Buying Center-Konzepte eingehen zu wollen, lässt sich beispielhaft der Einfluss auf das Wiederkaufverhalten darstellen. Nach STROTHMANN existieren bestimmte Informationsverarbeitungstypen. Während der *Fakten-Reagierer* umfassende Detailinformationen verwendet, legen *Image-Reagierer* besonderen Wert auf Imagefaktoren, wobei die Vollständigkeit der Informationen weniger zählt. Bei erhöhter Unsicherheit werden letztere eher auf renommierte Anbieter zurückgreifen und sich an frühere Lieferanten wenden.[3]

3.3 Störfaktoren

Die beiden vorhergehenden Kapitel enthielten Faktoren, die vorrangig über mehrere Transaktionen hinaus wirken. Sie sind wichtig, wenn Anbieter klären müssen, ob und inwieweit es sinnvoll ist, Kunden zum *Bleiben* zu bewegen oder bei welchen Kundengruppen besonders gute Voraussetzungen für Kundenbindung bestehen.

Andererseits fordert die anbieterorientierte Definition der Kundenbindung, eine Kunden*abwanderung* zu verhindern. Den gesonderten Fokus auf Wechselgründe sehen Forscher darin begründet, dass die Nichtexistenz von Ursachen zum Verbleiben nicht unbedingt zum Wechsel führen muss und umgekehrt.[4] Die Wechselerscheinungen sind jedoch vielschichtiger als erwartet. So sind im Rahmen eines Beratungsprojektes 350 verschiedene Ursachen für die Abwanderung identifiziert worden.[5]

---

1 Vgl. Banville/Dornoff 1973, S. 253.
2 Vgl. Backhaus 1999, S. 69 ff. m.w.N.
3 Vgl. Strothmann 1979, S. 92 ff.; Anderson/Chu/Weitz 1987, S. 73; Backhaus 1999, S. 81 ff.
4 Vgl. LaBarbera/Mazursky 1983; Keaveney 1995, S. 72.
5 Vgl. Reichheld in: Schwertfeger 1997, S. 17.

Zunächst ist zu differenzieren, ob Kunden sich bewusst für Konkurrenzprodukte entscheiden oder andere Gründe die Abwanderung hervorrufen. Letztere können sein: Standort- oder Wohnsitzwechsel, Standortwechsel des Anbieters, Sterbefall, Konkurs, Verzicht, kein Bedarf mehr oder aufgrund einer aktiven Kundenausgrenzung[1], die vom Anbieter initiiert wurde.

Für den Fall, dass sich der Käufer der Konkurrenz zuwendet, kann der Wechsel durch folgende – meist in ihrer Kombination wirksame – Kriterien näher beschrieben werden (siehe Abbildung 29).

Kriterien	Varianten	
Ausmass des Wechsels	totale Abwanderung	partielle Abwanderung
beabsichtigter Zeitfokus	dauerhafte Abwanderung	zeitlich begrenzte Abwanderung
Ursachen	Unzufriedenheit mit Leistung und/oder Beziehung	*nicht* Unzufriedenheit, veränderte Erwartungen, fehlende Verfügbarkeit, Geldmangel usw.
Initiative geht aus	vom Kunden	von der Konkurrenz
Wechselentscheidung fällt	plötzlich	allmählich
Einfluss der Wechselursachen	zunächst auf die Einstellung, Zufriedenheit	direkt auf das Verhalten

Abb. 29: Kriterien zur Beschreibung von Wechselgründen

Ausmass und Zeitbezug des Wechsels

Häufig erfolgt ein Wechsel *partiell*, indem nur ganz bestimmte Leistungen von anderen Anbietern bezogen werden. Nach einer Studie im deutschen Einzelhandel wollen 43 Prozent der Verbraucher, die verschiedene Geschäfte aufsuchen, sich zunächst nur über das Angebot informieren, 27 Prozent treibt der Wunsch nach Abwechslung und 24 Prozent wollen ein bestimmtes Geschäft einmal testen.[2] Ein partieller Wechsel kann aber auch ein Frühindikator für einen *totalen* Wechsel sein.

Ein *dauerhafter,* partieller Wechsel geschieht zum einen, weil die Bedürfnisbefriedigung nur durch ein Produktportfolio *mehrerer* Anbieter möglich ist.[3] Ein weiterer Grund ist die bereits erwähnte Risikostreuung. Automobilhersteller konzentrieren sich für einzelne Teile oder Komponenten in der Regel auf zwei bis drei Hauptlieferanten.[4]

---

1 Vgl. Tomczak/Reinecke/Finsterwalder 1999.
2 Vgl. o.V. 1997a, S. 15.
3 Vgl. Gierl/Marcks 1993.
4 Expertengespräch Bosch.

Ein „Order splitting" kommt insbesondere bei Komponenten und isolierten, selbständigen Produkten vor. Komplexe Leistungen oder Systeme sind in Relation dazu weniger teilbar. Das ist ein Grund, warum auch Anlagenbauer und Zulieferer zunehmend von Einzelkomponenten auf Systemlösungen im Sinne vorgefertigter Module umsteigen, um dadurch insbesondere das Folgegeschäft (Service, Ersatzteile) zu sichern.[1]

Im Fall substituierbarer Produkte oder mit Rücksicht auf die Bedürfnisse mehrerer Familienmitglieder ist eine *zeitlich begrenzte* Abwanderung möglich. Einmal wird Produkt A gekauft, ein anderes Mal Produkt B.[2]

Es ist aus diesen Gründen meist unrealistisch, eine 100prozentige Kundenbindung zu erreichen. Ziel ist es eher, den „Share of wallet", das heisst, den Anteil der Bedarfsdeckung des Kunden beim Anbieter, in Relation zum geschätzten Gesamtbedarf des Kunden, zu erhöhen. Zudem ist für eine Analyse genau zu definieren, was unter einem Wechsel verstanden wird. Handelt es sich beispielsweise um einen Wechsel, wenn nur das Geschäft innerhalb einer Handelskette gewechselt wird?

Wechselursachen

Der grösste Teil der Erforschung von Wechselgründen konzentriert sich auf die Abwanderung aufgrund von *Unzufriedenheit*. Nach einer Untersuchung von KEAVENEY waren Unzufriedenheit mit der Serviceleistung, dem Verhalten des Servicepersonals und Preisprobleme die am häufigsten genannten Gründe für einen Wechsel im Dienstleistungsbereich, die auch *allein* die Entscheidung veranlassten. Jede Kategorie enthielt ausserdem Subkategorien, wie etwa zu hohe Preise, Preiserhöhungen während einer Zeitperiode, unfaire Preistaktiken und nicht eingehaltene Preisversprechen.[3] Bei MICHELL dominierte die Unzufriedenheit mit der Werbeagentur den Wechselentscheid, wobei die Kunden hauptsächlich das Niveau der kreativen Arbeit wie auch die geringe Wirkung der Kampagne auf Umsätze oder Image bemängelten.[4] Befragte im Maschinen- und Anlagenbau sowie der chemischen Industrie nannten als Wechselgründe insbesondere verschlechterte Qualität, nicht eingehaltene Liefertermine und Vertragsabsprachen oder versprochene Leistungen, die nicht erfüllt wurden.[5]

Ein Wechsel aus Unzufriedenheit kann auf Leistungsgründe und/oder Beziehungsgründe zurückgehen.[6] Erstere beziehen sich, wie bereits erwähnt, auf Preis und Qualität der Leistungen und die damit zusammenhängenden Prozesse (Lieferung, Beratung usw.). Fehlende Fairness im Umgang miteinander, geringes Vertrauen, häufiger

---

1 Expertengespräche ABB Kraftwerke; ABB Turbo Systems.
2 Vgl. Gierl/Marcks 1993.
3 Vgl. Keaveney 1995, S. 78.
4 Vgl. Michell 1986/87, S. 29 ff.
5 Vgl. Butzer-Strothmann 1998, S. 72.
6 Vgl. Schütze 1992.

Wechsel des Ansprechpartners oder gar unfreundliche und mangelhafte Betreuung führen möglicherweise auf Beziehungsebene zum Wechsel. Wenn Kunden eine starke Einschränkung ihrer Handlungsfreiheiten wahrnehmen, erzeugt dies Reaktanz, die bis zum Wechsel führen kann.[1]

Bei Kundenbefragungen nach den Ursachen des Wechsels überwiegen allerdings die harten Fakten. Es besteht die Vermutung, dass die Dunkelziffer bei Beziehungsproblemen besonders hoch ist, da diese schwer zu erklären sind und zudem die Bereitschaft, darüber zu reden, nach erfolgtem Wechsel abnimmt.[2]

Obwohl Unzufriedenheit einer der wichtigsten Wechselgründe ist, gibt es noch andere Gründe, warum Kunden abwandern. Obwohl *Zufriedenheit* wechselten Kunden im Dienstleistungsbereich insbesondere aufgrund fehlender Convenience, von Konkurrenzaktionen oder wegen des Preises.[3] Auch organisationsbezogene Gründe, wie zum Beispiel Beschaffungsverordnungen oder fehlende Verfügbarkeit, können einen Wechsel selbst bei Zufriedenheit hervorrufen. Sparsamkeit oder Geldmangel führen dazu, dass etwa preisgünstige Leistungen einer Kategorie bevorzugt werden, obwohl man mit dem früheren Produkt zufrieden war. Das Motiv „Variety seeking" kann ebenfalls einen Wechsel bei Zufriedenheit verursachen (siehe Abschnitt 3.2.3).

Konkurrenzangebote sind auch für zufriedene Kunden attraktiv, wenn sie mit einem entsprechenden Qualitätsversprechen deren zukünftige Erwartungen erhöhen oder bisherige Wahrnehmungen senken können. Das betrifft vor allem Kunden, deren Zufriedenheit eine geringere Intensität aufweist oder die zu den „fordernd zufriedenen" bzw. „resigniert zufriedenen" Kundentypen gehören (siehe Abbildung 23, Abschnitt 2.2.1).[4]

Um jedoch zufriedene Kunden zu einem dauerhaften Wechsel zu veranlassen, muss ein starker Anreiz vorliegen.[5] Attraktive Sonderpreise, Werbung, verbesserte Verfügbarkeit und Einführung neuer Marken sind Massnahmen, mit denen auch experimentell untersucht wurde, ob sich bisher markentreue Käufer durch die *Konkurrenz* beeinflussen lassen. Es zeigte sich, dass Kunden Sonderangebote zwar beachten, aber nach diesen Aktionen wieder zur gewohnten Marke zurückkehren.[6] Je höher also die wahrgenommene Nettonutzendifferenz, das heisst, die Opportunitätskosten, desto kostspieliger wird es für die Konkurrenz, diese Kunden zu gewinnen. Genauer: Sie müsste in dem Fall diese Nutzendifferenz ausgleichen, wenn nicht sogar relativ überbieten, um zusätzlich noch die direkten Wechselkosten zu schmälern.[7]

---

1 Vgl. Brehm 1966; Grabitz-Gniech/Grabitz 1978.
2 Siehe auch Untersuchungen bei Schütze 1992, S. 325; Dubs 1998, S. 71; Joho 1996, S. 101.
3 Vgl. Keaveney 1995, S. 74 ff., 80.
4 Vgl. Stauss 1997a.
5 Vgl. Gierl 1993, S. 92.
6 Vgl. Kroeber-Riel/Weinberg 1999, S. 397; siehe auch Cunningham 1956; Engel/Kollat/Blackwell 1968, S. 582 m.w.N.
7 Vgl. Fornell 1992, S. 10.

Wirkung der Wechselursachen

Die Studie von KEAVENEY zeigte auch, dass Gründe entweder direkt den Wechsel veranlassen oder erst einmal im Gedächtnis gespeichert und „addiert" werden. Störgrössen, wie beispielsweise verkaufsfördernde Massnahmen am Point-of-Sale, fehlende Verfügbarkeit, Zeitdruck oder auch sozialer Druck durch andere Kunden oder Mitentscheider wirken einerseits direkt auf die Wiederkauf*entscheidung*, das heisst, auf das *Verhalten*.[1] Andererseits können sie zunächst auf die dem Verhalten vorgelagerten Prozesse einwirken, wie zum Beispiel auf *Einstellung bzw. Zufriedenheit*.

Eine *allmähliche* Entscheidung wird in der Regel dann getroffen, wenn die Gründe isoliert betrachtet nur unwesentlich sind oder ein gewisses Ausmass an Abhängigkeit erkannt wird.[2] Kunden suchen im letzten Fall u.U. strategisch günstige, „branchenübliche" Ausstiegsmöglichkeiten, nämlich zu dem Zeitpunkt, wenn die Abhängigkeit auf einem geringen Niveau ist. Beispiele hierfür sind auslaufende Verträge, System-Upgrades, abgelaufene Patente oder ein Personalwechsel auf der einen oder anderen Seite. Besonders kritisch wird deshalb der Zeitfaktor in Geschäften mit kürzeren Kaufzyklen, weil in diesem Fall häufiger die Gelegenheit zum Wechsel besteht.

Ein weiterer Grund, die Beziehung allmählich in Frage zu stellen, ergibt sich, wenn Kunden den Nutzen der Beziehung in seinem vollen Ausmass gar *nicht mehr wahrnehmen*, allerdings mit den Kosten regelmässig konfrontiert sind (geringerer positiver Nettonutzen). Ein Beispiel hierfür sind Versicherungen *ohne* Schadenfall, obwohl kontinuierlich Prämien gezahlt werden.[3]

> Das Versicherungsunternehmen ALLIANZ stellte zum Beispiel fest, dass Kunden, die länger als zwei Jahre nicht betreut werden, zum Wechsel neigen. Ein sehr offen gestaltetes Dialogsystem soll gewährleisten, dass die Agenten ihre Kunden einmal pro Jahr anrufen bzw. bei genau definierten Kunden persönlich erscheinen.[4]

Nach LOWENSTEIN ist es besonders wichtig, diesen sogenannten „attrition factors" nachzugehen. Methoden der analytischen Statistik oder neuronale Netze erlauben es, relativ gute Prognosen des individuellen Kundenabsprungs bereits mehrere Monate im voraus zu stellen.[5] Minimale Einflüsse, zum Beispiel fehlende optimale Öffnungszeiten oder unübersichtliche Rechnungen, führen in der Regel erst allmählich zu einem konkreten Wechselentschluss.[6] Informationen über diese Kundensituationen liegen allerdings den wenigsten Unternehmen vor. Kommt der Wechsel zustande, sind die

---

1 Siehe zu verschiedenen Reizkonstellationen z.B. Bänsch 1995a, S. 79 ff.
2 Siehe auch Butzer-Strothmann 1998 und Kapitel B 2.2.1 zur ökonomischen Theorie von Hirschmann.
3 Vgl. Joho 1996, S. 92.
4 Vgl. o.V. 1997b, S. 26.
5 Vgl. Hanzal 1998, S. 194 am Beispiel Banken.
6 Vgl. Lowenstein 1995, S. 12 ff.

vorgelagerten vielschichtigen Gründe von beiden Seiten gar nicht oder nur sehr schwer nachvollziehbar.

Auch aufgrund des begrenzten Kooperationswillens und -könnens abgewanderter Kunden sollte die Aussagekraft ermittelter Wechselgründe mit Vorsicht beurteilt werden. Gleichzeitig ist darauf zu achten, welche Akquisitionsstrategien die Konkurrenz verfolgt, da sie u.U. Informationen über die Ursachen und den optimalen Zeitpunkt des Wechsels ihrer potentiellen Neukunden nutzen wird.

Störgrössen können an vier Stellen ansetzen, wie ein vereinfachter Ausschnitt des Kundenbindungsmodells zeigt (siehe Abbildung 30). Sie sind in der Realität jedoch schwer voneinander zu trennen.

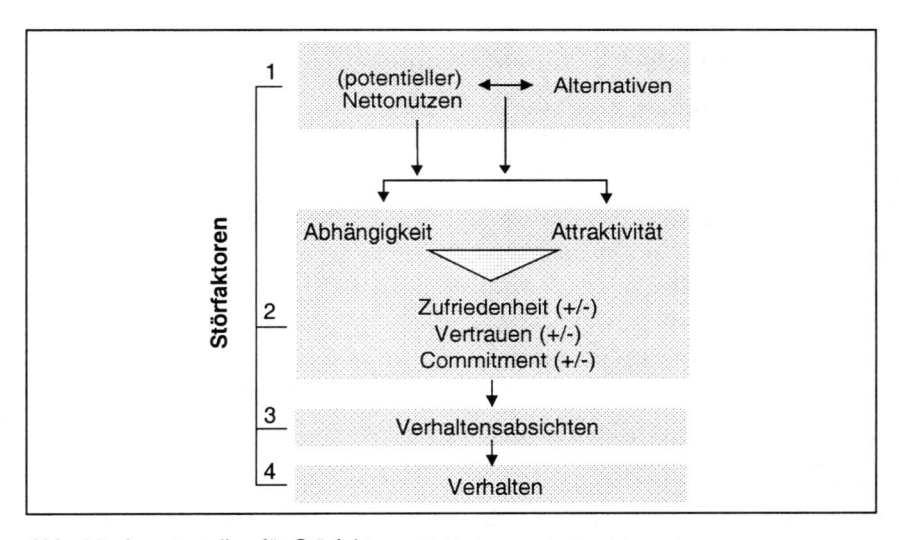

Abb. 30: **Ansatzstellen für Störfaktoren** [(+/-) als neutrale Bezeichnung]

Zur *ersten* Gruppe gehören alle Störfaktoren, die zu nichtkundengerechten Marktleistungen führen. In Anlehnung an SERVQUAL sind auch die vorgelagerten Schwachstellen zu berücksichtigen, beispielsweise ungenaue Kenntnisse über die Kundenerwartungen, fehlerhafte Umsetzung der Erwartungen in der Entwicklung oder Produktion bzw. im Verkauf durch die eigenen Mitarbeiter.[1] Neben diesen intern verursachten Störungen können auch externe Grössen wie etwa Konkurrenzaktivitäten bestehende Bindungen beeinträchtigen (Alternativen). Die *zweite* Gruppe berücksichtigt die subjektive Wahrnehmung und den Vergleich mit den Erwartungen. Insbesondere

---

1 Vgl. Parasuraman/Zeithaml/Berry 1988.

unzureichende Kommunikation kann eine Ursache sein, dass Unzufriedenheit entsteht, obwohl die eigenen Leistungen den objektiven Vergleich mit der Konkurrenz bestehen. In die *dritte* Gruppe fallen alle Ursachen, die trotz Zufriedenheit die Verhaltens-*absichten* ändern (z.B. „Variety seeking", Einkommensveränderungen). Zur *vierten* Gruppe gehören alle situativen Anlässe, die eine Verhaltensänderung – meist am Point-of-Sale – bewirken (z.B. Sonderaktionen, Verfügbarkeit).

Kenntnisse über mögliche Störfaktoren und deren Wirkungsweise sind eine wichtige Basis für Massnahmen zur Absicherung der Kundenbindung, beispielsweise im Rahmen des Beschwerdemanagements und der Kundenrückgewinnung (siehe Kapitel D 4.2.2.1/2).

4 „Optimaler" Kundenbindungs-Mix

Kundenbindung existiert, wenn es auf Kundenseite Gründe gibt, die wiederholtes Kaufen als sinnvoll und/oder notwendig erscheinen lassen. Ob diese Gründe dem jeweiligen Nachfrager auch noch bei der nächsten Kaufentscheidung und -handlung gegenwärtig sind, bestimmen drei – interdependente – Kriterien (siehe Abbildung 31):

1) die *Stärke* der Kundenbindung, das heisst, das jeweilige *absolute* Ausmass an wahrgenommener Attraktivität und Abhängigkeit,

2) die *Struktur* der Bindungen, und zwar zum einen das wahrgenommene Verhältnis zwischen Attraktivität und Abhängigkeit, zum anderen die *relative* Abhängigkeit zum Anbieter und

3) die *Stabilität* der Kundenbindung, das heisst, wie resistent die Bindungen gegenüber Störfaktoren sind.

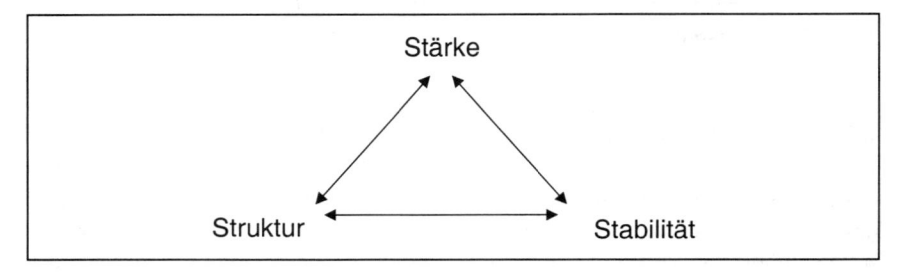

Abb. 31: Die drei Kriterien für eine „optimale" Kundenbindung

Das Wort „optimal" soll lediglich hervorheben, dass es nicht ausreicht, wenn Unternehmen eine *starke* Kundenbindung nur durch eine Erhöhung der Attraktivität oder

Teil C: Wirkungsweise der Kundenbindung 109

der Abhängigkeit anstreben. Für den Fall, dass Unternehmen eine *langfristige* Beziehung zum Kunden aufbauen und erhalten wollen, sind zusätzlich die Kriterien Struktur und Stabilität der Kundenbindung zu berücksichtigen.

4.1 Stärke der Kundenbindung

Zunächst ist zu vermuten, dass die *Bindungsart* Einfluss auf die Stärke ausübt. Allerdings kann nicht pauschal der Attraktivität oder der Abhängigkeit ein höherer Einfluss bescheinigt werden. Gerade den sogenannten „weichen" Faktoren, wie Vertrauen und Zufriedenheit, bestätigten Kundenbefragungen eine hohe Bindungskraft.[1]

Entsprechend den Ausführungen zur Attraktivität und Abhängigkeit zu Beginn dieses Kapitels C können Anbieter mit Hilfe folgender Stossrichtungen die Bindungsstärke intensivieren:

1) Erhöhung der Attraktivität

Ein Synonym für Attraktivität ist der angebotene Nettonutzen, das heisst, die Summe sämtlicher wirtschaftlicher, funktionaler oder emotionaler Vorteile abzüglich Einkaufspreis und Folgekosten. Eine stärkere Bindung wird a) durch einen erhöhten Nutzen und/oder b) durch verringerte Kosten erzielt. Zudem verursacht c) eine als geringer empfundene Abhängigkeit möglicherweise einen Attraktivitätsschub (siehe Abschnitt C 2.3 und Abbildung 25, S. 91).

2) Erhöhung der Abhängigkeit

Die Abhängigkeit definiert sich durch mehrere Kriterien. Ein erster Ansatzpunkt ist a) die Nettonutzendifferenz in Relation zur Konkurrenz (siehe Abbildung 14, S. 61). Je grösser die Differenz zugunsten des Anbieters ist, desto höher sind die Opportunitätskosten des Wechsels. Des weiteren sind Anreize für b) immaterielle spezifische Investitionen (z.B. über persönliche Beziehungen) sowie c) materielle spezifische Investitionen möglich. Bei materiellen Investitionen bestimmen Investitionshöhe und Spezifität die Abhängigkeit. Letztlich können auch d) direkte Wechselkosten erhöht werden, insbesondere hinsichtlich der Aufwendungen beim Abbruch einer Beziehung.

Der Anbieter kann zudem auf den Bewertungsprozess beim Kunden einwirken und sowohl die *Erwartungen* als auch die *Wahrnehmung* von Attraktivität und Abhängigkeit günstig beeinflussen.

Ferner bestimmen die *Bindungspotentiale* das Ausmass der Kundenbindung. Die Workshops mit Marketingführungskräften ergaben, dass ökonomische und sozialpsychologische Bindungspotentiale besonders geeignet sind, um eine starke Bindung auf-

---

1 Vgl. Weiber/Beinlich 1994, S. 124 ff.

zubauen. Vertragliche, technisch-funktionale und organisatorische Bindungen sind letztlich nur so gut, inwieweit sie auch einen Vorteil stiften. Die Relevanz sozialpsychologischer Bindungen bestätigen Aussagen, nach denen persönliche Beziehungen zum Aussendienst oder zur jeweiligen Verkäuferin entscheidend für die Bindung seien. Im Gegenzug versuchen insbesondere grosse Kundenunternehmen, persönliche Bindungen zu verhindern, indem sie die verantwortlichen Einkäufer regelmässig austauschen.

Neben den Bindungsarten und -potentialen bestimmen auch die *Bindungsebenen* das Ausmass der Bindungsstärke. Bei *innovativen, einzigartigen Produkten* bzw. *Marken* kann ein Fokus auf die Leistungsebene genügen. Beispiele finden sich bei erfolgreichen Markenherstellern wie *COCA-COLA* oder *GILLETTE* (bezogen auf Endkunden). Oft orientieren sich aber Unternehmen einseitig an der Sachleistung und bauen die Beziehungsebene nicht entsprechend sorgfältig und systematisch auf.[1] Im Gegensatz dazu sollten sich Dienstleister in erster Linie auf die Personenebene konzentrieren. Verstärken sie zudem die Bindungen auf der Leistungsebene (z.B. mit Hilfe einer starken Marke), können sie sich zusätzlich von der Konkurrenz abheben.

4.2 Struktur der Kundenbindung

Die Forderung nach einer „optimalen" Bindungsstruktur leitet sich zum einen aus den beschriebenen Wechselwirkungen zwischen Attraktivität und Abhängigkeit ab (siehe Abschnitt 2.3). Zum anderen ergibt sie sich aufgrund des Problems einer *relativen* Abhängigkeit zum Anbieter, die bereits im Abschnitt 3.2.1 beschrieben wurde.

1) Das Verhältnis von Attraktivität und Abhängigkeit

Attraktivität und Abhängigkeit sind – einzeln wie auch in Kombination – Positionen des Kunden innerhalb bestehender Geschäftsbeziehungen. Allerdings weisen die Positionen, in denen ein einzelnes Kriterium vorherrscht, langfristig gewisse Gefahren auf (siehe auch Abbildung 32 auf der folgenden Seite).

Einerseits *will* der Kunde aufgrund eines hohen emotionalen und/oder rationalen Nettonutzens beim Anbieter *bleiben*. Diese Situation ist dann unsicher für den Anbieter, wenn Kunden einmal nicht zufrieden sind. Sie *können wechseln* und müssen nicht beim Anbieter bleiben. Es existiert eine einseitige Vorteilssituation für den Kunden.

Andererseits *will* der Kunde aufgrund eines sehr niedrigen emotionalen und/oder rationalen Nettonutzens bzw. einer negativen Nettonutzendifferenz *nicht* beim Anbieter *bleiben*, ist jedoch abhängig. Diese Situation ist kurzfristig sehr sicher für den Anbieter, auch wenn der Kunde nicht zufrieden ist. Er kann nicht wechseln, sondern *muss*

---

1 Vgl. Belz 1994, S. 35 f.

beim Anbieter *bleiben*. In dem Fall liegt auf den ersten Blick eine einseitige Vorteilssituation beim Anbieter vor.

DILLER bezeichnet diese Position als „Beziehung auf Absprung".[1] Neukunden können zudem abgeschreckt werden, eine Beziehung einzugehen, oder diese Abhängigkeit wird durch spätere externe Einflüsse aufgehoben (z.B. Gesetz, neuer Wettbewerber).[2] Die starke Einschränkung der Handlungsfreiheit ist möglicherweise Ursache einer erhöhten Reaktanz beim Kunden, die zu einem Wechsel trotz Abhängigkeit führen kann.[3]

Neue Formen der Organisation und Vermarktung in Hersteller-Händlerbeziehungen wie Einkaufsgenossenschaften, Handelsmarken, eigene Produktion (z.B. *MIGROS*) auf Seiten der Händler bzw. eigene Geschäfte und andere direkte Wege zum Kunden seitens der Hersteller (z.B. *G. ARMANI, L. CLAIBORNE, NIKE, SONY CORPORATION*) reduzieren unter anderem die Abhängigkeit vom jeweiligen Partner.[4] Ausserdem sind abhängige, aber unzufriedene Kunden meist sehr schwierig und nur ineffizient zu betreuen.[5]

Nicht auszuschliessen ist, dass kurzfristig diese Positionen vom Anbieter bewusst verfolgt werden. Aus langfristiger Sicht scheint jedoch die Kundenposition am besten, die attraktiv für den Kunden und sicher für den Anbieter ist.[6] Sie wird deshalb als „Soll-Position" bezeichnet (siehe Abbildung 32).[7]

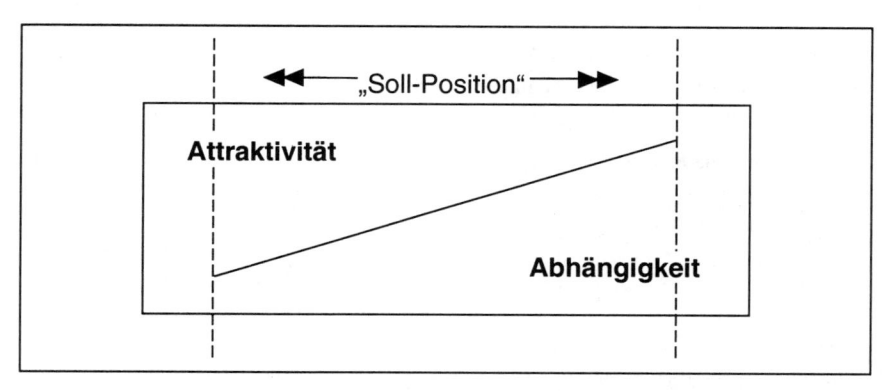

Abb. 32: Die „Soll-Position" des Kunden aus langfristiger Sicht

---

1 Vgl. Diller 1995b, S. 25.
2 Vgl. Fornell 1992, S. 10.
3 Vgl. zur „Reaktanz" Brehm 1966; Grabitz-Gniech/Grabitz 1978; West/Wicklung 1985, S. 251 ff.
4 Vgl. Kumar 1996, S. 94 f. Zu Reaktionen auf Abhängigkeit siehe auch Emerson 1962; Ganesan 1994, S. 4.
5 Vgl. Jones/Sasser 1995, S. 97.
6 Siehe auch Tomczak/Reinecke 1995, S. 503, 509; Belz 1993, S. 13.
7 Vgl. auch Plinke 1997, S. 50.

2) Management der relativen Abhängigkeit

Das Ausmass der Bindung wird zudem vom Verhältnis der relativen Abhängigkeit der Partner bestimmt. Geschäftsbeziehungen mit symmetrischen Bindungen sind besonders stabil, auch wenn in der Praxis häufiger asymmetrische Bindungen existieren.[1] Die Asymmetrie kann sowohl zu Ungunsten des Anbieters als auch des Kunden ausfallen. In Einzelfällen sind bestimmte Kunden für einen Lieferanten so bedeutsam, dass dessen wirtschaftliche Existenz davon abhängt, ob die Beziehung fortgeführt wird. Durch ein Beziehungsportefeuille lassen sich diese Beziehungsunsicherheiten reduzieren bzw. die Unabhängigkeit von bestimmten Partnern erhöhen.[2] Aus diesem Blickwinkel ist Kundenbindung nicht nur attraktiv für den Anbieter, sondern sogar notwendig.

Immer dann, wenn Abhängigkeit zu Unsicherheiten darüber führt, ob der Partner diese Situation opportunistisch ausnutzen wird, sind Sicherungsmechanismen sinnvoll. Die Regulierung der gegenseitigen Abhängigkeiten wird auch „Bonding" genannt.[3] In dieser Arbeit konzentriert sich die Diskussion darauf, wie mit einer vom Kunden gleichzeitig wahrgenommenen Abhängigkeit und Unsicherheit umzugehen ist (siehe Kapitel D 4.2.1, Abhängigkeitsmanagement).

Zusammenfassend betrachtet, sollte die Bindungsstruktur langfristig so beschaffen sein, dass Kunden einerseits eine hohe Beziehungsattraktivität wahrnehmen (hoher Nettonutzen), andererseits ist der Abhängigkeitsgrad derart zu gestalten, dass der Kunde seine spezifischen Investitionen als hinreichend abgesichert sieht, *gleichzeitig* aber der Anbieter eine Quasi-Monopolstellung erreichen oder beibehalten kann.

Der Zusammenhang zwischen beiden Bindungsarten soll nochmals verdeutlicht werden. BACKHAUS ET AL. empfehlen, für den Verkauf von Systemtechnologien den Geschäftstyp des Systemgeschäfts zu vermeiden, da der Kundenvorteil gerade in offenen Systemen – und damit in keiner oder geringer Abhängigkeit – liegt.[4] Allerdings wird dies nur Anbietern erfolgreich gelingen, die nicht befürchten müssen, dass der Kunde aufgrund geringer Wechselkosten weitere Teilsysteme zukünftig bei der Konkurrenz kauft. Das würde bedeuten, Kundenbindung entsteht infolge eines überragenden Nettonutzenvorteils, einer „Unique Selling Proposition". Es wurde bereits darauf hingewiesen, dass diese Option eine sehr hohe Kundenbindung erzielt, allerdings langfristig schwer zu erreichen ist.

Zu spezifischen Investitionen – und damit verbunden einer gewissen, zusätzlichen Abhängigkeit – ist der Kunde aber nur dann bereit, wenn der Nettonutzen grösser ist als

---

1 Vgl. Söllner 1993; Kleinaltenkamp/Preß 1995; Söllner 1996; Backhaus/Adolphs/Büschken 1996, S. 293.
2 Vgl. Diller/Kusterer 1988, S. 212.
3 Vgl. Engelhardt/Freiling 1996, S. 150.
4 Vgl. Backhaus/Aufderheide/Späth 1994, S. 149, 115.

im Falle des Verzichts auf eine Investition.[1] Für beide Situationen bedeutet dies somit, Abhängigkeit *mittels* Attraktivität zu erhöhen.

4.3 Stabilität der Kundenbindung

Die Stabilität der Kundenbindung hängt ebenfalls von der Zusammensetzung zwischen Attraktivität und Abhängigkeit ab (Struktur). POLAN bezeichnet beispielsweise eine Bank-Kundenbeziehung als stabil, wenn sowohl Präferenzen als auch die Bindung durch Wechselkosten hoch ausgeprägt sind.[2]

Die Forderung nach Stabilität entsteht daher, dass unterschiedlichste Einflussfaktoren aus der Umwelt oder auch innerhalb der Geschäftsbeziehung die Bindungen aufheben können (siehe Abschnitt 3.3, Störfaktoren). Vergangene und aktuelle Beispiele sind die Deregulierungen in der Telekommunikations- und Luftverkehrsbranche oder der Eintritt japanischer und europäischer Konkurrenten in den US-Automobilmarkt. Zudem laufen Verträge und Patente aus (*XEROX, ROCHE*), oder Technologieentwicklungen führen zu neuen Standards (*IBM*).

Ein Paradebeispiel für veränderte Bindungen zwischen Anbieter und Kunde durch einen Strukturwandel des Marktes ist die IT-Branche.[3] Zu Beginn des Computerzeitalters Mitte der 60er Jahre herrschte eine starke persönliche Bindung zwischen Lieferant und Kunde. Ausserdem waren Hardware, Betriebssystem und Anwender-Software technologisch hochproprietär, so dass die Nachfrager jeweils an einen IT-Anbieter gebunden waren. In der zweiten Hälfte der 70er Jahre wurden Zentraleinheiten, Drucker und Platten auf der Grundlage gegebener *IBM*-Schnittstellen zu extrem günstigen Preisen angeboten. Während insbesondere der Markt für Grossrechner weiterhin ein proprietärer Bereich ist, sind infolge einer vermehrten Standardisierung der Systeme und Schnittstellen Kunden von Mikrorechnern nicht mehr an einen einzelnen Lieferanten gebunden. Vertrauen und Zufriedenheit mit flexiblen und individualisierten Leistungsangeboten spielen dort eine grössere Rolle als technisch-funktionale Bindungen.

Der *enge Wirkungsrahmen* bleibt ebenfalls nicht konstant, wenn sich beispielsweise Investitionen amortisiert haben oder sich die Kundenerwartungen verändern.[4] Ausserdem können auch Abnehmer engen, persönlichen Bindungen aktiv entgegensteuern, indem sie beispielsweise regelmässig ihre Mitarbeiter im Einkaufsbereich auswechseln.

Je mehr Kundeninformationen im Laufe der Zeit vorliegen, desto besser können die Austauschprozesse gestaltet werden. Just-in-Time-Systeme oder gemeinsame Ent-

---

[1] Zu dieser Annahme siehe Backhaus/Aufderheide/Späth 1994, S. 92 und Kap. 2.3
[2] Vgl. Polan 1995, S. 48.
[3] Siehe auch Reichert 1994; Reinecke 1996, S. 33 ff.
[4] Siehe die Ausführungen in den Abschnitten C 2.2.1. zur Zufriedenheit und C 2.3.

wicklungsteams führen wiederum zu engeren Bindungen, die einen zusätzlichen Informationsaustausch erfordern.

Bindungen benötigen eine unterschiedliche Pflege über einen Zeitraum. Während persönliche Bindungen eine kontinuierliche Aufmerksamkeit erfordern, kann man die Abnahme technisch-funktionaler Bindungen relativ gut abschätzen und entsprechende Vorsorge treffen.

Je stärker die Bindung ist, desto eher ist sie resistent gegenüber Störfaktoren. Starke Bindungen auf Personenebene müssen aber nicht mit starken Bindungen zwischen Mitarbeiter und Firma einhergehen. Es kann passieren, dass Kunden zusammen mit dem Mitarbeiter wechseln. Wenn Instabilität auf der Leistungsseite besteht, schätzen Kunden einen langfristigen Ansprechpartner, der sich um die unerwarteten Probleme kümmert. JACKSON vermutet, dass die Bindungen an eine Technologie oder einen Lieferanten eher zu einer langfristigen Perspektive beim Kunden führen als der Fokus auf Personen oder Produkte.[1] Deshalb ist möglichst ein stabiler Ebenen-Mix anzustreben, um persönliche Beziehungen mit Bindungen auf Leistungs- oder sogar auf Organisationsebene zu ergänzen.

Dabei kommen allerdings den Bindungen aus Abhängigkeit eine bedeutende Rolle zu, weil sie – im Gegensatz zu Bindungen *allein* aus Attraktivität – im Fall einer Störung ein gewisses „Trägheitsmoment" bewirken.[2] Kunden überdenken ihre Entscheidung nochmals und Anbieter erhalten dadurch die Chance, zu reagieren.

TURNBULL/WILSON gehen in einem Fallbeispiel davon aus, dass fünf Grosskunden, die einen speziellen technischen Service des Anbieters nutzen und/oder von einem höheren Preisnachlass profitieren, stärker gebunden sind als andere Kunden und somit weniger empfindlich auf niedrigere Preise der Konkurrenten reagieren. Während gewöhnlich eine Preisdifferenz von 10 Prozent zum Wechsel führt, würden diese Kunden erst bei einer Spanne von 12 Prozent wechseln. Die Autoren belegen zudem eine stärkere Bindung bei mittleren Unternehmen, weil diese auf das technische Know-how des Anbieters angewiesen sind, während die Grossunternehmen ihre eigene Expertise aufgebaut haben.[3]

Langfristige Beziehungen benötigen nicht nur starke, sondern auch stabile Bindungen zwischen den Geschäftspartnern. Deshalb sind neben der Bindungsstärke ein ausgewogenes Verhältnis zwischen Attraktivität und Abhängigkeit sowie das Ausmass der relativen Abhängigkeit gegenüber dem jeweiligen Partner wichtige Zielgrössen im Rahmen der Kundenbindungsmassnahmen.

---

1 Vgl. Jackson 1985, S. 72.
2 Siehe auch Bendapudi/Berry 1997, S. 32; vgl. Müller/Riesenbeck 1991, S. 69.
3 Vgl. Turnbull/Wilson 1989, S. 233 ff.

Teil D Kundenbindungsmanagement

Bisher wurde die Kundenbindung vorrangig aus Kundensicht untersucht. Das folgende Kapitel zeigt nun, welche Managementanforderungen sich daraus für Unternehmen ergeben. Dabei bietet sich die Form eines Kundenbindungskonzepts an, das in Abschnitt 1 kurz vorgestellt wird. Die weiteren Unterkapitel 2-6 ergeben sich aus den einzelnen Konzeptschritten. Abschnitt 7 befasst sich mit der Beziehung zwischen den Kernaufgaben.

1 Einbettung in die strategische Marketingplanung

Eine neue Perspektive für das Marketingmanagement ermöglicht der *aufgabenorientierte Ansatz*, dessen Grundgedanken bereits in Kapitel B 3.2.2 (S. 47 ff.) beschrieben wurden. Er rückt die zentralen Wachstums- und Erfolgsgeneratoren eines Geschäftsbereichs in den Mittelpunkt und hilft dadurch, die Marketingziele, -strategien und -instrumente besser zu fokussieren und aufeinander abzustimmen.

Ein Kundenbindungskonzept setzt bei den *vorhandenen* Kunden und deren Bedürfnissen an (outside-in). Es geht darum, die gestellten quantitativen und qualitativen Marketingziele auf Geschäftsbereichsebene mit aktuellen Kunden (sowohl mit neuen als auch bestehenden Leistungen zu realisieren). Gleichzeitig muss das Konzept so beschaffen sein, dass es sowohl die Vorgaben der Marketingplanung auf Unternehmens- und Geschäftsbereichsebene als auch die Planung des Kernaufgabenprofils berücksichtigt (siehe Abbildung 33 auf der folgenden Seite).

Ausgangspunkt ist eine interne und externe Analyse, um Stärken und Schwächen sowie Chancen und Risiken zu beurteilen.[1] Die dafür benötigten Informationen sind sukzessive für die relevanten Entscheidungen, also die Bindung *vorhandener* Kunden, zu konkretisieren. Eine Reihe von inhaltlichen Ansätzen zur Ist-Analyse, insbesondere Kapitel B 1 „Veränderungen im Marktumfeld und Herausforderungen für Unternehmen" sowie Kapitel C „Wirkungsweise der Kundenbindung", wurden in dieser Arbeit erläutert.

Da Planungsprozesse iterativ sind und meistens mehrere Rückkopplungen zu vorher getroffenen Entscheidungen verlangen, wird zudem auf das Kapitel D 5 „Controlling der Kundenbindung" verwiesen. Mit Antworten auf Fragen, wie sich die Umsätze mit vorhandenen Kunden im Vergleich zum letzten Jahr entwickelt haben, wie viele Kunden jährlich abwandern oder warum Kunden wechseln, kann das Controlling somit auch die konzeptuelle Planung einleiten.

---

[1] Vgl. z.B. Kuß/Tomczak 1998, S. 17 ff.

```
┌─────────────────────────────────────────────────────────────┐
│  ┌─────────────────────────┐  ┌────────────────────────────┐│
│  │    Interne Analyse      │  │      Externe Analyse       ││
│  │ (Untern., Geschäftsbereich)│  │(Kunden, Wettbewerb, Umwelt)││
│  └─────────────────────────┘  └────────────────────────────┘│
│     Vorgaben der Unternehmens- und Geschäftsbereichsplanung  │
│              Kernaufgabenprofil pro Geschäftsbereich         │
└─────────────────────────────────────────────────────────────┘
```

Kundenbindungskonzept

- Kundensegmentierung, Kap. D 2
- Hauptaufgaben Quantitative/qualitative Ziele, Kap. D 3
- Massnahmen-Mix, Kap. D 4
- Controlling, Kap. D 5
- Organisation, Kap. D 6

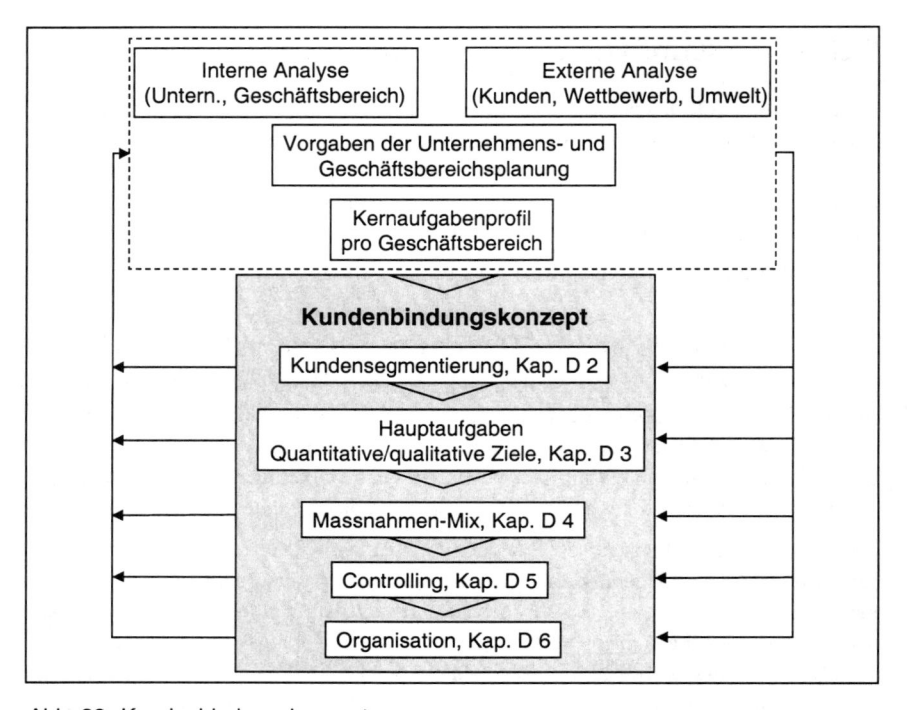

Abb. 33: Kundenbindungskonzept

Die verfolgten Ziele der Kundenbindung leiten sich einerseits aus den Zielen des Geschäftsbereichs ab. Zielkonflikte mit anderen Kernaufgaben sollten möglichst vermieden werden. Andererseits sind zur Zielbildung die vorhandenen und relevanten Kunden zu identifizieren und zu beschreiben (Kap. D 2) sowie die Hauptaufgaben der Kundenbindung „Potentiale halten" sowie „Potentiale ausbauen" näher zu definieren (Kap. D 3). Sie helfen, die möglichen Massnahmen mit Rücksicht auf interne Ressourcen, Kundenbedürfnisse und Konkurrenz einzuschränken. Ausserdem werden dadurch Chancen entdeckt, wie Kundenpotentiale noch besser ausgeschöpft werden können.

Die Marketingstrategie der Kundenbindung konkretisiert die Verhaltensweisen gegenüber vorhandenen Kunden im Wettbewerbsumfeld. Der Aussagegehalt ihrer Dimensionen Strategiefeld, -substanz, -stil und -variation[1] kann noch verfeinert werden:

- *Strategiefeld:* Welche Kunden(gruppen) der vorhandenen Kunden sollen prioritär gebunden werden? Liegt der Fokus auf einer Kundengruppe oder auf mehreren? Soll dies mit einheitlichen oder differenzierten Massnahmen erreicht werden?

---

[1] Vgl. Kuß/Tomczak 1998, S. 129 ff.

- *Strategiesubstanz:* Welche Vorteile sollen der *jeweiligen* Zielgruppe geboten, bzw. wie kann die Attraktivität der Beziehung erhöht werden? Wird Kundenbindung insbesondere aufgrund eines niedrigen Kostenniveaus und damit eines *Preis*vorteils erreicht, *und/oder* sollen über vorwiegend nicht-preisliche Massnahmen Präferenzen auf der *Leistungs*seite aufgebaut werden?[1]

- *Strategiestil:* Wie äussert sich das Verhalten gegenüber dem Wettbewerb in bezug auf die Sicherung und den Ausbau bereits gewonnener Kunden? Welche Angriffs- und Verteidigungsstrategien sind notwendig?[2] Ist eine Pionier- oder Imitationsstrategie sinnvoll?

- *Strategievariation:* Einerseits sollte eine erfolgreiche Marktposition möglichst konsequent beibehalten werden. Andererseits ist bei der Strategieformulierung den Veränderungen in Markt, Wettbewerb, Gesellschaft und Technologie Rechnung zu tragen (dynamische Positionierung).[3] Das Ausmass der Umgestaltung der drei ersten Dimensionen bestimmt die *Strategievariation* (Beibehaltung der Marktposition, Um- oder Neupositionierung).

Diese strategischen Aussagen, verbunden mit dem Kernaufgabenprofil und den gewählten Hauptaufgaben, geben nun die Leitlinien vor, wie die einzelnen Massnahmen zur Kundenbindung zu planen sind (Kap. D 4). Dabei müssen auch die Massnahmen untereinander abgestimmt werden.

Das Controlling der Kundenbindung überwacht und steuert die Entscheidungen für die künftigen Massnahmen (Kap. D 5). Zudem sind Anforderungen an die Organisation (z.B. Kultur, Strukturen, Systeme) zu beachten (Kap. D 6).

2 Kundensegmentierung

Unternehmen stehen in der Regel einer heterogenen Käufergruppe gegenüber, deren Ansprüche sich hinsichtlich Art und Ausmass stark unterscheiden. Darüber hinaus verändert sich auch mit der Zeit das Anspruchsprofil der einzelnen Kunden. Je genauer ein Unternehmen seine Kunden kennt, desto effektiver kann es deren Bedürfnissen gerecht werden. Gleichzeitig erfolgt eine Selektion der Kunden, deren Erwartungen sich längerfristig nicht effizient befriedigen lassen.[4] Solche Analysen zeigen zudem, bei welchen Kunden es sich ökonomisch rentiert, sie zu binden.

---

1 Vgl. Porter 1999a; Meffert 1999, S. 120 ff. m.w.N. Zur Diskussion der „Sowohl als auch – Variante" siehe Gilbert/Strebel 1987; Kuß/Tomczak 1998, S. 145.
2 Vgl. z.B. Walker/Boyd/Larréché 1996.
3 Vgl. Tomczak/Roosdorp 1996, S. 33 f.
4 Vgl. Belz 1995, Sp. 2811 f.; Jones/Sasser 1995, S. 90; Cespedes 1995, S. 191.

Ausgangspunkt der folgenden Überlegungen sind die *vorhandenen* Kunden eines Geschäftsbereichs. Zunächst werden ökonomische und vorökonomische Bewertungsgrössen isoliert vorgestellt (2.1), um sie danach mittels bestimmter Methoden zu kombinieren (2.2). Hinweise zur praktischen Umsetzung schliessen diesen Abschnitt ab (2.3.).

2.1 Ökonomische und vorökonomische Bewertungskriterien

Trotz der ersichtlichen Probleme in der Praxis, umfangreiche, spezifische Kundeninformationen zu erfassen und zu bewerten, soll der Anspruch noch erweitert werden. Im Sinne einer Kundenbeziehung als Investition ist der Kunde nicht nur reiner Erlös- und Kostenträger, sondern vielmehr „Wert- und Vermögensbestandteil" des Anbieters.[1] Dementsprechend darf sich die Kundenanalyse nicht nur auf *gegenwartsbezogene* Grössen (z.B. derzeitiger Umsatz, Deckungsbeitrag (DB), Kunden- oder Lieferanteil) konzentrieren, sondern muss insbesondere *zukunftsbezogene* ökonomische *und* vorökonomische Bestimmungsfaktoren berücksichtigen.

Die meisten Grössen leisten zudem einen Beitrag zur Erfolgskontrolle hinsichtlich der Effektivität von Kundenbindungsmassnahmen (siehe Abschnitt 5, Controlling der Kundenbindung).

2.1.1 Ökonomische Bewertungskriterien

Ökonomische Kennzahlen des Kundenwerts lassen sich unmittelbar aus vorhandenen Daten des Marketing, des Verkaufs sowie des Rechnungswesens ableiten.

ABC-Analysen dienen vor allem der differenzierten Bewertung einzelner Kunden nach ihren jährlichen *Umsätzen* oder *Deckungsbeiträgen*.[2] Sie teilt die Kunden in Kategorien ein, wie beispielsweise A = Schlüsselkunden, B = „normale" Kunden und C = Kleinkunden. So stellen viele Unternehmen fest, dass mehr als die Hälfte des Umsatzes mit einer kleinen Prozentzahl an Kunden erzielt wird. Zum Beispiel erbringen 14 % der treuen PICK PAY-Kunden mehr als 50 % des Umsatzes.[3]

Unternehmen, die, ohne Verbundeffekte zu berücksichtigen, bereits Kosten und Erlöse einzelnen Kunden bzw. Kundengruppen zuordnen können, erlangen dadurch wertvolle Hinweise für weitere kundenbezogene Massnahmen. Analysen zeigen, dass nicht die Grosskunden, sondern vor allem die mittleren Kunden rentabel sind und mehr als die Hälfte der Kunden nicht profitabel ist.[4] Doch diesen Analysen mangelt es an *zukünfti-*

---

1 Vgl. Cornelsen 1996, S. 3; Cespedes 1995, S. 189 ff.
2 Siehe zur Kunden-Deckungsbeitragsrechnung z.B. Köhler 1993, S. 304; Link 1995, S. 109.
3 Zu den Zahlen vgl. Schweiz. Verkaufsförderungs-Forum 1998, S. 49, 26 f.
4 Vgl. Scheiter/Binder 1992, S. 19 ff.; Hanzal 1998, S. 186 ff.

Teil D: Kundenbindungsmanagement 119

ger Potentialorientierung. Sie sind eher statisch und reichen nicht aus, um Entscheidungen über Budgets zu treffen.[1]

Mittels bekannter ökonomischer Grössen – allerdings wiederum ohne Berücksichtigung von Kosten – kann die Berechnung des langfristigen Kundenwerts im einfachsten Fall nach folgender Formel erfolgen:[2]

> durchschnittliches Transaktionsvolumen
> je Kauf (Umsatz)
> x jährliche Kaufanzahl
> x durchschnittliche Dauer einer Kundenbeziehung

Das *Deckungsbeitragspotential* eines Kunden als Summe aus dem gegenwärtigen sowie den für die Zukunft prognostizierten Deckungsbeiträgen sollte zusätzlich Vor- und Nachlaufkosten berücksichtigen (z.B. Kosten der Akquisition oder bei der Beendigung von Geschäftsbeziehungen).[3]

Das Konzept des *Customer Lifetime Value* überträgt Prinzipien der Investitionsrechnung auf die Kundenbeziehung. Ein Beispiel der Berechnung eines langfristigen monetären Kundenwerts einer Kundengruppe zeigt die Abbildung 34 auf der nächsten Seite. Dieses Modell berücksichtigt auf Basis der Kapitalwertmethode die geschätzte Kundenloyalität sowie die periodenbezogenen Einnahmen und Ausgaben treuer Kunden.

Von 56 000 Abonnenten einer Zeitschrift (1988) blieben im folgenden Jahr (t + 1) 39 000 treu. In den nächsten Jahren stieg die Loyalitätsrate dieser Kunden auf 80 %. Zusätzlich benötigt das Unternehmen Angaben über die Einnahmen und Ausgaben sowie den Diskontsatz (im Beispiel über drei Jahre). Der langfristige Kundenwert für 1 000 Neuabonnenten wird durch Multiplikation mit der Differenz aus abgezinsten Einnahmen und Ausgaben berechnet. Im ersten Jahr ergibt sich ein Kapitalwert von CHF 1 785.71. In den folgenden Jahren werden die berechneten Loyalitätsraten (70 %, 80 %) sowie die entsprechenden Einnahmen und Ausgaben einbezogen. Insgesamt ergibt sich für drei Jahre ein Kapitalwert von CHF 13 345.02.

---

1 Siehe Kritik bei Schütz/Krug 1996, S. 192 f.; Köhler 1999, S. 336.
2 Vgl. Schulz 1995, S. 208.
3 Vgl. Link 1995, S. 109.

A. Grundlage						
1. Analyse der Loyalitätsrate						
	1988	1989	1990	1991	1992	geschätzte Loyalitätsrate
Anz. d. Abonnenten in Tsd.	56	54	60	61	63	
in t + 1	39 (70%)	38 (70%)	43 (71%)	42 (69%)	44 (70%)	70 %
in t + 2	30 (77%)	30 (79%)	35 (81%)	34 (81%)	?	80 %
in t + 3	24 (80%)	25 (83%)	27 (77%)	?	?	80 %
in t + 4	19 (79%)	20 (80%)	?	?	?	80 %

2. Einnahmen und Ausgaben (vereinfacht: bei allen Kunden gleich)
Einnahmen: 1. Jahr CHF 50, 2. Jahr CHF 55, 3. Jahr CHF 60
Ausgaben: 1. Jahr CHF 48, 2. Jahr CHF 45, 3. Jahr CHF 45
Diskontsatz (i): 12 %

B. Berechnung des langfristigen Kundenwerts (KW) für 1 000 Neukunden in t = 0	$KW = \sum_{t=1}^{n} c_t (1 + i)^{-t}$ c_t = Einzahlungsüberschuss in Periode t i = Diskontsatz
1. Jahr: 1000 Neukunden 50 000 ./. 48 000 $(1 + 0.12)^{-1}$	KW = CHF 1785.71
2. Jahr: 700 loyale Kunden [38 500 ./. 31 500 $(1 + 0.12)^{-2}$]	KW = CHF 5580.36
3. Jahr: 560 loyale Kunden [33 600 ./. 25 200 $(1 + 0.12)^{-3}$]	KW = CHF 5978.95

Abb. 34: Vereinfachtes Kundenloyalitätsmodell für eine Zeitschrift
(Quelle: in Anlehnung an Schulz 1995, S. 234; Dwyer 1989, S. 12)

Besondere Schwierigkeiten bereitet es den Unternehmen, *zukünftige* Grössen zu erheben bzw. zu prognostizieren und in die Kundenbewertung einzubeziehen. Banken können beispielsweise bis zum 25. Lebensjahr eines bestimmten Kunden keine realistische Voraussage über den künftigen Deckungsbeitrag tätigen.[1] CARROLL/ROSE fragen deshalb nach dem ökonomischen Sinn, sich um nichtprofitable 20-jährige Kunden zu bemühen, nur weil Rechnungen ergeben, dass diese dann mit 40 Jahren profitabel wären.[2] Doch auch sie plädieren für eine Bindung der Kunden mit einem hohen, zukünftigen Wert. Sinnvoll erscheinen gezielte, aber sorgfältig konzipierte Massnahmen als Investitionen in potentielle Kunden:

> Das Unternehmen *HEILO* fördert bereits heute die Handelsunternehmer von morgen. Eine enge Beziehung besteht seit vielen Jahren zur Fachhochschule des Deutschen Eisenwaren- und Hausratshandels in Wuppertal, in der die Töchter und Söhne von Fachgross- und -einzelhändlern auf ihre zukünftige unternehmerische Aufgabe vorbereitet werden.[3]

---

1 Vgl. Dubs 1998, S. 76.
2 Vgl. Carroll/Rose 1993, S. 10.
3 Vgl. Klimek 1996, S. 51.

Eine Berechnung der Ertrags- oder Gewinnpotentiale wird auch dadurch erschwert, dass diese von verschiedene Faktoren beeinflusst werden, die sich nicht im Einflussbereich des Anbieters befinden. Hierzu gehören beispielsweise veränderte Lebensumstände beim Kunden, erhöhte Materialkosten, neue Wettbewerber, Konjunkturentwicklungen und Trends, die das Kaufverhalten bestimmen sowie Substitutionsprodukte und -technologien. Doch wenn diese Entwicklungen auch erkannt werden, lassen sich ihre Wirkungen oft nur qualitativ bewerten und sind nicht quantifizierbar.

2.1.2 Vorökonomische Bewertungskriterien

Vorökonomische Grössen geben Auskunft über die „indirekte" ökonomische Bedeutung des Kunden für den Anbieter. Es lassen sich zwei Arten von Kriterien unterscheiden.

Zur *ersten Gruppe* zählen Kriterien, welche die generelle Attraktivität des Kunden in der Geschäftsbeziehung näher beschreiben. Ihr Einfluss auf ökonomische Grössen (z.B. Umsatz durch Weiterempfehlung) ist nur schwer messbar. Beispiele hierfür sind:[1]

- Referenzpotential: Ausstrahlungskraft zur Akquisition neuer Kunden,

- Informationspotential: Gesamtheit der verwertbaren Informationen, die einem Anbieter seitens des Kunden innerhalb eines bestimmten Zeitraumes zufliessen,

- Innovationspotential: Regenerationskraft im Wettbewerb und Fähigkeit, innovative Impulse an den Anbieter zu geben,[2]

- Synergiepotential (v.a. Business-to-Business): z.B. im Bereich der vertikalen Kooperation die Eingriffsmöglichkeiten des Nachfragers in die Wertschöpfungskette des Anbieters, um Wettbewerbsvorteile zu erzielen,

- Bindungspotential: grundsätzliche Bereitschaft, mit der ein Kunde sich auf eine längere oder intensivere Beziehung einlassen würde.

Die Fähigkeit, neue Kunden auf der Basis positiver Weiterempfehlungen zu gewinnen (*Referenzpotential*), ist in nahezu jeder Branche relevant, insbesondere, wenn es sich bei den Austauschgütern um sogenannte „Erfahrungs-" bzw. „Vertrauensgüter" handelt. Studien zeigen, dass zufriedene Kunden „die besten Verkäufer" sind, aber auch, dass negative Erlebnisse intensiver kommuniziert werden.[3] Positive *Referenzträger* sind überdurchschnittlich zufriedene Kunden, die bereit und in der Lage sind, glaubwürdig und intensiv ihre Erfahrungen zu kommunizieren. Der Referenz*wert* ist zudem

---

[1] Siehe auch Plinke 1989; Schulz 1995; Cornelsen 1996, S. 14 ff.
[2] Siehe auch Anderson/Narus 1991, S. 102.
[3] Siehe z.B. Schütze 1992 und die zitierte Literatur.

abhängig von der Anzahl der potentiellen Empfänger und deren Qualität, das heisst, ob diese auch zu den potentiellen Zielkunden des Anbieters gehören.[1] Kundeninformationen in Form von Beschwerden und Produktverbesserungsvorschlägen, aber auch Anregungen zur Entwicklung neuer Leistungen oder zur Verbesserung interner Prozesse bestimmen das *Informationspotential*. Je anonymer der Markt, desto schwieriger ist es für das Unternehmen, dieses Potential stärker zu nutzen. Ansätze sind hierfür der Aufbau von Kundenfeedbacksystemen (Beschwerdemanagement, Kundenclub, Internet usw.). Demgegenüber können Anbieter im Business-to-Business-Bereich infolge der engen Zusammenarbeit mit dem Kunden oft auf Art und Umfang der Informationen Einfluss ausüben und demnach auch das Potential besser einschätzen.

Das *Innovationspotential* eines Kunden beschreibt dessen Eigenschaft, nicht nur selbst Neuerungen hervorzubringen, sondern auch diesbezüglich Anforderungen an den Lieferanten zu stellen. Oft sind diese Kunden sogenannte „Lead User", das heisst, Unternehmen, deren aktuelle Bedürfnisse beispielhaft für die zukünftige Entwicklung der Gesamtnachfrage eines Marktes sind.[2]

Synergiepotentiale bestehen vor allem in den Bereichen F&E, Fertigung, Logistik und Marketing. Im Sinne einer Verschiebung der Wertschöpfungskette hin zum Kunden sind diese Synergien eher dem Business-to-Business- oder Dienstleistungsbereich zuzuordnen, da hier Kunde und Anbieter oft gleichzeitig am Leistungserstellungsprozess beteiligt sind. Zu Synergieeffekten zählt man zudem bedeutende Umsatzbeziehungen eines Kunden mit einem Schwesterunternehmen, auch wenn der Kunde selbst nur eine geringe ökonomische Relevanz hat.[3]

Das *Bindungspotential* geht davon aus, dass sich die Kunden(segmente) in ihrer Bereitschaft unterscheiden, eine langfristige Beziehung einzugehen bzw. fortzuführen (siehe Abschnitte C 3, D 4.1.3).[4]

Informationen über die Potentialgrössen lassen sich in anonymen Märkten nur auf der Grundlage umfangreicher Kundendatenbanken sammeln, speichern und analysieren. Eine Herausforderung besteht in der Verwendung geeigneter Kriterien, um diese Grössen zu bewerten.

Zur *zweiten Gruppe* der vorökonomischen Grössen gehören die direkten Vorläufer der ökonomischen Ergebnisse. Hierzu zählen Verhaltenskennzahlen wie Art und Anzahl der gekauften Produkte, Kauffrequenz und weitere.

---

1 Vgl. Cornelsen 1996, S. 16; Plötner/Jacob 1996, S. 108 ff.
2 Vgl. insbesondere von Hippel 1986, S. 796; von Hippel 1988, S. 107.
3 Vgl. Stengel/Wandel 1993, S. 433.
4 Vgl. das Beispiel bei Turnbull/Wilson 1989, S. 233 ff. oder in Kap. C 4.

Share of wallet: Mit dieser Grösse (auch Kundendurchdringung, Share of Customer, Lieferanteil) lässt sich der Umsatz des Kunden in Relation zu seinem geschätzten Gesamtbedarf definieren. Laut der Schweizerischen Marktforschungsstudie „Vagabundia 98" gehen beispielsweise PICK PAY-Käufer insgesamt für CHF 200 Mio. einkaufen, geben allerdings bei PICK PAY selbst nur CHF 25 Mio. aus.[1] Zum einen kann diese Grösse helfen, das Umsatz*potential* zu bestimmen. Zum anderen gibt sie Hinweise über die derzeitige, eigene Position beim Kunden und damit auch über das *Cross-Selling-Potential*,[2] das heisst, das Potential für die Nutzung weiterer Produkte bzw. Produktgruppen. Grosse Schweizer Detailhändler sehen ebenfalls im „Share of wallet" eine Zielgrösse. Kunden sollen neben dem „klassischen" Warenkorb vermehrt Frischerzeugnisse oder Non-Food-Produkte kaufen.

Die *absolute Zahl der Einkäufe* wird laut einer Untersuchung zur Kundenbindung im Handel von 35,5 Prozent der befragten Unternehmen zur Definition der Stammkunden herangezogen. Die *absolute Höhe der Ausgaben* erscheint hingegen nur 17,4 Prozent der Befragten als geeignet.[3]

Statistiken über die *Kauffrequenz* (pro Periode) können auch Industriegüterunternehmen dazu dienen, ihre „schlafenden" Kunden zu identifizieren. Zum Beispiel sind die „aktiven" Kunden von LEICA GEOSYSTEMS SCHWEIZ all jene, die innerhalb von zwei Jahren mindestens einmal gekauft haben. In dieser Zeit müsste ein bestimmter Bedarf an Service und Verschleissteilen anfallen.

Pro Zielgruppe oder Kunde sollten zudem folgende Grössen untersucht werden:

Profitabilität des Produktportfolios: Neben der Information, *welche* Produkte beim Unternehmen gekauft werden und welche (noch) nicht, geht es darum, dass Kunden möglichst auch die *profitablen* Leistungen erwerben.[4] Allerdings verlangt dieses Ziel eine klare Definition der Produktprofitabilität. So kann sich der Verlust bei einem bestimmten Produkt gerade dann einstellen, wenn der Aussendienst andere Leistungen bevorzugt anbietet und somit die notwendige Verkaufsmenge nicht mehr erreicht wird. Zusätzliche Entscheidungshilfen liefern die strategische Bedeutung der Leistung, z.B. Vorteile gegenüber der Konkurrenz oder gegenüber anderen, eigenen Produkten, der Einklang mit vorhandenen Kernkompetenzen, die aus dem Produkt resultierenden Folgekäufe und Serviceleistungen sowie die Bedeutung beim Kunden. Ähnliche Analysen sind auch bezüglich der *Profitabilität verschiedener Absatzkanäle* sinnvoll.

Verbundwirkungen: Durch den Einsatz verschiedener Verfahren ist zu prüfen, welche Verbundwirkungen zwischen den Produkten bestehen.[5] Derartige Analysen geben an,

---

1   Zu den Zahlen vgl. Schweiz. Verkaufsförderungs-Forum 1998, S. 49, 26 f.
2   Ein genauerer Begriff wäre Cross-*Buying*, da hiermit auch die Absichten des Kunden einbezogen werden.
3   Vgl. Kaapke/Dobbelstein 1999, S. 136.
4   Vgl. Petro 1990, S. 48 ff.
5   Vgl. Schulz 1995, S. 270 ff.

mit welcher Wahrscheinlichkeit ein weiteres Produkt Z bei einer bisherigen Produktkombination X, Y gekauft wird. Besitzt beispielsweise ein Bankkunde einen Bausparvertrag, so wird er mit 70 %iger Wahrscheinlichkeit auch eine Hypothek in Anspruch nehmen und daraufhin zu 90 % eine ergänzende Baufinanzierung abschliessen.[1] Ausserdem besteht ein Informationsbedarf, ob diese weiteren Produkte bereits von der Konkurrenz bezogen werden und wenn ja, warum. Die Analysen liefern auch Hinweise für neuartige Produkte und Leistungsbündel. Neben der Abbildung möglicher Zeitverzögerungen zwischen Haupt- und Zusatzproduktumsätzen muss die Bedeutung der einzelnen Produkte im Verbund untersucht werden.[2] Der Kauf einer Kamera führt beispielsweise zur Nachfrage nach Filmen, aber nicht umgekehrt. Aus diesen Analysen können auch Entscheidungen abgeleitet werden, ob sich Kaufverbunde bilden, stärken oder eliminieren lassen.[3]

2.2 Kombinierter Einsatz von Bewertungskriterien

Meistens reicht ein einzelnes Kriterium nicht aus, um die „richtigen" Kunden oder Kundengruppen zu identifizieren. So erhält man durch die Kombination von Kriterien einen verdichteten Aussagewert (z.B. Deckungsbeitrag/Lieferumfang, Deckungsbeitrag/Investitionen).[4] Zudem setzen sich qualitative Kriterien aus mehreren Merkmalen zusammen, die wiederum bewertet werden müssen. Aus den vielen Methoden sind insbesondere drei hervorzuheben, die sich als Entscheidungs*hilfen* bewährt haben. *Scoring- und Portfoliomodelle* dienen in erster Linie zur Identifikation unterschiedlich bedeutender Kunden(gruppen). *Beziehungsphasenmodelle* erlauben eine vertiefte Analyse dieser Kunden im Zeitverlauf und liefern Hinweise zur Prognose zukünftigen Kaufverhaltens.

2.2.1 Scoringmodelle

Scoringmodelle unterstützen die Kundenbewertung, wenn dabei eine grössere Anzahl qualitativer und quantitativer Merkmale einbezogen werden soll. Neben monetären Grössen und Merkmalen, die das Referenz-, Cross-Selling- oder Informationspotential näher beschreiben, werden zusätzlich verhaltensrelevante Merkmale (z.B. Kaufhäufigkeit) berücksichtigt. Die Bewertung erfolgt mit Hilfe von Punkten, die dann insgesamt zu einem Kundenpunktwert verdichtet werden. Je höher dieser Wert, desto wertvoller ist der Kunde für den Anbieter.[5]

---

1 Vgl. Hagemann 1986, S. 14 ff.; siehe auch die Beispiele bei Stracke/Geitner 1992, S. 61.
2 Siehe auch Hruschka 1983, S. 166.
3 Vgl. zur weiteren Analyse und deren Problemen Engelhardt 1976, S. 85 ff.
4 Vgl. Plinke 1995a, Sp. 1333 f.; „/" bedeutet: „in Relation zu"
5 Vgl. Link 1995.

Teil D: Kundenbindungsmanagement _____ *125*

In der praxisbezogenen Literatur gehört das sogenannte RFM-Modell (Recency of last purchase, Frequency of last purchase, Monetary Value of the purchase)[1] zu den am häufigsten genannten Ansätzen.

Abbildung 35 zeigt beispielhaft ein RFM-Modell bei einem Versandhändler. Ausgangspunkt ist der bewertete monetäre Kundenerfolgswert („monetary"). Je grösser die Zeitspanne seit dem letzten Kauf, desto geringer ist der zugeordnete Punktwert („recency"). Vielbesteller werden mit einem höheren Punktwert belohnt als Einmalkunden („frequency"). Anfallende Kosten durch Mail- oder Katalogsendungen werden von der Punktzahl abgezogen.

Faktoren						
Startwert	25 Punkte					
Letztes Kaufdatum	bis 6 Mon. + 40 Pkt.	bis 9 Mon. + 25 Pkt.	bis 12 Mon. +15 Pkt.	bis 18 Mon. +5 Pkt.	bis 24 Mon. -5 Pkt.	früher - 15 Pkt.
Häufigkeit der Käufe in den letzten Monaten	Zahl der Aufträge multipliziert mit dem Faktor 6					
Durchschnittl. Umsatz der letzten 3 Käufe	bis CHF 50 + 5 Pkt.	bis CHF 100 + 15 Pkt.	bis CHF 200 + 25 Pkt.	bis CHF 300 + 35 Pkt.	bis CHF 400 + 40 Pkt.	über CHF 400 + 45 Pkt.
Anzahl Retouren (kumuliert)	0-1 0 Pkt.	2-3 - 5 Pkt.	4-6 - 10 Pkt.	7-10 - 20 Pkt.	11-15 - 30 Pkt.	über 15 - 40 Pkt.
Zahl der Werbesendungen seit letztem Kauf	Hauptkatalog je -12 Punkte		Sonderkatalog je -6 Punkte		Mailing je -2 Punkte	

Abb. 35: Beispiel eines Berechnungsschemas der RFM-Methode
(Quelle: Link/Hildebrand 1993, S. 49)

Durch die Notwendigkeit einer begrenzten Anzahl an Merkmalen ist dieses Modell nicht immer geeignet. Bereits bei drei Grössen mit jeweils vier Ausprägungen entstehen 64 Segmente. Selektionsmodelle, die auf bestimmten statistischen Verfahren basieren, verschaffen hier eine bessere Übersicht.[2]

Scoringmodelle dienen auch der Erstellung von Kundenportfolios. Allerdings darf man ihre Aussagekraft nicht überschätzen, weil der gesamte Bewertungsprozess einer stark subjektiven Einschätzung unterliegt.[3] Mit diesen persönlichen Rangurteilen werden

---

1   Vgl. Kestnbaum 1992, S. 589.
2   Siehe z.B. Lühe 1998, S. 46 ff.
3   Zur Kritik an RFM-Modellen siehe z.B. Schulz 1995, S. 149 ff.

zudem rechnerische Operationen (z.B. Addition, Multiplikation) durchgeführt, die streng genommen nicht zulässig sind.[1]

2.2.2 Portfoliomodelle

Eine besondere Form der Kundenanalyse auf der Grundlage kombinierter Kriterien bieten Kundenportfolio-Analysen.[2] Analog zu Unternehmensportfolios stehen statt Strategischer Geschäftseinheiten hier Kunden bzw. Geschäftsbeziehungen im Mittelpunkt. Die gewählten Dimensionen bestehen entweder aus je einem Kriterium (einfaktorielle Dimensionierung, z.B. Umsatz), oder es werden mehrere Kriterien zu einer Dimension verdichtet (mehrfaktorielle Dimensionierung, z.B. Kundenattraktivität). Die Wahl der Indikatoren bestimmt den Aussagewert der Modelle. Kriterien, wie zum Beispiel Umsatzvolumen, Kundendeckungsbeitrag, „Share of wallet" oder Breite der Produktnutzung, ermöglichen vor allem eine Bewertung der *gegenwärtigen* Beziehung.

Betrachtet man jedoch Geschäftsbeziehungen als Investition, erfordert dies eine langfristige Planungsperspektive. Die Dimensionen sollten eine Aussage über die *Nachhaltigkeit* der Kundenbeziehung ermöglichen, um daraus Handlungsstrategien für das Marketing abzuleiten.[3]

Abbildung 36 auf der nächsten Seite zeigt ein Portfolio aus den ökonomischen Grössen Umsatz (oder Deckungsbeitrag) sowie deren Potentialen. Unternehmen, die nicht nur den Umsatz, sondern auch die kundenbezogenen Kosten zuordnen, können die Profitabilität ihrer Kunden besser einschätzen. Neben der Stellgrösse Umsatz erhalten sie ausserdem wichtige Hinweise darüber, bei welcher Kundengruppe die Kosten (Betreuung, Serviceumfang usw.) gesenkt werden müssen.

---

[1] Vgl. zur Kritik auch Köhler 1999, S. 342 f.
[2] Vgl. Fink/Meyer 1995; Schulz 1995, S. 126 ff.; Plinke 1995a, Sp. 1335 ff. m.w.N.
[3] Für weitere Kriterienkataloge siehe z.B. Schulz 1995, S. 136 ff.

Teil D: Kundenbindungsmanagement 127

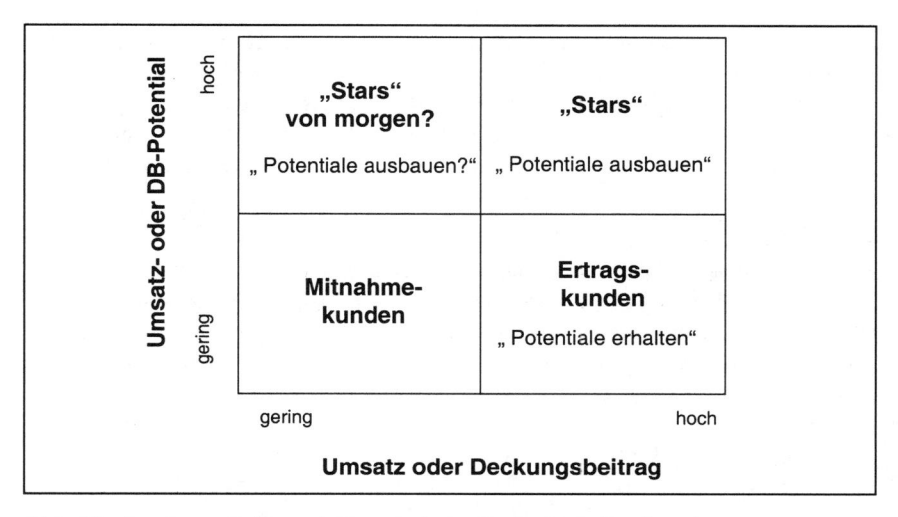

	gering	hoch
hoch	„Stars" von morgen? „Potentiale ausbauen?"	„Stars" „Potentiale ausbauen"
gering	Mitnahme- kunden	Ertrags- kunden „Potentiale erhalten"

(Vertikale Achse: **Umsatz- oder DB-Potential**; Horizontale Achse: **Umsatz oder Deckungsbeitrag**)

Abb. 36: Kundenportfolio nach Umsatz (oder Deckungsbeitrag) und Umsatz- (oder Deckungsbeitrags)potential

Aus den einzelnen Quadranten lassen sich strategische Stossrichtungen (z.B. „mitnehmen", „halten", „ausbauen") ableiten. Vertiefte Analysen sind jedoch empfehlenswert. So können sich unter den Mitnahmekunden beispielsweise wichtige Meinungsführer oder Beeinflusser befinden. Ausserdem muss aufgezeigt werden, wie etwa der „Ausbau" oder das „Erhalten" der Potentiale konkret aussehen könnte (siehe auch Hauptaufgaben der Kundenbindung, S. 137 ff.). Für Kunden, die erst *zukünftig* bedeutend werden, sind zum einen geeignete Indikatoren ihres Kaufverhaltens zu bestimmen, um möglichst rechtzeitig die Beziehung verstärken zu können; zum anderen sind Investitionen eventuell schon in der Gegenwart notwendig.

Das Modell in Abbildung 37 auf der nächsten Seite stellt eine Variante vor, die sowohl qualitative und quantitative als auch gegenwärtige und zukünftige Kriterien berücksichtigt. Auf der senkrechten Achse wird der Wert der Geschäftsbeziehung aus Anbietersicht gezeigt. Die *Kundenattraktivität* setzt sich aus den ökonomischen und vorökonomischen Bewertungsgrössen zusammen, die im vorherigen Abschnitt erläutert wurden. Zusätzlich können auch branchenspezifische Kriterien herangezogen werden. Weitere Beispiele sind Bonität, Reklamationsverhalten, Beratungsintensität, Serviceansprüche, Standort, Kooperations- und Bindungsbereitschaft sowie Preissensibilität.[1]

---

1 Vgl. hier und auch zur zweiten Dimension z.B. Plinke 1989, S. 316 ff.; Link/Hildebrand 1993, S. 50; Belz 1999, S. 136 f.

Die zweite Dimension stellt den Wert der Geschäftsbeziehung aus Kundensicht dar, d.h. die derzeitige Position des Anbieters beim Kunden. Sie ergibt sich aus dem direkten Vergleich zu den Angeboten des Hauptwettbewerbers sowie objektiven oder subjektiv empfundenen Wechselbarrieren durch Attraktivität und Abhängigkeit. Hierzu gehören auch Grössen wie zum Beispiel das eigene Produkt- und Firmenimage beim Kunden, Lieferanteil (Share of wallet), Qualität der persönlichen Beziehungen, Gegengeschäfte, Verhältnis zwischen Leistungsbedarf und Leistungsangebot.

Zusätzlich können Kriterien (z.B. Umsatz, Umsatzpotential) auch durch die Grösse des jeweils eingezeichneten Kreises im Portfolio verdeutlicht werden. Sie sind in diesem Fall aber nicht nochmals in die Achsendimensionen einzubeziehen. Eine Aufteilung in neun anstelle von nur vier Quadranten kann ebenfalls den Aussagegehalt erhöhen.

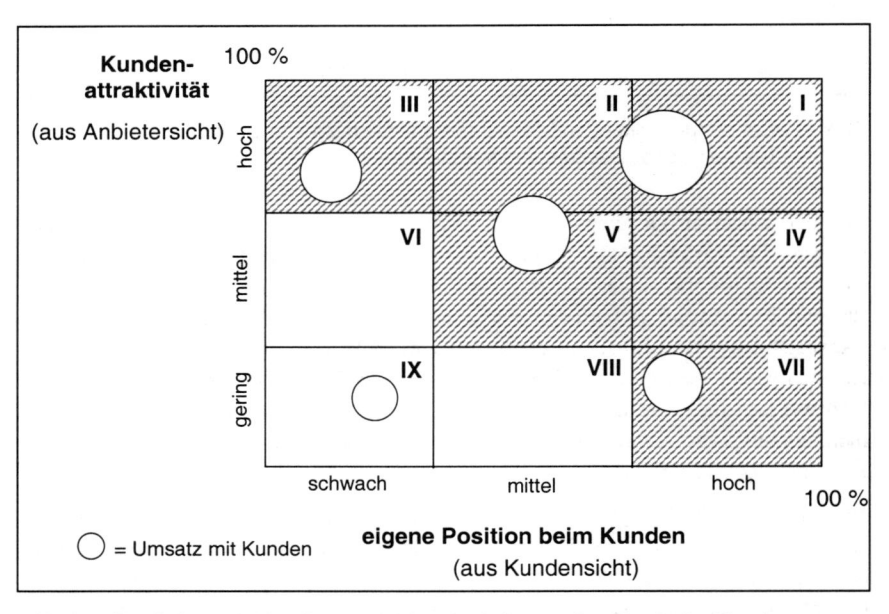

Abb. 37: Portfolio nach Kundenattraktivität und eigener Position beim Kunden (Quelle: in Anlehnung an Schleppegrell 1987; Link/Hildebrand 1993)

Unter der Annahme, dass Unternehmen vor allem die horizontale Dimension beeinflussen können, sind in erster Linie die Kunden(segmente) der schraffierten Fläche für die Kundenbindung relevant, wenn auch mit unterschiedlicher Bedeutung:[1]

---

1 Vgl. zu den Bezeichnungen Link/Hildebrand 1993, S. 52 ff.

I und II = Starkunden (Potentiale halten/ausbauen)

III = Entwicklungskunden (Potentiale überprüfen, entweder zu II oder VI verändern)

IV = Perspektivkunden (Potential halten)

V und VII = Abschöpfungskunden (Potential halten)

Für Mitnahmekunden (VI, VIII) und Verzichtskunden (IX) sollten aus wirtschaftlichen Gründen keine zusätzlichen Kundenbindungsmassnahmen konzipiert werden. Bei diesen Kunden sind hingegen Effizienzanalysen (z.B. Rabattstruktur, Kundenbetreuung, Zusatzleistungen) relevant.[1]

Die Aussagekraft derartiger Portfolios ist jedoch beschränkt. Ein hoher relativer Lieferanteil beim Kunden kann beispielsweise Vor- und Nachteile (z.B. hohe Substitutionsgefahr) besitzen. Attraktive Kunden, bei denen der Anbieter allerdings nur eine schwache Position hat (III), sind aufgrund fehlender Kundeninformationen relativ schwieriger zu beurteilen als Stammkunden (I). Ausserdem können sich in dieser Gruppe Kunden mit sehr geringem Bindungspotential befinden, bei denen zusätzliche Massnahmen ineffizient wären.

Ein exaktes Erfassen beider Dimensionen ist nicht möglich. Ursache sind Probleme, die in der Regel bei Zukunfts-Prognosen auftreten (z.B. fehlende Informationen, Veränderungen der ökonomischen und gesellschaftlichen Rahmendaten). Da mehrere Kriterien vorerst bewertet und gewichtet werden müssen, heben sich die einzelnen Merkmale u.U. gegenseitig auf. Das heisst, je mehr Kriterien einfliessen, desto schwieriger sind klar getrennte Kunden(gruppen) zu identifizieren.[2] Ausserdem setzt dies voraus, dass die Kriterien überhaupt erfasst, gemessen sowie in Relation zueinander und pro Kunde(n-Segment) bewertet werden können. Während das bei der Dimension Kundenattraktivität noch bedingt möglich ist, bereitet die Bewertung der eigenen Position aus Kundensicht grössere Schwierigkeiten.

Auf der Basis kennzahlengestützter Kundenstrukturanalysen dienen Portfolios auch dazu, Schwachstellen in der Gesamtstruktur, zum Beispiel fehlende Kunden mit hohem zukünftigen Potential, zu erkennen.[3]

2.2.3 Beziehungsphasenmodelle

Phasenmodelle analysieren aktuelle Beziehungen mit Berücksichtigung des Zeitaspekts, um Schwachstellen aufzudecken und Prognosen über den weiteren Verlauf abgeben zu können. Drei Modelle werden beispielhaft genannt. Während beim *Buying*

---

1 Vgl. Dubs 1998, S. 84.
2 Homburg/Daum empfehlen sogar nur drei Kriterien pro Achse (1998, S. 129).
3 Siehe auch z.B. Pallocks 1998, S. 250 ff; zur kennzahlengestützten Kunden- und Kundenstrukturanalyse.

Cycle die einzelnen Phasen des Kaufprozesses sowie der Übergang zum Wiederkauf im Zentrum stehen, beziehen sich *Beziehungslebenszyklen* auf die gesamte Geschäftsverbindung. Beide Modelle betreffen Schnittstellen zwischen Anbieter und Kunden, wogegen sich das dritte Modell einseitig auf die *Lebensphasen* von Endkunden konzentriert.

Der *Buying Cycle*[1] stützt sich auf bekannte Phasenansätze zur Beschreibung von Beschaffungsprozessen (siehe Abbildung 38).[2] Sie gehen davon aus, dass Käufer in jeder Phase aufgrund unterschiedlicher Bedürfnisse eine spezifische Betreuung durch den Anbieter erwarten. Die meisten dieser Ansätze enden jedoch mit der Kaufentscheidung bzw. mit der Gewährleistungsphase.

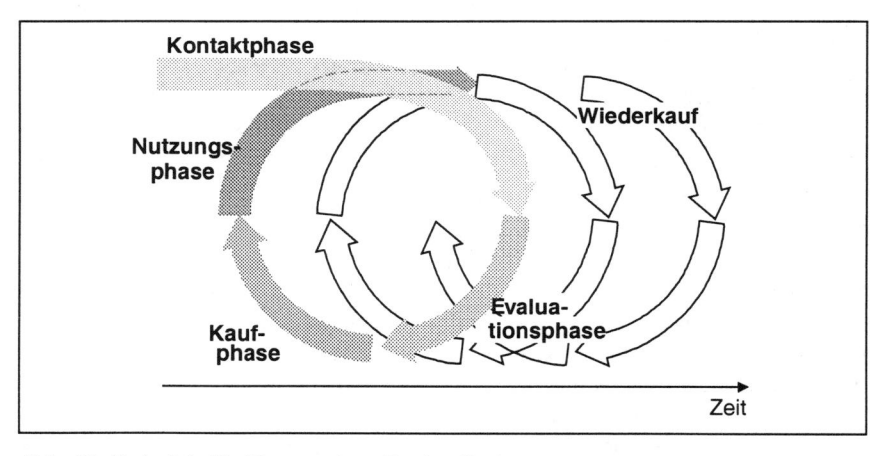

Abb. 38: Beispiele für Phasen eines Buying Cycle

Führungskräfte aus der Praxis entdecken oft Schwachstellen in der Kontakt- bzw. Wiederkaufphase, wenn zum Beispiel der Bedarf eines Kunden zu spät erkannt wird.[3] Mit dem Hinweis, dass der Verkaufsabschluss erst der Anfang ist, zeigt LEVITT Probleme auf, die sich durch eine unterschiedliche Käufer- und Verkäufersicht ergeben, da oft – entgegen der Kundenerwartung – *nach* der getroffenen Kaufentscheidung die Kundenbetreuung deutlich abnimmt.[4] Kundenbindung bezieht sich jedoch gerade auf die Nachkaufphase, um erneut eine Wiederkaufphase einzuleiten. Nicht nur die Industriegüterbranche (z.B. Servicegeschäft) hat sich dieser Herausforderungen angenom-

---

1 Vgl. auch „Sales Cycle" bei Mauch 1990, S. 16; Belz 1991b.
2 Siehe eine Übersicht bei Backhaus 1999, S. 61 ff.
3 unveröff. Seminararbeiten aus dem 31. und 32. Seminar für Verkaufsmanagement des FAH-HSG
4 Vgl. Levitt 1985, S. 15 ff.

Teil D: Kundenbindungsmanagement 131

men. Auch im Konsumgüter- und Dienstleistungsbereich ist das Nachkaufmarketing aktuell, wie beispielsweise Kundenkontaktprogramme, Kundenclubs, -zeitschriften oder Angebote zur Produktentsorgung zeigen.[1]

Beziehungslebenszyklen sind idealtypische Muster der Bildung, Entwicklung, Erhaltung und Auflösung von Geschäftsbeziehungen.[2] Sie sind ein nützliches Analyseraster für die phasengerechte Gestaltung der Kundenbeziehung bei direktem Kundenkontakt. Auf aggregierter Kundenebene erhält das Unternehmen eine Vorstellung darüber, ob ein ausgewogenes Verhältnis zwischen neuen und langjährigen Kunden besteht. Das ist wichtig, wenn Kunden nur in einer bestimmten Alters- oder Lebensphase die Leistungen erwerben (z.B. Spielzeug, Babywindeln, Altenpflege). Abbildung 32 zeigt einen differenzierten Beziehungslebenszyklus und beschreibt die einzelnen Phasen.

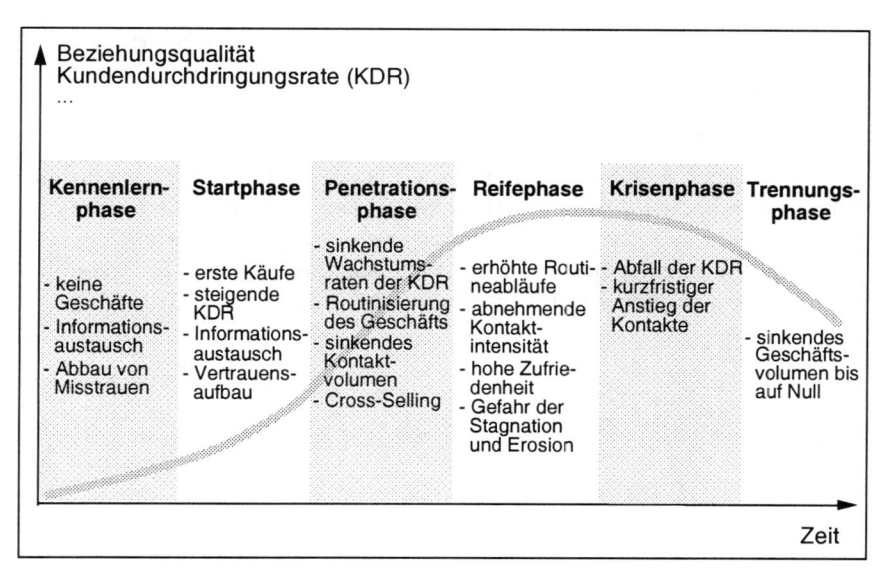

Kennenlern-phase	Startphase	Penetrations-phase	Reifephase	Krisenphase	Trennungs-phase
- keine Geschäfte - Informations-austausch - Abbau von Misstrauen	- erste Käufe - steigende KDR - Informations-austausch - Vertrauens-aufbau	- sinkende Wachstums-raten der KDR - Routinisierung des Geschäfts - sinkendes Kontakt-volumen - Cross-Selling	- erhöhte Routi-neabläufe - abnehmende Kontakt-intensität - hohe Zufrie-denheit - Gefahr der Stagnation und Erosion	- Abfall der KDR - kurzfristiger Anstieg der Kontakte	- sinkendes Geschäfts-volumen bis auf Null

Beziehungsqualität
Kundendurchdringungsrate (KDR)

→ Zeit

Abb. 39: Modell des Beziehungslebenszyklus
(Quelle: in Anlehnung an Diller 1995b, S. 57 ff.)

Das Konzept ermöglicht eine Kundenanalyse aus einem anderen Betrachtungswinkel. Kunden mit ähnlicher Attraktivität für den Anbieter können sich beispielsweise in un-

---
1 Siehe zum Nachkaufmarketing Hansen/Jeschke 1992; Hansen/Hennig 1995b; 1996; zur Redistribution z.B. Jakzentis/Kohl 1998, S. 76 ff.
2 Vgl. z.B. Wackman/Salmon/Salmon 1986; Dwyer/Schurr/Oh 1987; Diller/Lücking/Prechtel 1992; Larson 1992.

terschiedlichen Beziehungsphasen befinden. Demzufolge unterscheiden sich möglicherweise ihre Erfahrungen und damit ihre Erwartungen sowohl an den Anbieter und dessen Leistungen als auch an die Geschäftsbeziehung.[1] Weiterhin können mit Hilfe des Modells erfolgreiche Kundenbeziehungen zurückverfolgt werden, um Erfolgsindikatoren auch auf andere Kunden zu übertragen.[2]

Wie bereits in Kapitel C 2.3 beschrieben, verändern sich Attraktivität und Abhängigkeit im Laufe der Zeit. Die einzelnen Phasen erfordern eine unterschiedliche Kundenbetreuung. Bindungen, die potentiell hohe Austritts- bzw. Wechselkosten implizieren (langjährige Verträge, properitäre Standards), verlangen eine intensive Kundenbearbeitung zu Beginn der Beziehung, um den Leistungswillen und die -fähigkeit zu demonstrieren.[3] Psychologische Bindungen (Vertrauen, Kundenzufriedenheit) können vor allem durch Kontinuität aufgebaut werden.

Das Modellbeispiel in Abbildung 40 auf der folgenden Seite ist eher auf den konsumtiven Massenmarkt ausgerichtet und stellt einen schematischen Phasenverlauf eines *Familienlebenszyklus* dar. Angenommen wird, dass in Abhängigkeit vom jeweiligen Abschnitt im Lebenszyklus der Familie andere Kauf- und Verhaltensmuster auftreten.

Laut Untersuchungen ist der Familienzyklus ein besserer Prädiktor für das Konsumverhalten als einfache soziodemographische Merkmale.[4] Er dient vor allem dazu, den jeweiligen Bedarf eines Kunden bzw. -segments abzuschätzen. Cross-Selling ist somit ebenfalls besser möglich wie auch eine gezielte Akquisition attraktiver Kunden mit dem geeigneten Einstiegsprodukt zur optimalen Zeit.[5]

---

1 Vgl. z.B. Debruicker/Summe 1985 oder die empirische Studie von Wackman/Salmon/Salmon 1986.
2 Vgl. die Untersuchung bei Diller/Lücking/Prechtel 1992.
3 Vgl. Backhaus/Aufderheide/Späth 1994, S. 23.
4 Vgl. Kroeber-Riel/Weinberg 1999, S. 442.
5 Vgl. Hagemann 1986, S. 2.

Teil D: Kundenbindungsmanagement 133

Stadium des Familienlebenszyklus	Kauf- und Verhaltensmuster
1. Junggeselle (jung, alleinstehend, nicht zu Hause wohnend)	wenig finanzielle Verpflichtungen; Meinungsführer bezogen auf Trends; freizeitorientiert
2. frisch verheiratet, jung, ohne Kinder	finanziell gut gestellt; relativ höchste Erwerbsrate bei Gebrauchsgütern
3. Volles Nest I: jüngstes Kind unter sechs Jahren	flüssige Mittel knapp; Unzufriedenheit mit Lebensstandard im Vergleich zu Familien ohne Kinder; Tendenz zu demonstrativem Konsum
4. Volles Nest II: ältere Paare mit abhängigen Kindern	finanziell besser gestellt; Kinder beginnen z.T. zu arbeiten; persönlicher Bedarf der Eltern wieder mehr im Vordergrund
5. Leeres Nest I: ältere Paare, Kinder aus dem Haus; mind. einer berufstätig	hohes Einkommen; hochwertiger Konsum; kein Interesse an neuen Produkten
6. Leeres Nest II: ältere Paare, Kinder aus dem Haus; Ruhestand	spürbarer Einkommensrückgang; Sicherung des Eigenheims; bewusste Gesundheitsvorsorge
7. Alleinstehend, Ruhestand	noch stärkerer Einkommensrückgang, besonderes Bedürfnis nach Zuwendung, Sicherheit

Abb. 40: Familienlebenszyklus und Kaufverhalten – eine Übersicht
(Quelle: in Anlehnung an Kotler/Bliemel 1999, S. 318 m.w.N.)

Ein Beispiel dafür, dass Unternehmen dieses Modell auf ihre eigene Situation übertragen können, sind LEGO und MÄRKLIN.

Der Spielwarenhersteller LEGO konzentriert sich auf Kinder zwischen 2 Monaten und 12 Jahren. Für diesen sehr heterogenen Entwicklungszeitraum bietet er Produkte für das entsprechende Alter an. Abbildung 41 zeigt die Spielpräferenzen der Kinder, die sowohl durch die Entwicklung der eigenen Fähig- und Fertigkeiten als auch durch die Ansprüche der sozialen Umwelt beeinflusst werden. Die LEGO-Gruppe hat ihre Produktpalette darauf konsequent aufgebaut.[1]

---

1 Siehe ausführlich Dittrich 1998a, S. 122 ff.

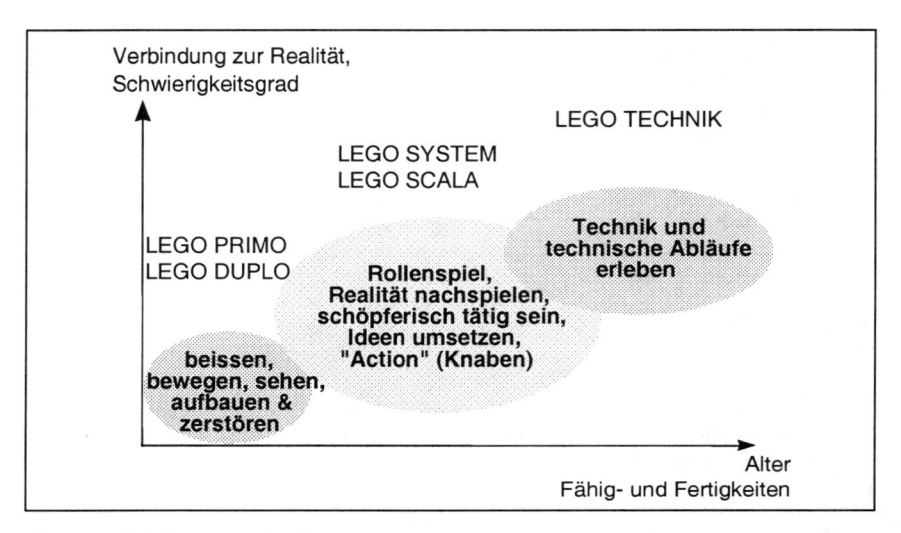

```
        Verbindung zur Realität,
        Schwierigkeitsgrad
                    ▲                                    LEGO TECHNIK
                    │              LEGO SYSTEM
                    │              LEGO SCALA
                    │                                Technik und
        LEGO PRIMO  │                             technische Abläufe
        LEGO DUPLO  │          Rollenspiel,          erleben
                    │       Realität nachspielen,
                    │      schöpferisch tätig sein,
                    │           Ideen umsetzen,
                    │         "Action" (Knaben)
              beissen,
           bewegen, sehen,
            aufbauen &
             zerstören
                    └─────────────────────────────────────────►
                                                            Alter
                                                   Fähig- und Fertigkeiten
```

Abb. 41: Spielinteresse in Abhängigkeit vom Alter sowie von den Fähig- und Fertigkeiten der Kinder (Quelle: in Anlehnung an Dittrich 1998a, S. 124)

Der Modelleisenbahnhersteller MÄRKLIN verfolgt seit 1992 erfolgreich eine sogenannte „Vater-Sohn-Strategie". Ausgangsbasis war die Analyse, dass bei Söhnen von 6-15 Jahren ein deutliches Interesse für MÄRKLIN Eisenbahnen besteht, welches sich erneut bei jungen Vätern ab etwa 35 Jahren bis ins hohe Alter fortsetzt. Ziel ist es auch, das *gemeinsame* Spielen zu fördern, um dadurch die Kundenbindung zu festigen, frühere Kunden zu reaktivieren oder neue Kunden zu akquirieren.[1]

In den beschriebenen Beziehungsphasenkonzepten sind die Anzahl der Phasen und deren Abgrenzung sowie die Wahl der charakterisierenden Merkmale eher willkürlich. Demnach handelt es sich nicht um deterministische Konzepte; einzelne Phasen müssen nicht bzw. nicht in der beschriebenen Art durchlaufen werden. Buying Cycle und Beziehungszyklen unterscheiden sich in der Gesamtlänge je nach Branche oder Unternehmenstyp.

2.3 Kritische Würdigung aus Sicht der Praktikabilität

Wenn es einem Anbieter gelingt, über mehr und bessere Kundeninformationen als die Konkurrenz zu verfügen, ist eine Grundlage zur Schaffung von Wettbewerbsvorteilen gegeben. Die Definition der *„richtigen"* Kunden hängt allerdings davon ab, welche Informationen dem Unternehmen vorliegen.

---

[1] Expertengespräch Märklin.

Hier zeigt sich eine grössere Differenz zwischen Theorie und Praxis sowie auch zwischen den einzelnen Unternehmen. Viele verfügen derzeit noch nicht über ein ausreichendes Controllinginstrumentarium.[1] Laut einer Befragung besitzen beispielsweise 46,8 Prozent der stationären Fachhändler lediglich die vollständigen Namen und Adressen ihrer Kunden. Informationen über Kaufgewohnheiten oder Präferenzen hatten nur wenige.[2] Gemäss der Studie „Best Practice in Marketing" setzen nur 10 Prozent der befragten Konsumgüterhersteller den Deckungsbeitrag ihrer Händler als Steuergrösse (MbO) ein.[3]

Die Forderung nach kundenbezogenen Kosten,[4] um die Kundenrentabilität näher zu bestimmen, wird daher noch von wenigen Unternehmen realisiert.[5] Vor allem Anbieter in Massenmärkten treffen Aussagen über ganze Märkte oder Marktsegmente. Durch die Anwendung komplexer Algorithmen auf grosse Datenmengen können „Gesetzmässigkeiten" aufgedeckt werden (Data Mining), die beispielsweise zukünftiges Kaufverhalten oder potentielle Wechsler identifizieren.[6]

Bei Unternehmen mit direktem Kundenkontakt, die über individuelle Daten verfügen, gibt es ebenfalls Unterschiede. Manche Datenbanken sind nicht nach Kunden, sondern in erster Linie nach Auf- oder Verträgen kategorisiert. Dazu kommt noch, dass u.U. Kundenunternehmen ihre Beschaffungsprozesse dezentralisiert haben und verschiedene Ansprechpartner pro Leistung und Region existieren. Somit hat jeder Geschäfts- oder Produktbereich den „Kunden" separat und zum Teil mehrfach erfasst. Entsprechend vielschichtig sind die Schnittstellen zum Kunden (Kommunikation, Sonderangebote), die auch kontraproduktiv sein können.

Weitere Fragen sind, in welcher Form die Daten aufzubereiten oder wer die Informationen innerhalb des Unternehmens erhalten soll. Viele Analysen scheitern deshalb nicht an fehlendem Wissen, *welche* Informationen von *wem* zu beschaffen sind, sondern eher an den Kosten und Anstrengungen, um die Informationen zu gewinnen, aufzubereiten und zu nutzen. Im folgenden werden Erfahrungen aus Expertengesprächen und Workshops weitergegeben, wie man sich diesen Herausforderungen nähern kann.

Die Definition der relevanten Kunden umfasst zwei grundsätzliche, voneinander nicht unabhängige Schritte:

1) *Identifizieren*: Wer sind unsere „richtigen" Kunden? und

2) *Beschreiben*: Wie verhalten sich die Kunden und welche Erwartungen haben sie?

---

1 Vgl. z.B. Reichheld/Sasser 1991; Krafft/Marzian 1997, S. 104 ff.; 1999, S. 33.
2 Vgl. Kaapke/Dobbelstein 1999, S. 140, Befragung deutscher Händler; 75 % Fachgeschäfte, dominierende Branchen: Bekleidung, Schuhe/Lederwaren, Möbel, Nahrungsmittel.
3 Siehe die Auswertungen in Tomczak et al. 1998, S. 44; MbO = Management by Objectives
4 Vgl. z.B. Scheiter/Binder 1992, S. 17 ff.; Link 1995, S. 108.
5 Vgl. Krafft/Marzian 1997, S. 104 ff.
6 Zu den Grenzen der Data Mining-Modelle am praktischen Beispiel siehe Dubs 1998, S. 86.

Während der erste Punkt die heutige und zukünftige Attraktivität umfasst, konzentriert sich der zweite auf Einstellung und Verhalten vorhandener Kunden, z.B. ihre derzeitige Zufriedenheit, Bindungsbereitschaft, Produktnutzung oder ihre Erreichbarkeit.[1] Diese Kundeninformationen sowie die Beurteilung der eigenen Massnahmen, die letztlich zu den ökonomischen Ergebnissen geführt haben, sind notwendig, um effektive und effiziente Massnahmen zu konzipieren und durchzuführen.

Selbst dann, wenn kundenindividuelle Daten vorliegen, kann die *Definition der vorhandenen* Kunden Schwierigkeiten bereiten. Hierzu gehören Fragen, ob *alle* per Datenbank erfassten Käufer, alle Kunden, die bereits *einmal* gekauft haben oder nur diejenigen ab einem *bestimmten Kaufbetrag X* zu diesen Kunden gezählt werden. Auch der Unterschied zwischen aktiven, inaktiven (schlafenden) oder verlorenen Kunden verlangt ein oder mehrere abgrenzende Merkmale.

Bei sehr heterogenen Kunden(gruppen) ist diese *Soll-Grösse* sorgfältig festzulegen, vor allem wenn sie zu einem internen oder externen Benchmarking herangezogen wird. Zum Beispiel definierten Textilhändler ihre Stammkunden sehr unterschiedlich von 5-20 Besuchen pro Jahr bzw. einer Einkaufssumme von DM 500 bis DM 3 000.[2]

Mit der Bewertung nach sogenannten *Positiv-Clustern* werden zunächst Kunden beschrieben (2. Schritt), um sich danach der Frage nach den „Richtigen" zu nähern. So besitzen beispielsweise rentable Versicherungskunden viele Versicherungspolicen bei derselben Gesellschaft, haben ein hohes Prämienvolumen, verfügen über eine tiefe Schadenquote, weisen eine langjährige Kundenbeziehung auf, besitzen Versicherungsverträge von langer Laufzeit, zeichnen sich durch gute Zahlungsmoral aus und beanspruchen nur in geringem Masse die Gesellschaft (Aussendienst, Servicestellen). Aus diesen Kriterien werden diejenigen ausgewählt, welche messbar sind und einen massgeblichen Einfluss besitzen: z.B. Prämienvolumen, Schadenquote, Dauer der Kundenbeziehung (mit mindestens einer aktiven Police).[3] Bei Retailkunden einer Bank könnten solche Kriterien der Saldo sowie die Anzahl manueller und elektronischer Transaktionen sein.[4] Sie dienen dazu, gleichartige Kundencluster aus den Datenbeständen zu identifizieren, um mittels eines Indizes das Ausmass der Kundenbedeutung zu definieren.[5]

Hersteller in *vertikalen Märkten* müssen sich zudem darüber im klaren sein, ob und inwieweit sie Händler *und* Endkunden in Kundenbindungsmassnahmen einbeziehen. Die Massnahmen sind mit den Zielen und Strategien des Handelsmarketing abzustimmen.

---

1 Vgl. zu dieser Aufteilung auch Belz 1995, Sp. 2803; Plinke 1995a, Sp. 1329.
2 Vgl. Kaapke/Dobbelstein 1999, S. 137.
3 Vgl. Joho 1996, S. 86.
4 Vgl. Hanzal 1998, S. 188.
5 Vgl. Link 1995, S. 110; Blattberg/Deighton 1993.

Teil D: Kundenbindungsmanagement 137

Unternehmen mit *mehreren Kundensegmenten* können Kundenbindungsmassnahmen für ein oder mehrere Segmente, undifferenziert oder differenziert durchführen.[1] Das Portfolio in Abbildung 37, Seite 128 zeigte, dass bei den attraktiven Kunden(gruppen) aufgrund der jeweiligen Position des Unternehmens ein unterschiedliches Vorgehen in der Kundenbindung durchaus angebracht sein kann. Letztlich bestimmen auch die verfügbaren Ressourcen sowie die verfolgten Ziele, ob beispielsweise der Fokus zunächst auf nur *einer* gefährdeten, aber besonders bedeutenden Gruppe, oder sogar auf wenigen Einzelkunden liegt.

Je unschärfer die Segmente, desto schwieriger sind *differenzierte Massnahmen*. Mailings an Stammkunden mit Sonderangeboten für Neukunden, Angebote an Käufer, die bereits diese Leistung besitzen oder Zusatzleistungen, von denen nicht alle Kunden profitieren können, führen unter Umständen zu Verärgerungen.

Erschwerend kommt allerdings hinzu, dass per *klassischer Marktsegmentierung* definierte Segmente nicht unbedingt deckungsgleich mit der jeweiligen Gruppe in den oben beschriebenen Portfolios sind. Das heisst, ein Privatreisender kann durchaus rentabler sein (oder werden) als ein Vielflieger. Aber auch die Erwartungen aller attraktiven, rentablen Kunden sind in der Regel nicht homogen oder verändern sich mit der Zeit.[2] Hier zeigt sich, inwieweit die derzeitige Markt- und Kundensegmentierung eines Unternehmens neben allgemeinen, beschreibenden Merkmalen (z.B. soziodemographischen) auch das Kaufverhalten (z.B. Marken-, Lieferantentreue, Erwartungen) sowie die Zukunft (z.B. Cross-Selling-Potentiale) bestehender Geschäftsbeziehungen berücksichtigt.[3]

Schliesslich ist es auch Teil der Kernaufgabe *Kundenakquisition*, *attraktive* Kunden zu gewinnen, um auch auf diesem Wege ein ausgeglichenes Kundenportfolio vieler rentabler Kunden zu erhalten.[4] Sorgfältige Branchen- und Kundenanalysen helfen beispielsweise *IBM* dabei, möglichst kein Neugeschäft ohne Multiplikationseffekt abzuschliessen.[5]

3 Hauptaufgaben der Kundenbindung

Nach der Entscheidung, *welche* Kunden gebunden werden sollen, geht es nun darum, geeignete Ziele und Massnahmen festzulegen. Dabei zeigte sich in den vorhergehenden Analyseansätzen, dass für die zukünftige Bearbeitung der attraktiven Kunden zwei hauptsächliche Stossrichtungen, sogenannte *Hauptaufgaben* der Kundenbindung, exi-

---

1 Siehe z.B. Marktparzellierungsstrategien bei Becker 1998, S. 237 ff.
2 Vgl. Debruicker/Summe 1985, S. 41; Anderson/Narus 1991, S. 96 ff.; Chrobok 1995, S. 28; Cespedes 1995, S. 193.
3 Vgl. Beispiel Minolta in: Jacobi 1996, S. 62.
4 Vgl. Carroll 1990, S. 27 f.
5 Expertengespräch IBM.

stieren: bestehende Kundenpotentiale 1) erhalten und 2) ausbauen (siehe Abbildung 42).[1]

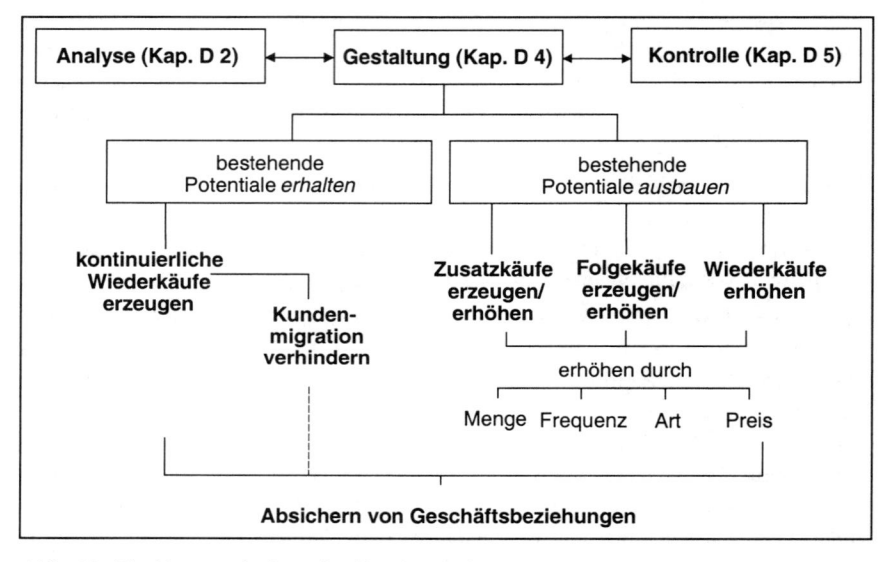

```
┌─────────────────────────────────────────────────────────────────────┐
│   Analyse (Kap. D 2) ◄──► Gestaltung (Kap. D 4) ◄──► Kontrolle (Kap. D 5)   │
│                                      │                               │
│              ┌───────────────────────┴───────────────────────┐       │
│         bestehende                              bestehende           │
│       Potentiale *erhalten*                  Potentiale *ausbauen*   │
│                                                                      │
│   kontinuierliche              Zusatzkäufe  Folgekäufe  Wiederkäufe  │
│    Wiederkäufe                  erzeugen/    erzeugen/    erhöhen    │
│     erzeugen      Kunden-        erhöhen      erhöhen                │
│                  migration                                           │
│                  verhindern          └─── erhöhen durch ───┘         │
│                                                                      │
│                                  Menge  Frequenz  Art   Preis        │
│                                                                      │
│              Absichern von Geschäftsbeziehungen                      │
└─────────────────────────────────────────────────────────────────────┘
```

Abb. 42: Die Hauptaufgaben der Kundenbindung

Diese Unterteilung baut auf bestehenden Systematisierungen auf. JOHO unterscheidet im Bankbereich beispielsweise zwischen Ausbaukunden und Status-Quo-Kunden ohne Portefeuille-Veränderung. Ähnlich sind die Gliederungen bei BRUHN (intensivierende und stabilisierende Kundenbindung), bei JOAS (Entwicklung und Bindung von Kunden) oder BERGHEIMER (mehr Umsatz pro Kauf und häufigerer Kauf). BEHRENBECK unterteilt zwischen *Lift* (mehr Produkte), *Shift* (profitableres Produkt) und *Retain* (Kunden länger halten).[2] Zudem leiten sich diese Aufgaben auch aus den Erkenntnissen intraindividueller Kaufverbunde ab (siehe Kap. B 3.2.1, S. 46).

Weitere Aufgaben, die von den Autoren genannt werden, sind der Verzicht/Abbau von Kunden und die Kundengewinnung. Erstere fällt in diesem Kontext bereits in den Bereich der Kundensegmentierung. Die Kundenakquisition befindet sich als Kernaufgabe auf gleicher Ebene wie die Kundenbindung.

---

1 Siehe auch Tomczak/Dittrich 1999b, S. 65 f.
2 Vgl. Joho 1996; Bruhn 1998, S. 215; Joas 1997, S. 9; Bergheimer 1991, S. 226; Behrenbeck 1998, S. 84.

Die deutsche TELEKOM-Tochter T-MOBIL hat auch organisatorisch ihr *Bestandskundenmanagement* entsprechend ausgerichtet. Neben der Abteilung Databasemarketing gibt es die Bereiche Kundenentwicklung und -bindung.

Der Versandhändler WALBUSCH ordnet seine Massnahmen neben der *Kundenakquisition* (Anzeigen in der Zeitungsbeilage, Wurfsendungen, Mailings, Paketbeilagen) jeweils dem Budget der *Reaktivierung* (z.b. monetäre Anreize) oder der *Stammkundenpflege* (Service, persönliche Zuwendung) zu.[1]

3.1 Kundenpotentiale erhalten

Zu *Wiederholungskäufen* zählen alle Kaufprozesse einer (nahezu) gleichen Leistung bzw. eine kontinuierliche Auftragserteilung im Zuliefer- und Anlagengeschäft. Zentrales Kriterium ist ein *gleichbleibender* Umsatz mit einem Kunden(segment) über einen längeren Zeitraum. Hierzu gehören beispielsweise der Wiederkauf einer Waschmaschine gleichen Typs, der verlängerte Vertrag einer Hausratsversicherung oder eines Abonnements um ein weiteres Jahr, der regelmässige Wochenendeinkauf oder eine stetige Beschaffung bestimmter Materialkomponenten.

Während kontinuierliche Wiederkäufe vor allem proaktive Massnahmen voraussetzen (z.B. Massnahmen zur Erhöhung der Kundenzufriedenheit, Verfügbarkeit, Kommunikation zwischen den Kaufzyklen), sind die reaktiven Massnahmen zu erwähnen, welche eine *Kundenmigration verhindern*. Hierzu gehören alle Schritte, um Unzufriedenheit zu beseitigen (z.B. Beschwerdemanagement), abtrünnige Kunden zurückzugewinnen oder „schlafende" Kunden zu reaktivieren.

Diese Hauptaufgabe ist vor allem dann relevant, wenn sich 1) aufgrund gewonnener Erfahrungen und eingespielter Abläufe die Kundenbetreuungskosten verringern lassen oder wenn 2) aufgrund begrenzter interner Leistungspotentiale (z.B. fehlendes Personal, mangelhaftes Servicenetz) und/oder 3) externer Kundenpotentiale (z.B. fehlende Zahlungsbereitschaft) ein weiterer Ausbau durch Folge- oder Zusatzkäufe derzeit nicht möglich ist. Zudem bilden 4) kontinuierliche Wiederholungskäufe oft die Voraussetzung, um auch Folgekäufe zum Beispiel in Form zusätzlicher Dienstleistungen in der Nutzungsphase zu realisieren.

Allerdings ist ein deutlicher Wachstumsschub allein durch Wiederholungskäufe an bestehende Kunden in vielen Fällen unwahrscheinlich. Gerade bei längeren Kaufzyklen (z.B. Autos, industrielle Anlagen, Waschmaschinen), aber auch bei häufigen Wiederholungskäufen, bei denen sich Kunden geringen Opportunitätskosten gegenüberstehen (z.B. homogene oder Low-Involvement-Produkte) wird in der Regel ein alleiniger Fokus auf diese Hauptaufgabe nicht ausreichen. Einige Branchen weisen auch ein überdurchschnittliches Ausmass an natürlicher Kundenfluktuation oder Preis-

---

1 Expertengespräche T-Mobil; Walbusch.

erosion auf.[1] Es gibt auch Branchen, in denen Wiederholungskäufe generell selten sind (z.B. Anlagengeschäft, Kauf eines Eigenheims), so dass ein ausschliessliches Erhalten vorhandener Kundenpotentiale – ohne Kundenakquisition – wahrscheinlich die Unternehmensexistenz gefährden würde.[2] Laut einer Studie des *EMNID*-Instituts wollen sich beispielsweise 60,8 Prozent der 1172 Befragten in den nächsten vier Jahren keinen neuen Staubsauger kaufen. 70,4 Prozent aller Staubsauger sind seit mindestens drei Jahren im Einsatz.[3] Ein weiteres Beispiel ist der Möbelhandel. Da sich ein Kunde nur alle paar Jahre eine Couch kauft oder das Schlafzimmer neu einrichtet, verstärken die Möbelhändler insbesondere den Verkauf von Wohnaccessoires, um die Frequenz zu halten oder sogar zu erhöhen.[4] Sie widmen sich damit der zweiten Hauptaufgabe – Kundenpotentiale ausbauen.

3.2 Kundenpotentiale ausbauen

Zentrales Kriterium der Hauptaufgabe „Kundenpotentiale ausbauen" sind die *zusätzlichen* Umsätze, die ein Anbieter in einem festgelegten, längeren Zeitraum bei vorhandenen Kunden realisieren kann. Es werden dabei drei Möglichkeiten unterschieden (siehe Abbildung 42, S. 138).[5]

Folgekäufe ergeben sich aufgrund direkter, intraindividueller Kaufverbunde zwischen dem Erstprodukt und einer anderen Leistung. Diese Kombinationen entstehen beispielsweise aufgrund technisch-funktionaler oder vertraglicher Bindungen, durch Kosteneinsparungen in der Beschaffung oder einen höheren Nutzen in der Verwendung (z.B. weitere Leistungen eines Baukasten-, Betriebs- oder Büromöbelsystems, Bundling, Reparatur- und Wartungsverträge für eine Maschine, Ersatz- und Verbrauchsteile).[6] Solche Folgekäufe sind insbesondere dann relevant, wenn das bisherige Kerngeschäft keinen bedeutenden Umsatzzuwachs mehr im definierten Planungszeitraum erzielt. Seine Bedeutung darf allerdings nicht unterschätzt werden, weil es oft in sogenannten „Buy in-follow on"-Käufen der Initiator für Folgekäufe ist.

Dem gleichen Verbundmechanismus unterliegen *Zusatzkäufe*. Sie sind deshalb separat aufgeführt, da aus Kundensicht der Nutzen- oder Beschaffungsverbund nicht per se erkennbar ist oder diese Zusatzverkäufe nur in Zusammenarbeit mit anderen, selbständigen Geschäftsbereichen sowie unter Berücksichtigung eines anderen Wettbewerbsumfelds erzielt werden. Das erfordert sowohl eine andere Vermarktung als auch

---

1 Siehe hierzu Kap. C, Einflussfaktoren
2 Siehe auch Süchting 1972, S. 273.
3 Vgl. Entholt 1999, S. 87.
4 Expertengespräch Möbel Pfister.
5 Die Begriffsdefinitionen sind in Praxis und Literatur nicht einheitlich und müssen u.U. der eigenen Situation angepasst werden.
6 Siehe Kapitel C 2.1.2 zu Bindungspotentialen und den dortigen Beispielen; Jeschke 1995a, S. 118.

Teil D: Kundenbindungsmanagement 141

eine veränderte, interne Zusammenarbeit zwischen den einzelnen Bereichen. So verspricht sich beispielsweise der Lebensmittel Discounter PICK PAY mit dem Einstieg ins Feriengeschäft eine verbesserte Kundenbindung und eine Stärkung der Marke.[1]

Den neuen Herausforderungen will sich MIELE stellen. Aufbauend auf Kundenzufriedenheit, der starken Marke und dem sich daraus ergebenden Referenzpotential möchte sich der Reinigungsspezialist MIELE auch als Küchenprofi etablieren. Die „vertikale Kundenbindung" (Wiederholungskäufe, z.b. erneut eine Waschmaschine) soll durch eine „horizontale Kundenbindung" (Zusatzkäufe, z.B. Herd, Mikrowelle, Staubsauger) ergänzt werden. Dafür sind unter anderem alle Geräte im Design und in der grundsätzlichen funktionalen Anordnung soweit wie möglich angepasst worden (Knopf auf gleicher Seite, Farbe, gleiche Höhe von Trockner und Waschmaschine usw.). Der Aufbau von Bedienungsanleitungen ist identisch. Kochbücher von MIELE werden zu einer Minibibliothek in der Küche. Um diese Ziele zu erreichen ist es notwendig, dass die betreffenden Produkt- und Designteams eng zusammenarbeiten. Oft sind es sogar die gleichen Mitarbeiter. Aber auch erhöhte Folgekäufe sind denkbar, beispielsweise durch das Angebot von Nutzungs- und Serviceverträgen beim Kauf einer Waschmaschine.[2]

Ein anderes Beispiel, um den Unterschied zwischen Wieder-, Zusatz- und Folgekäufen zu zeigen, ist GILLETTE, als Anbieter von Rasierapparaten und -klingen (Systemgeschäft). Während vorhandene, männliche Kunden sich in der Regel nur bei Verlust oder bei einer Produktneuheit (Sensor Excel → Mach3) einen neuen Apparat kaufen würden (Wiederkauf), geben sie im deutschen Markt jährlich maximal etwa 60-70 DM für Rasierklingen aus (Folgekauf). Zusatzkäufe werden durch After- und Pre-Shave Produkte erzielt. Im letzten Fall ist insbesondere die Markenkommunikation (Imagetransfer) gefordert.[3]

Zusätzliche Umsätze lassen sich auch durch *erhöhte* Zusatz-, Folge- oder Wiederkäufe erzielen. Beispiele hierfür sind Anreize, um die Kaufmenge oder -frequenz zu steigern. Bereits erwähnt wurde der Verkauf vor allem profitabler Produkte bzw. das sogenannte „Up-selling" auf ein höherwertiges Produkt.

GILLETTE-Käufer von *Sensor/SensorExcel* geben etwa 47.– DM jährlich aus, während der Pro-Kopf Umsatz mit dem *Mach3* auf 65.– DM steigen würde.[4] Aber auch die Nutzungsintensität der Klingen lässt sich optimieren, indem beispielsweise ein blauer Streifen anzeigt, wann sie gewechselt werden müssten. Diese Information wird vom Kunden akzeptiert, da sie hilft, den Nutzen im Sinne einer besseren Rasur zu erhöhen.[5]

Zudem lassen sich unterschiedliche Präferenzen durch differenzierte Preise ausnutzen. Die *BahnCard* basiert beispielsweise auf einer Preisdifferenzierung, die vor allem für die Stammkunden der DEUTSCHEN BAHN vorteilhaft ist. Bei einem Jahresbeitrag von DM 220.– und einem regulären Kilometerpreis von 24 Pfennig in der 2. Klasse profi-

---

1 Vgl. Steiner 1999, S. 3.
2 Expertengespräch Miele.
3 Expertengespräch Gillette.
4 Vgl. o.V. 1998, S. 9.
5 Expertengespräch Gillette.

tiert der Bahnkunde ab einer Gesamtstrecke von 1833 km. Je intensiver die Nutzung der *BahnCard* ist, desto geringer wird der Preis pro Kilometer für den Kunden.[1]

Voraussetzungen für die Hauptaufgabe „Kundenpotentiale ausbauen" sind neben den finanziellen und personellen Ressourcen einschlägige Kundeninformationen über den Zusatzbedarf, ein entsprechend breites und tiefes Produktprogramm bzw. -sortiment, ein – wie auch immer gearteter – Verbund der Leistungen sowie eine intern und extern abgestimmte Vermarktung.[2]

Mit Hilfe der Hauptaufgaben lässt sich einerseits die Vielfalt der möglichen Massnahmen unter Berücksichtigung von internen, begrenzten Ressourcen, Kundenbedürfnissen und Konkurrenzmassnahmen einschränken. Unternehmen können sich somit leichter auf die erfolgversprechenden Tätigkeiten konzentrieren. Andererseits werden neue Möglichkeiten zur besseren Ausschöpfung von Kundenpotentialen entdeckt.

Die Realität zeigt, dass einige Unternehmen diese Potentiale bereits erkennen und ausschöpfen. Anbieter im Anlagengeschäft, wie beispielsweise *ABB*, konzentrieren sich immer stärker auf das Servicegeschäft (Folgekäufe).[3] Beim Fahrstuhlhersteller *OTIS* erbringt der After-Sales-Service bereits über die Hälfte des Umsatzes.[4] Doch nicht nur der Service, sondern ganze Leistungssysteme ergänzen die Kernleistung, wie beispielsweise beim technischen Grosshändler *BOSSARD*.[5]

Systemanbieter setzen auf Folgekäufe über technisch-funktionale Bindungen. So bietet der Büromöbelhersteller *LISTA* eine Nachliefergarantie bei Programm, Design und Farbe sowie eine Servicegarantie im Regelfall bis zu zehn Jahren, oft sogar noch länger.[6]

Im Konsumgütergeschäft reicht ebenfalls das „Halten von Potentialen" nicht mehr aus. Durch Programmerweiterungen sowie alternative Vertriebswege in Kombination mit einer intensiven Markenkommunikation werden meist die Zusatz- und Wiederholungskäufe verstärkt. *COCA-COLA* ist ein Beispiel dafür: Durch entsprechende Produkte, Verpackungen und Verkaufskanäle werden die Kaufmöglichkeiten (*Coca-Cola* zum Frühstück, zu Sportanlässen) gezielt ausgeweitet.[7] Auch Dienstleister, beispielsweise Allfinanzanbieter, nutzen so die Möglichkeit, ihren Kunden Zusatzleistungen aus einer Hand anzubieten.

Der Handel versucht, insbesondere über eine erhöhte Kauffrequenz mehr Umsätze zu erzielen. Neben diese Grösse tritt aber vermehrt das Ziel, das Kaufvolumen *pro Be-*

---

[1] Zahlen beziehen sich auf das Jahr 1995, vgl. Tacke/Mengen 1995.
[2] Siehe auch z.B. Paul/Paul 1997, S. 883; Süchting 1972.
[3] Expertengespräche ABB Kraftwerke, ABB Turbo Systems.
[4] Vgl. Eppen/Hanson/Martin 1991, S. 11.
[5] Expertengespräch Bossard, Grosshandelsunternehmen mit Schwerpunkt Verbindungstechnik.
[6] Expertengespräch Lista.
[7] Vgl. Wiezorek/Wallinger 1997; Roosdorp 1998, S. 241 ff., insb. 249 f.

such zu erhöhen bzw. den Kunden zu bewegen, die gesamte Breite des Sortiments zu beachten (z.b. vermehrt Frischprodukte oder Non-Food-Artikel im Lebensmittel-Detailhandel zu kaufen).[1]

Die Hauptaufgaben bieten zudem eine Ausgangsbasis, um konkrete *quantitative Ziele* (z.b. Umsatz, Deckungsbeitrag, Gewinn, Absatzmenge) und *qualitative Ziele* zu formulieren. Qualitative Ziele sind Einstellungs- und Imageziele, wie beispielsweise die Immunisierung gegenüber den Angeboten der Wettbewerber, die Verringerung der Preissensibilität, der Aufbau von Markteintrittsbarrieren sowie die Risikoreduktion durch ein ausgewogenes Kundenportfolio.[2] Weitere Beispiele für Ziel*inhalte* der Kundenbindung enthält Kapitel D 5 (Controlling). Ziele müssen *begrenzt*, das heisst bezüglich Inhalt (Umsatz), Ausmass (CHF 90 Mio.) und Zeitbezug (2000) sowie möglichst auch für einen Zielraum (CH, D) und ein Kundensegment formuliert werden.[3]

Basis für beide Hauptaufgaben ist die *Absicherung von Geschäftsbeziehungen* (siehe Abbildung 42, S. 138). Sie leitet sich aus den Ausführungen zur relativen Abhängigkeit und asymmetrischer Bindungen zwischen den Geschäftsparteien ab (Kap. C 2.3; 3.2.1). Es sind Schritte zu ergreifen, die vor allem den Austausch stabilisieren (Abhängigkeitsmanagement). Hierzu gehören u.a. Kontroll- und Steuerungsmechanismen, Massnahmen zum Vertrauensaufbau und Garantien.

Zwei *Grenzen* dieser erläuterten Systematisierung sind zu erwähnen. Zum einen werden noch nicht die Beziehungen zwischen den Kernaufgaben berücksichtigt. Vorhandene Kundenpotentiale können zum Beispiel für die Leistungsinnovation genutzt werden (Lead User-Konzepte). Die Weiterempfehlungsbereitschaft zufriedener Kunden nutzen Unternehmen für ihre Kundenakquisition (z.B. „Friends & Family" von *MCI*). Die Hauptaufgaben geben zudem noch keine Hinweise darauf, ob die Folge- oder Zusatzkäufe mit aktuellen bzw. mit neuen Leistungen möglich sind oder welches Ausmass an Leistungspflege für gesicherte Wiederholungskäufe notwendig ist. Das heisst, die *simultane* Planung mit Kunden *und* Leistungen kommt noch nicht zum Ausdruck.

Zum anderen lassen beide Hauptaufgaben noch keine Aussagen über das Ausmass ihrer Effektivität („Die richtigen Dinge...") und Effizienz („... richtig tun.") zu.[4] Ob die aus Anbieter- und Kundensicht getroffenen Entscheidungen und Massnahmen auch wirtschaftlich sind, muss im konkreten Fall beurteilt werden.

---

1 Expertengespräch Coop.
2 Vgl. Meffert 1999, S. 120.
3 Siehe zur Operationalisierung von Zielen Heinen 1976, S. 59 ff. bzw. 82 ff.; Becker 1998, S. 108 ff.
4 Siehe zu den Begriffen Effektivität und Effizienz z.B. Becker 1998, S. 836; anders Plinke 1995b, S. 82 ff.

4 Kundenbindungsmassnahmen

Die Beschreibung von Massnahmen zur Kundenbindung nimmt in der einschlägigen Literatur den grössten Teil ein und spielt auch in Gesprächen mit Unternehmensvertretern eine bedeutende Rolle. Dies erweckt den Eindruck, dass „gutes" Marketing jeglicher Art zur Kundenbindung führt. Ohne das Wort „gut" näher definieren zu wollen, ist dieser weitgefasste Anspruch nicht zweckmässig für diese Arbeit. Vielmehr wird eine Perspektive vorgestellt, die Führungskräften eine systematische Massnahmenplanung erleichtert. Der dazu oft gewählte klassische Marketing-Mix ermöglicht zwar eine gute Übersicht denkbarer Tätigkeiten, kann aber deren Beziehungen zueinander nur schwer vedeutlichen.

Der folgende Abschnitt ist in Anlehnung an den optimalen Kundenbindungs-Mix sowie an die Hauptaufgaben in zwei Teile gegliedert. Abschnitt 4.1 beschäftigt sich mit der Intensivierung der Kundenbindung im Sinne der Kernaufgabe. Es geht darum, wie man die *Stärke der Bindungen* erhalten und ausbauen kann. Abschnitt 4.2 enthält hingegen Ansätze, um die Geschäftsbeziehung *abzusichern*. Im Mittelpunkt stehen *Struktur und Stabilität der Bindungen*. Dazu sollen auch die Massnahmen zählen, die eine Migration verhindern.

4.1 Massnahmen zur Intensivierung der Kundenbindung

Im folgenden werden isolierte Massnahmen zur Intensivierung der Kundenbindung geschildert (4.1.1). „Kundenbindungsprogramme" ist der übergeordnete Begriff für integrierte Massnahmen (4.1.2). Der letzte Abschnitt beurteilt die Wirkung der Massnahmen dahingehend, ob die anvisierte Zielgruppe eine tendenziell kurz- oder langfristige Beziehungsperspektive verfolgt (4.1.3).

4.1.1 Isolierte Kundenbindungsmassnahmen

Basierend auf den Erkenntnissen der Kapitel B und C lassen sich folgende Kernaussagen nochmals zusammenfassen:

- Attraktivität und/oder Abhängigkeit sind die grundsätzlichen Beweggründe gebundener Kunden. Ihre Existenz und ihr Ausmass werden durch verschiedene Determinanten beeinflusst (siehe Abbildung 13, S. 59).

- Die Erhöhung der Attraktivität (Nettonutzen) führt dann zur erhöhten Abhängigkeit, wenn sie die Auswahl an Alternativen einschränkt oder sogar aufhebt. Das kann aus folgenden Gründen geschehen:
    1) Es existiert ein einzigartiger Preis- oder Leistungsvorteil, das heisst, ein USP (Unique Selling Proposition).

2) Je individueller die Leistung oder die damit verbundenen Prozesse auf das Kundenbedürfnis zugeschnitten sind, desto weniger können andere, wirkliche Alternativen in den Vergleich einbezogen werden.

3) Eine erhöhte Attraktivität entsteht aufgrund beschaffungs- oder verwendungsbezogener Verbundwirkungen zwischen den Leistungen. Ein Kaufverbund kann zu einem Zeitpunkt bestehen oder sich auf einen Zeitraum beziehen (siehe Abbildung 8, S. 46).

4) Eine erhöhte Attraktivität bedingt materielle, spezifische Investitionen auf Kundenseite oder ist die Voraussetzung dafür, dass weitere materielle und immaterielle Investitionen getätigt werden.

Die vorgestellten Massnahmen zeigen ausschliesslich Potentiale für *kontinuierlichen und/oder vermehrten Umsatz* auf. Die gewählte Betrachtungsebene erlaubt noch keine genauen Aussagen zur *Effizienz* und damit auch nicht zum *Erfolg bzw. Gewinn*. Ferner müssen diese Massnahmen an den Kundenbedürfnissen ansetzen, um eine hohe *Gesamt*zufriedenheit auszulösen. Urteile über die *Effektivität* in diesem Sinne sind somit ebenfalls nicht allgemein möglich.

Damit verbunden ist auch die Frage, welche Vorteile der jeweiligen Zielgruppe geboten werden sollen (Strategiesubstanz). Grundsätzlich ist Kundenbindung durch das Erzielen von *Preisvorteilen* (Kostenführer-, Preis-Mengen-Strategie) und/oder *Leistungsvorteilen* (Präferenz- bzw. Differenzierungsstrategie) denkbar.

Der deutsche Lebensmittelhändler *ALDI* dient oft als Beispiel für Kundenbindung über Preisvorteile. Ein Erfolg dieses Strategietyps ist davon abhängig, ob das Unternehmen über grosse Marktanteile in nichtstagnierenden Märkten verfügt, um Degressions- und Erfahrungseffekte zu nutzen. Daneben muss der Preis (oder die Kosten) das *entscheidende* Kaufkriterium aus Kundensicht sein. Hier sind daher auch alle preispolitischen Massnahmen einzuordnen, die allein auf den Preis-/Kostenvorteil bei homogenen Leistungen abzielen.[1] Sie können am Produkt ansetzen (z.B. Mengenrabatte) oder die geringsten Kosten bei der Beschaffung bzw. Nutzung verursachen.

Die Wirkung auf die Kundenbindung – insbesondere zeit*raum*bezogen – ist dann relativ schwach, wenn Preise bzw. Kostenniveaus schnell imitiert werden können. Solch eine Strategie verlangt daher auch einen aggressiven, auf die *einzelne Transaktion* (Zeitpunkt) ausgerichteten Einsatz des Marketinginstrumentariums.

In dieser Arbeit liegt der Schwerpunkt auf der operativen Massnahmenebene und nicht auf Kundenbindung aufgrund eines einzigartigen Standort- oder Technologievorteils

---

1 Vgl. Meffert 1999, S. 120 ff.

bzw. eines Zugangs zu knappen Ressourcen sowie anderer einzigartiger Potentiale wie beispielsweise einer hohen Reputation. Das Massnahmenmodell setzt am Interaktionsansatz der IMP GROUP an, die u.a. zwischen dem Informationsaustausch, dem Austausch von Produkten und Dienstleistungen sowie dem geldlichen und sozialen Austausch zwischen zwei Parteien unterscheidet (siehe Abbildung 43 auf der nächsten Seite).[1]

Jede Ebene wird durch zwei Dimensionen näher beschrieben: Die erste Dimension bezieht sich auf Inhalte, das heisst, darauf, welche Informationen und welche Produkte/Dienstleistungen zu welchem Preis ausgetauscht werden. Die zweite Dimension betrifft die damit verbundenen Prozesse bzw. Schnittstellen zum Kunden, beispielsweise wie kommuniziert wird (Person/Medium, Kontinuität), wie die Marktleistungen distribuiert werden oder wie die Bezahlung erfolgt (z.B. Rechnungsformalitäten, Gegengeschäfte).

Die inhaltliche Dimension kann pro Ebene noch differenzierter betrachtet werden. Informationen konzentrieren sich vornehmlich auf das Leistungsangebot bzw. Gesamtunternehmen (sachbezogen) oder unterstützen die soziale Beziehung (personenbezogen). Anbieter und Kunde können jeweils als Sender oder Empfänger von Informationen fungieren, und dies in verschiedenen Vor- oder Nachkaufphasen. Produkte und Dienstleistungen – als Kernstück des Austauschs – lassen sich nach Einzelleistung und Leistungsprogramm sowie nach Umsatz pro Zeitpunkt und im Zeitverlauf unterteilen.

Hat das Unternehmen idealerweise einen einzigartigen Preis- oder Leistungsvorteil in der Wahrnehmung der Kunden, gilt es, sämtliche Massnahmen darauf auszurichten, diesen zu verteidigen oder auszubauen. Es kann daher sein, dass nur *eine* Ebene der Abbildung 43 (z.B. Kernleistung, Image, Preis, Lieferprozess) bereits massgebend für die Kundenbindung ist.

---

1   Siehe zu den Prozessebenen die Forschungsarbeiten der IMP-Gruppe, z.B. Ford 1990.

Teil D: Kundenbindungsmanagement 147

Informationsebene
Informationsinhalte
vom Anbieter (Mitarbeiter/Medien) • *sachbezogen:* Marke (Emotion, Information), Leistung (-sprogramm, Branche/Umwelt, Technologie, Material/Rohstoffe, Beschaffung, Nutzung/Gebrauch, Entsorgung, Reaktion bei Fehlern, Preannouncing; • *personenbezogen:* Gefühle/Sympathie, Vertrauens- und Commitmentsignale usw. **vom Kunden** Kundenattraktivität, -erwartungen, -verhalten usw.; siehe Kundensegmentierung und Controlling (Kapitel D 2 und D 5)
Informationsübertragung
• persönlicher Kontakt, Kontaktprogramm • Markenkommunikation, Werbung u.a.m. • Beratung/Bedienung, Hotline, Gebrauchsanweisung, Service-Nummer • Kundenforen/-beiräte, User-Groups, Schulungen/Seminare • Verkaufsaktionen, Schaufenstergestaltung, Verkaufsatmosphäre • Beschwerdebearbeitung • Direct Marketing/Dialog Marketing, Kundenzeitschrift, Events, Messen • Give-Aways/Geschenke, Kundenessen • usw.

Leistungsebene

Leistungen			Prozesse
Einzelleistung	**Programm/-sortiment**		• Kundenintegration i.e.S. (z.B. in Entwicklung, Produktion) • Bestellsystem (z.B. Online) • Logistiksystem (z.B. ECR, Just-in-Time) • Lagerung, Lieferung, Montage • Entsorgung/Redistribution • usw.
• Mengenverbund („zahle 2, erhalte 3") • Individualisierung • Auswahlverbund (x1, x2, x3)	• Einkaufsverbund (x, y, z) • Bundling	**Zeitpunkt**	
Buy in-follow on	Baukastensystem • Sammlerprodukt • Abonnement	**Zeitraum**	

Entgeltebene

Preisgestaltung	Prozesse
• Mengenrabatte, Umsatzrabatte, • Treuerabatte, Paketpreise • weitere kunden(segment)spezifische Preisdifferenzierung • usw.	• Rechnungsstellung • finanzielle Anreize, Finanzierungsmodelle, Kundenkreditkarten • Gegengeschäfte • usw.

Abb. 43: Isoliert dargestellte Kundenbindungsmassnahmen

4.1.1.1 Leistungsebene

Der Austausch auf der Leistungsebene bildet in der Regel das „Herz" der Geschäftsbeziehung und die Basis für ökonomische Bindungen. Dabei sind die Austauschobjekte Produkte und Dienstleistungen begrifflich weit gefasst und verdeutlichen, dass Unternehmen immer Leistungs*bündel* vermarkten, die sowohl aus Sach- als auch aus Dienstleistungen bestehen.[1] Für die Massnahmenplanung sollten sich Führungskräfte zunächst ein Bild davon verschaffen, *welche* Produkte sowie welche produktbegleitenden oder „reinen" Dienstleistungen sie einzeln und in Kombination anbieten, um anschliessend Chancen und Grenzen der Leistungen und Leistungsprozesse für Wiederholungs-, Folge- oder Zusatzkäufe zu beurteilen.

a) Produkte und Dienstleistungen

Zeitpunktbezogene Einzelleistungen

Bei *Einzelleistungen* ist es möglich, dem Kunden über einen *Mengenverbund* ein, in dem Fall, preislich attraktives Angebot zu unterbreiten (siehe Abschnitt 4.1.1.2 Entgeltebene). Beispiele sind Angebote wie „buy two and get one free" oder „ab 10 Stück 20 % Rabatt".

Ein grösseres Spektrum bietet die *Leistungsindividualisierung*. Im Zuge neuerer Entwicklungen in der Produktionstechnik (flexible oder Just-in-Time Produktion) und in der Informationstechnik (CAS, Database Marketing)[2] ist dieser Ansatz sowohl für Unternehmen in Massenmärkten (Mass Customization) als auch mit Einzelkundenbezug aktuell.[3] Die Beispiele reichen von einer eigens geplanten und produzierten Spezialmaschine, individuell vormontierten Baugruppen oder einem Massanzug beim Schneider über „Built-to-Order-Systems" wie es *DELL* oder *COMPAQ* realisieren, massgeschneiderten Herrenhemden per Mausklick oder vom Kunden selbst kreierten Glückwunschkarten bis hin zu individuell zusammengestellten CDs oder personalisierten Nachrichtendiensten wie beispielsweise *MY YAHOO!*.[4]

Ebenfalls eine Form der Individualisierung ist der *Auswahlverbund*, der dem Kunden gleichzeitig verschiedene fertige Varianten oder mehrere, unterschiedliche Module *eines* Produktes präsentiert. Eine grosse Auswahl kann dem Kunden den Eindruck vermitteln, dass er auch dann, wenn sich seine Bedürfnisse nach einiger Zeit ändern, optimal betreut wird. Andererseits besteht die Gefahr, dass eine zu grosse Auswahl

---

1 Vgl. Engelhardt/Kleinaltenkamp/Reckenfelderbäumer 1993, S. 407 ff. m.w.N.
2 CAS = Computer Aided Selling, vgl. Link/Hildebrand 1993; 1994; 1995, S. 30 ff.
3 Vgl. Pine 1994. Für den Business-to-Business-Bereich siehe Jacob 1995.
4 Siehe zu weiteren Beispielen Pine/Peppers/Rogers 1995; Beck/Reiss 1995, S. 7.

sich wiederum destruktiv auf die Kaufentscheidung auswirkt, weil Kunden die Variantenzahl nicht mehr überblicken können.[1]

> FOURNIER ET AL. formulieren die Aussage einer Frau wie folgt: „Ich hätte fast geweint, als ich mir vor kurzem ein Mittel gegen meine Kopfschmerzen kaufen wollte. Litt ich nun unter Spannungs-, Sinus- oder wiederkehrenden Kopfschmerzen? Sollte ich Aspirin, Ibuprofen, Acetaminophen oder etwas anderes nehmen? Ein No-Name- oder ein Markenprodukt? Ich konnte all das nicht beantworten. Ich weiss aber, dass meine Kopfschmerzen darüber noch schlimmer geworden sind. Ich stand wie gelähmt vor dem Regal."[2]

Mit Rücksicht auf die Wirtschaftlichkeit hängt der Grad der Individualisierung auch davon ab, wann sowie wie stark und intensiv die Kunden mit ihren Wünschen in den Wertschöpfungsprozess integriert werden (Kundenintegration).[3] Dies wirkt sich wiederum auf das Ausmass der individuellen *Prozesse* (z.B. Entwicklung, Produktion, Distribution) aus (siehe Abschnitt b: Leistungsprozesse).

Neben den potentiellen Chancen der Individualisierung, beispielsweise höheren Erlösen oder zusätzlichem Anwendungs-Know-how, ergeben sich auch potentielle Gefahren, wie beispielsweise unsichere Kosten- und Preisprognosen.[4]

Zeitpunktbezogenes Leistungsprogramm

Das *Leistungsprogramm* des Anbieters bestimmt die Art und das Ausmass der Cross-Selling-Massnahmen aus dem Blickwinkel unternehmenseigener Ressourcen. Art und Umfang des Programms beeinflussen zudem die Beschaffungsentscheidungen der Abnehmer, das heisst, ob diese sich grundsätzlich auf einen oder wenige Lieferanten konzentrieren wollen.

Im Idealfall wird dem Kunden die gesamte Angebotspalette gezielt unterbreitet, um in die Geschäftsbeziehung zu intensivieren.[5] Man versucht unter anderem dadurch, den Deckungsbeitrag pro Kunde (z.B. nur eine Hauptbankbeziehung) oder die Wechselhürden zu erhöhen, weil nachweislich die Nutzung *mehrerer* Produkte *desselben* Anbieters die Kundenbindung verstärken kann.[6] Allerdings zeigen statistische Untersuchungen im Bankbereich, dass – auf den gesamten Kundenstamm bezogen – ab einem gewissen Punkt zusätzliche Verkaufsanstrengungen relativ geringe Umsatzzuwächse erbringen.[7] Ein Grund dafür liegt in dem begrenzten finanziellen Budget, das Kunden für die bestimmten Anbieterleistungen aufbringen können oder wollen. In dem Fall

---

1 Vgl. Fournier/Dobscha/Mick 1998, S. 103 f. mit Beispielen aus dem Konsumgüterbereich.
2 Fournier/Dobscha/Mick 1998, S. 104.
3 Siehe auch zur Eingriffstiefe und -intensität Engelhardt/Kleinaltenkamp/Reckenfelderbäumer 1993; Kleinaltenkamp 1996.
4 Vgl. Jacob 1995, insb. S. 218 ff.
5 Vgl. Bergheimer 1991, S. 227.
6 Vgl. Oggenfuss 1995, S. 56.
7 Vgl. Petro 1990, S. 51.

steht Qualität vor Quantität, das heisst, durch veränderte Anreizsysteme den Fokus beim Verkauf oder Handel auf die *profitableren* Leistungen zu verstärken.

Der *Einkaufsverbund* bietet dem Anbieter einen besonders grossen Spielraum zur individuellen Ausgestaltung. Hierunter fallen nicht nur die verschiedenen, unterschiedlichen Leistungsangebote, sondern auch die offerierten Dienstleistungen. Der Verbund kann auch aufgrund ästhetisch-stilistischer Produktzusammenhänge (Raumausstattungsstile, „alles für den gedeckten Tisch"), propagierter Verwendungszusammenhänge (Kosmetiklinien) oder auch infolge eines bestimmten Lebensstil-Bildes (CAMEL-Produkte) bestehen.[1]

Dienstleistungen bieten dann eine gute Chance zur Kundenbindung, wenn sie individuell bzw. segmentspezifisch auf die Kernleistungen abgestimmt sind (Leistungssysteme), möglichst die Kaufphasen miteinander verbinden (Leistungen auch für die Nutzungs- und Betreiberphase) sowie als Referenzdienstleistungen zu Folgeprojekten führen.[2] Produktbegleitende Dienstleistungen spielen in den meisten Branchen eine bedeutende, wenn nicht sogar entscheidende Rolle.[3] Unter den Begriff „After Sales Service" fallen in der Industrie zahlreiche Leistungen, wie beispielsweise Ersatzteilservice, Hotline, Wartung, Reparatur, Schulungen und Anwendungsberatungen oder Kundendienst.[4]

Im Handel sind Auswahl- und Einkaufsverbund in unterschiedlichem Ausmass anzutreffen. Mittels einer Sortimentsspezialisierung oder -vielfalt können Händler sich von ihren Konkurrenten abheben.[5]

Das *Bundling* ist eine besondere Form des Einkaufsverbunds; hier werden mehrere Produkte und/oder Dienstleistungen als „Paket" zu einem attraktiven Gesamtpreis angeboten.[6]

> Ein Pilotprojekt der LEICA GEOSYSTEMS SCHWEIZ umfasst das Angebot an produktbegleitenden Dienstleistungen, die zum Teil über das eigene Kerngeschäft hinausgehen. Durch die Kooperation mit Finanzdienstleistern bieten die Verkäufer neben Wartungs- und Supportverträgen auch eine spezielle Geräteversicherung und -finanzierung an, deren Leistungen und Zahlungskonditionen exklusiv auf die Kunden, vor allem KMU, zugeschnitten und auf dem freien Markt nicht erhältlich sind. Zusätzlich profitieren die Kunden von Rabatten, wenn sie diese Leistungen gebündelt kaufen. Die gesamte Abwicklung der Zusatzleistungen liegt bei LEICA und schafft weitere Kontaktpunkte zum Kunden.[7]

---

1 Vgl. Bänsch 1998, S. 190.
2 Vgl. Backhaus/Weiber 1993, S. 84.
3 Siehe die Ergebnisse der Studie „Best Practice in Marketing", Tomczak et al. 1998, insb. S. 16, 63, 80.
4 Vgl. zum After-Sales-Service Baumbach 1998.
5 o.V. 1997a, S. 20.
6 Vgl. Eppen/Hanson/Martin 1991; Priemer 1999, S. 62 m.w.N.
7 Expertengespräch Leica Geosystems Schweiz; KMU = Klein- und mittlere Unternehmen.

Andere Beispiele des Bundlings sind komplette Menü-Vorschläge in Restaurants, Pauschalreisen, Hard- und Software-Bündel oder Mobiltelefone inklusive Chipkarte. Beim „Pure Bundling" ist das Leistungsbündel *nur* in seiner Gesamtheit zu beziehen.

Die sogenannte Turn Key-Beschaffung im Anlagengeschäft verlangt beispielsweise vom Anbieter, dass er zumindest alle zentralen Systemdienstleistungen in eigener Verantwortung erbringt.[1] Solche Bündel werden vom Kunden oft befürwortet, wenn dieser die Zusammenstellung aufgrund mangelnden Fachwissens nicht selbständig oder nur mit hohem Aufwand erbringen kann. Dies muss allerdings dem Kunden von vornherein nicht immer bewusst sein. Neben anderen internen Produktions- oder Kostenvorteilen kann Bundling daher auch aufgrund der Qualitätssicherung notwendig werden (z.B. obligatorischer Wartungsvertrag). Zudem ergeben sich marktliche Chancen, wie beispielsweise die Möglichkeiten, neue Marktsegmente zu erschliessen oder mittels eines „Mixed Bundling" die Konsumentenrente heterogener Nachfrager besser abzuschöpfen.[2]

Das ganze Bündel sollte mehr sein als die Summe seiner Einzelteile (Nutzenverbund) und nicht von der Konkurrenz imitiert werden können. Hier sieht *IBM* insbesondere die Chance, sich als Marktführer im IT-Lösungsgeschäft zu behaupten. Entscheidend ist nicht allein die Qualität der Komponenten, sondern die Gesamtlösung. Auch *ABB TURBO SYSTEMS* stellt sich den Herausforderungen, noch besser die Vorteile integrierter Gesamtsysteme (z.B. Motor, Turbolader und Antriebswelle) gegenüber Einzelsystemen zu nutzen.[3]

Mit steigender Kundenerfahrung und Produktreife wird jedoch möglicherweise wieder eine Unbundling-Strategie notwendig. Diese bietet dann die Chance, neuartige, differenzierende Leistungsangebote zu konzipieren[4] (z.B. Financial Planning). Ein Kunde, der ein bereits geschnürtes Leistungsbündel kauft, wird nicht nur deshalb wechseln, weil die Konkurrenz in einem einzelnen Leistungsbestandteil besser ist.[5]

Up-Selling, das heisst der Verkauf einer Leistung mit grösserem Nutzen, der wiederum einen höheren Preis rechtfertigt, ist mit Einzelleistungen oder auch Leistungsbündeln möglich. Beispiele sind der erfolgte Wechsel von einem analogen Telefonanschluss zu ISDN, ein Software-Update, der Verkauf von *Mach3* an bisherige *GILLETTE Sensor/Sensor Excel*-Kunden oder das Hausratversicherungspaket „Optimal" anstelle des bisherigen „Basis"-Angebots. Beim Up-Selling ist auch wieder die Verbundart entscheidend. Sind in den erläuterten Beispielen gute Erfahrungen, das „Timing" und zu-

---

1 Vgl. Backhaus/Weiber 1993, S. 75.
2 Siehe zu Leistungssystemen Belz et al. 1991d; Belz 1998, S. 177 ff. m.w.N., zu internen Vor- und Nachteilen von Verbundwirkungen Engelhardt 1976; Eppen/Hanson/Martin 1991; zur Preisbündelung Diller 1993.
3 Expertengespräche IBM Schweiz; ABB Turbo Systems.
4 Vgl. Scheiter/Binder 1992; Wimmer/Zerr 1995, S. 87.
5 Vgl. DeSouza 1992, S. 28.

sätzlich angebotene preisliche Vorteile (z.B. Inzahlungnahme des alten Produkts) wichtig, können Anbieter im klassischen Systemgeschäft mittels ausbaufähiger Komponenten (d.h. aufwärts kompatibel) den steigenden Kundenbedürfnissen gerecht werden.

Zeitraumbezogene Leistungen

Bezogen auf die Leistungsebene resultiert Kundenbindung über einen *Zeitraum* aus absatz*objekt*spezifischen Investitionen (insbesondere technisch-funktionale Bindungen). Aber auch vertragliche Bindungen oder Bindungen über Design, Farbe oder Material sind möglich. Ein Beispiel sind *Baukastensysteme*, die einen sukzessiven Kauf einzelner Bestandteile, wie die Gartenwerkzeuge von GARDENA, ermöglichen. Ähnliche Effekte erzielt Systemspielzeug, etwa von LEGO.[1]

Leistungsprogramme können zudem so definiert sein, dass sie den unterschiedlichen Kundenbedürfnissen *über den Zeitverlauf* gerecht werden.

> Bei VOLKSWAGEN kann ein Kunde „von kleinen bis zu grossen Fahrzeugen und von niedrigen bis zu hohen Preisklassen (...) je nach Entwicklung seiner persönlichen Verhältnisse und seines Einkommens immer auf ein Produkt aus dem Konzern zurückgreifen. Er muss nicht zwischendurch beim Wettbewerber kaufen – mit dem Risiko, dass er abwandert.[2]

Während bei Baukastensystemen verschiedene Richtungen der Verbundwirkungen bestehen, initiiert bei den *Buy in-follow on-Strategien* der Erst- den Folgekauf. Hinsichtlich der Intensität der Verbundenheit lassen sich determinierte, limitierte oder lediglich angestossene Folgekäufe unterscheiden.[3]

> Ein Beispiel für determinierte Folgekäufe ist ACCU-CALL: Mittels spezieller Sensoren, die auf dem Boden und auf den Begrenzungslinien des Tennisplatzes angebracht sind, können gültige und ungültige Bälle während eines Spiels identifiziert werden. Die Installationskosten betragen nur etwa 5 000 Dollar. Den eigentlichen Gewinn erzielt der Hersteller durch den Verkauf der Tennisbälle, die Metallfasern enthalten und somit den Kontakt zu den Sensoren herstellen.[4]

Andere Beispiele sind das preisgünstige Angebot eines „Bestsellers" für den Eintritt in einen Club mit Büchern zu regulären Preisen, der Aufsatz zur Zahnsteinreinigung bei elektrischen Zahnbürsten oder relativ teure Filme für die eher preisgünstig erworbene POLAROID-Kamera.

Da sich in der Regel erst das Follow on-Produkt rentiert, ist diese Strategie nicht ohne Risiko und muss langfristig ausgerichtet sein. Zudem ist (z.B. durch ein Patent) dafür

---

1 Vgl. Dittrich 1998a.
2 Wildemann 1998c, S. 5.
3 Vgl. zu den Unterschieden Beinlich 1998, S. 24.
4 Vgl. hier und ausführlicher zu dieser Strategie Jackson 1985, S. 147 ff.; Weigand 1991, S. 29.

zu sorgen, dass die Verbindung zwischen den beiden Produkten möglichst lange bestehen bleibt und die Konkurrenz das rentable Follow on-Produkt nicht unmittelbar kopieren kann.

Auf gleichartigen Bindungen kann das After Sales-Geschäft beruhen. In diesem Fall sind die *Ersatz- und Verschleissteile* nur kompatibel zur eigenen Maschine oder Anlage. Doch eine Kundenbefragung ergab, dass technische und vertragliche Bindungen (z.B. Serviceverträge) vor allem dann akzeptiert werden, wenn sie zu echten Vorteilen führen.[1]

Das *Abonnement* (z.B. Zeitschriften, Fitnessclub, Theater) ist eine andere Form der zeitraumbezogenen Bindung vertraglicher Art. Wie bei *Sammlerprodukten* kann es sich auf eine einzelne oder mehrere Leistungen beziehen.

b) Leistungsprozesse

Unter Leistungsprozessen sollen alle wertschöpfenden Tätigkeiten in einem Unternehmen innerhalb der Beschaffung, Forschung, Entwicklung, Produktion bis zum Verkauf und Kundendienst verstanden werden.[2] Sie werden hier unter zwei Gesichtspunkten betrachtet:

1) Zum einen bieten diese Prozesse die Möglichkeit, sich *gegenüber dem Wettbewerb* zu differenzieren, indem sie schneller, qualitativ besser oder kostengünstiger sind.

Der Grosshändler BOSSARD im Bereich Verbindungstechnik konzentriert sich beispielsweise auf sogenannte unkritische C-Teile (z.B. Schrauben), die beim Kunden etwa 50 % aller zu beschaffenden Teile ausmachen, 50 % des Beschaffungsaufwandes auslösen, aber nur einen Warenwert von 5 % darstellen. Von den Gesamtkosten einer Verbindung entfallen nur rund 15 % auf das eigentliche Produkt. 85 % entstehen hingegen durch Beschaffungs- und Montageprozesse und bieten demzufolge das grössere Einsparungspotential. Die Logistiksysteme von BOSSARD setzen bei diesen Kostentreibern an. So konnten bei Kunden, die in ein Logistiksystem investierten, bis zu 30 % der Kosten und mehr eingespart werden. 1997 erhielt die BOSSARD AG SCHRAUBEN den 1. Preis der Schweizerischen Gesellschaft für Logistik (SGL) für hervorragende Logistikinnovationen. Das prämierte Projekt wurde mit GEBERIT (Sanitärtechnik) durchgeführt. Die Logistikkosten sanken in diesem Fall um 72 % (CHF 77622).[3]

2) Das Beispiel BOSSARD zeigt zum anderen, dass eine Verknüpfung von Prozessen zwischen Anbieter und Kunden sich *auf beiden Seiten wertsteigernd* oder *kostensenkend* auswirken kann. Die Varianten der Zusammenarbeit sind vielfältig (siehe Abbildung 44).

---

1 Siehe auch zum After-Sales-Management Baumbach 1998.
2 Vgl. die Wertkette von Porter 1999b, S. 67 ff.
3 Expertengespräch Bossard.

```
┌─────────────────────────────────────────────────┐
│              Eigenleistung des                  │
│              Kunden erhöhen                     │
│                                                 │
│     Anbieter              Kunde                 │
│                                                 │
│                                                 │
│                                                 │
│                            Anbieter übernimmt   │
│     Zusammenarbeit         Kundenaktivitäten    │
│     i.e.S.                                      │
└─────────────────────────────────────────────────┘
```

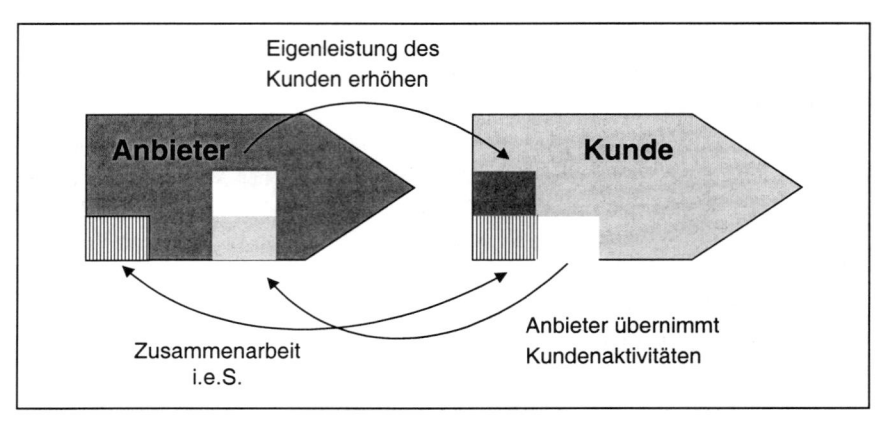

Abb. 44: Formen der Kundenintegration

Zum einen kann der Anbieter Tätigkeiten übernehmen, die bisher der Kunde durchgeführt hat, beispielsweise die Lagerung oder Qualitätskontrolle des zu liefernden Materials oder Schulungsangebote für die Abnehmer der eigenen Kunden. Zum anderen besteht die Möglichkeit einer Zusammenarbeit im engeren Sinn, etwa im Rahmen der gemeinsamen Produktentwicklung (z.B. Lead User-Projekte), Kundenforen und -konferenzen oder User-Groups (siehe auch Informationsebene, 4.1.1.3). Die dritte Variante erhöht die Eigenleistung des Kunden, indem bisherige Anbietertätigkeiten dem Kunden überlassen werden. Diese Variante kann die internen Kosten senken und somit eine effizientere Betreuung etwa von Kleinkunden ermöglichen. Beispiele sind der Self-Check-in am Flughafen, Ein- und Barauszahlungen per Automaten oder Variantenbestimmung durch den Kunden. Aber auch das Angebot für Selbstabholer beim Fabrikverkauf oder die selbständige Diagnose von Reparaturbedarf vor Ort gehören hierzu.

Die Beispiele zeigen, dass eine Kundenintegration sich nicht nur auf den Business-to-Business-Bereich beschränkt, sondern vor allem bei Dienstleistungen eine Voraussetzung ist, um Leistungen überhaupt zu erbringen (z.B. Friseur, Arzt).[1] Im Anlagengeschäft arbeiten regelmässig Mitarbeiter aller beteiligten Unternehmen in Projektgruppen zusammen. Beim Simultaneous Engineering bilden Mitglieder des Konstruktionsbereichs beim Anbieter und die Produktionsabteilung des Kunden ein Team.[2] In der Konsumgüterbranche sind etwa Kundenforen und -clubs sowie Service

---

[1] Hierbei kann der Kunde persönlich oder ein Objekt des Kunden gemeint sein. Siehe zur Kundeninteraktion im Dienstleistungsbereich insbesondere Lehmann 1998.
[2] Vgl. Kleinaltenkamp 1996, S. 15 f. und Beiträge in Kleinaltenkamp/Fließ/Jacob 1996; Belz 1991c, S. 44.

Nummern geeignete Schnittstellen zum Kunden. Die Integration muss daher nicht immer *persönlich* sein, sondern kann auch über bestimmte *Medien* erfolgen. Insbesondere die Übernahme bisheriger Kundentätigkeiten sowie die Zusammenarbeit im engeren Sinn führen zu beiderseitigen Bindungen auf Personen- und Organisationsebene. Beispiele sind vernetzte Informationssysteme zur Bestellung, Qualitätskontrolle oder für Just-in-Time-Lieferungen (siehe auch Beispiele in Kapitel C 2.1.3 Bindungsebenen), die zudem oft mit spezifischen Investitionen einhergehen. Auch können ganze Unternehmens- oder einzelne Produktionsbereiche ausgelagert und vom Partner übernommen werden.[1] Die ständige Zusammenarbeit lässt persönliche Bindungen zwischen den Mitarbeitern entstehen und erfordert oft auch die einheitliche Nutzung technischer Standards, um die Kompatibilität der Systeme zu gewährleisten. Durch eine Integration ergibt sich für den Kunden die Chance, die Leistung im eigenen Sinne mitzugestalten.[2] Diese Freiheitsgrade können nicht nur kaufentscheidend, sondern vor allem bindungsrelevant sein.[3]

Vorausgesetzt, Kunden *können* und *wollen* sich integrieren lassen,[4] liegen die Chancen jedoch nicht allein in der Kundenzufriedenheit und -bindung. Anbieter werden sich besser auf ihre Kernkompetenzen konzentrieren oder kostenintensive Ressourcen auslagern. Eine beschleunigte Leistungserstellung und ein geringeres Risiko bei Neueinführungen aufgrund detaillierterer Kundenkenntnisse sind weitere mögliche Vorteile. Gefahren liegen beispielsweise im gestiegenen Koordinationsaufwand und im damit verbundenen Flexibilitäts- oder Zeitverlust, einem Know-how-Abfluss oder überhöhten Forderungen der Kunden (z.B. Preisnachlässe).[5]

4.1.1.2 Entgeltebene

Eine aktive Preisgestaltung ist meistens auch im Bereich der Kundenbindung ein nicht ausgeschöpftes Instrument. Es gibt zahlreiche Methoden, die kurz beschrieben werden sollen.

Mengenabhängige Preise

Mengen- oder umsatzabhängige Preise sollen Kunden veranlassen, zu einem bestimmten Zeitpunkt oder auch über eine gewisse Zeitperiode mehr von einer Leistung zu kaufen. Zu unterscheiden ist der „angestossene" Mengenrabatt (Rabatt erst ab einer gewissen Mindestmenge) und der „durchgerechnete" Rabatt (Rabatt auf gesamte Bestell- bzw. Kaufmenge). Die Bindungen entstehen dadurch, dass Kunden von diesen

---

1 Vgl. Reinecke 1996 zum IT-Outsourcing.
2 Vgl. Jacob 1995, S. 49 ff. m.w.N.
3 Vgl. Engelhardt/Freiling 1996, S. 151.
4 Vgl. Hansen/Hennig 1995b; Fließ 1996.
5 Ausführlicher siehe Gemünden/Helfert/Walter 1996; Dahlke/Kergaßner 1996; Engelhardt 1996.

Rabatten nicht mehr profitierten, wenn sie wechseln würden. Zudem müssten Konkurrenten mindestens die gleiche Rabatthöhe gewähren.

Die Dessousabteilung des amerikanischen Kaufhauses *BLOOMINDALE'S* hat einen „bra club". Die Kundin bezahlt beim 4. Kauf eines BHs nur 20 Prozent, beim 8. Kauf nur 30 Prozent und beim 12. Kauf nur 50 Prozent des Kaufpreises.

Ebenfalls ein Beispiel aus dem Handel ist die Rabattkarte des *VERBANDS PRO FACHGESCHÄFTE* in der Schweiz. Der Detailhändler kauft eine Rolle von 400 Pro Bon für 100.– CHF. Pro 10 Franken Einkaufssumme erhalten Kunden eine Rabattmarke (Pro Bon) bei jedem teilnehmenden Händler. Sind 44 Marken aufgeklebt, bekommt der Kunde CHF 10.– zurück, die dem Händler wiederum vom Verband erstattet werden. Je nach Detaillistenvereinigung und Branche führt der Pro Bon zu einer tatsächlichen Umsatzbelastung von 1,4 bis 1,8 Prozent.[1]

Zahlreiche Beispiele nichtlinearer Preisbildung, die alle dem Prinzip abnehmender Stückpreise bei steigender Abnahmemenge entsprechen, existieren in nahezu jeder Branche.[2]

Zeitabhängige Preise

Zeitabhängige Preise belohnen die Dauer der Beziehung zum Anbieter (Treuerabatte). Ein oft genanntes Beispiel ist die jährlich sinkende Prämie für eine Autohaftpflichtversicherung in Abhängigkeit von der Unfallhäufigkeit. Allerdings lösen bereits eine Reihe von Versicherungsunternehmen diese Bindewirkung auf, indem sie den Kunden zum gleichen Prämiensatz „übernehmen" würden.

Eine zeitabhängige Belohnung ist dann sinnvoll, wenn faktische Vertragsbeziehungen mit regelmässigen, definierten Umsätzen bestehen. Ohne diese Bindungen ist es fraglich, ob sich die Investition in den Kunden über den veranschlagten Zeitraum auch wirklich rentiert.

Mehrprodukt-Preise

Paketpreise (Bundling) entstehen dann, wenn Einzelprodukte zu einem Paket geschnürt und angeboten werden (Zeitpunkt). Die Summe der Einzelpreise ist höher als der Paketpreis.[3] Mit dem Ziel, Hauptlieferant zu werden oder den „Share of wallet" zu erhöhen, können Unternehmen das gesamte Sortiment in ihre Preisüberlegungen einbeziehen.

Die Bindewirkung erstreckt sich auf einen Zeitraum, wenn beispielsweise der *Rabatt* erst auf den *späteren Zusatz- oder Folgekauf* gewährt wird. „*Buy in-follow on*"-

---

1 Vgl. Verbandsunterlagen sowie www.probon.ch
2 Vgl. ausführlich Tacke 1989 sowie Beispiele in Simon/Tacke/Woscidlo 1998, S. 94 ff.
3 Siehe auch Diller 1993, S. 270 ff.

Teil D: Kundenbindungsmanagement _____ *157*

Produkte verlangen eine sorgfältige Preisplanung, weil in der Regel die Komplementärleistungen (follow on) das durch Preisnachlässe oder Rabatte forcierte Hauptprodukt (buy in) finanziell unterstützen. Hersteller können zudem technischfunktionale Bindungen ausnutzen, um die Folgeprodukte (Werkzeug, Wartung) preislich mit höheren Spannen als das Erstprodukt (Maschine) zu kalkulieren.

Eine Inzahlungnahme alter Produkte oder Prämien für Vertragsverlängerungen gehören beispielsweise zu den *finanziellen Anreizen*, die Unternehmen ihren Kunden gewähren können, um Wiederholungs- und Folgekäufe zu realisieren.

Zum Zeitpunkt des Ablaufs eines Jahresabonnements bietet die *HANDELSZEITUNG* eine Treueprämie zwischen CHF 44.– und 100.–, wenn der Vertrag verlängert wird.[1]

Veränderte Anforderungen an *Rechnungs- und Zahlungsmodalitäten* sind zum Beispiel die Zahl der Rechnungen pro Monat, Transparenz, Fristen, Skonti, etwaige Kreditlimits oder andere Finanzierungsformen wie Leasing und Miete. In einigen Märkten, wie im Mobilfunkbereich, sind *Gratisangebote in Verbindung mit vertraglichen Bindungen* keine Seltenheit, weil letztlich die Nutzung der Mobiltelefone entscheidend ist. Inwieweit diese Massnahmen Erfolg haben, hängt von der situativen Gestaltung ab.

Die Preisgestaltung ist einigen Beschränkungen unterworfen; auch ist sie schnell von der Konkurrenz imitierbar. Aufgrund einer fehlenden Preistransparenz nehmen Kunden die Vergünstigungen eventuell auch nicht wahr oder honorieren keine Gratisleistungen.[2] In Deutschland sind Preisnachlässe stark reglementiert (Rabattgesetz). Zudem zielen die bisher beschriebenen Methoden insbesondere auf die Preisgünstigkeit und -attraktivität ab. DILLER beschreibt sie als die „Spitze des Eisbergs" unter den Herausforderungen in der Preisgestaltung. Preistransparenz, -sicherheit oder sogar Preisvertrauen sollten im Zeichen des Beziehungsmarketing eine stärkere Bedeutung einnehmen (siehe auch Abschnitt 4.2.1, Abhängigkeitsmanagement).[3]

4.1.1.3 Informationsebene

Informationen werden, genau betrachtet, auf allen Ebenen ausgetauscht. Preise dienen beispielsweise als Qualitätsindikator (= Informationsträger). Kundenintegrierte Leistungsprozesse sind durch eine rege Kommunikation (= Informationsaustausch) geprägt.

---

1 Prospekt der Handelszeitung.
2 Vgl. Belz 1991c, S. 44.
3 Vgl. Diller 1997, S. 749 ff.

Folgende Anforderungen sind in der Informations- und Kommunikationspolitik zu berücksichtigen:

1) die Gewährleistung einer *kontinuierlichen* Kommunikation, die möglichst auch zwischen den einzelnen Kaufprozessen aufrecht erhalten wird,

2) die Anwendung *dialogorientierter* Kommunikationsformen, welche direkte Kundenreaktionen ermöglichen sowie

3) die Berücksichtigung *individueller, kundenspezifischer* Kommunikationsinhalte, die sowohl die aktuelle Kaufsituation im Buying Cycle (siehe Abschnitt 2.2.3) beachten als auch den jeweiligen Wissens- und Erfahrungsstand des Kunden.

Obwohl *Marken* mehr als nur „Informationen" darstellen, sollen sie an dieser Stelle diskutiert werden, weil insbesondere die Marken*kommunikation* für die Kundenbindung relevant ist. Andere Markeneigenschaften, wie beispielsweise gleichbleibende Qualität oder Verfügbarkeit,[1] lassen sich auch den anderen Ebenen zuordnen. Die Kommunikationsmassnahmen eines Markenartiklers tragen entscheidend dazu bei, dass Kunden *Unterschiede* zwischen den eigenen Leistungen und den Konkurrenzprodukten *wahrnehmen* und vor allem auch *wiedererkennen* (z.B. am Point-of-Sale oder bei einer künftigen Wiederkaufentscheidung).[2] Marken ermöglichen es, Produktangebote zu individualisieren[3] sowie insbesondere durch die Vermittlung eines emotionalen Zusatznutzens eine Vorzugs- bzw. Monopolstellung in der Psyche des Kunden zu etablieren.[4] Angesichts der Produktvielfalt, aber auch der Unsicherheiten hinsichtlich der Qualitätsbewertung, nehmen Marken eine wichtige Orientierungs- und Steuerfunktion wahr. Ferner verbessert ein erfolgreicher Markentransfer auf andere Produktangebote die Basis für ein verstärktes Cross-Selling.

Eine *persönliche Kommunikation* bietet das grösste Potential für eine individuelle Interaktion.[5] Der kontinuierliche, persönliche Kontakt zum Kunden verursacht jedoch einen hohen Kosten- und Zeitaufwand, weshalb über die Effizienz dieser Kommunikationsform auch bei Unternehmen mit einer Einzelkundenbetreuung diskutiert wird.

Das *Direct Marketing*, zum Teil mit Hilfe eines Call Centers, nutzt die Entwicklungen der Informations- und Kommunikationstechnologie (Database Marketing), um sowohl dem Anspruch der Effektivität als auch dem der Effizienz gerecht zu werden.[6]

---

1 Vgl. zur Historie und Wesen der Marke Meffert 1998, S. 784 ff.
2 Vgl. Dick/Basu 1994, S. 102 ff. m.w.N.; Becker 1998, S. 189.
3 Vgl. Gierl 1989; Wiezorek/Wallinger 1997, S. 146 f.
4 Vgl. Domizlaff 1939 (1982); Buchholz/Wördermann 1997, S. 166 ff.
5 Vgl. Süchting 1972, S. 284.
6 Vgl. Belz 1997.

Persönliche Mailings sind beispielsweise mit Gewinnspielen, Zusatzangeboten, Antwortmöglichkeit oder Produktinformationen kombinierbar. Der Abnutzungseffekt ist jedoch sehr hoch, wenn sich der Beziehungsgedanke allein auf Briefkopf und Anrede konzentriert. Deshalb werden Mailings in Form integrierter *Kundenkontaktprogramme*, wie beispielsweise in der Automobilbranche, fortdauernd zu unterschiedlichen Gelegenheiten versandt (siehe Abbildung 45).[1]

Aktion	Absender	Zeitpunkt	Inhalt	Form/Medium
1	GL, VL	nach Vertragsabschluss	Dank für Kauf; Hinweis auf Service	Brief; Vertragskopie, Katalog
2	GL, BL, KD	3-4 Wochen nach Kauf	Dank für Vertrauen; Gratis-Service zwischen 1000-5000 km; zuständigen Kundenbetreuer nennen	Brief
3	GL, BL	Mitte Dezember	Weihnachts- und Neujahrswünsche	Brief mit Weihnachtsmotiv
...	...	...	...	...
13	BL	nach 47 Monaten	4. Geburtstag des Fahrzeugs; Erinnerung an Abgaswartung; Eintauschofferte, Probefahrt	Brief; Bestellkarte für Prospekt; Antwortkarte für Termin
GL=Geschäftsleitung; BL=Bereichsleiter; KD=Kundendienst				

Abb. 45: Kundenkontaktprogramm bei einem Automobilkunden (Beispiel), (Quelle: in Anlehnung an AZ Direct Marketing Bertelsmann GmbH, o.J.)

Die Mailings können über mögliche Zusatz- und Folgekäufe informieren und verhelfen dem betreffenden Anbieter zu einer ständigen Präsenz beim Kunden, auch zum Zeitpunkt einer neuen Kaufentscheidung (Wiederkaufphase im Buying Cycle). Eine systematische Aufstellung sämtlicher Aktionen über einen bestimmten Zeitablauf ist dafür erforderlich.

Infolge der zunehmenden Nutzung des *Internet* können Informationen auch über dieses Medium ausgetauscht werden. Regelmässige *elektronische Newsletter* sind eine Möglichkeit, effizient und effektiv mit Internetnutzern zu kommunizieren, da sie auf sogenannte Nutzerprofile abgestimmt sind. Der jeweilige Leser erhält je nach Interesse oder Produktnutzung nur eine bestimmte Auswahl an Informationen.

Neben dem *Telefongespräch* ermöglichen auch *Hotlines* bzw. *Service-Nummern* einen Dialog, dessen Zeitpunkt und Inhalt der Kunde weitgehend selbst bestimmt. Für einen zufriedenstellenden Dialog über Hotlines müssen Anbieter genau prüfen, ob Kunden

---

[1] Siehe auch Bunk 1991b.

diese Verbindung nutzen, wann sie sich an den Anbieter mit welchen Problemen wenden und welche Reaktionen sie erwarten. Zudem können gewonnene Kundeninformationen durch Mitarbeiter mit *Kundenkontakt*, aus *Kundenforen* und *Beschwerden* die klassische Marktforschung ergänzen.

Kundenzeitschriften gestalten die Beziehung zum Kunden, indem sie vier grundsätzliche Ziele verfolgen.[1]

- *Information:* Kundenzeitschriften wollen dem Leser Firmen- und Angebotsinformationen übermitteln. Plumpe Werbe- und Verkaufsangebote verringern aber die Glaubwürdigkeit, die vor allem von Kriterien wie Offenheit, Kritikfähigkeit, Kontinuität und Schnelligkeit bzw. Aktualität der Kommunikation abhängt. Ziel ist ein Informationsvorsprung für die Leser darüber, wer das Produkt herstellt, was für ein Unternehmen dahintersteht, wo produziert wird, welche Rohstoffe zum Einsatz kommen oder wie sich das Unternehmen im sozialen Bereich verhält (z.B. NESTLÉ Deutschland AG).[2]

- *Unterhaltung:* Viele Kundenzeitschriften, wie beispielsweise „New World" von SIEMENS oder „Future" (HOECHST) bewegen sich weg von reinen Produktinformationen hin zu Lifestyle-Stories, Berichten aus Kultur und Gesellschaft, Politik, Wirtschaft und Wissenschaft. Ziele sind hier vor allem Sympathie, Imagetransfer und „das Weitererzählen".[3]

- *Identität:* Die regelmässige, kostenlose Zustellung einer professionell gestalteten Zeitschrift, deren Qualität mit anderen Kauf- und Abonnementzeitschriften vergleichbar und exklusiv auf die anvisierte Leserschaft ausgerichtet ist, stärkt beim Kunden das Selbstwertgefühl. Wichtig sind kundenrelevante Themen, die nicht unbedingt unternehmens- oder produktbezogen sein müssen. Ein persönlicher, emotionaler Kommunikationsstil verstärkt den Identitätsprozess.

- *Interaktion:* Kundenzeitschriften müssen so gestaltet sein, dass sie Antwortmöglichkeiten bieten und die Leser untereinander Informationen austauschen können. Deshalb sind Hinweise auf Telefon- oder Faxnummern sowie die Homepage des Unternehmens klar und regelmäßig zu kommunizieren. Weitere Möglichkeiten sind Leserbefragungen, Coupon-Aktionen, Leserhotlines und Leserrubriken.

Events, gemeinsame Ausflüge oder Themenabende sprechen Kunden vorrangig als Individuen an oder dienen der Wertschätzung „besonderer" Kunden. Sie schaffen sozialpsychologische Bindungen auch zwischen den Kunden. Zudem festigen kleine Aufmerksamkeiten und sogenannte „Give aways" die persönlichen Bindungen oder

---

1 Vgl. hier und im folgenden Müller 1998.
2 Vgl. Munkelt/Stippel 1996, S. 24.
3 Vgl. Weiland 1996, S. 98 ff.; zu FIFTY: Becker 1996, S. 84 ff.

unterstützen die Erinnerung an den Anbieter, beispielsweise bei (immateriellen) Dienstleistungen und langen Kaufzyklen.[1]

Wie die vorherigen Beispiele zeigen, ist für die Kundenbindung insbesondere die *Kommunikation im Anschluss an den Kaufentscheid* relevant. Sie sollte den Käufer in seinem Entschluss nochmals bestätigen und mögliche Dissonanzen reduzieren (siehe Kap. B 2.1.1.2). Die Nutzungsphase im Rahmen des Buying Cycles bietet noch nicht ausgeschöpfte Möglichkeiten der Kommunikation. HANSEN/HENNIG plädieren dafür, den Produktnutzen durch eine erhöhte Konsumkompetenz zu steigern. Beispielsweise kennen viele Kunden nicht alle Funktionen ihres Videogeräts oder ihrer Telefonanlage.[2] Positive Nutzungserfahrungen führen zu immateriellen spezifischen Investitionen, die auch die Wiederkaufentscheidung beeinflussen können.

Entsprechend dem Ziel, *kontinuierliche Buying Cycles* zu erreichen, ist die Kommunikation jedoch auch *vor dem Kauf* oder sogar *vor und während der Produktion* wichtig. Ein besonderer Fall sind *Vorankündigungen* (Preannouncing) über zukünftige Angebote und deren Einführungszeitpunkt, um zu verhindern, dass Kunden frühzeitig bzw. nach Ablauf des Systemlebenszyklus den Anbieter wechseln.[3]

Das heisst, ein kontinuierlicher Dialog – ob persönlich oder über Medien, mit unterschiedlicher Intensität – sollte über die gesamte Beziehung erfolgen. Im Sinne der Bindungsstabilität dienen Informationen dazu, ein *gesamtes Beziehungsnetzwerk* aufrecht zu erhalten. Dabei sind zusätzliche, höhere Hierarchieebenen, weitere Entscheidungsträger beim Kunden, externe Beeinflusser sowie, in vertikalen Märkten, die Händler zu berücksichtigen. Das Unternehmen *GROHE* erreicht beispielsweise mittels unterschiedlicher Kommunikationsplattformen einen regelmässigen Dialog mit allen am dreistufigen Verkauf Beteiligten (Top-Management, Gross- und Einzelhandel, Handwerker, Architekten, eigene Verkaufsmitarbeiter).[4]

4.1.2 Integrierte Massnahmen am Beispiel von Kundenbindungsprogrammen

Zu Kundenbindungsprogrammen zählen in diesem Kontext alle über einen einzelnen Kaufprozess hinausgehenden integrierten Leistungs- und Kommunikationsangebote an vorhandene Kunden*segmente*, nicht Einzelkunden. Dieses breite Begriffsverständnis schliesst Bonusprogramme, Kundenclubs sowie auf einer Kundenkarte basierende Programme ein. Sie werden von den Verantwortlichen oft auch als „Kundenbindung im engeren Sinne" bezeichnet, weil sie besonders zu der aktuellen Diskussion über

---

1   Vgl. Graumann 1983, S. 147 f., 161 f.
2   Vgl. Hansen/Hennig 1995a; 1995b; 1996.
3   Vgl. z.B. Heß 1991; Preukschat 1993.
4   Vgl. Clef 1996, S. 40 f.

dieses Thema beitrugen. Dabei ist die Bindung über Bonusprogramme schon fast 100 Jahre alt. Wer im Jahre 1903 genügend *Sunlicht* Seife kaufte, erhielt Gutscheine, für die man aus der eigenen *Sunlicht*-Druckerei Romanheftchen beziehen konnte.[1]

4.1.2.1 Arten und Ziele

Die heutigen Erscheinungsformen der Bindungsprogramme sind so vielfältig wie die Motive für ihre Lancierung:

- Die Programme dienen einerseits dazu, mit der *Konkurrenz gleichzuziehen* bzw. sogar *Kundenverluste zu vermeiden*. Darauf ist beispielsweise unter anderem die schnelle, europäische Expansion der Frequent Flyer-Programme im Personenflugverkehr zurückzuführen. Anderseits versuchen es Unternehmen auch, sich mit einmaligen Konzepten von ihren *Wettbewerbern zu differenzieren*.

- Durch gewisse Anreiz-Beitrags-Mechanismen wird zum einen Kaufverhalten *gezielt gesteuert*, wenn zum Beispiel das Mitglied für den kostengünstigen Check-in am Automaten zusätzliche Meilen erhält. Zum anderen gelingt es dadurch, Kauf- und Nutzungsverhalten *zu belohnen* (Bonussysteme).

- Unternehmen im Massenmarkt können mittels *Kundenkarte* die bisher anonymen *Kaufdaten* (Umsatz, Menge, Frequenz, Produkte usw.) *mit Personen verknüpfen* und damit erstmals ihre *attraktiven* Kunden identifizieren. Mittels dieser Karten werden auch Zusatzleistungen offeriert (z.B. Zahlungs- und Finanzierungsfunktion).[2] Demzufolge sind Kundenkarten besonders bei Händlern und Dienstleistern beliebt. So setzen laut einer Befragung 23,6 Prozent der Händler eine Kundenkarte ein, 27 Prozent planen diese in nächster Zeit.[3]

- Der engere Kundenkontakt dient zum einen dazu, regelmässige, *aktuelle Kundeninformationen* zu gewinnen und effiziente Datenbanken aufzubauen. Mittels des *Joker*-Programms der *SWISSCOM* können beispielsweise *verschiedene* Anschlüsse (Telefon, Mobil, Anschluss im Ferienhaus usw.) *einem einzelnen* Haushalt zugeordnet werden. Kundendaten fliessen wiederum in Sonderaktionen ein, werden genutzt, um neue Leistungen zu entwickeln oder Fehler zu beseitigen. Zum anderen kann die unpersönliche Massenwerbung zugunsten einer *direkten, differenzierten Kundenansprache* reduziert werden.

- In einigen Unternehmen waren auch *rechtliche oder interne Gründe* zunächst ausschlaggebend. Die gesetzlichen Beschränkungen im Hinblick auf Zusatzleistungen und Rabatte in Deutschland waren beispielsweise eine Ursache für die Gründung

---

1 o.V. 1999b, S. 22.
2 Vgl. ausführlich Wolff 1998 sowie auch Grünberg-Höltl 1998; Kowalsky 1996, S. 30 ff.; Schminke 1992.
3 Vgl. Kaapke/Dobbelstein 1999, S. 143 (412 Antworten; 75 Prozent der befragten Unternehmen waren Fachgeschäfte).

vorwiegend nicht-monetärer Kundenclubs.[1] Wie MÖBEL PFISTER wollten auch andere Firmen anfangs vor allem einheitliche Rabattstrukturen gegenüber den Kunden schaffen.[2] SPIESS HECKER hat durch den rechtlich selbständigen „Proficlub" seine Zusatzleistungen vollständig vom Grundgeschäft entkoppelt und damit deren partielle Verrechenbarkeit gewährleistet.[3]

Neben Programmen, die Unternehmen allein lancieren, verfügen andere Anbieter bereits über ein bekanntes Bonusprogramm und werben zusätzliche Unternehmen, um ein möglichst grosses Netzwerk entstehen zu lassen (z.b. LOYALTY PARTNER, München).[4]

Eine Devise von MILES & MORE INTERNATIONAL ist es, „Meilen zu erwerben, ohne abzuheben." Zusätzlich zum bekannten Vielfliegerprogramm sollen möglichst viele Kooperationspartner unterschiedlichster Branchen gewonnen werden. Dabei konzentrieren sich die Verantwortlichen insbesondere auf die Marktführer oder Zweiten in jedem Markt. Je grösser und vielfältiger das Angebot ist, bei dem die Kunden Meilen sammeln können, desto schneller erreichbar oder desto höher sind wiederum auch die Prämien, für die sie diese Meilen ausgeben. Der Netzeffekt hat demnach einen bedeutenden Einfluss auf die Nutzungsfreundlichkeit und -intensität des Programms. Die Kooperationspartner beteiligen sich finanziell am Programm, benötigen aber keine eigene Infrastruktur (Call Center, Prämienversand) und haben dadurch geringere Fixkosten. Zudem bringt es denjenigen Vorteile, die *allein* kein wirtschaftliches Anreiz-Beitrags-System anbieten können.[5] Allerdings wird hier insbesondere eine *Programm*loyalität, weniger eine Unternehmenstreue gefördert.[6]

Des weiteren hat sich ein eigener Markt professioneller Anbieter von Kundenbindungsprogrammen gebildet. Als Dienstleistungsmakler offerieren sie Leistungen zu bestimmten Themenbereichen wie Reisen, Sicherheit, Einkaufen oder Gesundheit, die sie wiederum von anderen Dienstleistern beziehen, nach Wunsch ihrer Kunden bündeln und an deren Abnehmer vermitteln (z.B. HSI SERVICECARD GMBH; BERTELSMANN Kundenbindungssysteme). Andere Clubs wurden durch organisierte Nachfragergruppen initiiert (z.B. *Jeep Club Deutschland*) oder verfolgen primär andere Ziele als die Kundenbindung.[7]

Tendenziell lassen sich die Programme danach einordnen, ob sie vorrangig auf emotionale oder rationale Vorteile zielen. In der Regel spielen allerdings *beide* Vorteilsarten eine Rolle (siehe Abbildung 46).

---

1 Vgl. Butscher 1998, S. 46 ff.
2 Expertengespräch Möbel Pfister
3 Vgl. Holz/Tomczak 1996b, S. 36.
4 Zur Einteilung siehe auch genauer Krüger 1999, S. 20 ff.
5 Expertengespräch Miles&More International; www.moremiles.com
6 Vgl. Dowling/Uncles 1997, S. 75 f.
7 Siehe zu weiteren Erscheinungsformen Holz 1997, S. 17 ff.; Butscher 1998, S. 49 ff.

	emotionale Vorteile	rationale Vorteile
	„Wir-Gefühl"	„Besser/Billiger"
Attraktivität	• Kunde als Mensch • persönliche Kommunikation • *indirekte* Verbundwirkungen durch Erfahrungen	• spezifische Leistungen, Preise • vorteilhafte Informationen • *direkte* Verbundwirkungen durch ökonomische Vorteile
Abhängigkeit	• immaterielle spezifische Investitionen • höherer emotionaler Zusatznutzen	• materielle spezifische Investitionen • höherer (zukünftiger) Nettonutzen
Bsp.:	VIP-Club, Fan-Club, Event-Club	Vorteilsprogramm, User Group, reines Bonussystem, Business-to-Business-Club

Abb. 46: Emotionale und rationale Vorteile von Kundenbindungsprogrammen

Emotionale Vorteile werden durch das vermittelte *Wir-Gefühl* und die Wertschätzung gegenüber dem Kunden als Mensch erreicht. Sie stärken die *Identifikation* mit dem Unternehmen. Der klassische „Club" als Gemeinschaft mit persönlichen Kontakten steht im Vordergrund. Indirekte Verbundwirkungen können sich durch die Präsenz des Anbieters und seiner Leistungen bei zukünftigen Kaufentscheidungen oder aufgrund einer „inneren Verpflichtung" treuer Mitglieder ergeben. Gemeinsame Wertvorstellungen und sozialpsychologische Bindungen zwischen den Mitgliedern führen zu immateriellen spezifischen Investitionen. Hierzu gehören eher Fan-Clubs, VIP-Clubs oder Event-Clubs (z.B. PORSCHE, HARLEY DAVIDSON).

1995 gründete die Brauerei ERDINGER WEISSBRÄU den „Erdinger Fanclub" (1997: 8000 Mitglieder), der unter anderem eine Partnerschaft mit dem FC BAYERN unterhält. Neben einem Kartenservice und gemeinsamen Aktivitäten gibt es auch Prämien für eine Doppelmitgliedschaft.[1]

Rationale Vorteile sind Leistungs-, Informations- und/oder Preisvorteile. Der mit Verstand handelnde Kunde steht im Vordergrund. Unternehmen wollen dadurch das loyale Kundenverhalten, also Wiederholungs-, Zusatz-, Folgekäufe oder Weiterempfehlungen steuern und belohnen.

---

1 Vgl. Bongard 1997, S. 22.

Sind diese Belohnungen an zeitliche (Dauer, Frequenz) oder ökonomische Kriterien (Menge, Umsatzhöhe) gekoppelt, handelt es sich um sogenannte *Bonussysteme*. Ziel ist es hierbei, ein System von Belohnungen zu entwickeln, das den Kunden motiviert, sich weitere Anerkennung verdienen zu wollen (Verbundwirkung).[1] Beispiele sind der *KeyClub* der *UBS*, *Cumulus* der MIGROS, *Qualiflyer* von SWISSAIR (u.a.m.), *Joker* von SWISSCOM oder *PRO BON* der Verbandsmitglieder *PRO FACHGESCHÄFTE*.[2]

Unabhängig vom regelmässigen Kaufverhalten können Kunden auch nach einmal definierten Kriterien Zugang zu bestimmten Belohnungen haben, wie beispielsweise CHF 25 000 Anlagevermögen bzw. eine Hypothek von CHF 20 000 (*BONVIVA* der CREDIT SUISSE), Anmeldung plus Mitgliedsbeitrag (MÄRKLIN Insider, GROHE Proficlub, SPIESS HECKER Proficlub) oder Abonnementskunden (*Manager magazin*). Dieser Kundenzugang ist dann sinnvoll, wenn man sich von bereits vorhandenen Bonussystemen der Branche differenzieren möchte, die genauen Kaufdaten der Endkunden nicht zur Verfügung stehen (mehrstufige Märkte, unvollständige Datenbanken) oder längere Kaufzyklen die Regel sind. In diese Kategorie fallen mit den GROHE- und SPIESS HECKER-Proficlubs auch zwei langjährige Business-to-Business-Clubs.[3]

Die Bindewirkung entsteht aufgrund eines relativ höheren wirtschaftlichen oder emotionalen Nettonutzens oder infolge spezifischer Investitionen in Form von gesammelten Bonuspunkten.

Die mit diesen Programmen verbundenen Chancen führten dazu, dass in den letzten Jahren viele Kundenclubs oder -bindungssysteme gegenüber Händlern und Endkunden entwickelt und umgesetzt wurden. Doch kaum ein anderes Instrument der Kundenbindung steht derart in der Diskussion wie Clubs und Bonusprogramme.[4]

Einige Programme erreichen nicht die angestrebte Wirkung auf das Kaufverhalten. Das fast zweijährige „*Cumulus*" Programm der MIGROS mit 3,2 Millionen verteilten Kundenkarten (8/1999) und jährlichen Kosten von etwa CHF 50 Mio. sei beispielsweise noch zu kompliziert und erzeuge nicht die erhofften Mehrumsätze.[5] Der Lebensmittelkonzern BARILLA gab seine zu der Zeit bekanntesten Sammelaktionen in Italien auf, um die Einsparungen auf niedrigere Preise umzulegen.[6] Zudem ist die Frage der Wirtschaftlichkeit derartiger Programme offen. Auskünfte über die konkrete finan-

---

1   Vgl. O'Brien/Jones 1995, S. 98 ff.
2   Vgl. z.B. zu Key Club: Iske/Notz 1998; Cumulus: Rudolph/Busch 1998; Qualiflyer: Dittrich 1998b; Pro Bon: Flachsmann 1997.
3   Vgl. Grohe: Pankow/Petersen 1996, S. 100 ff.; www.grohe.de; Spiess Hecker: www.proficlub.de
4   Vgl. Klemperer 1987; Kearney 1990; O'Brien/Jones 1995; Dowling/Uncles 1997; Behrenbeck 1998; Duffner 1998; Kopalle/Neslin/Singh 1999.
5   Siehe zu den Kosten des Cumulus-Programmes: Aeberli 1999, S. 25; zum Interview m. J. Kyburz: Güntert 1999; IHA-Angaben: Zollinger 1999, S. 4.
6   Vgl. Duffner 1998, S. 26.

zielle Situation wollen oder können viele Unternehmen nicht geben.[1] Dabei spielt auch das Problem eine Rolle, einmal lancierte Programme meist nicht ohne finanzielle Einbussen oder Imageverluste eliminieren zu können. Die genannten Gründe spiegeln sich teilweise in den Ergebnissen der empirischen Studie „Best Practice in Marketing" wider, die Clubs und Programmen eine relativ geringe Bedeutung im Rahmen der Kundenbindungsinstrumente bescheinigen.[2]

Im folgenden geht es daher nicht um eine umfassende Darstellung, wie Kundenbindungsprogramme zu planen und umzusetzen sind.[3] Sinnvoll erscheint allerdings, die häufig diskutierten Erfolgsfaktoren im Hinblick auf die Bindung vorhandener Kunden kritisch zu betrachten.

4.1.2.2 Erfolgsfaktoren

Zielgruppendefinition

Je nachdem, ob alle oder nur bestimmte Kunden Zugang zum Programm haben, spricht man von *offenen vs. geschlossenen Clubs* bzw. Programmen.[4] Vielen Unternehmen bereitet die *Zielgruppendefinition* Probleme, weil sie keine Kunden von vornherein ausgrenzen wollen oder können.

Doch je nachdem, welche Kunden anvisiert werden, ändern sich die Stossrichtung und damit auch die erforderlichen Massnahmen, wie folgende Beispiele zeigen (siehe Abbildung 47):[5]

---

1 Vgl. Butscher 1998, S. 256 f. m.w.N.; Holz/Tomczak 1996a, S. 60.
2 Vgl. Tomczak et al. 1998, S. 16, 43, 63, 80.
3 Siehe hierzu ausführlich z.B. Butscher 1998; Holz 1997; Wittbrodt 1995.
4 Zu den Vor- und Nachteilen beider Club- bzw. Programmtypen siehe Butscher 1998, S. 136 ff.
5 Siehe auch Westphalen & Partner 1993 sowie Wiencke/Koke 1995; Tomczak/Dittrich 1999a, S. 179.

Teil D: Kundenbindungsmanagement 167

Zielgruppe	Ziele (Programmart)
sporadische Käufer, Käufer aus Branchen mit längeren Kaufzyklen und austauschbaren Leistungen	Potential halten, Steigerung der Kontakt- und Kauffrequenz (Vorteilsprogramm)
Schlüsselkunden, sehr rentable Kundenunternehmen	Wertschätzung, Belohnung der Treue, Stabilisierung der Beziehung (VIP-Club)
„Heavy User" und Käufer erklärungs-bedürftiger Leistungen mit hohen Anwendungspotentialen	Kauf-, Nutzungsintensität und Cross-Selling erhöhen, Akzeptanzschwellen abbauen (User Group, Vorteilsprogramm)
Kunden mit hoher Affinität zum Unternehmen und seinen Leistungen bzw. mit starkem Markenbewusstsein	Markenpflege, Weiterempfehlungen und positiver Imagetransfer sowie Identität mit der Marke forcieren (Fan-Club)

Abb. 47: Zielgruppen und Ziele unterschiedlicher Kundenbindungsprogramme

Je heterogener die eigene Zielgruppe ist, desto breiter müsste das Leistungsangebot sein bzw. desto schwieriger sind die Belohnungsniveaus in Bonussystemen zu definieren. Dies kann sich wiederum negativ auf die Effizienz oder Effektivität des Programms auswirken.

Das Problem kann unterschiedlich gelöst werden. Zum einen können getrennte Programme angeboten werden, wie beispielsweise bei *MÄRKLIN*.

Der *MÄRKLIN* Insider Club richtet sich an Erwachsene (95 % männlich, Durchschnittsalter 40 Jahre). Die exklusiven Clubleistungen werden allein von den etwa 1 350 (1998) Mitgliedern der *MÄRKLIN*-Händlerinitiative angeboten, deren Förderer das Unternehmen ist. Kinder zwischen 6-16 Jahren können kostenlos dem 1. FC *MÄRKLIN* beitreten.[1]

Das Warenhaus *LOEB* hat einen *Kindergeburtstags-Club*, bei dem das jüngste Segment angesprochen wird. Jedes Kind kann sich einschreiben und erhält zu seinem Geburtstag im Geschäft ein kleines Präsent überreicht. Die regelmässige Kommunikation wird hauptsächlich über eine Club-Zeitschrift geführt. Der *Golden Age Club* richtet sich hingegen an Senioren. Tanzveranstaltungen, Lotterien, Ausflüge, Betriebsbesichtigungen bei Lieferanten gehören zum Programm. Ausserdem geniessen die Clubmitglieder das Privileg des Gratis-Hauslieferdienstes in allen *LOEB*-Häusern.[2]

Zum anderen steht *ein einzelnes* Programm grundsätzlich allen offen. Es findet aber eine „natürliche Selektion" über die Eintrittsbedingungen oder über die Anreiz-Beitrags-Mechanismen statt.

---

[1] Expertengespräch Märklin sowie Firmenunterlagen.
[2] Expertengespräch Loeb; siehe auch Loeb 1997, S. 52 f.

Der *JEKYLL & HYDE* Club (New York) bietet bis zu drei verschiedene Mitgliedschaften an. Der „Junior Member" erhält beispielsweise für $ 4,95 den offiziellen Mitgliedschafts-Pin, ein Zertifikat und den Newsletter, wobei dem „Grand High Exhaulted Member" für $ 49,95 zusätzlich ein Getränk im Spezialglass, ein T-Shirt und 2 V.I.P.-Club-Pässe überreicht werden. Pro Pass können vier Personen ohne Wartezeit den Club besuchen.[1]

Die Mitgliedschaft im Kundenkartenprogramm von *MÖBEL PFISTER* erfordert eine einmalige Kartengebühr von CHF 20.–. Sehr sporadische Möbelkäufer werden eher zögern, dieses Angebot wahrzunehmen.[2]

Das amerikanische Kaufhaus *MACY'S* bietet seinen Kunden *fünf* verschiedene Clubkarten in Abhängigkeit von der erzielten Umsatzhöhe an ($ 0, 500, 1000, 2500). Jede Karte ist mit einem speziell abgestuften Serviceprogramm verbunden.[3]

Allen Privatkunden steht die Mitgliedschaft im Vielfliegerprogramm *Qualiflyer* offen. Allerdings zeigt sich sehr deutlich, dass dieses Programm für *Viel*flieger entwickelt wurde. Kunden, die einmal pro Jahr ins europäische Ausland fliegen, werden kaum von Freiflügen profitieren. Im Gegensatz dazu bemerkte in einem Interview ein Vielflieger, es werde langsam schwierig, all die geschenkten Flugmeilen auch noch fristgerecht und mit Vergnügen abzufliegen.[4] Entsprechend den erreichten Umsätzen werden die Kunden verschiedenen Segmenten zugeordnet, deren jeweilige Betreuungsintensität und -kosten differieren. Bei *Miles&More* liegen sie etwa zwischen DM 50 und 80 pro Jahr und Kunde.[5]

Eine weitere Möglichkeit ist es, ein Programm allein für die attraktivsten Kunden zu lancieren, es aber auch *nur diesen* zu kommunizieren.

Wie zum Beispiel beim Unternehmen *T-MOBIL* dient das Programm dann weniger als Anreiz, sondern als Belohnung der Top-Kunden mittels besonderer Serviceleistungen: eigenes Betreuungsteam, Endgeräteservice/Austauschgeräte, Newsletter, Ticketservice usw.[6]

Leistungsprogramm

Die Konzeption des Leistungsprogramms erfolgt im Hinblick auf die Zusatzbedürfnisse der Zielkunden, die bestehenden Bindungsprogramme des Wettbewerbs sowie die eigenen Kompetenzen und Ressourcen. Dabei sind Entscheidungen zu treffen, wie zum einen emotionale und rationale Vorteile (s.o.) zum anderen grundleistungsnahe und -ferne Angebote gewichtet werden.

Leistungen, die in *enger Verbindung zum Kernprodukt* stehen, dienen vor allem dazu, bei den betreffenden Mitgliedern das Cross-Selling zu steigern oder die Kauf- und Nutzungsfrequenz zu erhöhen. *Grundleistungsferne Angebote* geben dem Club einen Attraktivitätsschub und sind vor allem dann geeignet, wenn das Involvement der Ziel-

---

1 Siehe Clubprospekt.
2 Expertengespräch Möbel Pfister.
3 Siehe Kundenkartenprospekt.
4 Aussage von Interhomechef Bruno Franzen, in: Stalder 1995, S. 100.
5 Expertengespräch Miles&More International.
6 Expertengespräch T-Mobil.

gruppe gegenüber der Grundleistung gering ausgeprägt ist.[1] Im Zuge der wachsenden Konkurrenz auf dem Markt der Bindungsprogramme sollten es möglichst Leistungen sein, die sich der Kunde auch mit Geld nicht kaufen kann oder die er sich selbst nicht gönnen würde.

Der *VOLKSWAGEN* Club bietet Dienstleistungen „rund um die Mobilität". Mit einer etwa gleichwertigen Gewichtung *emotionaler und rationaler Vorteile* enthält das Angebot mehrere Module. Die Basis- und Servicemodule bestehen aus grundleistungsnahen und -fernen Dienstleistungen: Notrufservice, Mobilitätsgarantie, Tourenplanung, Stautelefon und Lotsendienst stehen in enger Verbindung zum Kernprodukt, wogegen Ticketservice und Clubreisen eher zu den *grundleistungsfernen Clubangeboten* gehören. Im Treuemodul können Punkte mit Umsätzen bei VW- und anderen Kooperationspartnern gesammelt werden, um diese wieder beim Autokauf oder Werkstattbesuch einzulösen. Das Dialogmodul umfasst vor allem das VW-Magazin sowie ein Kundenkontaktprogramm (siehe Abbildung 45, S. 159).[2]

Bei einem Jahresbeitrag von DM 120.– bietet der *SPIESS HECKER* Proficlub seinen Mitgliedern, und zwar Inhabern von Lackier- und Karosseriebetrieben, Beratungen und Seminare zu Unternehmensführung, Marketing/Werbung sowie fachliche/technische Weiterbildung an. „Club Specials" wie Junggesellentreffen, Mietwagenkooperation oder Club Reisen ergänzen das Angebot.

Wie auch das letzte Beispiel zeigt, wird die Frage immer bedeutender, welche *Kooperationen* das Leistungsprogramm noch attraktiver gestalten. Partnerschaften können vor allem die grundleistungsferne Angebotsvielfalt erhöhen oder den gesamten Abwicklungsprozess verbessern (z.B. Call- bzw. Service-Center).

Zusatzentscheidung: Bonussystem

Die aktive Mitgliedschaft in einem Bonussystem hängt zunächst davon ab, wie aus Kundensicht die *zukünftige* Wiederkaufwahrscheinlichkeit – unabhängig vom angebotenen System – eingeschätzt wird.[3] Das heisst, ein Bonussystem ist nur ein Hilfsmittel. Es kann schwerlich Unzufriedenheit oder fehlendes Kaufinteresse kompensieren. Zudem wird kein Geschäftsreisender einen zusätzlichen oder längeren Flug buchen, nur damit ihm Meilen gutgeschrieben werden. Allerdings wird eine „Awareness" geschaffen, so dass die potentiellen Boni in die Kaufentscheidung einfliessen können. Am Beispiel einer Kreditkarte wäre das die Entscheidung, *nicht* mit Bargeld zu zahlen, sondern jene Kreditkarte zu wählen, die das „bessere" Belohnungssystem bietet.

---

1 Vgl. Butscher 1996, S. 47; Holz 1997, S. 212ff.
2 Vgl. Kreutzer, unveröff. Vortragsunterlagen 9/1998; Kreutzer 1998, S. 284 ff.
3 Vgl. Kopalle/Neslin/Singh 1999, S. 1.

Liegt nun eine generelle Wiederkaufbereitschaft vor, so wird die Attraktivität des Bonusprogramms dadurch bestimmt, ob 1) die Belohnungen erreichbar und 2) so attraktiv sind, dass Kunden sie auch erreichen wollen.[1]

1) Diese *Erreichbarkeit* hängt zum einen von der *Programmstruktur* ab, zum anderen von der Verständlichkeit des Programms (*Kommunikation*).

Programmstruktur: Die Kriterien für einzelne „Belohnungsniveaus", wie beispielsweise Kauffrequenz, Umsatzhöhe, Art der gekauften Leistungen, Zahl der Weiterempfehlungen müssen so definiert werden, dass sie vom Kunden in einem „angemessenen" Zeitraum und entsprechendem Aufwand erreicht werden können.

Im Herbst 1998 wurde der Kundenclub „THE BODY SHOP People" lanciert. Ziel ist es, den per Marktforschung ermittelten durchschnittlichen Umsatz pro Kauf von CHF 21.– und die durchschnittliche Besuchsfrequenz von etwa alle 3-4 Monate zu erhöhen sowie die Kundinnen noch besser über THE BODY SHOP und seine Produkte zu informieren. Pro Mindesteinkaufssumme von CHF 25.– erhält die Kundin einen Stempel in ihre Kundenkarte. Für sechs Stempel gibt es einen zwei Jahre gültigen Einkaufsgutschein bei THE BODY SHOP im Wert von CHF 15.– (ca. 10 % Belohnung).[2] Die mit dem Programm verbundenen Kosten erforderten einen einstelligen Prozentpunkt vom angestrebten Mehrumsatz, der sogar übertroffen wurde.

Viele Bonussysteme beziehen sich auf den Umsatz bzw. auf umsatzbeeinflussende Kriterien (Flugmeilen, Menge). Für den Fall, dass die Belohnung nicht sofort nach dem Kauf erfolgt, dient eine Art Parallelwährung (*KeyClub*-Punkte, Meilen, Goldpunkte, *Joker*punkte) als Sammel- und Bonuseinheit bzw. auch als Zahlungsmittel (z.B. KeyClub-Punkte bei MÖVENPICK-Restaurants, MANOR oder bei den SCHWEIZERISCHEN BUNDESBAHNEN SBB). Die funktionale Beziehung zwischen Umsatz und Bonuseinheit (linear, stufenförmig, degressiv) wirkt sich auch auf das Kaufverhalten aus.[3] Beispielsweise kann für Kunden ein gewisser Anreiz bestehen, bei einem bestimmten Kaufbetrag (z.B. CHF 8.50) kurz unterhalb der nächsten Rabattstufe (CHF 10.–) noch zusätzliche Produkte zu kaufen.

Je länger die Kunden Zeit haben, ihre „Punkte" einzulösen, desto grösser ist ihr Freiraum. Allerdings wird die zukünftige Programmplanung schwieriger, wenn die einzelnen Punktekonten immer grösser werden. Deshalb haben u.a. die „Punkte" meistens eine begrenzte Gültigkeitsfrist.

Ein weiteres Risiko besteht, wenn die Programme allein eine „unechte" Loyalität erzeugen (nur Verhaltenstreue; siehe Kapitel B 3.2.1). Für den Fall, dass Kunden *alle* ihre gesammelten „Punkte" einwechseln und wieder von vorn anfangen zu sammeln,

---

[1] Vgl. auch O'Brien/Jones 1995, S. 102f.
[2] Expertengespräch The Body Shop.
[3] Vgl. Dowling/Uncles 1997, S. 79.

besteht zu diesem Zeitpunkt eine „günstige" Wechseloption.[1] Solch eine Situation sollte möglichst vermieden werden.

Kommunikation: Das Bonussystem muss vor allem dem Kunden klar und verständlich sein. Dadurch kann er selbst aktiv Art und Höhe seiner Belohnungen beeinflussen. Hierzu gehören Mitgliedskarten, Informationsbroschüren, (elektronische) Newsletter, Service- und Auskunftsdienste sowie eine regelmässige Benachrichtigung über die jeweilige Kundenposition im Bonussystem.

2) Die *Attraktivität der Belohnungen* ist eine zweite entscheidende Voraussetzung. TRULSON bringt das Problem auf den Punkt: „Ich jedenfalls kaufe kein Produkt, weil ich damit eine 1 %ige Anwartschaft auf eine Reise oder schon zu 50 % ein Fondue-Set erhalte."[2]

Zunächst sind *preisliche* Vorteile (Rabatte, Gratis- oder Sonderangebote) und *Leistungs*vorteile (s.o.) zu unterscheiden. BERRY/PARASURAMAN betrachten den Preis als weniger geeignet für den Aufbau langfristiger Kundenbindung, auch wenn etwa 90 % der untersuchten Programme bei BUTSCHER auf derartigen Vorteilen beruhen.[3] Die vielseitig kombinierbaren Leistungsangebote sind hingegen in ihrer Gesamtheit nur schwer zu kopieren.

Eine *Vielfalt an Belohnungen* kann ebenfalls wichtig sein. Verantwortliche des *„Club Suxess"* der österreichischen CREDITANSTALT sprechen hier auch von einer „Salatbar", das heisst, einer möglichst grossen Auswahl für den Kunden.[4]

Controlling

Der *Erfolgsbeitrag* von Kundenbindungsprogrammen ist nicht eindeutig zu ermitteln, da sich zum einen qualitative Effekte (z.B. bessere Beziehung zum Anbieter) nur schwer in Zahlen ausdrücken lassen. Zum anderen können Mehrumsätze der Mitglieder nicht immer direkt den Programmaktivitäten zugeordnet werden. Auf der Kostenseite bestehen ähnliche Zurechnungsprobleme. Programmanbieter messen deshalb vorrangig die Kundenreaktionen (z.B. Response auf Mailings, Sammeln/Ausgeben von Bonuspunkten, Nutzung der angebotenen Dienstleistungen), führen regelmässig Mitgliederbefragungen durch und vergleichen die Ergebnisse mit Durchschnittswerten früherer Perioden oder mit einer Kontrollgruppe von Nicht-Mitgliedern. Zudem sollten auch die positiven Sekundäreffekte (z.B. aktuelle Kundeninformationen) Beachtung finden.

---

1 Vgl. Kopalle/Neslin/Singh 1999, S. 32.
2 Trulson 1995.
3 Vgl. Berry/Parasuraman 1992, S. 160 ff.; siehe Butscher 1998, S. 13, 15; Christy/Oliver/Penn 1996, S. 185.
4 Vgl. Dittrich 1998c, S. 106.

Programme dienen insbesondere der sinnvollen *Ergänzung der bisherigen Kundenbindungsmassnahmen.* Qualitativ ungenügende *Kern*produkte können nämlich kaum von einem Programm kompensiert werden.[1] So betonten die Interviewpartner der SWISSAIR, dass immer noch ein hochwertiges Leistungsangebot, ein flächendeckendes Streckennetz und ein kundengerechter Flugplan bei der Kaufentscheidung die erste Priorität – *vor* dem Vielfliegerprogramm QUALIFLYER – einnehmen.[2] In stagnierenden, wettbewerbsintensiven Märkten besteht die Gefahr, dass Bonusprogramme kein zusätzliches Wachstum in der vorhandenen Kundengruppe generieren, sondern allein Kunden der Konkurrenz abwerben und dadurch Preiswettbewerb und sinkende Gewinne verstärken.[3]

4.1.3 Bewertung der Massnahmen aus Kundensicht

In den vorhergehenden Abschnitten wurden die Kundenbindungsmassnahmen in erster Linie aus Anbietersicht betrachtet: Welche Leistungen eignen sich für Cross-Selling? Welche Prozesse lassen sich individueller gestalten? Welche Möglichkeiten gibt es in der Preisgestaltung oder Kommunikation mit den Kunden?

Im folgenden sollen die Massnahmen aus Kundensicht bewertet werden.

Zu Beginn der Arbeit wies Kapitel B 3.1 darauf hin, dass sich Kundenbindung dahingehend unterscheiden lässt, ob eine „Long-term-" bzw. „Short-term"-Orientierung in der Geschäftsbeziehung besteht. In Verbindung mit der Frage, ob Kundenbindung auch im Produktgeschäft – als Beispiel für eine eher kurzfristige Orientierung – möglich ist, sollte nicht das „Ob", sondern das „Wie" diskutiert werden.[4] Das heisst, entscheidend sind Art und Gestaltung geeigneter Massnahmen.

Ursachen dieser unterschiedlichen zeitlichen Perspektive verdeutlichte insbesondere das Kapitel C 3 zu den Determinanten der Kundenbindung, die subjektive Kundenbewertung der Umwelteinflüsse sowie die Einschätzung des Anbieters, seiner Leistungen und der Beziehung.

Orientiert sich der Kunde vor allem kurzfristig, so sind in erster Linie zeit*punkt*orientierte Massnahmen für die Kundenbindung einzusetzen.[5] Der Übergang zur *Kundenakquisition* ist hier nicht mehr ganz trennscharf. Wenn bereits eine langfristige Orientierung besteht oder zumindest die grundsätzliche Bereitschaft, eine längerfristige Beziehung einzugehen, sind zeit*raum*orientierte Massnahmen empfehlenswert (siehe Abbildung 48). Eine grundsätzliche Bereitschaft entsteht in erster Linie durch positive Erfahrungen und Zufriedenheit.

---

1 Vgl. Holz 1997, S. 122ff.
2 Vgl. Dittrich 1998b, S. 138 f.
3 Vgl. Kopalle/Neslin/Singh 1999, S. 31.
4 Siehe Seite 37 ff.
5 Vgl. Jackson 1985, S. 16, 24, 72 ff.

Teil D: Kundenbindungsmanagement

Zeit*punkt*orientierte Massnahmen	Zeit*raum*orientierte Massnahmen
• Mengenverbund • Auswahlverbund • Einkaufsverbund/ Bundling	• Buy in-follow on-Produkte • Abonnement • Baukastensystem • Service in der Nutzungsphase
• Verfügbarkeit	• Kundenintegration • Schnittstelle zum Kunden (z.B. Bestellung, Lieferung, Entsorgung)
• Mengenrabatte (Zeitpunkt) • Paketpreise	• Mengenrabatte (Zeitraum) • Treuerabatte, Bonussysteme • Finanzierungsmodelle • Kundenkreditkarten • Gegengeschäfte
• Verkaufsförderung, PoS Massnahmen • Bekanntheit/Aktualität	• Markenkommunikation • Kundenkontaktprogramm • Kundenforen, -beiräte • Kundenzeitschrift, -club • regelmässige Events

Abb. 48: Zeitpunkt- und zeitraumorientierte Massnahmen (Beispiele)

4.1.3.1 Zeitpunktorientierte Massnahmen

Abbildung 48 zeigt, dass auch zu einem gewissen *Zeitpunkt* Kundenbindung in bezug auf höhere Umsätze möglich ist. In dem Fall konzentriert sich der Anbieter auf den Moment der Kaufentscheidung. Er beeinflusst weniger die Einstellung, sondern das Verhalten. Dabei zählen vor allem situative und soziale Faktoren: Preis, Verpackung, Lieferzeit, Verfügbarkeit, Meinung anderer Beteiligter. Wichtig sind sehr gute Standorte, optimale Regalplätze, Verkaufsförderungen, Displays.[1]

Zeitpunktorientierte Massnahmen werden auch beim ausgeprägten *Bedürfnis nach Abwechslung* (Variety Seeking) notwendig. Wenn Konsumenten nicht vom Wechsel abzuhalten sind, sollte dieser möglichst durch die Vielfalt des eigenen Angebots aufgefangen werden.

---

1 Vgl. Dick/Basu 1994, S. 101 f.

Entscheidend ist ein grosser Auswahlverbund *eines* Anbieters am Point-of-Sale, um auch im Fall von *Substitutionseffekten* – das heisst, ein Kunde kauft nicht mehr A, sondern Variante A1 – zu profitieren. Leistungsinnovationen und eine flexible Leistungsprogrammplanung, wodurch auch fertige Kombinationspakete (Bundling) offeriert werden, spielen hier eine bedeutende Rolle. Auf ähnliche Art und Weise können auch *Bedarfssteigerungseffekte* ausgenutzt werden. Die Möglichkeit zur abwechselnden Verwendung bestimmter Produkte kann zu *häufigerem* Kauf und damit höherem Umsatz führen. Klassische Beispiele finden sich in der Mode (mehrere „gültige" Farben, Muster, Materialien), bei Parfüms oder Uhren.[1]

> LINDT & SPRÜNGLI: „Da der Konsument je nach Verwendungszweck und „Gluscht" ein gewisses Mass an Schokolade-Abwechslung sucht, binden wir den Konsumenten einerseits mit einer breiten und differenzierten Angebotspalette. Andererseits richten wir die Kommunikations- und Promotionsmassnahmen hauptsächlich auf die Kundenbindung aus."[2]

> GILLETTE: Der Markt für After-Shaves ist duft- und weniger technologiegetrieben. Abwechslung bestimmt massgeblich die Kaufentscheidung. Der Fokus liegt deshalb vermehrt auf zeitpunktorientierten Massnahmen im Sinne einer ständigen Kundenakquisition.[3]

Auch ein temporärer Ausstieg aus dem Markt kann die Produkte vor Reizabnutzung bewahren (intermittierende Angebote). Gute Beispiele bietet hier der Süsswarenhersteller FERRERO mit seinen Produkten *Mon Chérie* oder *Ferrero Rocher*, wenn dieser Rückzug in den Sommermonaten auch vornehmlich aus Qualitätsgründen geschehen mag.

Dem Motiv „Variety seeking" können Anbieter auch *kommunikativ* begegnen, indem sie auf die Risiken des Wechsels oder auf Tradition und Beständigkeit hinweisen.[4] Die Slogans „Da weiss man, was man hat" bzw. „Das hat schon meine Mutter mir damals als Kind gegeben" sind Beispiele dafür.

Der Handel ist ebenfalls mit dem Bedürfnis nach Abwechslung konfrontiert. Mittels *Aktionen* wird deshalb u.a. versucht, Erlebniskäufe zu schaffen. Auch hier sollte aber die Verbundwirkung stärker beachtet werden. Gemeinschaftsaktionen mit anderen Händlern erhöhen den *Einkaufsverbund* (z.B. „Rund um die Hochzeit") und verringern Beschaffungsrisiken und -zeit, weil alles an einem Ort gekauft und beispielsweise zusammen anprobiert werden kann. Eine andere Idee, Verbundwirkungen zu steigern, sind die von MAGGI angebotenen Rezeptvorschläge per Multimedia-Terminal am Point-of-Sale, die auf das vorhandene Gemüseangebot abgestimmt sind.[5]

---

1 Vgl. Bänsch 1995b, S. 355, 359.
2 Vgl. Interview mit U. Riedener: o.V. 1999c, S. 11.
3 Expertengespräch Gillette.
4 Vgl. Bänsch 1995b, S. 361.
5 Vgl. Bongard 1997, S. 21.

Teil D: Kundenbindungsmanagement _____ *175*

Zeitpunktorientierte Massnahmen sind auch in dem Fall sinnvoll, wenn aufgrund eines schwachen *kognitiven und emotionalen Involvements* reizgesteuertes, reaktives Kaufentscheidungsverhalten vorliegt.[1] Inwieweit diese „unechte" Treue jedoch Konkurrenzaktionen oder anderen Störgrössen standhalten kann, wurde bereits diskutiert (siehe Kap. B 3.1, S. 40; 3.2.1, S. 44).

4.1.3.2 Zeitraumorientierte Massnahmen

Zeit*raum*orientierte Massnahmen sind hinsichtlich zweier Kriterien zu bewerten: 1) wie die Massnahmen im Zeitverlauf einzusetzen sind (siehe Kap. C) und 2) inwiefern die Massnahmen aus Kundensicht die Individualität und/oder die Verbundwirkung bei Beschaffung oder Verwendung der Leistungen erhöhen (siehe Anforderungen 2 und 3 an Kundenbindungsmassnahmen auf S. 145).

1) Massnahmen im Zeitverlauf

Der Einsatz von Kundenbindungsmassnahmen hängt vom bisher erreichten Kundenbindungsgrad ab. Es ist wenig ergiebig, wenn Anbieter versuchen, unzufriedenen Käufern die Mitgliedschaft in einem Club anzubieten oder Kunden mit geringem Involvement Zusatzleistungen zu offerieren, die sie gar nicht honorieren würden. Im folgenden wird eine mögliche Massnahmenhierarchie vorgestellt (siehe Abbildung 49 auf der folgenden Seite).[2]

Die horizontale Achse stellt das Ausmass der Kundenzufriedenheit hinsichtlich des Leistungsangebots dar. Wie bereits in Kapitel C 2.2.1 erläutert wurde, ist sie eine notwendige, aber oft nicht hinreichende Bedingung. Eine höhere Zufriedenheit führt zu einer grösseren Bindungsbereitschaft als Voraussetzung für eine erhöhte Bindungsintensität (vertikale Dimension).

Die Abbildung berücksichtigt nicht, dass der Grad der Kundenzufriedenheit bei gleicher Leistung interindividuell unterschiedlich und dass der angedeutete funktionale Zusammenhang eher progressiv oder sattelförmig sein kann (siehe Abbildungen 22 und 23 in Kap. C 2.2.1, S. 79 ff.).

---

1   Vgl. zum Begriff Kroeber-Riel/Weinberg 1999, S. 360; zu der Stossrichtung Dick/Basu 1994, S. 109.
2   Vgl. Berry/Parasuraman 1992, S. 160; Diller 1995b, S. 27; Jackson 1985, S. 65 ff.; Cross 1992.

```
        ▲
        │ Bindungsintensität
        │ Bindungsbereitschaft          • Individualisierte Leistungen
        │                                • Kundenintegration
        │                                • IT-unterstützte
        │                                  Schnittstellen/Prozesse
        │                • Bindungs-     • vertragliche,
        │                  programme      organisatorische Bindungen
        │                • individualisierte                ▲
        │                  Kommunikation                    │
        │ isolierte Preis-        ▲              Zufriedenheit mit
        │ massnahmen              │              Beziehung
        │                 Zufriedenheit mit
        │         ▲       Zusatzleistungen
        │     Zufriedenheit
        │     mit Standard-/
 Mindestmass │ Kernleistungen
 an Involvement,
 Akzeptanz
 ─────────────────────────────────────────────────────────► Zufriedenheit
           Bindungen über Marke, Produkt, Person
           ────────────────────────────────────►
                      Bindungen über Prozesse, Technologie,
                      Organisation ─────────────────────►
```

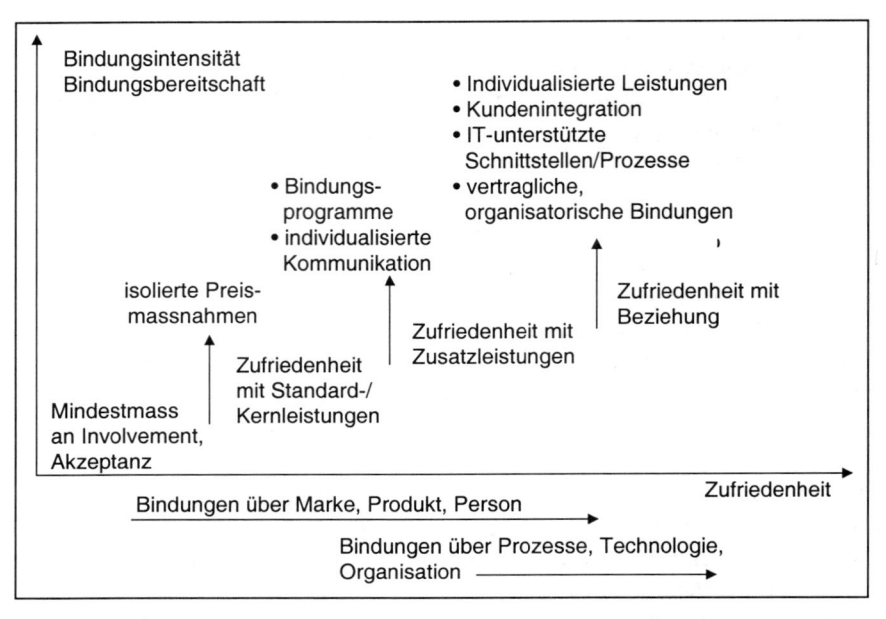

Abb. 49: Kundenbindungsmassnahmen im Zeitverlauf bzw. in Abhängigkeit von der Zufriedenheit (Beispiele)

Die Grafik kann aus zwei Richtungen interpretiert werden. Von links nach rechts zeigt sie, welche jeweiligen Voraussetzungen für weitere Massnahmen zu prüfen sind. Beispielsweise sollte man Kundenbindungsprogramme erst dann lancieren, wenn zumindest die Kernleistungen ein hohes Mass an Zufriedenheit stiften. Von rechts nach links weist die Grafik auf mögliche Instabilitäten hin, wenn etwa bereits formelle und organisatorische Bindungen bestehen, allerdings auch Unzufriedenheit. Während in den ersten Phasen die Bindung vorrangig über Preis, Marke, Produkt und Personen erfolgt, können erst relativ spät zusätzliche organisatorische Bindungen verstärkt werden.

2) Individualität und/oder Verbundwirkung

Abbildung 50 auf der nächsten Seite zeigt mögliche Stossrichtungen für den zeitraumorientierten Massnahmeneinsatz. Individualisierte Leistungen können nicht beliebig bei anderen Anbietern bezogen werden. Diese können Kernleistungen, produktbegleitende Dienstleistungen oder Leistungsprozesse umfassen oder insbesondere über die Kommunikation (z.B. Marke) erfolgen (A→C, B→D). Ist es (wirtschaftlich) nicht sinnvoll, den Grad der Individualisierung zu erhöhen, sind auf Segmentebene allenfalls Verbundwirkungen durch spezifische Investitionen über das Produkt selbst, seine Beschaffung oder Nutzung zu erhöhen. Hierzu gehören das klassische Systemgeschäft,

Teil D: Kundenbindungsmanagement 177

reine Bonus- und Rabattsysteme, Abonnements oder Buy in-follow on-Produkte (A→B). Oft sind beide Dimensionen betroffen, wenn beispielsweise die Kosten eines aufeinander abgestimmten Logistiksystems sich erst im Zeitablauf amortisieren und dadurch ein Verbund entsteht (A→D). Oder es ist eine vertragliche Absicherung der durch die Individualisierung entstandenen Abhängigkeit notwendig (C→D).

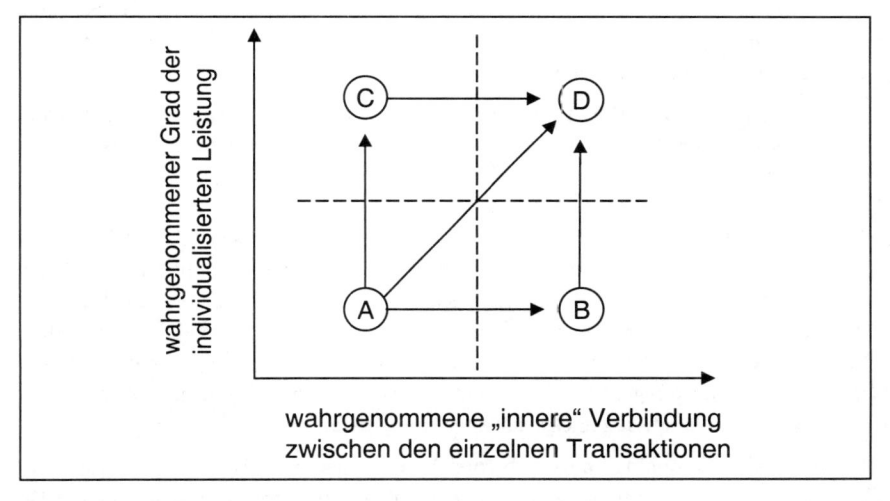

Abb. 50: Stossrichtungen für zeitraumorientierte Massnahmen

Wichtig ist der Hinweis, dass die Erhöhung einer oder beider Dimensionen keine absolute Grösse ist, sondern relativ zur Konkurrenz sowie unter Berücksichtigung von Effizienz und Effektivität erfolgen sollte.

4.2 Massnahmen zur Absicherung der Kundenbindung

Nach den Ausführungen im Kapitel C zum optimalen Kundenbindungs-Mix ist nicht allein die *Stärke* der Bindungen relevant. Eine optimale *Struktur* sowie die *Stabilität* der Bindungen sind zwei weitere wichtige Kriterien. Daraus abgeleitet, ergeben sich folgende Herausforderungen:

- Die Struktur der Bindungen sollte langfristig zu einer „Soll-Position" aus Kundensicht führen. Eine wahrgenommene, höhere Abhängigkeit in Relation zur Attraktivität birgt die Gefahr einer „Position auf Absprung." Ein gleiches Ergebnis kann aufgrund asymmetrischer Bindungen zwischen Anbieter und Kunde entstehen. Für den Fall, dass die wahrgenommene Abhängigkeit zu Unsicherheit beim Kunden führt, müssen Massnahmen gegensteuern.

- Die Stabilität wird neben den Bindungsarten und -ebenen durch Veränderungen im engen und erweiterten Wirkungsrahmen beeinflusst. Das verlangt wiederum:
  - ein frühes *Erkennen* dieser internen und externen Veränderungen (z.b. internes Controlling, Kunden- und Mitarbeiterbefragungen, Konkurrenz- und Umweltanalysen)
  - ein frühzeitiges, *proaktives Verhalten* auf diese Veränderungen (z.b. durch Total Quality Management, neue Leistungsangebote und kontinuierliche Leistungspflege (siehe auch Kapitel D 7) sowie
  - ein schnelles, *reaktives Verhalten* auf diese Veränderungen (z.B. Reaktionen auf Beschwerden, Reaktivieren „schlafender" bzw. Rückgewinnung abgewanderter Kunden).

Die Gewichtung dieser Massnahmen kann sehr unterschiedlich sein. Fehlen beispielsweise entsprechende Kundeninformationen, werden sich Unternehmen eher auf die Rückgewinnung als auf die Reaktivierung *vor* dem Wechsel konzentrieren. Während in sehr dynamischen Märkten ständige Leistungsinnovationen existentiell für das Bleiben vorhandener Kunden sind, benötigt man in anderen Branchen eine stärkere Betonung der Leistungspflege. Ein ausgeprägtes Abhängigkeitsmanagement ist insbesondere bei engen und langfristigen Geschäftsbeziehungen relevant.

Die folgenden Abschnitte konzentrieren sich zum einen auf das *Abhängigkeitsmanagement* als Instrument, um die Struktur der Bindungen zu verbessern (Abschnitt 4.2.1). Zum anderen fallen unter den Begriff des *Migrationsmanagements* (Abschnitt 4.2.2) sämtliche Massnahmen, die eine drohende Abwanderung verhindern bzw. dazu führen, abgewanderte Kunden zurückzugewinnen. Sie leisten in erster Linie einen Beitrag zur Stabilität der Bindung.

Die Interdependenzen zwischen Stärke, Struktur und Stabilität des Kundenbindungs-Mix (siehe Abbildung 31, S. 108) führen dazu, dass diese Massnahmen – wie auch die Instrumente des vorherigen Abschnittes 4.1 – die Kundenbindung nicht nur *absichern*, sondern *erhöhen* können. Das zeigt sich insbesondere im nachfolgenden Abschnitt „Abhängigkeitsmanagement" und den dort geschilderten psychologischen Bindungspotentialen (z.B. Zufriedenheit, Vertrauen). Der Schwerpunkt liegt allerdings auf dem *Erhalt* bestehender Bindungen.

4.2.1 Abhängigkeitsmanagement

Das Abhängigkeitsmanagement zielt darauf ab, asymmetrische Bindungen zwischen Kunde und Anbieter anzugleichen, sofern diese sich destruktiv auf die weitere Zusammenarbeit auswirken. Hierbei sind zwei Ausgangssituationen zu unterscheiden:

1) Einerseits kann der *Anbieter eine eigene relativ höhere Abhängigkeit* wahrnehmen, wie es beispielsweise für das Zuliefergeschäft in der Automobilbranche charakteristisch ist. FREILING diskutiert verschiedene Strategien, wobei er mit der Kompensationsstrategie Möglichkeiten vorschlägt, nachteilige Positionen durch den Aufbau von Gegengewichten auszugleichen und gegenseitige Abhängigkeiten zu schaffen.[1] Hierzu gehört beispielsweise die bereits diskutierte Strategie, über eine stärkere Attraktivität auch die Abhängigkeit zu erhöhen (siehe Kapitel C 2.3). Des weiteren sollte die Abhängigkeit durch „*Offsetting Investments*"[2] abgesichert werden, wenn Anbieter Beziehungen zu nachgelagerten Wertschöpfungsstufen aufnehmen bzw. ausbauen (in dem vorliegenden Beispiel Autowerkstätten und Endkunden). Eine andere Möglichkeit der Absicherung ist das sogenannte „*Postponement*". In diesem Fall versucht der Zulieferer, den individuellen Zuschnitt der Leistung auf die Bedürfnisse des einzelnen OEM möglichst auf späte Wertschöpfungsstufen hinauszuschieben, um sich zu Beginn der Leistungserstellung an mehreren Kunden orientieren zu können.[3]

2) Andererseits sollten Anbieter reagieren, wenn eine als *relativ höher wahrgenommene Abhängigkeit aus Kundensicht* besteht, die zu einer „Position auf Absprung" führen kann. Ausgangspunkt ist die Annahme, dass Kunden nur dann bereit sind, eine Abhängigkeit einzugehen bzw. zu akzeptieren, wenn dies mit einer höheren Attraktivität (Nettonutzen) verbunden ist und diese Abhängigkeit nicht vom Anbieter opportunistisch ausgenutzt wird (siehe Kapitel C 2.3).

Aufgrund einer asymmetrischen Informationsverteilung empfinden Kunden aber durchaus Unsicherheiten hinsichtlich der Leistungsqualität sowie des zukünftigen Anbieterverhaltens (z.B. Materialqualität, Liefertermin, Preisgestaltung).[4] Die Unsicherheit resultiert aus 1) einer fehlenden Beobachtbarkeit von Leistungsmängeln bzw. opportunistischen Verhaltens oder aufgrund 2) eines mangelnden Sanktionspotentials der beobachteten Mängel.[5]

Unsicherheit kann *vor* dem Kauf auftreten, dass Mängel erst nach dem Kauf erkannt oder sanktioniert werden können (Erfahrungsgüter). Bei Vertrauensgütern sind bestimmte Fehler *vor* und *nach* dem Kauf nicht erkennbar und/oder nicht sanktionier-

---

1 Vgl. Freiling 1995, S. 177 ff.
2 Vgl. Stinchcombe 1985; Heide/John 1988.
3 Vgl. Heskett 1977 sowie insb. Freiling 1995, S. 237 f.
4 Die Erläuterungen basieren auf Aussagen der Principal-Agent-Theory; z.B. Spremann 1988, S. 613 ff.
5 Siehe auch Backhaus/Aufderheide/Späth 1994, S. 102.

bar.[1] Auch in längerfristigen Geschäftsbeziehungen sowie in sehr dynamischen Märkten können nicht alle Risiken im voraus erkannt und etwa vertraglich geregelt werden. Somit ist der Anbieter aufgefordert, die gewünschten Leistungseigenschaften sowie die zukünftige Leistungsfähigkeit und seinen Leistungswillen glaubwürdig zu beweisen.[2] Im folgenden werden mögliche Instrumente kurz beschrieben (siehe Abbildung 51). Eine Einteilung nach Such-, Erfahrungs- und Vertrauenseigenschaften[3] bietet sich an, da diese darauf hinweisen, ob und wann Informationsdefizite beglichen werden können bzw. wann zusätzliche Formen der Informationssubstitution notwendig sind (Verträge, Credible Commitments). Zwar weist jede Transaktion mehr oder weniger alle drei Eigenschaften auf, die zudem noch bei einzelnen Kunden unterschiedlich wahrgenommen werden.[4] Die jeweiligen Massnahmen können jedoch tendenziell den Transaktionen zugeordnet werden, bei denen eine Eigenschaft besonders hervorsticht.

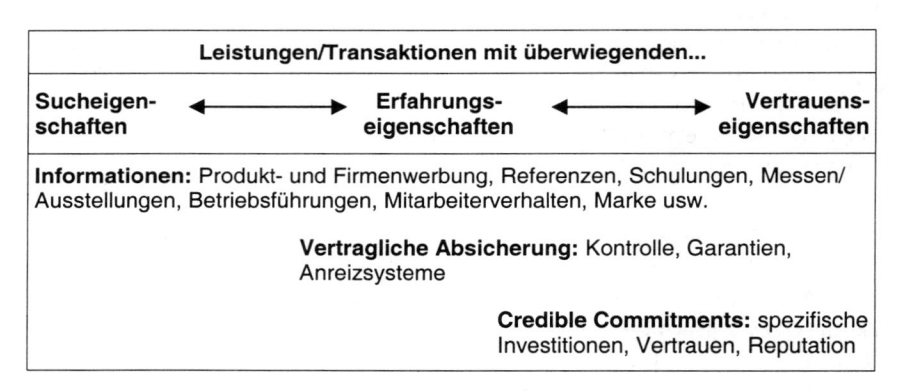

Leistungen/Transaktionen mit überwiegenden...		
Sucheigen-schaften ⟵⟶	**Erfahrungs-eigenschaften** ⟵⟶	**Vertrauens-eigenschaften**
Informationen: Produkt- und Firmenwerbung, Referenzen, Schulungen, Messen/Ausstellungen, Betriebsführungen, Mitarbeiterverhalten, Marke usw.		
	Vertragliche Absicherung: Kontrolle, Garantien, Anreizsysteme	
		Credible Commitments: spezifische Investitionen, Vertrauen, Reputation

Abb. 51: Massnahmen zur Absicherung der Kundenbindung
(Quelle: in Anlehnung an Backhaus/Aufderheide/Späth 1994, S. 105 ff.)

Informationen

Informationen sind das Kerninstrument des Abhängigkeitsmanagements.[5] Anbieter können dadurch ihren Leistungswillen- sowie ihre -fähigkeit demonstrieren. Geschieht dies bei Gütern mit dominierenden Sucheigenschaften vorrangig durch das Produkt selbst (Werbung, Produktdemos), müssen in den anderen Fällen zunehmend Informations*surrogate* verwendet werden. Hierzu zählen beispielsweise Referenzen, Ver-

---

[1] Vertrauensgüter besitzen *überwiegend* Vertrauens-; Erfahrungsgüter vor allem Erfahrungseigenschaften.
[2] Siehe auch Backhaus/Aufderheide/Späth 1994, S. 23.
[3] Siehe auch Abschnitt B 2.1.1.1, S. 23.
[4] Siehe auch Fließ 1995, S. 305.
[5] Siehe hier und im folgenden Reinecke 1996, S. 130 ff.

suchsanlagen, Betriebsführungen, Resultate unabhängiger Testinstitute, Berater, Forschungs- und Zertifizierungsstellen sowie Aufsätze in Fachzeitschriften. Die Marke übermittelt ebenfalls sachliche und emotionale Informationen. Auch Erscheinung und Auftreten der eigenen Mitarbeiter können Kompetenz und Leistungsbereitschaft signalisieren.

Vertragliche Absicherung

Vertrag und Rechtsprechung regeln den Leistungs- und Informationsaustausch zwischen zwei oder mehreren Vertragspartnern innerhalb einer bestimmten Zeitdauer und wirken dadurch auch Abhängigkeitsgefahren entgegen. Treten Probleme auf, wird der Geschäftspartner vor der nächsten Transaktion gewechselt oder der Disput wird durch eine Drittpartei, zum Beispiel vor Gericht, entschieden. Neben dem damit verbundenen Sicherheitsaspekt für beide Partner beeinflussen die Verträge auch den Grad der formellen Bindung.

Mittels Verträgen lassen sich verschiedene Instrumente des Abhängigkeitsmanagements regeln: 1) Kontrollen, 2) Garantien und 3) Anreizsysteme.

1) Kontrollen: Die Partner können vertraglich vereinbaren, dass der Kunde oder externe Berater die Tätigkeiten des Anbieters *kontrolliert*. Darüber hinaus kann sich der Anbieter verpflichten, Informationen zum Ressourceneinsatz (z.B. Mitarbeiter, Materialien), Projektfortschritt (z.B. bisherige Arbeitszeit, finanzielle Mittel) oder zur Qualität der Leistungsergebnisse (z.B. Ausschuss) zur Verfügung zu stellen.

2) Garantien: Garantien begrenzen Verluste einseitig zugunsten des Kunden und schützen ihn vor den Nachteilen einer Abhängigkeit. Hierzu gehören auch andere Sicherheiten, Bürgschaften, Gewährleistungszusagen, Nachbesserungen usw.[1]

Anbieter nutzen die Garantiepolitik auch als Weg zur Differenzierung gegenüber dem Wettbewerb, wenn Garantien über das gesetzliche oder branchenübliche Mindestmass hinausgehen.

Das amerikanische Versandhaus LAND'S END räumt seinen Kunden auch nach Jahren noch ein unbeschränktes *Rückgaberecht* ein, ohne Angabe von Gründen. Nur etwa 200 Rücksendungen jährlich bei etwa neun Millionen Verkäufen widerlegen Befürchtungen, dass diese Garantie ausgenutzt wird.[2]

Servicegarantien bürgen für die Qualität relevanter Kundendienstleistungen.

Als erstes Versicherungsunternehmen in den USA bot DELTA DENTAL PLAN garantierte Serviceleistungen an, wie beispielsweise die Klärung telefonischer Kundenanfragen innerhalb eines Geschäftstages, fehlerfreie Ausstellung des Versicherungsausweises innerhalb

---

1   Vgl. Spremann 1988, S. 620 f.
2   Vgl. o.V. 1997a, S. 20.

von 15 Tagen oder auf Wunsch eine schriftliche Berichterstattung statistischer Auswertungen innerhalb von 10 Tagen nach Monatsende. Jede dieser Leistungen ist mit einer bestimmten Rückvergütung verbunden, sollte sie nicht erfüllt werden.[1]

Preisgarantien sichern einen stabilen Preis in einem bestimmten Zeitraum zu. Bei einer Niedrigstpreisgarantie erhält der Kunde sein Geld zurück bzw. die Differenz erstattet, wenn er andernorts das gleiche Produkt zu einem günstigeren Preis kaufen kann. Eine Variante besteht darin, dass der Kunde nur einen gültigen Nachweis des günstigeren Preises erbringen muss, indem er zum Beispiel eine entsprechende Anzeige vorlegt. In dem Fall garantiert der Händler, sein Produkt zum gleichen Preis abzugeben.[2]

Mit *Erfüllungsgarantien* verpflichtet sich der Anbieter, seine Leistungsfähigkeit auch über die derzeitige Transaktion hinaus beizubehalten. Als Anbieter von Büromöbelsystemen bietet LISTA eine Nachliefergarantie bei Programm, Design, Farbe, Service im Regelfall bis zu zehn Jahren, oft sogar noch länger.[3]

3) Anreizsysteme: Genaugenommen sind Garantien „absichernde" oder „negative" *Anreizsysteme*. Möglich ist es auch, positive Ereignisse in Form einer leistungsorientierten Bezahlung oder einer Erfolgsbeteiligung (z.B. nutzenorientierte Preisgestaltung[4]) zu belohnen.

Die vollständige *Wirksamkeit von Verträgen* wird durch präzise Vertragsinhalte über die gesamte Vertragsdauer, ein ausgewogenes Kosten-/Nutzenverhältnis für alle Partner und die vollständige Durchsetzbarkeit von Sanktionsansprüchen bei Vertragsverletzung bestimmt.[5]

In engen Geschäftsbeziehungen versagt jedoch dieses Instrumentarium.[6] Das liegt daran, dass vertraglich nicht genau festgelegt werden kann, welche Projekte in der Folgezeit auf welche Art und Weise durchzuführen sind. Ausserdem ist es meist sehr aufwendig, Kontrollinformationen bereitzustellen, zu analysieren und zu bewerten. Auch eine Schlichtung durch Drittparteien ist schwierig, weil eine vertragliche Grundlage fehlt und die Leistungen nicht oder nicht effizient nachprüfbar sind.

---

1 Vgl. Hunter 1998; weitere Beispiele siehe Gloger 1996.
2 Siehe zu notwendigen Informationen, Abläufen, Strukturen bei der Preisfindung und –durchsetzung z.B. Simon/Tacke/Woscidlo 1998 m.w.N.
3 Expertengespräch Lista.
4 Vgl. Reinecke 1996, S. 139.
5 Siehe auch Plötner 1995, S. 31 ff.; Plötner/Jacob 1996 m.w.N.
6 Vgl. Macneil 1978.

Teil D: Kundenbindungsmanagement _____ *183*

Credible Commitments

Aufgrund dieser beschriebenen Grenzen der Vertragsgestaltung kann insbesondere bei Vertrauensgütern und längerfristigen Geschäftsbeziehungen eine „glaubhafte Selbstbindung" notwendig werden.[1]

Das geschieht, wenn 1) Anbieter selbst *kundenspezifische Investitionen* vornehmen, wie zum Beispiel in Referenzanlagen sowie Testinstallationen beim Kunden als Vorleistungen ohne vertragliche Gegenleistung.

Zudem können sie 2) versuchen, *Reputation* aufzubauen. Eine hohe Reputation liegt dann vor, wenn der Anbieter aus Kundensicht sowohl eine hohe Leistungsfähigkeit (Kompetenz) als auch einen hohen Leistungswillen (Vertrauenswürdigkeit) besitzt.[2]

Je besser der Ruf eines Anbieters ist, desto grösser ist das Faustpfand, das der Kunde als Sicherheit erhält. Auch mit der Schaffung eines *Markenartikels* gibt der Anbieter dem Kunden ein Pfand „in die Hand", denn ein Markenaufbau ist langwierig und mit erheblichem finanziellen Aufwand verbunden. Diese Investitionen sind zum Teil verloren, wenn Qualitätsversprechen nicht eingehalten werden können.[3] Neben der *Unternehmens*reputation, die insbesondere zu Beginn einer Geschäftsbeziehung relevant ist, kann auch die *Personen*reputation zum Fortbestehen der Beziehung beitragen.[4]

Der Weg zum *Reputationsaufbau* erfolgt über den Nachweis der Leistungsfähigkeit, das heisst, Versprechen müssen eingehalten werden. Auch die Vertrauenswürdigkeit kann nur dann erhöht werden, wenn der Anbieter dem ihm entgegengebrachten Vertrauen auch gerecht wird (siehe zu Vertrauen Kap. C 2.2.2.1).[5]

Massnahmen zum Vertrauensaufbau

In einer Studie unter 42 Verkäufern mit durchschnittlich elf Jahren Verkaufserfahrung wurden fünf zentrale Kriterien überprüft, die dem Vertrauensaufbau dienen. Das Vertrauen steigt demnach in dem Ausmass, wie Glaubwürdigkeit (z.B. Zusagen einhalten, Referenzen nutzen), Ehrlichkeit (z.B. Vor- und Nachteile nennen, Unwissenheit zugeben), Kompetenz, Kundenorientierung (i.S.v. Kundenbedürfnisse stehen an erster Stelle) und Freundlichkeit/Sympathie vom Kunden wahrgenommen werden.[6]

---

1 Siehe z.B. auch Weißenberger 1998 zu Vertrauensstrategien im Konsumgüterbereich.
2 Vgl. Plötner 1995, S. 42 f.
3 Vgl. Spremann 1988; Backhaus 1999, S. 384 f.
4 Vgl. Beinlich 1998, S. 150.
5 Vgl. Backhaus 1999, S. 652 f., 656.
6 Vgl. Swan/Trawick/Silva 1985, S. 211.

Auch in der Literatur werden viele Möglichkeiten geschildert, um Vertrauen zu erhöhen.[1] Folgende Massnahmen geben einen kurzen Einblick.[2]

1) Referenzen nutzen: Referenzen sind vor allem im Business-to-Business-Bereich sowie bei Dienstleistungen üblich. Sie verdeutlichen, dass der Anbieter bereits im Rahmen früherer Geschäfte seine Vertrauenswürdigkeit unter Beweis gestellt hat. Dafür müssen sie jedoch folgende Bedingungen erfüllen:

- Es muss eine grundsätzliche Ähnlichkeit zwischen dem vergangenen und dem geplanten Geschäftsabschluss bestehen. Geeignet erscheinen dafür zum Beispiel andere zufriedene Kunden oder „Lead User".[3] Die Referenzträger müssen glaubwürdig sein. Hier sind vor allem sogenannte „Meinungsführer" zu nennen, die anderen als kompetent und glaubwürdig bekannt sind und ihre Erfahrungen auch überdurchschnittlich intensiv kommunizieren.[4]

- Die Kunden sollten bereit sein, Auskünfte über ihre Erfahrungen mit dem Anbieter zu geben. Bei sensiblen Informationen kann die Auskunftsbereitschaft allerdings eingeschränkt sein. In dem Falle sind gewisse Anreize (z.B. Preisnachlässe) seitens des Anbieters notwendig, ohne jedoch dadurch die Glaubwürdigkeit der Referenzträger zu reduzieren.

2) Vertrauen zielt auf Gegenseitigkeit: Der Aufbau von Vertrauen bedingt gegenseitige vertrauensrelevante Massnahmen. Das sind vor allem Aktionen, die vom anderen eventuell erwartet, aber nicht eingefordert werden können. Auf Anbieterseite gehören dazu etwa Kulanzleistungen, vorzeitige Informationen über relevante Veränderungen im Umfeld des Nachfragers oder über unternehmensinterne Neuerungen. Auch die von DICHTL bezeichnete „Kundenbindung durch Umsatzverzicht" zählt dazu, indem der Lieferant zum Beispiel seinen Kunden hilft, Strom- oder Materialverbrauch zu senken oder der Elektrohändler ein preisgünstigeres Gerät empfiehlt.[5]

3) Ähnlichkeiten schaffen: Sozialpsychologische Studien unterstützen die Annahme, dass ein Kunde eher einem solchen Anbieter Vertrauen entgegenbringt, der ihm ähnelt.[6] Ähnlichkeitsmerkmale finden sich sowohl auf individueller als auch auf organisatorischer Ebene. Führungskräfte beachten diese Zusammenhänge, indem sie beispielsweise den Aussendienst entsprechend der jeweiligen Zielgruppe auswählen und schulen bzw. diesem adäquate Tätigkeitsfelder zuweisen.

---

1 Vgl. Weiber/Beinlich 1994; Swan/Trawick/Silva 1985; Anderson/Weitz 1989; Morgan/Hunt 1994, m.w.N.; Ganesan 1994; Kumar 1996, S. 100 ff.; Wimmer/Zerr 1995, S. 84.
2 Vgl. hier und im folgenden Plötner 1995, S. 119 ff.; Plötner/Jacob 1996, S. 108 ff.
3 Siehe auch Seite 122.
4 Siehe auch Kroeber-Riel/Weinberg 1999, S. 506 ff.
5 Vgl. Dichtl 1997, S. 9.
6 Vgl. z.B. Schoch 1969; Crosby/Evans/Cowles 1990.

An einem Kaufprozess wirkt oft nicht nur eine Person mit, sondern beispielsweise verschiedene Gremien oder Familienmitglieder.[1] Bei der Zusammenstellung des Selling Centers werden Merkmale des Buying Centers berücksichtigt (Center Matching bzw. Network Matching[2]). Abbildung 52 zeigt Ähnlichkeitsmerkmale auf individueller und organisatorischer Ebene.[3]

Individuelle Merkmale und Beispiele	
Statusbezogene Ähnlichkeiten	Ausbildung, Einkommen, soziale Schicht usw.
Ähnlichkeiten der äusseren Erscheinung	Aussehen, Sprache, Kleidung usw.
Lifestyle-Ähnlichkeiten	familiäre Verhältnisse, Hobbys usw.
Organisatorische Merkmale und Beispiele	
Strukturelle Ähnlichkeiten	Grösse, Rechtsform, Organisation usw.
Ähnlichkeiten der Unternehmens- und Marktstrategie	Qualitäts- oder Preisführer; Kunden- oder Produktorientierung usw.
Ähnlichkeiten der Kultur	Risikoneigung, Umgangsformen usw.

Abb. 52: Ähnlichkeitsmerkmale auf individueller und organisatorischer Ebene (Quelle: in Anlehnung an Plötner 1995, S. 155 ff.)

4) Kommunikation von Vertrauen: Vertrauensrelevante Informationen und Massnahmen sind oft sehr sensibel. Vertrauenswürdigkeit muss durch sämtliche Kommunikationsinhalte, -mittel und -medien sowie durch die Kommunikationsatmosphäre übertragen werden. Die Palette der Überlegungen ist sehr breit; sie reicht vom Aussehen und von der Ausstattung des Aussendienstes über Wirkungseffekte bestimmter Farbtöne und Schriftzeichen bei Anzeigen sowie ihre Plazierung in seriösen Zeitungen. Die Kommunikation des Wortes „Vertrauen" sollte dabei möglichst vermieden werden, da seine Thematisierung Misstrauen hervorrufen kann.[4]

Während Imagewerbung oder PR-Massnahmen eher als vertrauensbildende Vorleistungen mit breiter Streuung zu betrachten sind, können Mitarbeiter insbesondere durch persönliche Kommunikation Vertrauenswürdigkeit und Kompetenz demonstrieren. Der Stellenwechsel eines Mitarbeiters birgt die Gefahr, dass die vorhandene persönliche Bindung zum Kunden zerstört wird. Ein häufig wechselnder Ansprechpartner kann ebenfalls den Vertrauensaufbau behindern. ANDERSON/WEITZ weisen auf die

---

1 Vgl. Robinson/Faris/Wind 1967; Webster/Wind 1972; Backhaus 1999.
2 Vgl. Plötner/Jacob 1996, S. 112 f.
3 Vgl. Plötner 1995, S. 155 ff. m.w.N.
4 Vgl. Rößl 1992, S. 65.

Wechselwirkungen zwischen Vertrauen und Kommunikation hin. Vertrauen erleichtert die Kommunikation und diese erhöht wiederum das Vertrauen.[1]

Es zeigt sich, dass insbesondere in längerfristigen Geschäftsbeziehungen harte, formale Koordinationsdesigns allein versagen. Diese These wird ebenfalls durch LARSON bestätigt, die aus ihren Interviews mit Managern schlussfolgerte „that legal-contractual aspects of exchange were less important than social dimensions."[2] Bei *harten Designs* ist der Beitrag der jeweiligen Partei präzise geregelt, an objektivierbare Bedingungen geknüpft und stets durchsetzbar (Konventionalstrafe, Eigentumsübernahme, Gewinnbeteiligung, Rechtsverfolgung). *Weiche Designs* (z.B. Reputation, Vertrauen, relationale Austauschnormen[3]) sind weniger formal, eher vage und ihre Anwendungsgrundlage bleibt subjektiv.[4]

Da der Aufbau dieser informellen Steuerungsmechanismen die grundsätzliche Bereitschaft der Partner voraussetzt und Zeit benötigt, kann eine soziale Kontrolle nicht von heute auf morgen etabliert werden. Zudem bestimmen auch die früheren Erfahrungen der Partner, welche Instrumente geeignet sind, um die Beziehung mittels informaler Mechanismen zu festigen. Während zu Beginn die Firmenreputation und bestehende persönliche Beziehungen eine besondere Rolle spielen, wird zum weiteren Aufbau der Geschäftsbeziehung die Reziprozität als gerechte Verteilung des wirtschaftlichen Ergebnisses auf die Partner für wichtig erachtet. Ausserdem gewinnt Vertrauen zunehmend an Bedeutung. Implizit formulierte Normen, eine offene und ehrliche Kommunikation sowie ein gleiches Verständnis von Fairness können wiederum Vertrauen fördern.[5]

4.2.2 Migrationsmanagement

Der folgende Abschnitt teilt sich in zwei Teile: in den Umgang mit unzufriedenen Kunden (4.2.2.1) einerseits sowie mit inaktiven oder abtrünnigen Kunden (4.2.2.2) andererseits.

4.2.2.1 Beschwerdemanagement

Kapitel C 3.3 zu den Störfaktoren zeigte, dass insbesondere die Unzufriedenheit mit dem Anbieter oder dessen Leistungen einen Wechselentscheid dominiert. Ein aktives Beschwerdemanagement bietet die Chance, unzufriedene Kunden doch noch zufrie-

---

1   Vgl. Anderson/Weitz 1989, S. 322.
2   Larson 1992, S. 78, unter besonderer Berücksichtigung der Zusammenarbeit mit Entrepreneur-Firmen.
3   Siehe ausführlicher Freiling 1995, S. 332.
4   Vgl. Spremann 1990, S. 576 ff., 584.
5   Vgl. Larson 1992.

Teil D: Kundenbindungsmanagement 187

denzustellen und zusätzliche Informationen über die Störgrössen der Kundenbindung zu erhalten.[1]

Für den erfolgreichen Umgang mit Beschwerden sind leicht zugängliche Beschwerdekanäle, eine sach- und problemgerechte Beschwerdereaktion und -bearbeitung sowie eine systematische Beschwerdeanalyse notwendig. Zusätzlich sollte im Rahmen eines Beschwerdemanagement-Controlling der Zielerreichungsgrad der Aufgabenerfüllung überprüft werden. Abbildung 53 gibt einen Überblick über die Teilaufgaben im Rahmen des Beschwerdemanagementprozesses.

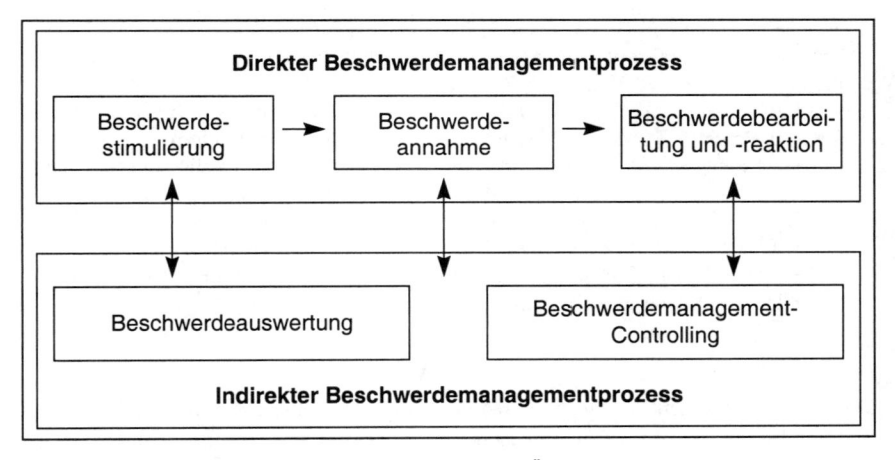

Abb. 53: Der Beschwerdemanagementprozess im Überblick
(Quelle: Stauss/Seidel 1998, S. 66)

Im folgenden werden alle Teilaufgaben kurz und anhand von Beispielen charakterisiert sowie häufige Probleme der Praxis aufgezeigt.[2]

Beschwerdestimulierung

Innerhalb dieser Teilaufgabe müssen Beschwerdewege eingerichtet und diese gegenüber dem Kunden kommuniziert werden. Grundsätzlich stehen mündliche (z.B. mittels Service- oder Kundenständen am PoS), schriftliche (z.B. mittels Meinungskarten) und telefonische (z.B. über gebührenfreie Telefonnummern) Beschwerdewege zur Verfügung. Beschwerden sollten zum einen an üblichen Kontaktpunkten, zum anderen aber

---

1 Siehe insbesondere Stauss/Seidel 1998; vgl. auch Michel 1999, S. 16 zum Service Recovery Management.
2 Vgl. hier und im folgenden Stauss/Seidel 1998. Praxisbeispiele finden sich ebenfalls in Reinecke/Sipötz/Wiemann 1998.

auch über zeitliche und örtliche Distanzen möglich sein. Der Kunde muss wissen, „dass", „wie" und „bei wem" er sich beschweren kann.

Unternehmenskulturen lassen vielerorts Beschwerden eher als Ärgernis denn als Chance erscheinen. Aus diesem Grund erhalten die Kunden meist wenige Informationen darüber, wie sie im Falle der Unzufriedenheit reagieren können. Je aufwendiger das Vorbringen einer Beschwerde für Kunden aber ist, desto geringer ist die Chance, ihre Zufriedenheit wieder herzustellen und desto weniger nützliche Kundeninformationen fliessen ins Unternehmen. Bei geringem Schaden und generell niedrigen Wechselkosten wandern diese Kunden eher ab, anstatt sich zu beschweren.[1]

Die deutsche COMMERZBANK wirbt mit Plakaten in ihren Filialen, dass auch kritische Kundenäusserungen erwünscht sind. Ansprechpartner ist in erster Linie der Kundenberater (persönliche Beschwerde). In den Filialen liegt zudem die sogenannte „Gelbe Karte" aus (schriftliche Beschwerde). Dort wird darauf geachtet, dass zwar die Karten auffällig plaziert sind, Beschwerden aber auch ohne Wissen des jeweiligen Beraters formuliert werden können. In wenigen Sekunden kann der Kunde die zu beurteilenden Qualitätsdimensionen erfassen und sie durch Ankreuzen bewerten bzw. sich ausführlicher dazu äussern. Per Fax, Post, E-Mail oder persönlicher Abgabe in der Filiale erreicht der Kommentar das Service-Center. Zusätzlich wurde eine Servicenummer eingerichtet (telefonische Beschwerde). Der Kunde zahlt lediglich 12 Pfennige. Bei ihrer Antwort berücksichtigt die COMMERZBANK immer den vom Kunden gewählten Beschwerdekanal.[2]

Beschwerdeannahme

Diese Teilaufgabe umfasst die erste Reaktion auf die Beschwerde sowie die Erfassung der Beschwerdeinformationen. Besonders beim persönlichen Kontakt sollten Unternehmen darauf achten, dass ihre Mitarbeiter beruhigend und sachlich vorgehen sowie eine schnelle Problemlösung einleiten können.[3] Dazu gehören auch sämtliche Informationen über vergangene Beschwerdefälle des Kunden.

Mit Hilfe standardisierter Formblätter können die Beschwerdeinformationen vollständig, schnell und strukturiert erfasst werden. Eine PC-gestützte Beschwerdeerfassung und -bearbeitung ist sinnvoll für eine systematische und umfassende Dokumentation.

Die persönliche Konfrontation mit einer Beschwerde verlangt von den Mitarbeitern hohe soziale Kompetenzen und Kritikbereitschaft. Notwendige Trainingsmassnahmen sowie eine „fehlertolerierende" Qualitätskultur sind in den Unternehmen noch zu wenig verankert. Oft werden Beschwerden nicht zentral erfasst und bearbeitet. Das beeinträchtigt einen standardisierten Bearbeitungsprozess sowie den Zugang zu Informa-

---

1   Siehe auch Hirschmann, Abschnitt B 2.2.1.
2   Vgl. Kempf 1998, S. 84 f.
3   Vgl. zu Reaktionen auf Beschwerden z.B. Zinnagl 1994.

tionen für sämtliche Beteiligten (z.B. Aussendienst, Kunden- und Produktmanager, Servicetechniker, Vorgesetzte).

Beschwerdebearbeitung und Beschwerdereaktion

In diesem Aufgabenfeld geht es um die Gestaltung der internen Bearbeitungsprozesse, die mit dem Kundenproblem beginnen und erst mit dessen endgültiger Lösung enden. Hierzu gehören die Festlegung der Verantwortlichen, die Definition sowohl der Bearbeitungstermine als auch der Beschwerdereaktionen, zum Beispiel Zeitpunkt und Form der Eingangsbestätigung, der Endbescheid gegenüber dem betreffenden Kunden sowie die Entschädigung für die Unannehmlichkeiten (z.B. Entschuldigung, Umtausch, kleines Geschenk, siehe Kap. 4.2.2.2).

Bewährt hat sich das Prinzip des „Complaint Ownership".[1] Diejenige Person, die vom Kunden über ein Problem als erste informiert wird, hat dafür zu sorgen, dass diese Beschwerde erfasst und bearbeitet wird. Der betreffende Mitarbeiter ist solange „Eigentümer der Beschwerde" bis entweder das Problem – aus Kundensicht – gelöst ist, oder er den Fall aufgrund von Kompetenzüberschreitungen bzw. fehlender Zuständigkeit an einen anderen „Complaint Owner" abgeben muss.

Die Bearbeitungsprozesse sind oft nicht klar definiert. Beschwerden bleiben an den Schnittstellen zwischen den Abteilungen liegen. Mitarbeiter vor Ort beim Kunden werden durch die internen Stellen unzureichend über Beschwerdeinhalt und -vorgang informiert. Deshalb ist eine schnelle Reaktion (Erstkontakt, Lösung) nicht immer möglich. Für den Fall, dass für die Verantwortlichen nur objektiv erkennbare Leistungsmängel eine Beschwerde rechtfertigen, bleibt die subjektive Kundensicht des Problems unberücksichtigt. Zudem erfolgen Art und Ausmass der Beschwerdereaktionen meist noch ohne Beachtung der jeweiligen Kundenattraktivität.[2]

IBM (SCHWEIZ) entwickelte verschiedene Programme zur Reaktion auf Beschwerden. Das Programm *„Customer First"* zielt auf eine schnelle und unbürokratische Behandlung kleinerer Beschwerden. Bis zu einem Betrag von CHF 5000 pro Fall ist jeder Mitarbeiter im Front-Office autorisiert, Schaden wiedergutzumachen.

Das Programm *„Promise"* zeigt, wie schnell und mit welchem Ergebnis eine Beschwerde bearbeitet wird. Angestrebter Standard ist es, innerhalb von 48 Stunden auf Beschwerden zu reagieren und den Kunden bis zu einer Frist von sieben Arbeitstagen zufriedenzustellen bzw. einen Aktionsplan zur Lösung des Problems vorzulegen, welcher vom Kunden akzeptiert wurde. Gegenwärtig liegt der Erfüllungsgrad bei 90 Prozent. *Promise* ist die Basis für jede Eskalation und die damit verbundenen Entscheidungen.

„Critsit" steht für Critical Situation. *IBM* definiert eine „kritische Situation" so, dass in diesem Fall die Installation oder der Betrieb eines *IBM*-Produkts eine schwere Unzufriedenheit hervorruft, das Geschäft des Kunden ernsthaft gefährdet ist und er das von den

---

1 Siehe z.B. Unternehmen wie „The Ritz Carlton Hotel Company", IBM.
2 Vgl. Zanner 1996, S. 50 f.

lokalen, zuständigen IBM-Stellen vorgeschlagene Vorgehen nicht akzeptiert. Nach erfolgtem „In-Country-Assessment" wird nun „Out-of-the-Country" Unterstützung angefordert, ein Aktionsplan erneut entwickelt und dem Kunden vorgelegt. Ist die Umsetzung trotz allem Bemühen nicht gewährleistet, wird der Bericht an das „*Customer Action Councel (CAC)*" weitergeleitet. Das Senior Management Team befasst sich umgehend mit dem Fall und entscheidet innerhalb weniger Stunden.[1]

Beschwerdeauswertung

Hauptaufgabe ist die quantitative und qualitative Auswertung der erhaltenen Beschwerdeinformationen. Die *quantitative* Auswertung überwacht den Umfang und die Verteilung des Beschwerdeaufkommens. Sie charakterisiert die häufig genannten Probleme. Methoden sind beispielsweise Häufigkeitsauswertungen (z.B. nach Qualitätsdimensionen, im Zeitverlauf), Frequenz-Relevanz-Analysen[2] und Kreuztabellierungen (z.B. nach Produkt und Qualitätsdimension). Die *qualitative* Auswertung widmet sich vorrangig einer systematischen Ursachenanalyse. Dafür werden zum Beispiel Ursache-Wirkungsketten visuell dargestellt.[3]

Besonders häufig fehlt eine systematische Erfassung und Auswertung der Beschwerdedaten. Die Informationen sind unstrukturiert und nicht entscheidungsorientiert aufbereitet. Somit stehen diese Daten dem Unternehmen nicht für Lernprozesse und Neuentwicklungen zur Verfügung.

Beschwerdemanagement-Controlling

Das Beschwerdemanagement-Controlling formuliert Leistungsindikatoren und kontrolliert die Leistungsstandards für alle vorher beschriebenen Teilaufgaben. Ausserdem gibt es Aufschluss über die Rentabilität der einzelnen Tätigkeiten: Kosten und Nutzen des Beschwerdemanagements werden gegenübergestellt.

4.2.2.2 Kundenrückgewinnung

Im vorherigen Abschnitt wurde vorausgesetzt, dass Kunden ihre Beschwerden direkt dem Unternehmen gegenüber äussern. Das ist allerdings nur *eine* mögliche Reaktion bei Unzufriedenheit (siehe Kap. C 2.2.1). Noch problematischer ist der Fall, wenn mit Kunden aus vorerst *unbekannten* Gründen rückläufige oder gar keine Umsätze innerhalb eines gewissen Zeitraums erzielt werden. Ob ein tatsächlicher Wechsel vorliegt, erfahren die meisten Unternehmen allerdings erst dann, wenn die Kunden ihre Verträge kündigen bzw. diese nicht mehr verlängern.

---

[1] Vgl. Dittrich/Sipötz 1998, S. 157 f.
[2] Vgl. Stauss/Hentschel 1990.
[3] Vgl. Gitlow et al. 1989, S. 382 ff.; Edosomwan 1993, S. 91 ff.

Teil D: Kundenbindungsmanagement _____ *191*

Spätestens jetzt gewinnt die *Kundenrückgewinnung* an Bedeutung. Sie wird je nach Stellenwert auch als separate Aufgabe neben der Kundenakquisition und -bindung betrachtet. Ausser den positiven, ökonomischen Effekten einer geringeren Migrationsrate,[1] können – wie auch beim Beschwerdemanagement – wertvolle Informationen zu den Abwanderungsgründen gesammelt und ausgewertet werden.[2]

In der Praxis ist Rückgewinnung jedoch bisher nur von untergeordneter Bedeutung. Ursachen hierfür liegen unter anderem an den fehlenden Instrumenten sowie an kulturellen Hemmnissen im Unternehmen, die eine systematische Rückgewinnung nicht unterstützen.[3]

In der Literatur wird überwiegend davon ausgegangen, dass die Rückgewinnung erst *nach* einem Wechsel einsetzt. Unternehmen, die bereits konkrete Nutzungs- und Verhaltensdaten ihrer Kunden auswerten (z.B. durch Kundenkarten, -datenbanken), sollten sich allerdings schon auf *gefährdete* Beziehungen *vor* einem Wechsel konzentrieren.

Ein fiktives Beispiel von OGGENFUSS/HUNN beschreibt eine Bankangestellte, die am Bildschirm ihres Computers täglich zwei Listen vorfindet. Die erste Liste enthält die Kunden, welche ein besonders hohes Cross-Buying-Potential aufweisen. Bei den Kunden der zweiten Liste besteht eine grosse Gefahr, dass sie ihre Beziehungen zur Bank abbrechen wollen. Durch die Anwendung komplexer Algorithmen auf grosse Datenmengen können „Gesetzmässigkeiten" aufgedeckt werden (Data Mining), die beispielsweise potentielle Wechsel identifizieren.[4]

Wie schnell die Verantwortlichen reagieren können, hängt insbesondere von den entsprechenden, frühzeitigen Kundeninformationen ab. In Massenmärkten sind das – wenn überhaupt – die vorher beschriebenen Vertragskündigungen (z.B. bei Mobiltelefonen, Versicherungen). Die Ausgestaltung eines Frühwarnsystems beruht demzufolge auf Kriterien, wie zum Beispiel Zugang zum Kunden, Qualität und Quantität der Daten, Datenbank, finanzielle und personelle Ressourcen für Recherchen und Analysen.

Der folgende Rückgewinnungsprozess bildet einen Rahmen, der von den Verantwortlichen noch inhaltlich konkretisiert werden muss (siehe Abbildung 54).[5]

---

1 Siehe z.B. Reichheld/Sasser 1990; Abschnitt B 1.2.
2 Siehe auch Stauss 1997b, S. 3.
3 Vgl. Homburg/Schäfer 1999 Vorwort, S. 3
4 Vgl. Oggenfuss/Hunn 1998, S. 20 f. Zu den Grenzen der Data Mining-Modelle am praktischen Beispiel siehe Dubs 1998, S. 86.
5 Siehe hier und im folgenden auch Stauss 1997b; Homburg/Schäfer 1999.

Prozessschritte	Beispiele
1. Attraktive Kunden bzw. Segmente bestimmen	siehe Kapitel D 2 Kundensegmentierung
2. Frühindikatoren und deren Informationsquellen definieren	Leistung und Leistungsprozesse, Wettbewerb, Umweltveränderungen, Kundenverhalten, „günstige" Wechseloptionen
3. Daten spezifisch aufbereiten	nach Einzelbeziehungen, Kundensegmenten
4. Eigene Reaktionen *vor* und *bei erfolgtem* Wechsel festlegen	Toleranzbereich der Indikatoren, Massnahmen und Verantwortliche festlegen • Kommunikation: Anruf, Brief, Besuch • Leistungen: finanziell, materiell, immateriell
5. Controlling	Erfolgsquote, Kosten und Nutzen gegenüberstellen

Abb. 54: Prozess der Kundenrückgewinnung

1. Attraktive Kundensegmente bestimmen.

Auch bei der Rückgewinnung sind die *attraktiven* Kunden in den Mittelpunkt zu stellen. Hier sollte man auf Kriterien und Analysemethoden zur Kundenbewertung zurückgreifen, die bereits im Kapitel D 2 beschrieben wurden.

2. Frühindikatoren und deren Informationsquellen definieren.

Beziehungen werden in der Regel nicht abrupt abgebrochen. Aufgrund bestehender Abhängigkeiten verwarnen unzufriedene Kunden im ersten Schritt ihre Lieferanten, verlangen bestimmte Verbesserungen oder reduzieren zunächst allein die Beschaffungsmenge.[1] Frühindikatoren sind zum einen sinnvoll, wenn eine Reaktion erst *nach erfolgtem* Wechsel wenig erfolgversprechend oder mit grösseren Aufwendungen verbunden ist (z.B. der Kunde hat bereits bei der Konkurrenz gekauft). Zum anderen sind sie notwendig, wenn das Unternehmen gar keine konkreten Informationen über den Wechsel erhält (z.B. keine schriftliche Kündigung).

In Anlehnung an die beschriebenen Ansatzstellen von Störfaktoren in Kapitel C 3.3, (Abbildung 30, S. 107) sind folgende *Bereiche der Frühindikatoren* zu erkennen:[2]

---

[1] Siehe Kapitel C 3.3 zu Störfaktoren; vgl. empirische Untersuchung von Butzer-Strothmann 1998, S. 71.
[2] Siehe auch Butzer-Strothmann 1998, S. 73 ff. sowie Workshop zur Kundenrückgewinnung (siehe Anhang).

- *Leistungen und Leistungsprozesse:* Hierzu gehören beispielsweise Qualitätsmängel, Beschaffungs- Produktions- und Lieferengpässe, Fehlzeiten und Fluktuation der Mitarbeiter sowie Häufigkeit von Reparaturleistungen.

- *Verhalten der Wettbewerber:* beispielsweise neue Produkte, Preissenkungen, verändertes Serviceangebot, neue Wettbewerber und *Umweltveränderungen* wie veränderte Gesetze, Konjunktur, Technologien.

- *Kundenverhalten:* beispielsweise geäusserte Unzufriedenheit, „schwierigere" Verkaufsgespräche, Information über Konkurrenzangebote, abnehmende Kontaktanzahl, reduzierte Bestellhäufigkeit und -menge. Die Kündigung *einzelner* Leistungen (z.B. von Wartungsverträgen) sollte ernstgenommen werden. Zudem können auch innerhalb der Kundenorganisation zukünftige Beschaffungsentscheidungen hierarchisch verlagert werden. Hinweise gibt eventuell auch die Analyse des Beziehungslebenszyklus (siehe Abschnitt 2.2.3).

- Ausserdem sind zeitlich „*günstige*" Wechseloptionen zu berücksichtigen wie auslaufende Verträge, System-Upgrades, abgelaufene Patente oder Personalwechsel.

Sind die Indikatoren inhaltlich umrissen, müssen deren *Informationsquellen* bestimmt werden. Hier sind zunächst Sekundärinformationen zu nutzen, die in Statistiken über Liefermenge und -zeiten, in Aussendienstberichten, Konkurrenzanalysen, Auftragsverlust- und Fehleranalysen oder in Beschwerdeformularen enthalten sind.

Eine zentrale Datenquelle ist die Befragung abgewanderter Kunden. In der Regel sind es vielfältige Wechselgründe, die nach inhaltlichen Aspekten zu gruppieren und erneut den Frühindikatoren zufliessen sollten (siehe auch Abschnitt C 3.3, Störfaktoren). Interviews mit eigenen Kunden oder Kunden der Konkurrenz können diese Informationen ergänzen.

3. Daten spezifisch aufbereiten.

Die *Daten* müssen nun kunden(segment)*spezifisch aufbereitet* und ständig aktualisiert werden. Der Detaillierungsgrad reicht von der ausführlichen Dokumentation einzelner Anbieter-Kundenbeziehungen bis zu typischen Wechslerprofilen im Massenmarkt. Beim angeführten Bankbeispiel waren es unter anderem die Performance der Anlagen sowie die Höhe des Geldbetrags auf dem gering verzinsten Privatkonto.[1]

4. Eigene Reaktionen vor bzw. nach erfolgtem Wechsel festlegen.

Weiterhin ist die *Toleranzschwelle zu definieren*, ab welcher der Anbieter auf jeden Fall reagieren sollte, beispielsweise durch eine Kontaktaufnahme zu allen Kunden, die

---

[1] Siehe auch Beispiele in Knauer 1999, S. 518 ff.; Alber/Weber 1999, S. 492 f.

seit *einem Jahr nichts bestellt* haben, oder durch ein persönliches Treffen auf höherer Hierarchieebene, wenn ein Grosskunde *einzelne Verträge kündigen* möchte.

Das erste Beispiel zeigt den fliessenden Übergang der Rückgewinnung zum Up- oder Cross-Selling inaktiver Kunden, nämlich dann, wenn Kunden gar nicht die Absicht haben, zu wechseln, sondern sich im betrachteten Zeitraum allein ihre Bedarfssituation geändert hat. Je individueller Kunden betreut werden, desto mehr ist der persönliche Berater oder Account Manager aufgefordert, frühe Signale beim Kunden und in dessen Umfeld selbst zu erkennen.

Frühindikatoren dienen vorrangig dazu, der potentiellen Wechselgefahr rechtzeitig mit entsprechenden taktischen Marketingmassnahmen entgegenzutreten. Die *maximale* Toleranzschwelle für eine Reaktion ist allerdings der konkrete Wechsel. Für diese Situation sind ebenfalls klare Vorgehensweisen zu definieren:

Grundsätzlich sollte die Reaktion schnell und – bei Kundenproblemen – mit einer Entschuldigung erfolgen. Zwei Informationen bestimmen das weitere Vorgehen: 1) wie *attraktiv* der Kunde für das Unternehmen ist und 2) *warum* dieser den Anbieter verlassen hat.

Das Mobilfunkunternehmen *E-PLUS* analysiert nach Eingang der Kündigung zunächst das Nutzungs- und Zahlungsverhalten[1] des Kunden und weist diesen der Gruppe der Wenig-, Durchschnitts- oder Vieltelefonierer zu. Unabhängig davon findet ein telefonischer Kontakt sofort statt, wenn die Fortsetzung des Vertragsverhältnisses von einer Problemlösung abhängt (ca. 30 % der Fälle). Bei den restlichen 70 % erfolgt die Reaktion entsprechend der Kundenattraktivität. Gruppe 1 erhält eine freundliche Bestätigung der Kündigung. Bei Gruppe 2 wird die Bestätigung mit einem attraktiven Angebot verbunden. „Telefonvertriebs-Profis" übernehmen die Kündigung sowie alle kundenrelevanten Daten der 3. Gruppe. Rund ein Viertel der Kunden kann so wieder zurückgewonnen werden.[2]

Der Versandhändler *WALBUSCH* ist ein Spezialist für bequeme Herrenkleidung mit der Kernzielgruppe Männer über 50 Jahre. Bei der Rückgewinnung wird ebenfalls zunächst nach den Gründen des Wechsels geforscht. Will ein unzufriedener Kunde wechseln, beginnt ein straff organisierter Eskalationsprozess mit genau festgelegten Verantwortlichkeiten für die Art und Höhe des Problems, bis hin zum Geschäftsführer. Für alle Kunden, die ohne Angaben von Gründen gewechselt haben, existiert ein abgestuftes, kontinuierliches Kommunikationsprogramm, das den Kontakt zum Kunden bis zu 10 Jahren nach dem letzten Kaufakt aufrecht hält.[3]

Das Beispiel von *E-PLUS* zeigt, dass über zwei Drittel der Kunden keine Gründe angaben. Vorsicht ist bei sogenannten Trittbrettfahrern geboten, die nur die Anreize zur

---

1 Das sind: Dauer des Teilnehmerverhältnisses, durchschnittlicher Rechnungsumsatz, Anzahl der Vertragsverhältnisse pro Kundennummer (Scoringmodell).
2 Vgl. Schmidt/Hausdorf 1999. Für andere Beispiele siehe Reichheld/Sasser 1991, insb. S. 113; Rodgers 1986, S. 165 ff.; Knauer 1999, S. 524 f.
3 Expertengespräch Walbusch.

Rückkehr annehmen, um bei nächster Gelegenheit wieder zu wechseln (z.B. die „Fashion Churner" im Mobilfunkmarkt).[1] Die Verantwortlichen geraten hier in den Konflikt, Kunden zurückzugewinnen und sie gleichzeitig zu professionellen Wechslern zu erziehen. Ziel kann es deshalb auch nicht sein, generell *alle* Kunden zurückzugewinnen. Aber auch dann, wenn die Abwanderung begründet wird, müssen dies nicht die entscheidenden, alleinigen Gründe sein (siehe Abschnitt C 3.3).[2] Aufwendige Ursachenanalysen sind deshalb nur bei besonders attraktiven Kunden gerechtfertigt.

Die vorherigen Analysen helfen den Verantwortlichen, das mögliche Problem zu beheben sowie *Art und Höhe der Anreize* zur Rückkehr zu bestimmen. Dies sind:[3]

- *finanzielle* Anreize (z.B. Preisnachlass, Kaufpreiserstattung, Schadenersatz, massgeschneiderte Finanzierungsmodelle),
- *materielle* Anreize (z.B. neues Produkt, zusätzliche Dienstleistungen, Umtausch, Reparatur, Geschenk) und/oder
- *immaterielle* Anreize (z.B. Entschuldigung, Erklärungen, persönlicher oder telefonischer individueller Dialog, Einladung zu Events).

5. Ein regelmässiges Controlling durchführen.

Das Controlling formuliert und kontrolliert – ähnlich wie beim Beschwerdemanagement – die Leistungsstandards. Ein wichtiges Kriterium ist die Erfolgsquote, das heisst, wie viele Kunde tatsächlich zurückgewonnen wurden, u.U. aufgeschlüsselt nach ihrer Attraktivität. Zudem werden Kosten und Nutzen der Rückgewinnung gegenübergestellt.[4] Das Controllingsystem zur Rückgewinnung sollte mit dem Controlling des Beschwerdemanagements sowie mit dem allgemeinen Cockpit zur Kundenbindung (siehe Abschnitt 5.2) korrespondieren, um möglichst einen *einheitlichen* Datenzugriff zu gewährleisten.

5 Kennzahlengestütztes Controlling der Kundenbindung

Mit Rücksicht auf die bestehenden Grenzen des Marketingcontrolling als übergeordnete Ebene (Abschnitt 5.1) wird ein Cockpit zur Kundenbindung entwickelt, das die bestehenden Controllingsysteme ergänzen soll (Abschnitt 5.2).

1　Vgl. Carroll/Rose 1993, S. 11.
2　Siehe auch Untersuchungen bei Schütze 1992, S. 325; Dubs 1998, S. 71; Joho 1996, S. 101.
3　Vgl. Riemer 1986; Stauss/Seidel 1998, S. 174; Webster/Sundaram 1998.
4　Vgl. z.B. Stauss 1997b, S. 14 ff.; Homburg/Schäfer 1999, S. 18 ff.

5.1 Grenzen des Marketingcontrolling

Marketingcontrolling – als übergeordnete Ebene – hat die Aufgabe, für folgende Bereiche Informationen bereitzustellen und zu koordinieren:[1]

- für die strategische Marketingplanung (z.b. Kundenportfolios, langfristige Budgetierung),
- für die operative Marketingplanung (z.b. Entscheidungskalküle zur Kurzfristplanung im Marketing-Mix, kurzfristige Budgetierung),
- für verschiedene Marketing-Organisationseinheiten (z.b. Informationsbedarfsanalysen, Stellen- und Abteilungsbudget, Kundendeckungsbeitragsrechnungen)
- zur Mitarbeiterführung im Marketingbereich (z.b. Gestaltung von Provisionssystemen, Target Costing, interne Verrechnungspreise) sowie
- zur Kontrolle und Überwachung des Marketing (z.b. Absatzsegmentrechnungen, Wirkungskontrollen von Marketingmassnahmen, Ergebniskontrollen).

Wie die Beispiele in Klammern und Abschnitt 2 „Kundensegmentierung" zeigen, lassen sich daraus auch Ansätze für das Controlling der Kundenbindung ableiten.

Ein allgemeingültiges Controllingsystem für die Kundenbindung wird aber nicht möglich sein. Sowohl Branchenbesonderheiten als auch vorhandene Rahmenbedingungen, Anspruchsgruppen, das Zusammenspiel mit den anderen Kernaufgaben der Kundenakquisition und der Leistungsseite sowie die Infrastrukturen (Berichtswesen, Informatikunterstützung) sind zu beachten.[2]

Der Fokus soll vielmehr auf der Frage liegen, wie der *Erfolgsbeitrag der Kundenbindung* ermittelt werden kann. Dazu müssten sämtliche Kosten und Erlöse der jeweils getroffenen Entscheidung ermittelt werden, um einen Erfolgssaldo zu erhalten. Das ist jedoch praktisch nicht umsetzbar, weil 1) nicht alle Konsequenzen einer Entscheidung zu überblicken sind (z.B. Sekundäreffekte, zukünftige Wirkungen) und insbesondere 2) nicht *alle* Kosten- und Erlöswirkungen der einzelnen Entscheidung zugeordnet werden können (z.B. Personalkosten).[3]

Diese Kritik bezieht sich ebenfalls auf die Kontrolle der eingesetzten Marketinginstrumente (z.B. Werbewirkungskontrolle). Es ist fraglich, ob auf diese Art die Erfolgsquellen tatsächlich gemessen werden können und ob der Aussagegehalt der Messergebnisse Führungskräften hilft, weitere Entscheidungen zu treffen. Beides ist nur eingeschränkt zu bejahen. Das liegt zum einen im teilweise wirklichkeitsfremden,

---

[1] Vgl. Köhler 1996, S. 521.
[2] Vgl. Krulis-Randa 1990, S. 269.
[3] Vgl. z.B. Plinke/Rese 1995, S. 599 ff.

rezeptologisch-mechanistischen Charakter des Marketing-Mix.[1] Die Interaktion zwischen Kunden und Unternehmen wird vernachlässigt oder stark vereinfacht. Zum anderen entspricht der Marketing-Mix nicht unbedingt der Denkweise von Top-Führungskräften, die sich an Grössen wie Gesamtumsatz oder Gewinn orientieren. Marketing wird dadurch häufig nur als Aufwand, nicht aber als zukunftsgerichtete Investition wahrgenommen.

Aus diesem Grund setzt man bei den Bezugs*objekten* (Produkt, Kunde, Absatzgebiet) an, auf die sich die Entscheidungen richten.[2] So wird beispielsweise empfohlen – ähnlich anderer üblicher Rentabilitätsgrössen – das Verhältnis von Kundendeckungsbeitrag eines Kunden(-segments) zum finanziellen Aufwand (Investitionen) zu bewerten.[3] Zur Berechnung des Optimums aller Anstrengungen zur Kundenbindung sind Kosten und Erlöse ebenfalls spezifisch zu erfassen und zuzuordnen. So wird angenommen, dass durch intensive Kundenbindungsmassnahmen zuerst der Kundendeckungsbeitrag (KDB) steigt (Umsätze steigen stärker als die Kosten). Ab einem gewissen Punkt lassen sich aber keine Wertzuwächse mehr verbuchen, da – vereinfacht – bei einem Minimum an Kosten keine höheren oder häufigeren Umsätze mehr erzielbar sind oder zusätzliche Kosten der Kundenbindung (z.B. „Extrawünsche") entstehen. Der Kundendeckungsbeitrag nimmt ab. Das Optimum der Ausgaben läge dort, wo der (ökonomische) KDB am höchsten ist.[4]

Insbesondere dann, wenn die individuelle Geschäftsbeziehung zum Gegenstand des Controlling wird, ist das Problem der Periodengebundenheit üblicher Kosten- und Erlösrechnungen offensichtlich. Beziehungen als Investitionsobjekte sind in der Regel periodenübergreifend und sollten auch so erfasst werden.[5]

5.2 Cockpit zum Controlling der Kundenbindung

Aus diesen Gründen ist es sinnvoll, die bestehenden Controllinginstrumente durch ein aufgabenbezogenes Controlling zu *ergänzen,* nicht zu ersetzen. Der aufgabenorientierte Ansatz (siehe Kapitel B 3.2.2), der sich an den ökonomischen Basiszielgrössen Umsatz und Erfolg orientiert, verbindet im Rahmen der Marketingplanung Marketingziele, -strategien und -instrumente miteinander.[6] Er erleichtert somit eine konsistente Marketingplanung und bildet die Basis für ein durchgängiges Marketingcontrolling.

Damit stehen nicht die Marketinginstrumente im Vordergrund, sondern das Controlling der einzelnen Kernaufgaben und des Kernaufgabenprofils. Beispielsweise kann

---

1 Siehe hier und im folgenden Tomczak/Reinecke 1996; Reinecke/Tomczak 1998, S. 93 m.w.N.
2 Vgl. Plinke/Rese 1995, S. 599 ff. m.w.N.
3 Vgl. z.B. Schütz/Krug 1996, S. 193.
4 Vgl. hier ein ausführlicheres Rechenbeispiel von Blattberg/Deighton 1997, S. 24 ff.
5 Vgl. Plinke 1989, S. 320 ff.; Pallocks 1998, S. 263 ff.
6 Vgl. Tomczak/Reinecke 1999, S. 312 ff.

die Preisgestaltung eingesetzt werden, um Kunden zu akquirieren (z.B. günstige Sonderangebote) oder Kunden zu binden (z.B. Treuerabatte). Ihre Wirkung wird sich aber nicht nur auf den Erfolg oder Misserfolg *einer* Kernaufgabe beschränken.

Insofern ist es schwierig, ein Cockpit, als ein kohärentes System komplementär zueinander stehender Kennzahlen,[1] für eine *einzelne* Aufgabe zu erstellen. Aufbau und Umfang des Cockpits hängen ausserdem von der relativen Bedeutung der einzelnen Kernaufgaben innerhalb des Geschäftsbereichs ab. Der Vorschlag eines möglichen Grundgerüstes ist jedoch angebracht.

5.2.1 Aufbau des Cockpits

Zunächst erscheint es wichtig, dass nicht mehr allein das Produkt oder der Kunde im Mittelpunkt stehen, sondern auch die *Geschäftsbeziehung*.[2] Demzufolge werden die Tätigkeiten auf Kunden- *und* Anbieterseite in Form einer Ursache-Wirkungskette berücksichtigt (siehe Abbildung 55).

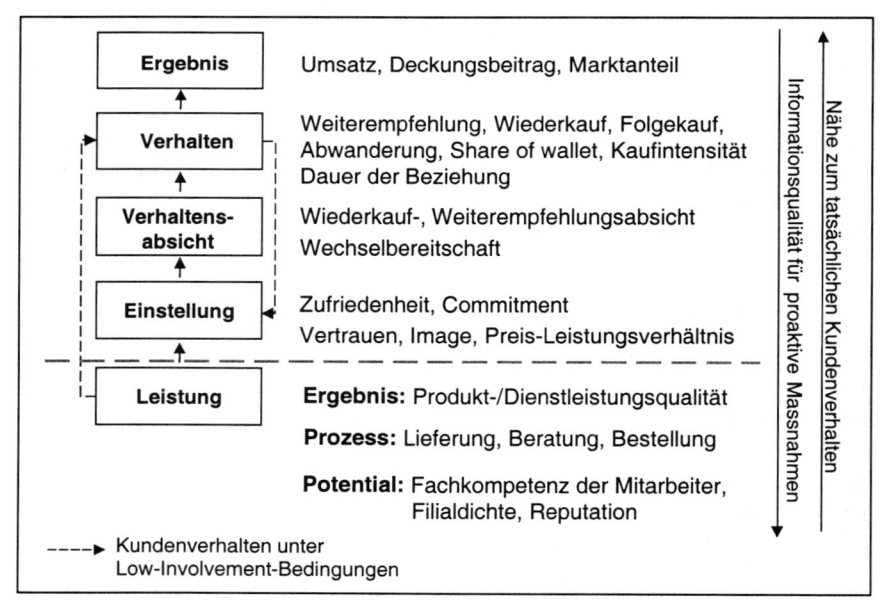

Abb. 55: Controllingebenen der Kundenbindung als Gerüst eines Cockpits (mit ausgewählten Kennzahlen)

---

1 Vgl. Reinecke/Tomczak 1998, S. 101.
2 Vgl. Diller 1995c, S. 40 ff.

Zur Controllingebene „Leistung" gehört die Qualität der Austauschobjekte, das heisst, Produkte und Dienstleistungen als *Leistungsergebnisse*. Damit verbunden sind Austauschprozesse auf Informations-, Leistungs- und Entgeltebene.[1] Zur ersten Ebene gehören etwa die persönliche Beratung, gemeinsame Workshops für die Produktentwicklung oder die Reaktion bei Beschwerden. Logistikprozesse (z.B. Bestellung, Lieferung, Rücknahme) fallen unter die Ebene zwei. Zur Entgeltebene zählt beispielsweise der Prozess der Rechnungsstellung. Da es sich um kundennahe Prozesse bzw. Prozesse an der Schnittstelle zum Kunden handelt, sind hiermit nicht alle *Leistungsprozesse* des Anbieters erfasst. Die beziehungsspezifischen Prozesse beruhen auf *Leistungspotentialen* (i.S.v. Ressourcen, Fähigkeiten, Faktoren). Sie können materiell als auch immateriell (z.B. Reputation) und von grosser oder geringer strategischer Relevanz sein.[2]

Während diese Sichtweise in erster Linie vom Anbieter ausgeht, muss ausserdem der Erfolg *beim Kunden* gemessen werden,[3] denn nicht die objektiven, sondern die subjektiv wahrgenommenen Qualitätsmerkmale sind entscheidend. Hierzu gehören die Messung der Kundenzufriedenheit und anderer Einstellungsgrössen (Präferenzen, Commitment, Vertrauen), die Verhaltensabsichten sowie das konkrete Kundenverhalten. Letztlich beeinflusst das Verhalten die ökonomischen Erfolgsgrössen.

Je nach Unternehmenssituation werden die verschiedenen Ebenen durch bestimmte Merkmale abgebildet, die erst noch zu operationalisieren sind und sowohl positiv wie auch negativ zur Kundenbindung beitragen können. Während sich nach oben immer besser das tatsächliche Kundenverhalten und damit auch das ökonomische Ergebnis abbilden lassen, dienen die Grössen in umgekehrter Richtung zunehmend dazu, möglichst frühzeitig einzugreifen und beispielsweise potentielle Schwachstellen als Ursachen für rückläufige Wiederkäufe zu beseitigen.

Beispiel 1: Die „Qualität des Lieferprozesses" hat positiven Einfluss auf die Kundenzufriedenheit und den Wiederkauf. Dabei existieren zwei kritische Grössen „Lieferzeit" (Zeitdauer von der Bestellung bis zum Kunden vor Ort) und „Liefermenge" (bestellte/tatsächliche Menge). Die Grössen liefern das Rechnungswesen, die Qualitätskontrolle vor Versand sowie mögliche Kundenbeschwerden.

Beispiel 2: Das Umsatzwachstum stagniert. Ursachen könnten in der fehlenden Kundenzufriedenheit liegen. Die Verantwortlichen planen eine Kundenbefragung, um festzustellen, ob die Vermutung stimmt und weshalb die Kunden unzufrieden sind (z.B. mangelhafte Produkt- oder Lieferqualität).

---

1 Siehe Abschnitt 4.1.1 und die Forschungsarbeiten der IMP-Gruppe, z.B. Ford 1990.
2 Vgl. Engelhardt/Freiling 1995b, S. 10 ff.
3 Vgl. ähnlich Diller 1995c, S. 42 ff.

Ziel ist es, alle Hierarchieebenen zu einem Cockpit zu verdichten, das wiederum Bestandteil eines Marketingcockpits aller vier Kernaufgaben wird. Folgende Anforderungen sind an dieses Cockpit zu stellen:[1]

- Die Kennzahlen sollen sich *gegenseitig ergänzen* und nicht überschneiden. Je nach relativer Bedeutung der Kernaufgabe Kundenbindung sind mehr oder weniger Kenngrössen zu formulieren. Empfehlenswert sind jedoch nicht mehr als zwei bis vier Kennzahlen je Cockpit-Ebene.[2]

- Im Vordergrund stehen *strategische Messgrössen*, die einem Unternehmen helfen, die „Unique Selling Proposition" zu erreichen oder zu behaupten.

- Die Kontrollgrössen sind branchen- und unternehmensspezifisch anzupassen. Dabei sollten vertikale Marktstrukturen (Händler, Endkunden) berücksichtigt werden.

- Die Kennzahlen sollten *nicht nur vergangenheitsbezogen* und zumindest langfristig durch das Marketingmanagement *beeinflussbar* sein. Deshalb gehören Kenngrössen zu Leistungspotentialen der Kunden oder Umwelttrends in der Regel nicht in dieses Cockpit.

- Es ist darauf zu achten, dass vorzugsweise *relative Kenngrössen* (z.B. Anzahl neuer Kunden/Anzahl abgewanderter Kunden) verwendet werden und der Bezug zur Konkurrenz gegeben ist. Die Messungen absoluter Kenngrössen (z.B. Anzahl der vorhandenen Kunden), durchschnittlicher Kenngrössen (z.B. durchschnittliche Lieferzeit) oder gewichteter Grössen (z.B. durchschnittliche Lieferzeit je Verkaufsregion) sollten Periodenvergleiche zulassen.

- Die Kennzahlen müssen *einfach zu messen* sein. Ähnlich wie bei unternehmerischen Zielen werden sie durch folgende Aussagen operationalisiert und damit nachprüfbar: Führungsgrösse (Inhalt, z.B. die durchschnittliche Bearbeitungszeit der Aufträge), Sollwert (Ausmass, z.B. zwei Wochen), Zeitpunkt der Zielerreichung (Zeitbezug, z.B. per 31.12.1999).[3]

- Die Kennzahlen sollten so operationalisiert sein, dass sie über mehrere Zeitperioden mit derselben Messmethode erhoben werden können (Periodenvergleich). Zudem bieten sie u.U. die Chance für internes oder externes Benchmarking.

- Die Kennzahlen sowie ihre Operationalität müssen von den betreffenden Mitarbeitern *verstanden* und *akzeptiert* werden.

Die Kenngrössen der Kundenbindung als Kernaufgabe (Anbietersicht) beziehen sich auf die Leistungsebene (Potential, Prozess, Ergebnis) und die ökonomischen Resultate.

---

1 Vgl. zu den Anforderungen Reinecke/Tomczak 1998, S. 101 f.; 106 f.
2 Siehe auch Kaplan/Norten 1996.
3 Vgl. z.B. Heinen 1976, S. 59 ff. bzw. 82 ff.; Österle 1995, S. 119.

Kundenbindungskennzahlen aus nachfragerorientierter Sicht (Einstellung → Verhaltensabsicht → Verhalten) werden im folgenden näher erläutert.

5.2.2 Kundenbezogene Kenngrössen

Eine bestimmte Einstellung, Verhaltensabsichten und tatsächliches Verhalten erklären Kundenbindung aus nachfragerorientierter Perspektive (siehe Kapitel B 3.2.1). Wie der vorangegangene Abschnitt sowie die Ausführungen zur Kundenzufriedenheit zeigten, reicht es in der Regel nicht, sich allein auf die Aussage einer einzelnen Komponente zu stützen. Messergebnisse können einerseits mögliche Störfaktoren (Kap. C 3.3) in der Ursache-Wirkungskette aufdecken, andererseits lassen sich mit Hilfe eines Kundenbindungs-Indizes einfache Zeit- und Regionenvergleiche durchführen.

Das Unternehmen *HILTI* (Befestigungstechnik) ermittelt durch eine regelmässige Befragung seiner Kunden einen Kundenbindungs-Index (BINDEX). Er errechnet sich aus Wahrscheinlichkeit des Wiederkaufs (50 %), Kaufweiterempfehlung an Dritte (25 %) und Gesamtzufriedenheit (25 %). Damit lässt sich primär die „Stimmung" im Markt abbilden. Nach der jeweiligen Indexhöhe können Kundensegmente gebildet werden, die auch Ländervergleiche zulassen.[1]

Direkt messbare Verhaltensabsichten

Zu den direkt ermittelbaren Absichten gehören Wechselabsicht bzw. -bereitschaft, Wiederkaufabsicht, Weiterempfehlungsabsicht, Zusatzkaufabsicht sowie Bereitschaft zur Intensivierung der Geschäfte.[2] In der Regel werden sie durch persönliche, telefonische oder schriftliche Befragungen erhoben.

Allerdings ist die Validität direkt erfragter Kaufabsichten unsicher, weil eine Absicht „lediglich mehr oder weniger (eine) Kaufwahrscheinlichkeit ausdrückt."[3] Es gibt also zwei Unsicherheitsaspekte. Zum einen geben sie keine Auskunft darüber, *warum* der Kunde (nicht) wiederkaufen will oder muss. Zum anderen ist es nicht zwingend, dass die befragten Kunden sich *tatsächlich so verhalten* werden.

Indirekt messbare Verhaltensabsichten

Indirekt ermittelbare Absichten gehen von der Annahme aus, dass eine bestimmte Einstellung zum Anbieter und seinen Leistungen (kognitiv, affektiv) bzw. ein gewisses

---

1 Vgl. Felber 1998.
2 Vgl. z.B. Ehresmann/Hensche 1996, S. 35; Berry/Parasuraman 1997, S. 74; Anderson/Sullivan 1993; Jones/Sasser 1995; Zeithaml/Berry/Parasuraman 1996.
3 Bänsch 1995a, S. 42; siehe auch Morrison 1979; Kroeber-Riel/Weinberg 1999, S. 170 ff.

Ausmass an Zufriedenheit, Vertrauen und Commitment zu positiven Verhaltensabsichten führen.[1]

Besonders die Messung der Kundenzufriedenheit findet branchenübergreifend eine grosse Resonanz bei den Unternehmen, auch wenn sie oft noch nicht regelmässig durchgeführt wird. So betonte im Rahmen der empirischen Studie „Best Practice in Marketing" der überwiegende Teil der Befragten, dass die Kundenzufriedenheit eine sehr sinnvolle Kenngrösse für die Kundenbindung sei.[2] Allerdings erheben beispielsweise 47 Prozent der Dienstleister oder 42 Prozent der Händler diese Grösse nicht oder nicht regelmässig.

Die Kundenzufriedenheit kann neben einer Kontroll- vor allem eine *Frühwarnfunktion* übernehmen, da Umsatzzahlen als traditionelle Feedbackinformationen zu einer zeitlich stark verzögerten Unternehmensreaktion führen würden.[3]

Grundsätzlich werden zur Erhebung von Zufriedenheitsdaten objektorientierte (z.B. statistische Qualitätskontrolle, Scoring Verfahren, Fehlerkostenanalyse) und kundenorientierte Verfahren (z.B. Testanrufe, Wartezeiten- und Bearbeitungsanalyse, Kundenbefragungen) angewandt.[4] Insbesondere Kundenbefragungen bieten ein breites Spektrum an möglichen Messinhalten und -methoden.

Allerdings haben Zufriedenheitsbefragungen einen Nachteil. Es lässt sich daraus vornehmlich die Bindungsstärke aufgrund von Attraktivität bestimmen (Will-Bindungen), nicht aber die Abhängigkeit, welche durch spezifische Investitionen, direkte Wechselkosten, vertragliche, organisatorische oder technisch-funktionale Bindungen entsteht.

Diese Bindungsarten können überwiegend nur im internen Umfeld des Anbieters analysiert werden. Auch über die Struktur und Stabilität der Bindungen geben die Kundenbefragungen zu indirekten und direkten Verhaltensabsichten nur wenig Auskunft, obwohl sie als Indikatoren dienlich sind.[5]

Auf diese zweite Möglichkeit, Bindungen anhand der verschiedenen Bindungspotentiale, -arten und -ebenen zu analysieren (ökonomischer Fokus, siehe S. 66) verweist das Kapitel C. Die Erfahrungen in den Workshops zur Kundenbindung zeigten allerdings, dass diese Analysen anspruchsvoll sind. Hier stösst ein kennzahlengestütztes Controlling an seine Grenzen.

Wichtig ist aber vor allem, die Existenz beider Bindungsarten und die Schwachstellen durch einen unausgewogenen Ebenenmix oder durch ungleich wahrgenommene Bindungen zu erkennen sowie potentielle Gefahren durch zukünftige Alternativen und

---

1 Vgl. Zeithaml/Berry/Parasuraman 1996, S. 33; Helm 1995, S. 29.
2 Vgl. hier und im folgenden Tomczak et al. 1998, insb. S. 17, 43, 81.
3 Vgl. Burmann 1991, S. 249; Dichtl/Schneider 1994, S. 8; Helm 1995; Kaas/Runow 1984, S. 456 f.
4 Siehe hierzu z.B. Berry/Parasuraman 1997; Hentschel 1995, S. 347ff; Stauss/Hentschel 1990, S. 232 ff.
5 Vgl. Meyer/Oevermann 1995, Sp. 1342.

Teil D: Kundenbindungsmanagement 203

Konkurrenzmassnahmen zu antizipieren. Die *Bewertungen* sollten möglichst aus Kundensicht und in Relation zur Konkurrenz vorgenommen werden. Dafür sind interne, interdisziplinäre Workshops sinnvoll, welche die Ergebnisse der Kundenbefragungen ergänzen.

Verhaltensgrössen

Verhaltensgrössen zur Messung der Bindungsstärke beziehen sich entweder auf den Kundenstamm und/oder auf einzelne Kunden. Sie kennzeichnen konkretes Verhalten (z.B. Wechselrate) oder ökonomische Resultate (z.b. durchschnittlicher Umsatz pro Kundensegment). Zudem können die Informationen von vorhandenen oder von verlorenen Kunden stammen (z.b. bei Abwanderungsanalysen).[1] Letztere bilden wiederum Frühwarnindikatoren, um weitere Wechsel zu verhindern (siehe Abschnitt 4.2.2.2 Kundenrückgewinnung). Abbildung 56 auf der folgenden Seite zeigt eine Übersicht verschiedener Verhaltensgrössen.[2] Das Zeichen * bedeutet, dass sich diese Kennzahlen vornehmlich auf den Gesamtkundenstamm beziehen, wogegen die anderen Grössen auch das Verhalten von Einzelkunden abbilden.

Die Kenngrössen sind – in Abhängigkeit von der Unternehmens- und Marktsituation – in ihrer Aussagekraft sehr unterschiedlich. So ist der „Share of wallet" ein wichtiges Kriterium, das den Gesamtbedarf des Kunden bzw. die relevante Konkurrenz einbezieht. Das erfordert jedoch genauere Kundeninformationen. Die Grösse "Zeitdauer nach letztem Kauf" wird stark von der Kauffrequenz beeinflusst. Hiermit lassen sich beispielsweise „schlafende" Kunden ermitteln, zu denen man innerhalb eines Jahres keinen Kontakt mehr hatte. Die „Kontaktfrequenz" ist für den Handel, den persönlichen Verkauf oder bei individuellen Dienstleistungen eine relevante Grösse.[3]

---

1 Vgl. z.B. Stornoanalysen bei Joho 1996, S. 100 ff.
2 Siehe u.a. DeSouza 1992, S. 25 f.; Jones/Sasser 1995, S. 94.
3 Siehe auch Diller/Müllner 1997, S. 19 ff.

Wiederkaufrate* Prozentualer Anteil der Kunden am Gesamtkundenstamm, die Wiederkäufe getätigt haben <u>oder</u> Umsatz mit vorhandenen Kunden (mind. 1x Wiederkauf)/ Gesamtumsatz

Kundenbindungsrate* $\frac{\text{Zahl der Kunden in } t_1}{\text{Zahl der Kunden in } t_0}$ pro Jahr oder nach Alter der Beziehung

gewichtete Kundenbindungsrate 1* Kunden in t_1 und t_0 relativ gewichtet nach ihren durchschnittlichen Umsätzen

gewichtete Kundenbindungsrate 2* Kunden in t_1 (abzüglich der Kunden, die aus nichtbeeinflussbaren Kriterien abwanderten) und t_0

Kundenabwanderungsrate[1]* $1 - \frac{\text{Zahl der Kunden in } t_1}{\text{Zahl der Kunden in } t_0}$

Rückgewinnungsrate* $\frac{\text{Zahl der kontaktierten abgewanderten Kunden}}{\text{Zahl der zurückgewonnenen Kunden}}$

Kundenstamm-Wechselrate* („Drehtürgeschwindigkeit") $\frac{\text{Zahl der verlorenen Kunden}}{\text{Zahl der neuen Kunden}}$

Kundenhalbwertzeit* Zeitdauer, nach der die Hälfte aller neu akquirierten Kunden das Unternehmen wieder verlassen hat

Auftragsquote* Aufträge in Relation zu Anfragen bei vorhandenen Kunden

Kaufintensität Anzahl der Käufe pro Zeiteinheit

Kontaktfrequenz Anzahl der Kontakte von Kundenseite pro Zeiteinheit

relative Zeitdauer seit letztem Kauf Zeitdauer seit letztem Kauf/erwartete durchschnittliche Zeitdauer bis Wiederkauf

durchschnittlicher Kaufbetrag durchschnittlicher Umsatz pro Kauf

Kundendurchdringungsrate 1 Share of wallet; Anteil der Bedarfsdeckung des Kunden beim Anbieter in Relation zum geschätzten Gesamtbedarf des Kunden

Kundendurchdringungsrate 2 Anteil der Bedarfsdeckung des Kunden beim Anbieter in Relation zum Anteil des grössten Konkurrenten

Cross-Buying-Rate Zusatzkäufe nach Anzahl, Art oder Umsatz pro Zeiteinheit

Umsatzhöhe oder KDB pro Kunde/Dauer der Kundenbeziehung im Vergleich zum Durchschnittskunden <u>oder</u> zum Topkunden

Zahl und Art der Beschwerden in Periode t (im Vergleich zu t_1)

Zahl der Weiterempfehlungen in Periode t (im Vergleich zu t_1)

[*aggregierte Ebene]

Abb. 56: Verhaltensgrössen der Kundenbindung (Beispiele)

---

[1] Wird auch als „Attrition Rate" im Finanzdienstleistungsbereich bezeichnet.

Teil D: Kundenbindungsmanagement

Vorausgesetzt, dass Anbieter die Zahl ihrer verlorenen Kunden kennen, können Kosten- und Umsatzanalysen tendenziell zeigen:

- wie hoch der Schaden durch den Verlust der abgewanderten Kunden ist,
- wie hoch die tatsächliche Zahl der Neukunden sein muss, um die entgangenen Erlöse bei Kern- und Zusatzleistungen sowie die meist niedrigeren Betreuungskosten der verlorenen Kunden auszugleichen und
- was es kosten würde, diese Abwanderungsrate zu verringern (Aufwand im Vergleich zum Schaden durch Abwanderung).

Unternehmen in mehrstufigen oder anonymen Massenmärkten wird es schwer fallen, kundenbezogene Verhaltensgrössen zu ermitteln. Ihr Bezugsobjekt ist oft das Produkt oder die Marke. Den ökonomischen Markterfolg spiegeln die *Wiederholungskaufrate* (in welchem Ausmass die gewonnenen Käufer die Marke wiederkaufen) sowie das *Kaufvolumen* (Marktanteil der Marke) wider.[1] Ein ergänzendes Controlling auf Kundensegmentebene ist sinnvoll.

Das Controlling der Kundenbindung sollte durch ausgewählte Kennzahlen auf der Leistungs- *und* Kundenseite erweitert werden. Wichtig ist es ebenfalls, nicht nur die Bindungsstärke zu messen, sondern auch die Stabilität der Bindungen sowie die bestehenden Bindungsarten, -potentiale und -ebenen zu bewerten.

6 Anforderungen an die Organisation

Kundenbindung kann nur dann einen Erfolgsbeitrag leisten, wenn ein *formuliertes* Konzept auch tatsächlich *umgesetzt* wird. Mangelhafte Ergebnisse lassen sich sowohl auf ein unangemessenes Konzept als auch auf eine fehlgeschlagene Implementierung zurückführen.[2] Es ist deshalb zu klären, welche innerbetrieblichen Voraussetzungen eine erfolgreiche Implementierung unterstützen.[3] Auf den Umsetzungsprozess im engeren Sinn wird allerdings nicht eingegangen (z.B. verantwortliches Projektteam definieren, finanzielle Ressourcen, Zeitplan sowie benötigte Informationen bestimmen, interne Akzeptanz erreichen).

Ausgangspunkt der folgenden Abschnitte ist das *menschliche Verhalten* als entscheidender Faktor für eine erfolgreiche Umsetzung (Abschnitt 6.1). Dieses Verhalten wird durch *Kultur, Struktur* und *Systeme* der Organisation beeinflusst (Abschnitte 6.2 - 6.4).

---

1 Vgl. Kroeber-Riel/Weinberg 1999, S. 397 f. (ohne „Marktdurchdringung" als eine Grösse der Akquisition).
2 Vgl. Bonoma 1985, S. 12.
3 Siehe auch Hilker 1993.

Beim Einblick in die Organisationsforschung stellt sich das Problem, dass die verwendeten Kriterien zur Erklärung unterschiedlicher Organisationskulturen allein keine eindeutig nachvollziehbaren Schlüsse hinsichtlich der Betreuung *vorhandener* Kunden zulassen. Das gilt ebenfalls für die Faktoren, mit deren Hilfe Organisationsstrukturen näher beschrieben werden, wie beispielsweise Strategie, Grösse, Produktstruktur, Technologie, Aufgabe, Entscheidungssituation oder Umwelt.[1] Da Kundenbindung in der Regel weder das alleinige Ziel einer *Gesamt*organisation noch *einer einzelnen Abteilung* ist, scheint auch der Fokus auf ein zu eng definiertes Subsystem (z.B. Beschwerdeabteilung) nicht angebracht.

Ausserdem zeigten die Expertengespräche, dass die Funktion „Kundenbindung" unterschiedlich definiert wurde. Sie reichte auch hier von einer einzelnen verantwortliche Stelle für die Cluborganisation bis zu allen Mitarbeitern, von Massnahmen zur Kundenzufriedenheit bis zu Bonussystemen.

In einer Untersuchung zur Kundenbindung im Handel antworteten 62,5 Prozent der Befragten auf die Frage, wer für die Kundenbindung zuständig sei, mit „kein eigener Mitarbeiter".[2]

Das mittelständische Familienunternehmen *WALBUSCH* hat auch keinen Kundenbindungsmanager. Die Philosophie ist so ausgerichtet, dass Kundenbindung das Tun und Handeln aller Mitarbeiter grundsätzlich bestimmt. Der Inhaber selbst lebt diese Philosophie vor. Nur wenn die Mitarbeiter diese verinnerlicht haben, hat sie die grösste Durchschlagskraft.[3]

Die Anforderungen an die Organisation wurden von den Interviewpartnern in erster Linie mit Kundennähe, -zufriedenheit oder generell mit einer kundenorientierten Strategie verbunden; dies spiegelt sich in den folgenden Abschnitten wider.

6.1 Mitarbeiterverhalten

In erster Linie beeinflusst das *menschliche Verhalten* die Implementierung.[4] Häufig wird dabei folgender Kreislauf vermutet: Gute Mitarbeiterleistungen führen zu Kundenzufriedenheit. Daraus resultiert auch eine höhere Mitarbeiterzufriedenheit. Die Mitarbeiter profitieren zudem u.U. von höheren Gewinnen in Form von Boni oder Prämien. Materielle und immaterielle Anreize wirken sich wiederum positiv auf die Betreuung der Kunden aus und führen erneut zu Zufriedenheit bei Kunden und Mitarbeitern.[5]

---

1   Für eine genauere Darstellung der erforschten Zusammenhänge siehe Staehle 1999, S. 452 ff. m.w.N.
2   Vgl. Kaapke/Dobbelstein 1999, S. 134.
3   Expertengespräch Walbusch.
4   Vgl. Backhaus 1999, S. 763 m.w.N.; Becker 1998, S. 857 ff.
5   Vgl. z.B. Reichheld 1993a; Schlesinger/Heskett 1991; Heskett et al. 1994. Siehe die empirisch nachgewiesenen Einschränkungen dieses Kreislaufs bei Schwetje 1999.

Leistungsverhalten wird vereinfacht als Ergebnis einer multiplikativen Verknüpfung aus Fähig- und Fertigkeiten („Können") sowie Motivation („Wollen") bezeichnet.[1] Es hängt zudem entscheidend davon ab, ob das Ziel von den betreffenden Mitgliedern überhaupt verstanden und akzeptiert wird („Verständnis und Akzeptanz") und ob geeignete Strukturen und Systeme für den notwendigen Handlungsspielraum sorgen („Dürfen"). Abbildung 57 stellt diese Interdependenzen nochmals dar und verweist beispielhaft auf Anforderungen an das Management. Genauso wie Wechselwirkungen zwischen „Dürfen" und „Können" oder „Wollen" bestehen, sind auch die Managementanforderungen nicht klar zuzuordnen. So führt eine erfolgreiche Weiterbildung zu neuem Wissen, kann dadurch aber auch die Motivation erhöhen.

	Managementanforderungen und -instrumente	
Verständnis und Akzeptanz ↕	Vorleben durch die Führungskräfte, klare Zielvorgaben, interne und externe Kommunikation bzw. bereichsübergreifende Dialogformen	Unternehmenskultur und -strategie
Wissen und Können ↕	Fach- und Sozialkompetenz durch Personalentwicklung, z.B. Weiterbildung, Arbeitsstrukturierung (-inhalte, -bedingungen) sowie geeignete Informationssysteme	
Wollen ↕	Motivation durch materielle und immaterielle Anreize bzw. Anreizsysteme, wie Arbeitsentgelt, -inhalte und Arbeitszeit, Beachten individueller Bedürfnisse, Motivation durch Personalführung	
Dürfen ↕	Eigenverantwortung, Entscheidungsbefugnisse, Mitsprache, teilautonome Arbeitsgruppen	
Handeln	Kontroll- und Beurteilungssysteme, bereichsübergreifende Teamarbeit, IT-Unterstützung	

Abb. 57: Ansatzpunkte zur Steuerung des Mitarbeiterverhaltens (mit Beispielen)

„Verständnis und Akzeptanz": Zunächst ist das Verständnis darüber zu erreichen, welche zukünftige Bedeutung *vorhandene* Kunden für das eigene Unternehmen besitzen und demzufolge neuartige oder verstärkte Kundenbindungsmassnahmen notwendig werden. Organisatorische Veränderungen erfordern beispielsweise Budgetverschiebungen oder neue Aufgabenbereiche, welche andere bestehende Funktionen beschneiden können.

---

1   Siehe dazu z.B. Schanz 1993, S. 82 ff.

„Wissen und Können": Die Personalentwicklung „ist eine Form der zielgerichteten Beeinflussung menschlichen Verhaltens (...), und zwar über die Erweiterung und/oder Vertiefung bestehender und/oder Vermittlung neuer Qualifikationen."[1] Weiterbildungsmassnahmen sollten auf die konkrete Umsetzung des Kundenbindungskonzepts zielen, wie zum Beispiel auf das Durchführen von Kundenanalysen, das Erkennen zukünftigen Bedarfs, die Zusammenarbeit mit Kunden, die Konzeption von Zusatzleistungen, die Reaktion auf Beschwerden und das Kundencontrolling. Neben den erforderlichen, möglichst bereichsübergreifenden Sachkenntnissen, sind auch soziale Fähigkeiten (z.b. Einfühlungsvermögen) weiterzuentwickeln.

Die ANACOMP GMBH (D) startete 1990 mit einem Trainingskonzept, das die Zusammenarbeit zwischen Aussen- und Kundendienst (AD/KD) und damit auch das Cross-Selling verbessern sollte. Folgende Ziele wurden angestrebt: Kenntnis der jeweils anderen Ziele für AD/KD und des gesamten Produkt- und Dienstleistungsangebots, Wissen über eigene mögliche Beiträge zur Zielerreichung, Identifikation von Verkaufssignalen, Nutzung des Instruments „Programm-Verkauf-Tip".[2]

„Wollen": Materielle und immaterielle Anreize dienen dazu, die Mitarbeitermotivation zu erhöhen.[3] Das Lohn- und Gehaltssystem, Karrierewege, Gruppenbeziehungen, aber auch das Betriebsklima sind Beispiele für zahlreiche Gestaltungsfaktoren, die wiederum individuelle Bedürfnisse der betreffenden Mitarbeiter berücksichtigen sollten (siehe Abschnitt 6.4). Letztlich haben die Vorgesetzten durch Charisma und Führungsstil ebenfalls Einfluss auf die Motivation.

Das Instrument „Programm-Verkauf-Tip" basiert auf der Erfahrung, dass insbesondere der Kundendienst Informationen über Cross-Selling Potentiale erhält. Wird der Tipp von der Vertriebsleitung anerkannt, erhält der Techniker einen Feinsilberbarren mit ANACOMP-Prägung bzw. eine Prämie zwischen DM 150 und 400, wenn der Tipp zu einem Abschluss führt.

„Dürfen": Der Aspekt „Dürfen" betont insbesondere den Handlungsspielraum als Resultante von Tätigkeits- sowie Entscheidungs- und Kontrollspielraum.[4] Mittels Mitspracherechten, Entscheidungsbefugnissen oder auch über eine Erweiterung des Tätigkeitsbereiches (z.B. Job enrichment, -enlargement und -rotation)[5] kann dieser erweitert werden.

„Handeln": Ob tatsächlich zielgerecht gehandelt wird, hängt auch von geeigneten Kontroll- und Beurteilungssystemen[6] ab (z.B. nach Kriterien wie Kundenzufrieden-

---

1   Staehle 1999, S. 871 f. Siehe dort auch weitere Bestandteile der Personalentwicklung.
2   Vgl. hier und im folgenden das Beispiel bei Bieletzki 1994, S. 70 ff.
3   Kritik an „externen" Ansätzen zur Personalmotivation siehe Staehle 1999, S. 817 ff.
4   Vgl. Ulich 1972, S. 265 ff.
5   Siehe zur Erklärung Staehle 1999, S. 692 f. m.w.N.
6   Siehe hierzu auch Wunderer/Kuhn 1993, S. 178 f.

heit, Eigeninitiative, Teamgeist). Eine bereichsübergreifende Zusammenarbeit im Team sowie zweckmässige IT-Unterstützung können ebenfalls dazu beitragen.

Die Gestaltung der erforderlichen Strukturen und Systeme wird von den *strategischen* und *kulturellen* Rahmenbedingungen beeinflusst, kann aber auch aktiv auf diese einwirken.[1] Die Ursache-Wirkungsketten werden oft noch zu wenig analysiert. So liegen laut einer Untersuchung die Gründe für mangelhaftes kundenorientiertes Verhalten weniger an fehlender Einstellung oder Qualifikation als an hemmenden Strukturen und Systemen. Der "Prediger Approach", bei dem allein an das Bewusstsein appelliert wird, den Kunden in den Mittelpunkt sämtlicher Entscheidungen zu stellen, reicht deshalb in der Regel nicht aus.[2]

6.2 Organisationskultur

SCHEIN beschreibt die Organisationskultur als „ a pattern of shared basic assumptions that a group learned as it solved its problems of external adaptation and internal integration (...)."[3] Die Kultur verdeutlicht sich in gemeinsam gepflegten Verhaltensweisen, Sitten und Gebräuchen sowie impliziten Werten, die nur schwer analysierbar sind und hinter denen wiederum grundlegende, nicht mehr hinterfragte Annahmen über den Sinn und die Realität des Unternehmens stehen.[4]

Anhand der Dimensionen von BLEICHER sowie der gewonnenen Erkenntnisse aus den Interviews und der Literatur lässt sich ein mögliches Kulturprofil ableiten, welches ein Verhalten im Sinne der Kundenbindung fördert.[5]

Bei einer *offenen, aussenorientierten Kultur* unterhalten nicht nur einzelne Mitglieder Beziehungen zum Markt bzw. Kunden. Bedürfnisveränderungen werden von allen Mitarbeitern wahrgenommen und in eigenes Handeln umgesetzt. Unternehmen sind zudem offener gegenüber möglichen vertikalen und horizontalen Kooperationen. In sehr dynamischen Märkten gewährleistet eine *änderungsfreundliche Kultur*, dass zukünftige, neuartige Kundenbedürfnisse zu organisatorischen Anpassungen führen. Das bedeutet allerdings nicht, eine gewisse notwendige Kontinuität zu vernachlässigen.

Der Standpunkt eines Vertreters der *RITZ-CARLTON HOTEL COMPANY* verdeutlicht dies sehr gut: „Unless you have 100 % customer satisfaction (...) you have to improve. And if you have 100 % customer satisfaction, you have to make sure that you listen just in case they change ... so you can change with them."[6]

---

1   Zu den Wechselwirkungen zwischen Strategie, Organisation und Personal siehe Staehle 1999, S. 597.
2   Vgl. Plinke 1996, S. 42 ff.
3   Schein 1992, S. 12.
4   Vgl. Schein 1992, S. 17 ff.; siehe auch Bleicher 1999, S. 228 f.
5   Siehe hier und im folgenden Bleicher 1999, S. 238 ff.
6   Horst Schulze, Zitat in Jones/Sasser 1995, S. 99.

Die Interviewpartner von BOSSARD, IBM oder LEGO antworteten sinngemäss auf die Frage, was im Bewusstsein der Unternehmensmitglieder verankert sein muss: „Kundenbindung ist keine einmalig gewonnene Sache. Man darf sich nicht ausruhen, sondern muss immer neu „kämpfen" und sich fragen: ‚Was kommt morgen?'"[1] Kontinuität ist wichtig, wenn damit Finanzstärke und Seriosität sowie ein Image als zuverlässiger, starker Partner vermittelt werden können.[2] Ausserdem bedingen langfristige Beziehungen eine kontinuierliche Kundenpflege, welche auch vergangene, gewachsene Werte berücksichtigt.[3] Aktuelle Informationen über Kunden und Wettbewerber verlangen regelmässige Marktforschungen. Ein weiterer Punkt ist die kontinuierliche und langfristig ausgerichtete Markenstrategie.

Auf die Frage, wie sie Kunden an ihre Marke binden wollen, antworteten die befragten Führungskräfte sinngemäss: „Indem wir die langfristige Markenstrategie konsequent umsetzen" (HEINEKEN SCHWEIZ AG). „Nur nicht die Markenidentität verlieren und sich jedem kurzlebigen Trend anschliessen" (PHILIP MORRIS). „Wir sind bestrebt, uns kontinuierlich dem Wertewandel anzupassen, die Basis dafür bieten stets die altbewährten Markenwerte" (RIVELLA).[4]

Auch MÄRKLIN verweist auf die Kontinuität in der Markenpolitik. Seit 140 Jahren ist das Logo erkennbar geblieben. Langjährig erfolgreiche Modelle bleiben im Sortiment, aber werden technisch auf den neuesten Stand gebracht. Neue Entwicklungen sind kompatibel zu den älteren Modellen.[5]

Bei GILLETTE zieht sich in der kommunikativen Positionierung der gleiche Grundgedanke wie ein roter Faden länderübergreifend über die einzelnen Epochen (i.S.v. das Beste im Mann, erfolgreicher Mann). Trotzdem wird „Erfolg" der Zeit angepasst (i.S.v. ‚Softi', Familienvater, beruflich erfolgreich).[6]

Eine *basisorientierte Kultur* unterstützt das eigenständige Handeln der Mitarbeiter und eine bereichsübergreifende Teamarbeit. Sie ist von einer offenen, lateralen Kommunikation geprägt. Cross-Selling und eine einheitliche Kundenbetreuung sind so eher möglich. Zudem kann auf Kundenreaktionen (z.B. Wünsche, Beschwerden) schneller reagiert werden. Von allen akzeptierte Wertemuster und gleichgerichtetes kundenorientiertes Verhalten erleichtern die Koordination (*Einheitskultur*).

Weiterhin scheint eine stärkere *entwicklungs- und nutzenorientierte Kulturprägung* sinnvoll. Der ökonomische Erfolg der Kundenbindungsmassnahmen stellt sich erst langfristig ein. Zudem sind – wie bei Investitionen üblich – anfängliche Kosten nicht zu unterschätzen. Die Kontrollmöglichkeiten „harter Fakten" sind eingeschränkt. Des-

---

1 Expertengespräche Lego, Bossard, IBM.
2 Expertengespräche IBM; Heidelberger Druckmaschinen; s. Abschnitt zu ‚Credible Commitments' 4.2.1.
3 Siehe auch Levitt 1985, S. 21.
4 Vgl. o.V. 1999c, S. 10 f.
5 Expertengespräch Märklin.
6 Expertengespräch Gillette.

halb würden technokratische Strukturen und Prozesse sowie ein alleiniger Kostenfokus eine langfristige Ausrichtung auf Kundenzufriedenheit und -nutzen erschweren.

6.3 Organisationsstruktur

Organisationsstrukturen „sollen das Verhalten der Organisationsmitglieder primär auf die Zielerreichung der Organisation ausrichten, dabei aber auch die Befriedigung persönlicher Ziele ermöglichen."[1]

Um die Marketinginstrumente auf die spezifischen Bedürfnisse der vorhandenen Kunden auszurichten, sind *objektorientierte Organisationsformen*, insbesondere ein Kunden- und/oder Regionalmanagement vorteilhaft. Das *Category Management (CM)* „ist auf die Schaffung von Zuständigkeiten für sachlich zusammengehörende, bedarfsorientierte Produktlinien gerichtet." In Relation zum reinen Produktmanagement bietet es eine bessere Voraussetzung, Kundenorientierung stärker zu verankern.[2] Das *Kundenmanagement* setzt diesen Anspruch noch konsequenter um. *Kundengruppen*-Manager betreuen vor allem Segmente, die aus wenigen bis vielen Kunden bestehen (z.B. Privat-, Geschäftskunden; B und C-Kunden), während das *Key Account* Management nur auf einige Schlüsselkunden ausgerichtet ist.[3] Bei sehr unterschiedlichen geographischen Marktbedingungen gewinnt das *Regionalmanagement* zusätzlich an Bedeutung (z.B. bei international tätigen Unternehmen). In der Regel überlagern sich diese Organisationsformen mit der *Funktionalorganisation* (z.B. Beschaffung, Produktion, Marketing, Finanzen).

DILLER beschreibt vier *Hauptfunktionen des Kundenmanagements,* wobei diese nicht unbedingt von einer einzelnen Person, sondern häufig von einem Team aus einer oder mehreren Abteilungen übernommen werden:[4]

- *Informationsfunktion:* Das Kundenmanagement analysiert die Ist-Situation des Kunden (Kap. D 2), sammelt alle kundenbezogenen Informationen im Laufe der Beziehung (z.B. personelle Wechsel, (Un)zufriedenheit) und versorgt all jene Stellen mit einschlägigen Daten, die direkten oder indirekten Kontakt zum Kunden haben (z.B. Verkauf, Kundendienst, Entwicklungsabteilung).

- *Planungsfunktion:* Das Kundenmanagement plant die zukünftige Entwicklung der Geschäftsbeziehung (Kap. D 3, 4) und ist verantwortlich für das Aufzeigen unausgeschöpfter Umsatz- und Gewinnpotentiale.

---

1 Staehle 1999, S. 452.
2 Becker 1998, S. 842. Siehe zu CM Milde 1994; Nielsen Marketing Research 1994.
3 Vgl. Rumler 1990; Diller 1995a, Sp. 1365.
4 Vgl. auch Diller 1995a, Sp. 1370 ff.

- *Koordinationsfunktion:* Das Kundenmanagement koordiniert die Kontakte zwischen Kunde und allen internen Bereichen (z.b. Spezialistenteams, Koordination der verkäuferischen Aktivitäten), dient als zentrale Ansprechstelle für Anfragen oder Beschwerden sowie als Vermittler zwischen Kunden- und Firmeninteressen.

- *Kontrollfunktion:* Das Kundenmanagement kontrolliert, ob die Ziele erreicht wurden, forscht nach Ursachen für Abweichungen und zieht wiederum Schlussfolgerungen für die Planungsfunktion (Kap. D 5).

Die damit verbundenen *Entscheidungsbefugnisse* hängen davon ab, wie bedeutend das Ziel der Kundenbindung im Unternehmen ist und wie hoch der Beitrag dieser Aufgaben zur Zielerreichung eingestuft wird.

Einerseits besteht beim Kundenmanagement der Anspruch, unterschiedliche Tätigkeiten an der Kundenschnittstelle zu bündeln, um nicht nur einen einheitlichen Auftritt gegenüber den jeweiligen Kunden zu erreichen, sondern auch den Gesamtbedarf (z.B. Cross-Selling) optimal ausschöpfen zu können (Zentralisation).[1] Andererseits sind die Aufgaben oft so vielfältig und komplex, dass eine Abteilung oder Person fachlich überfordert wäre bzw. zu langsam oder unflexibel reagieren würde. Die daraus resultierende Dezentralisation führt allerdings auch zu neuen, *nicht-hierarchischen* Koordinationsaufgaben, bei denen ein *Schnittstellenmanagement* notwendig wird.[2]

Es existieren vielfältige Schnittstellenprobleme in Unternehmen, zum Beispiel, wenn zwei strategische Geschäftseinheiten dieselben Kunden bedienen,[3] zwischen Vertriebs- und Produktbereichen oder zwischen Verkauf und technischem Support in der Vor- und Nachkaufphase.[4] Um diese Probleme zu beheben, ist 1) der Koordinationsbedarf zu reduzieren und/oder 2) sind geeignete Koordinationsinstrumente zu definieren.

Beispiele zur *Reduktion* sind:[5]

- funktionsübergreifende, kunden(gruppen)orientierte Prozessgestaltung[6] (Business Process Reengineering),

- Verlagerung bisheriger Tätigkeiten auf den Kunden (siehe Abschnitt 4.1.1.1 b, Leistungsprozesse und Kundenintegration) oder

- Erhöhung der Flexibilität von Ressourcen, z.B. Einsatz von Mitarbeitern als Generalisten mit breiter Qualifikation.

---

1 Vgl. zu Zentralisation und Dezentralisation Staehle 1999, S. 699.
2 Vgl. Brockhoff/Hauschildt 1993, S. 396 ff.; Brockhoff 1994.
3 Siehe zu Chancen und Risiken von Horizontalstrategien Porter 1999b, S. 464 ff.
4 Vgl. Brockhoff 1994, S. 10.
5 Siehe hier und im folgenden Kieser/Kubicek 1992, S. 102 f.; Meffert 1998, S. 925 ff.
6 Vgl. z.B. Wildemann 1999, S. 259 ff. m.w.N.

Die *Koordinationsinstrumente* werden in strukturelle und nicht-strukturelle Formen unterteilt und unterstützen die Hierarchie als das „Rückgrat" jeglicher Koordination.[1] Regeln und Programme gehören zu den strukturellen Mechanismen. Sie sind auf Dauer angelegt, werden unabhängig vom Stelleninhaber definiert und sind nur bei genau festgelegten Entscheidungssituationen sinnvoll. Man unterscheidet: *Policies* (z.b. keine Gegengeschäfte mit Kunden), *Procedures* (z.b. Prozesse der Auftragsabwicklung, Beschwerdebearbeitung, Rückgewinnung, Stellvertretung) oder *Rules* (z.B. Kulanzregelungen). Des weiteren dienen *Pläne* mit konkreten Zielvorgaben als Koordinationsmechanismen. Bei einer integrierten Umsatzplanung kann beispielsweise die Erfolgsbeteiligung des Aussen- und Innendienstes vom gleichen Zielerreichungsgrad abhängen.

Eine Instrument zunehmender Bedeutung ist die Koordination durch (bereichsübergreifende) *Teamarbeit*. Die Unternehmensleitung kann die Bildung von Gruppen dadurch unterstützen, dass sie Kommunikationskanäle und Abstimmungsanlässe vorgibt sowie die Gruppe mit spezifischen Entscheidungskompetenzen ausstattet.[2] Den Vorteilen der Teamarbeit, wie zum Beispiel die Minimierung von Konflikten durch unmittelbare persönliche Kommunikation, Pluralität der Willensbildung, hohe Motivation durch Partizipation oder die Flexibilität bei Umwelt- und Aufgabenveränderungen, stehen auch Nachteile gegenüber. Gruppen seien zu teuer und zeitaufwendig, durch geteilte Verantwortung nur schwer zur Rechenschaft zu ziehen oder bereit, Kompromisse auf dem kleinsten gemeinsamen Nenner zu schliessen.[3]

Im Rahmen einer Reorganisation der internen Strukturen bildete HEWLETT-PACKARD (D) sogenannte „Fokusteams", die aus Mitgliedern mit unterschiedlichen Fachkompetenzen bestehen. Ziel ist es, mittels massgeschneiderter Lösungen starke und dauerhafte Beziehungen zu den Grosskunden aufzubauen. Jedes Team besteht aus einem *Account Executive* als projektübergreifender Kontaktperson, einem *Teamleiter* als Koordinator sämtlicher Teamarbeiten und mehreren Mitgliedern, die u.a. für den teamübergreifenden Informationsaustausch und die Weiterentwicklung des Teams verantwortlich sind.[4]

Zu den *nicht-strukturellen* Koordinationsmechanismen zählt beispielsweise die Koordination über *organisationsinterne Märkte* (Verrechnungspreise), wie sie sich u.U. zwischen weitgehend autonomen Unternehmensbereichen anbietet. Auf die verhaltensbeeinflussende Rolle der *Organisationskultur* wurde bereits in Abschnitt 6.2 hingewiesen.

Alle Koordinationsmechanismen können in ihrer Wirksamkeit durch moderne Informations- und Kommunikationstechnologien unterstützt werden.

---

1   Vgl. Kieser/Kubicek 1992, S. 118.
2   Entspricht der Koordination über „Selbstabstimmung", vgl. auch Kieser/Kubicek 1992, S. 106 f.
3   Vgl. Staehle 1999, S. 757 f. m.w.N.
4   Vgl. Dittrich/Wiemann 1998, S. 120 ff.

6.4 Managementsysteme

Unter *Managementsysteme* werden bewusst geschaffene „Mechanismen" im Sinne formaler Regelwerke verstanden, um das Verhalten einer Organisation zu beeinflussen.[1] Insofern haben sie einen sehr engen Bezug zum vorherigen Abschnitt „Organisationsstruktur".

SCHWANINGER unterscheidet fünf Gruppen von Managementsystemen:[2]

- *Informations- und Kommunikationssysteme:* Hierzu zählen Management Support Systeme (z.B. Decision Support Systems, Expertensysteme), kollaborative Arbeitsunterstützungssysteme[3] sowie im weiteren Sinne auch Systeme, die den Austausch zwischen Anbieter und Kunden unterstützen.[4]

- *Zielfindungs-, Planungs- und Kontrollsysteme:* Hierzu gehören z.B. die finanzwirtschaftliche Budgetierung und Kontrolle, Management by Objectives (MbO) sowie Instrumente des Strategischen Managements (z.B. Kundenportfolios, Frühwarnsysteme).

- *Personalmanagement-Systeme:* Dazu zählen z.B. Systeme zur Personalplanung (Beschaffung, Entwicklung, Einsatz usw.), Anreiz- und Belohnungssysteme sowie Ausbildungs- und Karrieresysteme.

- *Wertmanagement-Systeme:* Hierzu gehören das finanzwirtschaftliche und betriebliche Rechnungswesen, Systeme zur Finanzplanung sowie zur gesellschaftsbezogenen und ökologischen Berichterstattung.

- *Unternehmensentwicklungs-Systeme:* Dazu zählen z.B. Konzepte für Wachstum, Effizienz und Effektivität, betriebliches Vorschlagswesen, Qualitätszirkel sowie Entwicklungskonzepte (z.B. zur Gestaltung der Organisationskultur, Reorganisation).

Die folgenden Beispiele zeigen, dass eine Realisierung des vorgestellten Konzepts zur Kundenbindung entsprechend veränderter oder gar neuer Systeme bedarf, die aufeinander abzustimmen sind.

Informations- und Kommunikationssysteme

Besonders eindeutig ist dies bei *Informationssystemen* erkennbar, weil Informationen alle anderen Führungssysteme unterstützen und in der Informations- und Kommunika-

---

1 Entspricht Begriff „Führungssysteme", vgl. Schwaninger 1994, S. 16, 26.
2 In Anlehnung an Schwaninger 1994, S. 42 ff.
3 Zur Unterstützung der Gruppenarbeit, vgl. Picot/Reichwald 1991.
4 Zum Bsp. EDI, CAS Programme, siehe insbesondere auch Muther 1999 mit vielen Praxisbeispielen.

Teil D: Kundenbindungsmanagement _____ *215*

tionstechnik (IuK) grosse Potentiale bestehen.[1] Neben der effektiven Kundenbearbeitung ermöglichen derartige Informationssysteme auch eine verbesserte Zusammenarbeit zwischen Unternehmensbereichen, zum Beispiel durch allgemeinen Zugriff auf Know-how, eine schnellere Kommunikation oder detailliertere Planung.

Eine BOEING 747, die aus technischen Gründen nicht starten kann, kostet einer Fluglinie bis zu 40 000 Dollar in der Minute. Um diese Kosten für ihre Kunden zu reduzieren, führte BOEING Ende 1996 ein neues Online-System ein. Der Kunde sucht das entsprechende Ersatzteil anhand des Typs oder des Ortes, an dem sich das Teil im Flugzeug befindet, heraus und bestellt es beim nächstgelegenen Lagerhaus, welches er ebenfalls in der Datenbank findet. Über die „Links" zu den Paketdiensten FEDERAL EXPRESS und UNITED PARCEL SERVICE kann er den Lieferstatus der Sendung verfolgen.[2]

Die Systeme lassen sich dahingehend unterscheiden, ob sie vornehmlich *inhaltliche* (Datenbanken, Expertensysteme) oder *prozessorientierte* Unterstützung bieten. Zu prozessorientierten Systemen zählen auch Kommunikationssysteme, wie Videokonferenz, Telefon, Terminkalender-Management, elektronische Bestell- und Vertriebssysteme oder Workflow-Systeme.[3]

Datenbanken unterstützen informatorisch eine individualisierte Kundenansprache (Database Marketing).[4] Diese bezieht sich nicht allein auf eine individuelle Kommunikation mittels bestimmter Medien, sondern auf das gesamte Leistungsspektrum des Anbieters. Mittels Datenbanken sollen für jeden einzelnen Kunden bzw. jedes einzelne Kundensegment all die Informationen gespeichert werden, mit denen es möglich ist, die attraktiven Kunden zum „richtigen" Zeitpunkt mit den „richtigen" Massnahmen in effizienter Art und Weise zu bedienen.[5]

Die Beschaffung von Kundeninformationen setzt ein integriertes Konzept der Informationsgewinnung voraus. *Interne und externe Datenquellen* sind dabei zu nutzen.[6] Kundendatenbanken sollten insbesondere *Daten der Stammkundschaft* enthalten. Daneben ist es auch von Interesse, Informationen über potentielle Kunden zu beschaffen. Andere Kundenkategorien sind Erst- und Wiederholungskäufer. Weiterhin ist zwischen *Grund-, Potential-, Aktions- und Reaktionsdaten* zu unterscheiden. Abbildung 58 zeigt eine Übersicht des Informationsspektrums von Kundendatenbanken mit Beispielen.

---

1 Vgl. Blattberg/Deighton 1993; Picot/Reichwald/Wigand 1998, S. 133 ff.
2 Vgl. hier und im folgenden Muther 1999 auf CD-ROM.
3 Siehe auch Picot/Reichwald 1991, S. 298; Krcmar 1992, S. 7.
4 Munkelt 1997, S. 36 ff. zu Data Warehouse Konzepten; Blattberg/Thomas 1999, S. 363 ff..
5 Siehe auch Belz 1997.
6 Vgl. Schulz 1995, S. 31, 38

Datenart, die über... ... informiert	Beispiele
Grunddaten längerfristig gleichbleibende und weitgehend produktunabhängige Kundendaten	• Name, Adresse, Telefon, Bankverbindung, evtl. Segment-Zuordnung • bei Personen: Alter, Geschlecht, Beruf, Ausbildungsabschluss • bei Unternehmen: Branche, Mitarbeiterzahl, Umsatz, Bonität, Rechtsform, obere Führungskräfte, Unternehmensverflechtungen, Buying Center-Mitglieder
Potentialdaten produktgruppen- und zeitpunktbezogene Anhaltspunkte für die zukünftige Nachfrageentwicklung[1]	• bisherige eigene Lieferungen, eigene kundenbezogene Marktanteile • voraussichtliche Restnutzungsdauer oder Vertragsdauer bzw. Termine für Wiederaufnahme des Kontaktes • Ausstattungsmerkmale und Pläne der jeweiligen Kunden; andere strukturelle oder betriebliche Änderungen • demographische Einzeldaten, um Eintritt in einen neuen Lebensabschnitt zu verfolgen (Schule, Lehre, Beruf, Rente usw.)
Aktionsdaten kundenbezogene Massnahmen hinsichtlich Art, Intensität, Häufigkeit und Zeitpunkt, Kosten	• Werbebriefe; Katalog- und Prospektzusendungen; Telefonaktionen, Vertreterbesuche • konkrete Angebotserstellung, Verkaufsargumentation • Nachlieferungen, Reparaturen • Beschwerdereaktion; Rückgewinnungsanreiz
Reaktionsdaten Kundenverhalten[2] und ökonomische Ergebnisse	• vorökonomische Erfolgsgrössen; Kaufverhalten, z.B. Kundenanfragen; Kundeneinstellungen/-kenntnisse bzgl. Leistungen und Unternehmen; Einkaufs- und Nutzungshäufigkeit; Zahlungsverhalten, Reklamationen; Weiterempfehlungen, Angebotsablehnung • ökonomische Erfolgsgrössen, z.B. Umsatz, Deckungsbeitrag, Auftragserteilung

Abb. 58: Informationsspektrum einer Kundendatenbank

Der *Nutzen von Kundendatenbanken* hängt von ihrem Informationsgehalt und der Informationsverarbeitung ab. Beide Kriterien werden von verschiedenen Faktoren beeinflusst (siehe Abbildung 59).

---

1 Vgl. auch Abschnitt 2
2 Vgl. auch Abschnitt 5.2.2.

Teil D: Kundenbindungsmanagement 217

Informationsgehalt	Informationsverarbeitung
• Umfang der Datenbank (Anzahl der Datensätze und -felder) • Vollständigkeit der Daten • Präzision und Konsistenz der Daten • Aktualität der Daten • Relevanz der Daten • Verknüpfung der Daten	• Verfügbarkeit und Zugriff • Bereitschaft zur Nutzung (Nutzerfreundlichkeit, Informationsgehalt, Einstellung der Nutzer) • Integration des Systems in den Arbeitsablauf • Performance (Verarbeitungsgeschwindigkeit, technische Möglichkeiten)

Abb. 59: Informationsgehalt und Informationsverarbeitung von Datenbanken

Innerhalb eines Unternehmens sollten die Bereiche möglichst auf eine *zentrale* Kundendatenbank zugreifen können. Ein einheitliches Erfassen der Daten erhöht deren Präzision, Konsistenz und allgemeine Verfügbarkeit. Zudem erleichtert eine sinnvolle und präzise Deskription eine Verknüpfung der Daten je nach Selektionskriterium.

Die Entscheidung, welche Arten von Informationen gespeichert werden sollen, beeinflusst Relevanz und Umfang der Daten. Je detaillierter die Informationen, desto individueller ist die Kundenbearbeitung, desto weniger können jedoch Datensätze miteinander verglichen werden.

Zur Pflege der Datenbank sollte jede Kundenadresse einen „Eigentümer" besitzen, der sich für die Aktualität und Vollständigkeit der Informationen verantwortlich fühlt und persönlich Änderungen vornehmen kann. Zudem sind der Zugriff auf dem eigenen PC und die Integrierbarkeit in tägliche Anwendungen wichtig, weil andernfalls die Nutzung der Datenbank deutlich abnimmt. Die Nutzerfreundlichkeit bedingt eine einfache Sprache und Bedienung.

Die Einrichtung einer umfassenden Kundendatenbank ist oft sehr kosten- und zeitintensiv. Zudem müssen Investitionen in die IuK-Technik nicht zwingend zu einer höheren Produktivität führen.[1] Des weiteren unterliegt die Datennutzung rechtlichen Beschränkungen. Eine zunehmende Sensibilisierung der Bevölkerung und von Organisationen gegenüber dem Thema Database Marketing, insbesondere Direct Mail, ist ebenfalls erkennbar (Postflut, „gläserner" Kunde).[2]

Weitere Systemveränderungen

Einen zusätzlichen Ansatzpunkt für eine konzeptionsgerechte Handlungsweise der Unternehmensmitglieder bieten *zielorientierte Anreiz- und Entlohnungssysteme*, wie

---

1 Vgl. Picot/Reichwald/Wigand 1998, S. 187 ff. m.w.N.
2 Datenschutzgesetze, siehe z.B. Schineis 1991; Peter 1997, S. 262 ff. m.w.N.

sie in Unternehmen beispielsweise in Form der Erfolgsbeteiligung existieren. Neben einheitlichen Grundstrukturen innerhalb des Unternehmens müssen Anreize in der Lage sein, individuenspezifische Motive zu aktivieren.[1] Anreizsysteme sollten so beschaffen sein, dass neben dem wirtschaftlichen Ergebnis des Unternehmens und mitarbeiterbezogenen Grössen auch Kriterien wie Kundenzufriedenheit, Cross- und Up-Selling, Beschwerdeanzahl oder Wiederkauf berücksichtigt werden.[2]

Das Warenhaus LOEB ist bekannt für seine einfachen und doch wirksamen Anreize zur Mitarbeitermotivation. Es gibt Merci-Kaffeegutscheine, die an die Kunden ausgeteilt werden. Jeder Kunde kann sie demjenigen Mitarbeiter schenken, der ihn besonders gut bedient hat. Der LOEB-Joker (Gratisgetränk) dient einem ähnlichen Zweck. Er wird mit der monatlichen Lohnabrechnung der ganzen Belegschaft ausgeteilt und als Dankeschön gegenüber anderen Kollegen eingesetzt. Im Rahmen des Wettbewerbs „Die beste Tat im Dienste des Kunden" werden einmal pro Monat Mitarbeiter ausgezeichnet. Sie können einen Monat lang gratis mit dem „Znüni-Zvieri-Pass" im Personalrestaurant essen.[3]

Die Bankgesellschaft MBNA hat für jede Abteilung ein oder zwei Faktoren bestimmt, die massgeblich zur Kundenbindung beitragen. Täglich wird jede Abteilung danach bewertet, wie nahe sie an ihre Leistungsvorgaben herangekommen ist. An jedem Tag, an dem das Unternehmen 95 % dieser Leistungsziele erreicht, zahlt MBNA einen festgelegten Betrag in einen Prämienfonds ein. Hieraus werden auch die Jahresprämien gezahlt, die bis zu 20 % des Gehalts der einzelnen Mitarbeiter betragen können.

Die GREAT-WEST LIFE INSURANCE COMPANY zahlt ihren Maklern einen 50 % Bonus, wenn sie beim Verkauf von Betriebskrankenversicherungen gewisse Stammkundenziele erreichen.[4]

Allerdings sind diese Zielvorgaben nur insofern wirksam, als sie auch von den Mitarbeitern erreicht werden können. Die Expertengespräche zeigten, dass die verfolgten Ziele der Kundenbindung wie Kundenzufriedenheit, Frequenz oder Wiederkauf bisher auch deshalb nicht in die Entlohnungssysteme integriert wurden, weil ihr Erfüllungsgrad nicht allein vom Verhalten eines Einzelnen abhängt. So bestimmen beim stationären Handel beispielsweise auch die Standortqualität oder das Wohngebiet die Höhe der Wiederkaufrate. Noch schwieriger wird es, wenn konkurrierende Ziele (z.B. Kundenakquisition und -bindung) in der gleichen Planungsperiode unterschiedliche Verhaltensweisen von einer Person oder Abteilung erfordern. Dieser Aspekt verstärkt sich in sehr dynamischen Märkten, für die starre Anreizmodelle weniger geeignet sind.[5]

Weitere Systemanforderungen ergeben sich auch aus den Ausführungen der vorangegangenen Kapitel: Früherkennungssysteme sollen helfen, den sich abzeichnenden Anbieterwechsel eines Kunden rechtzeitig festzustellen, um gegebenenfalls Massnahmen

---

1 Vgl. Schanz 1991, S. 8.
2 Zu Details siehe z.B. Schanz 1991 und weitere Beiträge; Becker 1995, Sp. 34 ff.; Ondrack 1995, Sp. 307 ff.
3 Expertengespräch Loeb; vgl. auch Loeb 1997.
4 MBNA = America Bank Nat Assn, vgl. Reichheld/Sasser 1991, S. 115.
5 Expertengespräch T-Mobil.

zu ergreifen. Durch periodenübergreifende Controllingsysteme lassen sich langfristige Geschäftsbeziehungen als Investitionsobjekte erfassen und beurteilen.

7 Kundenbindung und ihre Beziehung zu den anderen Kernaufgaben

Kundenbindung ist neben der Kundenakquisition sowie der Leistungsinnovation und -pflege eine der vier Kernaufgaben (siehe Abschnitt B 3.2.2). In der Regel wird sich die Geschäftsleitung mit dem Management aller vier Kernaufgaben beschäftigen. Je nach angestrebtem Kernaufgabenprofil sind die Aufgaben inhaltlich und zeitlich aufeinander abzustimmen sowie die dafür notwendigen organisatorischen Rahmenbedingungen zu schaffen. Es ist zunächst erforderlich, die Wechselwirkungen zwischen den Aufgaben zu erfassen.

7.1 Kundenbindung und Kundenakquisition

Die Kernaufgabe Kundenakquisition umfasst die *Erschliessung* von Kundenpotentialen. Hierzu gehören alle Massnahmen, die dazu führen, dass ein Kunde *erstmals* beim betreffenden Anbieter kauft.[1]

Verschiedene Autoren weisen darauf hin, dass sich hinsichtlich der Wachstumsziele von Unternehmen Kundenbindung und Kundenakquisition sehr gut ergänzen können:

Durch Stabilisierung und Ausbau der Markenloyalität einerseits *sowie* durch die Eroberung von Fremdmarkenbesitzern andererseits können Absätze gesichert werden.[2] „Langfristige Erfolge entstehen (...) möglicherweise durch völlig neue Geschäftsfelder, die neue Kunden bedeuten, und die kann man mit der Bindung vorhandener Kunden nicht gewinnen."[3] Die Verkäufe eines Anbieters in einer Periode erfolgen grundsätzlich an zwei Gruppen von Abnehmern: neue und wiederkaufende Kunden.[4] Der Umsatz des Unternehmens stammt aus Neukunden und Stammkunden.[5] Zudem unterteilt die Literatur zwischen offensiven und defensiven Marketingstrategien, je nachdem, ob sich Unternehmen eher neuen Geschäftsfeldern und Kunden zuwenden oder das Bestehende vor jetzigen bzw. zukünftigen Wettbewerbern „bewahren" wollen.[6]

Die Zusammenhänge zwischen beiden Aufgaben können aus verschiedenen Perspektiven betrachtet werden. Aus *zeitlicher Sicht* ist die Kundenakquisition der Kundenbindung vorgelagert und endet zu dem Zeitpunkt, an dem der Erstkauf abgeschlossen ist.

---

1 Vgl. Tomczak/Reinecke 1998.
2 Vgl. Burmann 1991, S. 249.
3 Chrobok 1995, S. 28 f.
4 Vgl. Schütze 1992, S. 71.
5 Vgl. Kotler/Bliemel 1999, S. 28
6 Vgl. Fornell/Wernerfelt 1987, S. 337 ff.; Fornell 1992, S. 8; Zeithaml/Berry/Parasuraman 1996 m.w.N.

Während die Massnahmen der Kundenakquisition sich einem einzelnen „Sales Cycle" zuordnen lassen, verbindet die Kundenbindung alle nachfolgenden Kaufprozesse miteinander.

Da *vergangene* Erfahrungen die Kundenbindung i.S.v. Einstellung und Wiederkaufabsicht beeinflussen, können die Massnahmen der Kundenakquisition den Weg für eine längerfristige Beziehung ebnen oder sogar bereits zur Bindung führen (Ergebnis). Aus dieser Perspektive *bedingt die Kundenakquisition den Erfolg der Kundenbindung.*

Hieraus resultieren weitere Anforderungen an die Massnahmen zur Kundenakquisition: 1) Es sollte darauf geachtet werden, bereits (potentiell) *attraktive Kunden*(segmente) zu akquirieren. 2a) Das Auftreten in der Phase der Kundenakquisition darf ausserdem nicht widersprüchlich zu den späteren Kundenbindungsmassnahmen sein. Wenn bereits hohe Erwartungen geweckt worden sind, wird es problematisch, diese im Nachhinein zu senken. 2b) Auch Missverhältnisse in der Betreuung von Neu- und Stammkunden sind zu vermeiden. Für den Fall, dass beispielsweise Systemanbieter ein neues Produkt lancieren, müssten sie bereit sein, auch ein „Upgrade" für ihre bisherigen Kunden zu gewährleisten.[1] Je wichtiger die Kundenbindung für das Unternehmen und in Relation zur Kundenakquisition ist, desto mehr sollten Akquisition und Bindung im Einklang stehen.

Bei *LEICA GEOSYSTEMS SCHWEIZ* ist der Verkäufer gleichzeitig Support Ingenieur. Das hat einen entscheidenden Einfluss auf die Kundenbindung, weil derjenige, der die Versprechen gibt, sie auch in den nächsten 4-5 Jahren einhalten muss.[2]

Das Beispiel von *LEICA* zeigt die Notwendigkeit entsprechender *organisatorischer Rahmenbedingungen*, wie beispielsweise abgestimmte Planungs- und Anreizsysteme. So bewerten manche Unternehmen erst dann die Kundenakquisition als einen Erfolg, wenn sie mindestens kostendeckend ist, eine bestimmte Umsatzhöhe erzielt wurde oder der Kunde das erste Mal wiederkauft.

Zudem sollten Unternehmen bereits bei der Personaleinstellung beachten, welche Eigenschaften die Mitarbeiter der jeweiligen Kernaufgaben besitzen sollten. Werden bei der Kundenakquisition Findigkeit, Ausstrahlung und Hartnäckigkeit verlangt, sind zur Betreuung Zuverlässigkeit, Präzision und gutes Einvernehmen relevant.[3] Ob die Aufgaben allerdings organisatorisch getrennt oder – wie im Beispiel *LEICA* – von einer Person bzw. einem ständigen Team wahrgenommen werden, kann nicht generell festgelegt werden.

Beispielsweise vollzieht der Computerhersteller *DELL* eine klare personelle Trennung zwischen Kundenakquisition und -bindung. Die sogenannten „Hunter" haben als Vorgabe

---

1 Vgl. Tanner 1996, S. 125.
2 Expertengespräch Leica.
3 Vgl. Stolz 1998, S. 3.

Teil D: Kundenbindungsmanagement 221

eindeutige Kundengewinnungsziele wie Angebots- oder Auftragsvolumen. Die „Farmer" übernehmen hingegen die Kundenbetreuung.[1]

Entsteht Kundenbindung allein über Attraktivität *ohne* eine gewisse Abhängigkeit (siehe Abschnitt C 2.1.1, S. 62), müssen Kunden immer wieder neu gewonnen werden. Auch eine *zeitpunkt*orientierte Kundenperspektive verlangt eine ständige Kundenakquisition. Diese ist auch dann wichtig, wenn erst aufgrund einer gewissen „kritischen Masse" Kundenbindungsmassnahmen ökonomisch sinnvoll werden.

Im klassischen Systemgeschäft sichern die transaktions*objekt*spezifischen Investitionen auf seiten des Kunden das Folgegeschäft. Die Verantwortlichen in den Bereichen Verkauf und Kommunikation konzentrieren sich in diesem Fall hauptsächlich auf die Kundenakquisition. Den entscheidenden Beitrag zur Kundenbindung leisten die Entwicklungsabteilung, das Produktmanagement bzw. der Kundendienst/Service.

Da bei *GILLETTE* vornehmlich die kompatiblen Rasierklingen die Wiederkäufe zufriedener Kunden sichern, kann sich das Unternehmen bei der Werbung, Verkaufsförderung und PR auf die Kundenakquisition konzentrieren. Ihr Ziel ist der Apparateverkauf. Demgegenüber sorgt die Entwicklungs- und Produktionsabteilung dafür, dass die Klingen eine überdurchschnittliche Qualität besitzen und dass eine permanente Systemoptimierung erfolgt.[2]

Hieran zeigt sich auch der *Einfluss der Kundenbindung auf die Kundenakquisition.* In geplanten Geschäftsbeziehungen spielen beim Erstkauf insbesondere erst in der Zukunft wirksam werdende Faktoren eine Rolle, wie beispielsweise Verfügbarkeit, mögliche Erweiterung des Systems, „Cost of Ownership" bei Maschinen und Anlagen.[3]

LISTA ist in der Schweiz Marktführer. Die Marke, deren Bekanntheit (98 % der – potentiellen – Entscheider kennen *LISTA*) und die kontinuierliche Geschäftstätigkeit sind entscheidend für die Kundenakquisition. Dazu kommen Finanzstärke und Innovationsorientierung, ein gutes Preis-Leistungsverhältnis und Servicekompetenz. Wenn Kunden nach dem Erstkauf zufrieden mit *LISTA* sind, kaufen sie – aufgrund des Systemeffekts – auch erneut dort. Das bedeutet, dass *LISTA* seine Versprechen auch langfristig halten muss. Dafür wird ein deutlich grösseres Budget (z.B. für die flexible Produktion) ausgegeben, denn das Versprechen allein kostet noch nichts. Allerdings beeinflusst das Halten von Versprechen positiv die Reputation, die Marke und somit auch die Kundenakquisition.[4]

Weiterhin können Kundenbindungsmassnahmen akquisitorische Anreize aussenden. Attraktive Kundenclubs oder Bonusprogramme ziehen neue Kunden an. Untersuchungen ergaben, dass sich dadurch zusätzliche Umsätze allerdings vornehmlich in wach-

---

1 Vgl. Karg 1998, S. 56.
2 Expertengespräch Gillette; PR = Public Relations
3 Vgl. z.B. Tanner 1996, S. 126.
4 Expertengespräch Lista, z.B. 300 Farben werden angeboten; der Farbwechsel in der Produktion dauerte früher 4 Stunden, heute 8 Minuten.

senden Märkten erzielen lassen, wogegen dies in stagnierenden Märkten eher zu Gegenreaktionen der Konkurrenz und zu Preiskämpfen führt.[1]

Unternehmen nutzen das Referenzpotential ihrer Stammkunden beispielsweise in Form von „Member-get-Member"-Programmen. Beim *UBS CARD FRIENDSHIP*-Programm wird die Weiterempfehlung einer *UBS*-Kreditkarte mit etwa CHF 75, 100 oder 125 prämiert (je nach Anzahl der erfolgreichen Empfehlungen).[2]

Sofern bei vorhandenen Kunden ein starker Wunsch besteht, ihrem sozialen Umfeld zu demonstrieren, welche Marke sie gewählt haben, kann dies ebenfalls durch Markierung gefördert werden (T-Shirt, Aufkleber, Gläser usw.).[3]

Über bestehende, persönliche Beziehungen lassen sich neue Beziehungen knüpfen. *HEIDELBERGER DRUCKMASCHINEN (D)* fördern den persönlichen Kontakt auch über Events, beispielsweise Studienreisen nach Brasilien mit Besuch einer anderen Druckerei, Golfturnier (Skandinavien) oder sogenannten „Father & Son-Events" für Familienbetriebe. Hierdurch möchte *HDM* die Beziehung zum Kunden für den Fall sichern, dass irgendwann bisherige Entscheider durch Familienangehörige abgelöst werden.

Unternehmen, die sich einer ständig wechselnden Zielgruppe gegenübersehen, wie beispielsweise Hersteller von Spielzeug oder Babyartikeln, sollten prüfen, wie bestehende Beziehungen der Kundenakquisition dienlich sein können. Mit Hilfe der erfolgreichen „Vater-Sohn-Strategie" bei *MÄRKLIN* können sowohl junge Väter als auch Söhne – jeweils durch den anderen – akquiriert werden (siehe S. 134). Die Hersteller von Babywindeln pflegen insbesondere auch die Beziehungen zu den Beeinflussern (z.B. Krankenhäuser, Ärzte), um neue Kundinnen zu gewinnen.

Das letzte Beispiel zeigt, dass sich insbesondere in vertikalen Märkten beide Aufgaben an unterschiedliche Zielgruppen richten können. Während gegenüber Händlern oder anderen Absatzmittlern Kundenbindung wichtig ist, wird Kundenakquisition relativ stärker gegenüber Endkunden betrieben.

Ein weiterer positiver Einfluss auf die Kundenakquisition ergibt sich aufgrund einer *besseren Informationsbasis* über Kunden, Konkurrenz sowie eigene Stärken und Schwächen. Somit können gezielter diejenigen Kunden gewonnen werden, die das Unternehmen auch bedienen kann und will.

Gleichzeitig werden sich aber auch Fehler in der Kundenbindung, wie eine als zu stark empfundene Abhängigkeit, mangelhafte Qualität oder nicht eingehaltene Versprechen negativ auf die Kauf- bzw. Beziehungsbereitschaft neuer Kunden auswirken (Reputationszerstörung[4]).

---

1 Kopalle/Nelsin/Singh 1999.
2 Siehe UBS Broschüren.
3 Vgl. Graumann 1983, S. 147 f., 161 f.; siehe „Demonstrationseffekt" Kroeber-Riel/Weinberg 1999, S. 467.
4 Vgl. Spremann 1988.

7.2 Kundenbindung sowie Leistungsinnovation und -pflege

Zur *Leistungsinnovation* zählen sämtliche Massnahmen, die ergriffen werden, um neue Angebote zu kreieren und im Markt durchzusetzen. Eine erfolgreiche *Leistungspflege* führt hingegen zu einer möglichst nachhaltigen Marktpräsenz eines Angebots.[1] Die Beziehungen dieser beiden Kernaufgaben zur Kundenbindung werden nachfolgend gemeinsam betrachtet, da im Grundsatz ähnliche Zusammenhänge bestehen.

Die erste Betrachtungsperspektive geht davon aus, dass vorhandene Kunden mit neuen oder bestehenden Leistungen gebunden werden sollen. Dabei können vor allem sowohl die erforderlichen *Leistungsprozesse* der Innovation oder Pflege als auch die Leistungs*ergebnisse* zur Bindung beitragen.

Der Begriff „Leistungs*prozess*" ist weit definiert und umfasst neben dem Entwicklungsprozess auch die Prozesse der Produktion und Vermarktung (z.B. Kommunikation, Distribution) der eigentlichen Marktleistungen. Werden Kunden in diese Prozesse integriert, können unterschiedliche Bindungen entstehen (siehe Abschnitt 4.1.1.1 b, Leistungsprozesse). Klassische Beispiele sind Lead User-Konzepte oder die individuelle Auftragsfertigung.[2] Wenn wertvollen Kunden die Gelegenheit eingeräumt wird, über ihre guten Produkterfahrungen zu berichten (z.B. in der Kundenzeitschrift), kann das der Leistungspflege wie auch der Kundenbindung dienen.

Hinsichtlich der Bindung über Leistungs*ergebnisse* wurden bereits Beispiele im Kapitel D 4 (Massnahmen, S. 148 ff.) genannt. Es geht insbesondere um die Individualität sowie den Verbund von Leistungen.

Erweitert man diese Perspektive um eine dynamische Komponente, so lässt sich ebenfalls sehr deutlich der Einfluss der Leistungsseite auf die Kundenbindung nachweisen. In Märkten mit kurzen Produktlebenszyklen wie beispielsweise in der IT-Branche wird die Bindung vorhandener Kunden nur durch ein permanentes Streben nach besseren Leistungen in Relation zur Konkurrenz gelingen.

Zudem sind mit dem *bestehenden* Leistungsprogramm sowie *vorhandenen* Kunden Wachstumsgrenzen gesetzt, wie bereits bei der Hauptaufgabe „Kundenpotentiale erhalten" deutlich wurde (siehe Kapitel D 3). Wenn also ein Reifenhersteller im Stamm-Markt zusätzliche Umsätze erzielen will, ist der Weg in neue Produktfelder vorgezeichnet, weil ein Auto nur fünf Räder (inklusive Ersatzrad) hat. Dienstleistungen in der Nutzungsphase und völlig neuartige Leistungsangebote gewinnen hier zunehmend an Bedeutung.

> „Der Anbieter kann mit dem einmal gewonnenen Kunden in neue Geschäftsfelder vordringen. MERCEDES-BENZ verkauft neben der Kreditkarte längst auch Reisen, die ideale

---

1 Vgl. Tomczak/Reinecke 1999.
2 Siehe auch die Beispiele zu Lead User-Konzepten bei Herstatt 1991; Belz 1998, S. 272 ff.

Lederkluft (...), ein High-Tech-Fahrrad, das passende Gepäck und die Finanzierung des ganzen Pakets.[1]

Vor etwa 8-10 Jahren hat COOP begonnen, den Trend der Naturprodukte aufzugreifen. Mit Naturaplan, -line sowie Ökoplan und Coopération (Zusammenarbeit mit Entwicklungsländern) ist es gelungen, insbesondere die junge Zielgruppe – aber auch andere Altersgruppen – stärker einzubinden (z.T. auch Kundenakquisition). Der Bereich „Convenience" bietet ebenfalls noch ungeahnte Möglichkeiten und ist bei weitem noch nicht erschlossen.[2]

Bei der Feinbäckerei ENTENMANN in New York stagnierten die Umsätze, weil Kunden mit zunehmendem Alter auf fett- und cholesterinfreie Produkte achteten, die das Unternehmen nicht im Angebot hatte. Die Bäckerei entschied sich, statt einer Kundenakquisition auf neue fettarme Produkte zu setzen, um die vorhanden Kunden zu halten.

Ein anderes Beispiel ist HONDA. Das Unternehmen entwickelte als nächstes Modell den Accord für ehemalige Civic-Fahrer, die inzwischen geheiratet und eine Familie hatten.[3]

Wie kann Kundenbindung zum Erfolg der Kernaufgaben auf der Leistungsseite beitragen? Dies geschieht in erster Linie wiederum durch aktuelle und umfassende Kunden- und Brancheninformationen, wodurch sich finanzielle Risiken, Entwicklungszeiten oder die Gefahr, am Markt vorbei zu produzieren, verringern lassen.

Oft ist es schwierig, neue Innovationen vollständig zu testen. Deshalb hat ABB KRAFTWERKE ein 250 MW „Test Turbine Center" errichtet. Kunden, mit denen gemeinsam an den letzten Verbesserungen gearbeitet werden kann, sind sehr wichtig. Sie müssen ein hohes Vertrauen besitzen, dass in unerwarteten Fällen auch ABB als Partner für sie da ist.[4]

Kunden und Leistungen sind zwei Seiten einer Medaille. Neben unterschiedlichen Zielen und Anreizen der zuständigen Bereiche erschweren auch kulturelle Barrieren eine Koordination dieser Schnittstellen (z.B. Produkt-, Technologie- versus Kundenorientierung).[5] Die Leistungsangebote werden beispielsweise eher nach Massgabe des technisch Machbaren als entsprechend der Kundenbedürfnisse konstruiert. Damit wird erneut deutlich, dass ein integriertes Management der Kernaufgaben notwendig ist. Von den Zielen einer einzelnen Kernaufgabe kann aber durchaus die Gestaltung der anderen Aufgaben abhängen, wie es in dieser Arbeit aus Sicht der Kundenbindung erfolgte.

---

1   Wildemann 1998a, S. 5.
2   Expertengespräch Coop.
3   Vgl. Reichheld 1993b, S. 109.
4   Expertengespräch ABB Kraftwerke.
5   Vgl. auch Belz 1999, S. 24.

Teil E Fazit und weiterer Forschungsbedarf

Diese Arbeit hatte das Ziel, Rahmenbedingungen sowie Analyse- und Gestaltungsansätze für das Management der Kundenbindung herauszuarbeiten. Gemäss dem aufgabenorientierten Ansatz stand das unternehmerische Wachstum mit vorhandenen Kunden im Mittelpunkt. Damit umfasst die Kernaufgabe Kundenbindung ein *bedeutend grösseres Handlungsspektrum* als lediglich das Zufriedenheitsmanagement, die Beschwerdebearbeitung oder die Gestaltung von Bonussystemen.

Im Zentrum dieser Arbeit stand deshalb ein *integriertes Gesamtkonzept*, das sich – im Sinne des aufgabenorientierten Ansatzes – vornehmlich an die Geschäftsbereichsleitung, an Verantwortliche einer kundenorientierten Schnittstellenkoordination sowie an das Kundenmanagement im besonderen wendet.

Grundsätzliche Kenntnisse darüber, wie Kundenbindung entsteht, sind vorteilhaft für die Konzepterstellung. Die Existenz beider Bindungsarten *Attraktivität und Abhängigkeit* charakterisiert im Grundsatz eine Win-Win-Beziehung, bei der Anbieter *und* Kunde möglichst über einen längeren Zeitraum voneinander profitieren. Liegt der Fokus bei den Unternehmen in erster Linie darauf, den Kunden über *attraktive* Problemlösungen zu binden, sollte das Wechselspiel zwischen beiden Bindungsarten nicht vernachlässigt werden. Abhängigkeit ist dabei vor allem mittels Attraktivität zu erzeugen. Das heisst, Kunden gehen dann eine gewisse Abhängigkeit ein, wenn sie dafür einen entsprechend höheren Nettonutzen erwarten können.

Ausgehend von der eigenen unternehmerischen Situation sollten ungenutzte Potentiale stärker berücksichtigt werden. In erster Linie betrifft dies die Gestaltung des Nettonutzens, das heisst, die Aktivierung *ökonomischer* Bindungspotentiale, welche die Marktleistung und die damit verbundenen Austauschprozesse – als Herzstück der geschäftlichen Beziehung – betreffen. Auch *vertragliche, technisch-funktionale und organisatorische* Bindungen sind letztlich nur so gut, inwieweit sie auch mit einem (ökonomischen) Vorteil einhergehen. Die positiven Wirkungen *sozialpsychologischer Bindungen* gegenüber Personen oder Marken werden bisweilen unterschätzt oder noch nicht ausreichend gefördert.

Das Kundenbindungsmanagement umfasst mehr als lediglich isolierte Massnahmen. Wichtig ist die *Einbettung in die Unternehmens- bzw. Geschäftsbereichsstrategie* sowie ein *Fokus auf attraktive, vorhandene Kunden*. Die Kundenattraktivität sollte dabei nicht nur zum aktuellen Zeitpunkt beurteilt werden und zudem qualitative Grössen einbeziehen. Anforderungen an das Controlling der Kundenbindung zeigen ebenfalls, dass *aktuelle und umfassend aufbereitete Kundeninformationen* den Planungsprozess entscheidend vorantreiben können. Sind diese Informationen nicht ausreichend vorhanden, ist eine schrittweise Umsetzung zu empfehlen. Neue Informationen können dadurch in die weitere, detailliertere Planung einfliessen.

Die Massnahmenplanung bietet ein breites und vielfältiges Spektrum an Handlungsoptionen. Je *individueller die Problemlösungen* auf die Kunden bzw. Kundensegmente zugeschnitten und je stärker die *beschaffungs- oder verwendungsbezogenen Verbundwirkungen* sind, desto eher führt Attraktivität zur Abhängigkeit, indem sie die Auswahl an Alternativen einschränkt. *Zusätzliche* Kundenbindungsmassnahmen setzen allerdings akzeptable Grundleistungen voraus. Die Kundenzufriedenheit ist dabei eine notwendige, aber keine hinreichende Bedingung.

Neben dem reinen Wiederholungskauf werden Cross- und Up-Selling nur so erfolgreich sein, wie es gelingt, Leistungspotentiale, -prozesse und -ergebnisse derart zu gestalten, dass sie flexibel den inter- und intraindividuellen Bedürfnisveränderungen der vorhandenen, attraktiven Kunden *im Zeitverlauf* entsprechen können. Zudem sind Verbundwirkungen zwischen den einzelnen Leistungen systematisch auszubauen. Diese Entscheidungen betreffen insbesondere auch die strategische Planung, wenn es darum geht, *welche* neuen Geschäftsbereiche zu erschliessen sind. Gleichzeitig leiten sich daraus auch Ziele für die Kernaufgaben Leistungsinnovation und -pflege ab.

Eine Leistungsgestaltung, die diesen Anforderungen genügen will, bedingt einen *kontinuierlichen Kundenkontakt*. Hier stehen unterschiedliche Instrumente zur Verfügung, die auch mit Hilfe neuer *Informations- und Kommunikationstechnologien* noch besser genutzt werden können.

Die Kundenbetreuung erfolgt in der Regel dezentral durch verschiedene Abteilungen und Mitarbeiter, wie beispielsweise Clubmanagement, Beschwerdeabteilung, Kundendienst, Verkauf oder Marketing Services. Gemeinsam mit den ihnen vorgelagerten Wertschöpfungsbereichen leisten sie einen Beitrag dazu, ob Kunden wiederholt oder vermehrt kaufen werden. Je grösser die Zahl der Beteiligten auf beiden Seiten, desto zahlreicher sind die Schnittstellen, die durch geeignete *Koordinationsmechanismen* verknüpft werden müssen.

Kundenbindung ist nur dann erfolgreich, wenn sich die Investitionen in vorhandene Kunden lohnen, das heisst, wenn die kundenbezogenen Einzahlungsströme grösser als die Auszahlungsströme sind. Dies erfordert eine *langfristige* Planungsperspektive, *periodenübergreifende* Controllinginstrumente sowie eine *hohe Einsatzbereitschaft* der Unternehmensmitglieder *aller Hierarchieebenen*.

Weiterer Forschungsbedarf besteht aus Sicht der Verfasserin bezüglich folgender Aspekte:

Die branchenübergreifende Untersuchung war bewusst breit angelegt, um zunächst auf abstrakter Ebene unterschiedliche Herausforderungen zu erfassen sowie verschiedene Lösungsansätze aufzeigen zu können. Zudem erzeugte ein universeller Fokus auf Kundenbindung als Kernaufgabe im Marketing eine zusätzliche Themenvielfalt. Entsprechend der Forderung, situative und handlungsorientierte Gestaltungsempfehlungen zu geben, resultieren hieraus verschiedene Forschungsrichtungen:

1) Das Gesamtkonzept kann auf einzelne Sektoren, Branchen oder bestimmte Situationen übertragen werden.

Ausgehend von der gegebenen Umweltsituation sowie von möglichen Unternehmenstypen können die einzelnen Schritte innerhalb des Kundenbindungskonzepts noch spezifischer beschrieben werden.

So besitzen *Dienstleister* beispielsweise gute Voraussetzungen, um Bindungen auf der Personenebene zu etablieren, die zwar stark, aber weniger langfristig stabil sein können. Andererseits haben erfolgreiche Markenartikelhersteller der *Konsumgüterindustrie* nachhaltige Bindungen auf der Leistungsebene aufgebaut, die sich durch eine persönliche Ansprache noch vertiefen lassen. Im *Business-to-Business-Bereich* sind die Schnittstellen zum Kunden und die damit verbundenen Prozesse auf Organisationsebene ein wichtiger Ansatzpunkt zur höheren Kundenbindung.

Zudem wäre es möglich, Kundenbindung auch unter *Low-Involvement-Bedingungen* zu untersuchen. Neben der Markentechnik sollte die Wirkung externer Determinanten, wie etwa relevante Bezugspersonen, physische Umwelt, Traditionen, kaufauslösende Reize am Point-of-Sale stärker und systematisch genutzt werden, um Wieder- oder Zusatzkäufe zu erzeugen.

2) Einzelne Konzeptinhalte können vertiefter behandelt werden, insbesondere:

- *Kundensegmentierung*, beispielsweise welche Grössen zur Bestimmung der Kundenattraktivität in der jeweiligen Situation besonders aussagekräftig sind, wie zukünftige und qualitative Grössen operationalisiert werden können oder wie in bereits bestehende Markt- und Kundensegmente das Kriterium der „Attraktivität" stärker einbezogen wird.

- *Leistungsgestaltung*, wie beispielsweise Cross- und Up-Selling systematisch geplant und gesteuert werden können. Interessant wäre zudem ein stärkerer Fokus auf eine *integrierte* Massnahmengestaltung. Ferner ist zu klären, wie es gelingt, attraktive Kunden zu betreuen, die eine unterschiedliche Bindungsbereitschaft haben oder unattraktive Kunden auszugrenzen.

- *Kundenintegration*, die branchenübergreifend zu einer der wichtigsten Quellen verschiedenster Bindungspotentiale wird. Hier kann noch intensiver auf die Fragen des „Wann" und „Wie" einer Zusammenarbeit mit „welchen" Kunden eingegangen werden. Wichtig sind auch die Hinweise zur praktischen Umsetzung.

- *Abhängigkeitsmanagement*, wie beispielsweise asymmetrische Bindungen und mögliche Abhängigkeitsgefahren erkannt werden können, um mittels integrierter Massnahmen gezielt gegenzusteuern.
- *Controlling des Geschäfsbeziehungserfolgs*, wobei eine periodenübergreifende Erfolgskontrolle notwendig wird, die vergangene und zukünftige Bewertungskriterien einbezieht.
- *Organisation*, insbesondere Gestaltungsansätze – möglichst im Rahmen situativer Kernaufgaben*profile* – für das erforderliche Schnittstellenmanagement sowie für die notwendigen Managementsysteme.

3) Die Forderung nach effizienten Marketinginstrumenten stärker gewichten.

In der Arbeit stand das Generieren von Umsätzen im Vordergrund. Innerhalb der Massnahmenplanung sollten der Kosten- und *Effizienzgedanke stärker gewichtet* werden. Hier entstehen neue Ideen, wenn es darum geht, ökonomisch weniger attraktive Kunden zu betreuen oder bereits heute die zukünftig attraktiven Käufer zu berücksichtigen. Beispiele sind die Kundenbindung im Rahmen des Kleinkundenmanagements oder durch Kundenclubs.

4) Kooperationen als Erfolgsfaktor im Hinblick auf Kundenbindung untersuchen.

Kapitel D 4 zu den Kundenbindungsmassnahmen konnte aufzeigen, dass einerseits aufgrund einer umfassenden Kundenbetreuung über den Zeitverlauf neuartige und zusätzliche Leistungsangebote erforderlich werden. Andererseits besteht jedoch die Forderung nach einer Konzentration auf die eigenen Kernkompetenzen. In diesem Spannungsfeld werden *horizontale oder vertikale Kooperationen* zunehmend bedeutender.

5) Eine interdisziplinäre Forschung verstärken.

Die zuletzt genannten Themenbereiche unter 2) zeigen auch die Notwendigkeit einer verstärkten *interdisziplinären Forschung*, das heisst, dass beispielsweise Erkenntnisse der Führungs- und Organisationslehre sowie des Personalmanagements oder der Nachbarwissenschaften, wie Psychologie und Soziologie sowie des Rechnungswesens und des Controlling stärker zu integrieren sind.

6) Qualitative und quantitative empirische Forschung intensivieren.

Der situative Bezug bietet eine geeignete Basis für weitere *empirische Arbeiten*. Dabei dient eine *qualitative Fallforschung* insbesondere dazu, das *Gesamtmodell* in einzelnen Unternehmenssituationen zu überprüfen sowie daraus die jeweils relevanten Anforderungen an die Organisation abzuleiten. *Quantitative* Studien können beispielsweise zusätzliche Erkenntnisse liefern, welche *Analyse- und Gestaltungsansätze*

Teil E: Fazit und weiterer Forschungsbedarf 229

bereits in den jeweiligen Unternehmen, Branchen oder Sektoren Anwendung finden und welche (noch) nicht. Die Ursachen- und Problemanalysen dienen wiederum dazu, den Forschungsbedarf zu präzisieren.

7) Anforderungen an die aufgabenorientierte Marketingplanung

Einen wichtigen Bereich im Rahmen des *aufgabenorientierten Ansatzes* und mit einem engen Bezug zur Kundenbindung stellen die Forschungen zum *Kernaufgabenprofil* dar. Auf Geschäftsbereichsebene bestimmt das jeweilige Kernaufgabenprofil die Rahmenbedingungen für den Planungsprozess einzelner Aufgaben. Doch die Mittel-Zweck-Relationen zwischen den Kernaufgaben sind noch nicht abschliessend geklärt. Argumentiert man aus der Sicht der Kundenbindung, ist sie mit neuen und/oder bestehenden Leistungen zu realisieren. Diese vertikale Mittel-Zweck-Beziehung ist – kurzfristig betrachtet – gegenüber der Kundenakquisition weniger stark ausgeprägt. Zwischen den beiden Aufgaben besteht eher eine horizontale Beziehung, die jedoch ebenfalls abgestimmt werden muss.

Weitere Forschungen sollten die komplementären und konfliktären sowie über- und untergeordneten Beziehungen der Aufgaben näher untersuchen, um daraus Handlungsempfehlungen für den gesamten Planungsprozess abzuleiten. Dieser Anspruch wird noch komplexer, wenn unterschiedliche Zielgruppen, zum Beispiel Absatzmittler, Privat- oder Geschäftskunden verschiedene Aufgabenprofile erfordern. Bestehende Erkenntnisse zur Systematisierung von Marketingzielen und zur Zielkonfliktforschung können hierbei hilfreich sein. Die dafür notwendigen bereichs- und hierarchieübergreifenden Planungs- und Abstimmungsprozesse sind ein weiteres Forschungsfeld.

Erfolgreiche Kundenbindung bedeutet, die *richtigen* Kunden *richtig* zu binden.
Das heisst, die wirtschaftlich interessanten Kundenpotentiale
langfristig auszuschöpfen.

Literaturverzeichnis

Aeberli, U. (1999): Kundenbindung auf den Punkt gebracht, in: Handelszeitung, Nr. 33, 18.8.1999, S. 25.

Albach, H. (1980): Vertrauen in der ökonomischen Theorie, in: Zeitschrift für die gesamte Staatswissenschaft, 136. Jg., H. 1, S. 2-11.

Alber, S./Weber, S. (1999): Kundenbindung im Verlagsbereich: Das Beispiel der Bertelsmann Club GmbH, in: Bruhn, M./Homburg, Ch. (Hrsg.): Handbuch Kundenbindungsmanagement. Grundlagen – Konzepte – Erfahrungen, 2. Aufl., Wiesbaden, S. 481-495.

Aldrich, H.E. (1979): Organizations and Environments. Englewood Cliffs (NJ).

Anderson, E./Chu, W./Weitz, B. (1987): Industrial Purchasing: An Empirical Exploration of the Buyclass Framework, in: Journal of Marketing, Vol. 51, July, pp. 71-86.

Anderson, E./Weitz, B. (1992): The Use of Pledges to Build and Sustain Commitment in Distribution Channels, in: Journal of Marketing Research, Vol. 29, No. 2, pp. 62-74.

Anderson, E./Weitz, B. (1989): Determinants of Continuity in Conventional Industrial Channel Dyads, in: Marketing Science, Vol. 8, Fall, pp. 310-323.

Anderson, E.W./Fornell, C./Lehmann, D.R. (1994): Customer Satisfaction, Market Share, and Profitability: Findings from Sweden, in: Journal of Marketing, Vol. 58, July, pp. 53-66.

Anderson, E.W./Sullivan, M. (1993): The Antecedents and Consequences of Customer Satisfaction For Firms, in: Marketing Science, Vol. 12, No. 2, Spring, pp. 125-143.

Anderson, J.C./Narus, J.A. (1999): Welchen Wert hat Ihr Angebot für den Kunden?, in: Harvard Business Manager, 21. Jg., H. 4, S. 97-107.

Anderson, J.C./Narus, J.A. (1991): Partnering as a Focused Market Strategy, in: California Management Review, Vol. 33, Spring, pp. 95-113.

Anderson, J.C./Narus, J.A. (1990): A Model of Distributor Firm and Manufacturer Firm Working Partnerships, in: Journal of Marketing, Vol. 54, January, pp. 42-58.

Antil, J.H. (1984): Conceptualization and Operationalization of Involvement, in: Kinnear, T. (Hrsg.): Advances in Consumer Research, Vol. XI, Provo/Utah, pp. 203-209.

Aries, L. A./Michel, O. (1997): Das grösste Umsatzpotential liegt im gepflegten Verkauf, in: Boom, H. 4, S. 36-39.

Arndt, J. (1979): Toward a Concept of Domesticated Markets, in: Journal of Marketing, Vol. 43, No. 3, Fall, pp. 69-75.

Arnott, N. (1994): Inside Intel's Marketing Coup, in: Sales and Marketing Management, Febr., S. 78-81.

Assael, H. (1987): Consumer Behavior and Marketing Action, 3. Aufl., Boston.

AZ Direct Marketing Bertelsmann GmbH (o.J.): Strategie-Elemente der Kundenbindung, Gütersloh.

Backhaus, K. (1999): Industriegütermarketing, 6. Aufl., München.

Backhaus, K. (1997): Relationship Marketing – Ein neues Paradigma im Marketing?, in: Bruhn, M./Steffenhagen, H. (Hrsg.): Marktorientierte Unternehmensführung – Reflexionen- Denkanstösse – Perspektiven, Festschrift für Heribert Meffert zum 60. Geburtstag, Wiesbaden, S. 20-35.

Backhaus, K. (1992): Investitionsgüter-Marketing – Theorieloses Konzept mit Allgemeinheitsanspruch?, in: Zeitschrift für betriebswirtschaftliche Forschung, 44. Jg., H. 9, S. 771-791.

Backhaus, K./Adolphs, B./Büschken, J. (1996): The Paradox of Unsatisfying but Stable Vertical Relationships – A Look at German Car Suppliers, in: Development, Management and Governance of Relationships, International Conference on Relationship Marketing, hrsg.v.J.N. Sheth/A.Söllner, Berlin, S. 281-297.

Backhaus, K./Aufderheide, D./Späth, G.-M. (1994): Marketing für Systemtechnologien. Entwicklung eines theoretisch-ökonomisch begründeten Geschäftstypenansatzes, Stuttgart.

Backhaus, K./Baumeister, C. (1999): Kundenbindung im Industriegütermarketing, in: Bruhn, M./Homburg, Ch. (Hrsg.): Handbuch Kundenbindungsmanagement. Grundlagen – Konzepte – Erfahrungen, Wiesbaden, S. 301-325.

Backhaus, K./Büschken, J. (1995): Kundenbindung. Kein Freibrief für Gängeleien, in: w&v, Special, Nr. 20, S. 140 f.

Backhaus, K./Weiber, R. (1993): Das industrielle Anlagengeschäft. Ein Dienstleistungsgeschäft?, in: Simon, H. (Hrsg.): Industrielle Dienstleistungen, Stuttgart, S. 67-84.

Bänsch, A. (1998): Einführung in die Marketinglehre, 4. Aufl., München.

Bänsch, A. (1995a): Käuferverhalten, 6. Aufl., München.

Bänsch, A. (1995b): Variety seeking – Marketingfolgerungen aus Überlegungen und Untersuchungen zum Abwechslungsbedürfnis von Konsumenten, in: GfK-Jahrbuch der Absatz- und Verbrauchsforschung, 41. Jg., H. 4, S. 342-365.

Banville, G.R./Dornoff, R.J. (1973): Industrial Source Selection Behavior – an Industry Study, in: Industrial Marketing Management, Vol. 2, pp. 251-260.

Bauer, H.H. (1995): Marktliche Einzeltransaktion und Geschäftsbeziehung sowie Sach- und Dienstleistung als jeweils eigenständige Erkenntnisobjekte?, Marketing – Zeitschrift für Forschung und Praxis, 17. Jg., H. 1, S. 44-47.

Bauer, R.A. (1967): Consumer Behavior as Risk Taking, in: Cox, D.F. (Hrsg.): Risk Taking and Information Handling in Consumer Behavior, Boston, pp. 23-33.

Baumbach, M. (1998): After-Sales-Management im Maschinen- und Anlagenbau, zugl. Diss., St. Gallen.

Beck, T.C./Reiss, M. (1995): Kundennähe und Massenproduktion, in: Blick durch die Wirtschaft, Nr. 171, 5.9.1995, S. 7.

Becker, F.G. (1995): Anreizsysteme als Führungsinstrumente, in: Kieser, A./Reber, G./Wunderer, R. (Hrsg.): Handwörterbuch der Führung, 2. Aufl., Stuttgart, Sp. 34-45.

Becker, J. (1998): Marketing-Konzeption. Grundlagen des strategischen und operativen Marketing-Managements, 6. Aufl., München.

Becker, W. (1996): FIFTY – die Zielgruppe ernst nehmen, objektiv informieren und an sich binden, in: Lübcke, D./Petersen, R. (Hrsg.): Business-to-Business-Marketing. Relationship in der Praxis. Fallbeispiele, Gebrauchsanleitungen, Erfahrungsberichte, Stuttgart, S. 84-89.

Behrenbeck, K. (1998): Die fünf grossen Fehler, in: Absatzwirtschaft, 41. Jg., H. 2, S. 84-85.

Beinlich, G. (1998): Geschäftsbeziehungen zur Vermarktung von Systemtechnologien, zugl. Diss., Aachen.

Beinlich, G. (1995): Geschäftsbeziehungen – Ein integrativer Überblick auf Basis der politischen Ökonomie, Arbeitspapier zur Marketingtheorie, Nr. 5, Trier.

Belz, C. (1999): Verkaufskompetenz, 2. Aufl., Wien/St. Gallen.

Belz, C. (1998): Akzente im innovativen Marketing, St. Gallen/Wien.

Belz, C. (1997): Strategisches Direct Marketing. Vom sporadischen Direct Mail zum professionellen Database Management, unter Mitarbeit von H.-P. Künzler, H. Haedrich u.a., Wien.

Belz, C. (1995): Zielgruppenmanagement, in: Tietz, B./Köhler, R./Zentes, J. (Hrsg.): Enzyklopädie der Betriebswirtschaftslehre, Band 4: Handwörterbuch des Marketing, 2. Aufl., Stuttgart, Sp. 2801-2813.

Belz, C. (1994): Geschäftsbeziehungen aufbauen und gestalten, in: Meffert, H./Wagner, H./Backhaus, K. (Hrsg.): Beziehungsmarketing – neue Wege zur Kundenbindung, Wissenschaftliche Gesellschaft für Marketing und Unternehmensführung e.V., Dokumentationspapier Nr. 90, S. 31-55.

Belz, C. (1993): Strategisches Kundenmarketing – Ansätze und Erfolgsfaktoren, in: Lehmann, A./Ruf, S. (Hrsg.): Kundenpflege mit Strategie – Perspektiven des Kundenstamm-Marketing, St. Gallen, S. 3-28.

Belz, C. (1991a): Suchfelder im Marketing, Schrift zum 50jährigen Jubiläum der Gesellschaft für Marketing, Zürich.

Belz, C. (1991b): Sales Cycle: den Kunden begleiten, in: VM International, H. 3, S. 31-33.

Belz, C. (1991c): Leistungsinnovation, Dokumentation zur Betriebswirtschaft, Nr. 1.

Belz, C. et al. (1991d): Erfolgreiche Leistungssysteme – Anleitungen und Beispiele, Stuttgart.

Belz, C. (1989): Konstruktives Marketing, Savosa/St. Gallen.

Belz, C./Schindler, H. (1994): Preisaggressive Fachmärkte – Revolution im schweizerischen Einzelhandel?, Fachbericht für Marketing, 94/6, St. Gallen.

Bendapudi, N./Berry, L.L. (1997): Customers' Motivations for Maintaining Relationships With Service Providers, in: Journal of Retailing, Vol. 73, No. 1, pp. 15-37.

Bergheimer, M. (1991): Cross-Selling: Umsatzsteigerung durch bessere Ausschöpfung des eigenen Kundenpotentials, in: Marketing Journal, 24. Jg., H. 3, S. 226-229.

Bergler, G. (1955): Wo steht die Verbrauchsforschung heute?, in: Jahrbuch der Absatz- und Verbrauchsforschung, 1. Jg., H. 2, S.109-116.

Bernet, B./Held, P.P. [Hrsg.] (1998): Relationship Banking, Wiesbaden.

Berry, L. (1983): Relationship marketing, in: Berry, L.L./Shostack, G.L./Upah, G.D. (Eds.): Emerging Perspectives on Service Marketing, Chicago, pp. 25-28.

Berry, L.L./Parasuraman, A. (1997): Listening to the Customer – The Concept of a Service-Quality Information System, in: Sloan Management Review, Vol. 38, Spring, pp. 65-76.

Berry, L.L./Parasuraman, A. (1992): Service-Marketing, Frankfurt a.M./New York.

Bieletzki, H. (1994): Der Service als Absatzvorbereiter, in: Absatzwirtschaft, 37. Jg., H. 11, S. 70-72.

Blattberg, R.C./Deighton, J. (1997): Aus rentablen Kunden vollen Nutzen ziehen, in: Harvard Business Manager, 19. Jg., H. 1, S. 24-36.

Blattberg, R.C./Deighton, J. (1993): Die neue Dimension: Immer enger, mein Kunde, mit Dir, in: Harvard Manager, H. 1, S. 96-107.

Blattberg, R.C./Thomas, J.S. (1999): The Fundamentals of Customer Equity Management, in: Bruhn, M./Homburg, Ch. (Hrsg.): Handbuch Kundenbindungsmanagement. Grundlagen – Konzepte – Erfahrungen, 2. Aufl., Wiesbaden, S. 359-385.

Bleicher, K. (1999): Das Konzept Integriertes Management. Visionen – Missionen – Programme, 5. Aufl., Frankfurt a.M./New York.

Bliemel, F.W./Eggert, A. (1998): Kundenbindung – die neue Sollstrategie?, in: Marketing – Zeitschrift für Forschung und Praxis, 20. Jg., H. 1, S. 37-46.

Blois, K.J. (1996): Relationship Marketing in Organizational Markets: What is it Appropriate?, in: Journal of Marketing Management, Vol. 12, pp. 161-173.

Blois, K.J. (1977): Large Customers and Their Suppliers, in: European Journal of Marketing, Vol. 11, No. 4, pp. 281-290.

Bongard, S. (1997): Rezepte auf Knopfdruck. Kundenbindungsmassnahmen am Point of Sale – Fallbeispiel Maggi, in: Direkt Marketing, H. 9, S. 21-23.

Bonoma, T.V. (1985): The Marketing Edge. Making Strategies Work, New York/London.

Boulding, W. et al. (1993): A Dynamic Process Model of Service Quality. From Expectations to Behavioral Intentions, in: Journal of Marketing Research, Vol. 30, Febr., pp. 7-27.

Bower, G.H./Hilgard, E.R. (1984): Theorien des Lernens, Bd. 2, hrsg. v. H. Aebli, 3. Aufl., Stuttgart.

Brehm, J.W. (1966): A Theory of Psychological Reactance, New York/London.

Brehm, J.W./Cohen, A.R. (1962): Explorations in Cognitive Dissonance, New York.

Brockhaus (1995): Brockhaus-Enzyklopädie, 19. Aufl., Bd. 26, 27, Mannheim.

Brockhoff, K. (1994): Management organisatorischer Schnittstellen – unter besonderer Berücksichtigung der Koordination von Marketingbereichen mit Forschung und Entwicklung, hrsg.v. J.-Jungius Gesellsch. d. Wissenschaften e.V. Hamburg, 12. Jg., H. 2, Göttingen.

Brockhoff, K./Hauschildt, J. (1993): Schnittstellen-Management – Koordination ohne Hierarchie, in: Zeitschrift für Organisation, H. 6, S. 396-403.

Bruhn, M. (1998): Wirtschaftlichkeit des Qualitätsmanagements, Berlin/Heidelberg/New York.

Bruhn, M. (1985): Marketing und Konsumentenzufriedenheit, in: Das Wirtschaftsstudium, 14. Jg., H. 6, S. 300-307.

Bubb, P.L./van Rest, D.J. (1973): Loyalty as a Component of the Industrial Buying Decision, in: Industrial Marketing Management, Vol. 3, pp. 25-32.

Buchanan, R.W.T./Gillies, C.S. (1990): Value Managed Relationship. The Key to Customer retention and profitability, in: European Management Journal, S. 523-526.

Buchholz, A./Wördemann, W. (1997): Markenwachstum ohne USP, in: Absatzwirtschaft, 40. Jg., Sondernummer Oktober, S. 166-171.

Bunk, B. (1992): Fluktuation minimieren. Was Kunden bindet, in: Absatzwirtschaft, 35. Jg., H. 4, S. 36-47.

Bunk, B. (1991a): Marken ohne Blickkontakt? Neue Sicht der Führung, in: Absatzwirtschaft, 34. Jg., Nr. 11, S. 44-58.

Bunk, B. (1991b): Very Important Porcelaine, in: Absatzwirtschaft, 34. Jg., H. 12, S. 64-66.

Burmann, C. (1991): Konsumentenzufriedenheit als Determinante der Marken- und Händlerloyalität. Das Beispiel der Automobilindustrie, in: Marketing – Zeitschrift für Forschung und Praxis, 13. Jg., H. 4, S. 249-258.

Büschken, J. (1997): Welche Rolle spielen Investgüter-Marken?, in: Absatzwirtschaft, 40. Jg., Sondernr. Oktober, S. 192-195.

Butscher, S.A. (1998): Handbuch Kundenbindungsprogramme & Kundenclubs, Ettlingen.

Butscher, S.A. (1996): Kunden-Bindung durch Kunden-Clubs. Kein Erfolgsrezept für jedermann, in: Marketing Journal, 29. Jg., H. 1, S. 46-49.

Butzer-Strothmann, K. (1998): Den Abbruch von Geschäftsbeziehungen verhindern, in: Absatzwirtschaft, 41. Jg., H. 2, S. 70-74.

Campbell, N.C.G. (1985): An Interaction Approach to Organizational Buying Behavior, in: Journal of Business Research, Vol. 13, pp. 35-48.

Campbell, N.C.G./Cunningham, M.T. (1983): Customer analysis for strategy development in industrial markets, in: Strategic Management Journal, Vol. 4, pp. 369-380.

Carlzon, J. (1988): Alles für den Kunden, Frankfurt a.M./New York.

Carroll, P. (1990): Upgrading the Retail Customer Mix, in: Journal of Retail Banking, Vol. 12, No. 4, pp. 25-29.

Carroll, P./Rose, S. (1993): Revisiting Customer Retention, in: Journal of Retail Banking, Vol. 15, No. 1, pp. 5-13.

Cespedes, F.V. (1995): Concurrent Marketing. Integrating Product, Sales and Service, Boston, Mass.

Child, J. (1972): Organizational structure, environment and performance: The role of strategic choice, in: Sociology, No. 6, S. 1-22.

Christy, R./Oliver, G./Penn, J. (1996): Relationship Marketing in Consumer Markets, in: Journal of Marketing Management, Vol. 12, pp. 175-187.

Chrobok, R. (1995): Kundennähe durch Information, in: Gablers Magazin, H. 1, S. 28-30.

Clef, U. (1996): Mit Wasser gewinnen, in: Absatzwirtschaft, 39. Jg., Sondernr. Okt., S. 34-41.

Copeland, T. (1925): Principles of Merchandising, Chicago/New York.

Cornelsen, J. (1996): Kundenwert. Begriff und Bestimmungsfaktoren, Arbeitspapier Nr. 43, hrsg.v. H. Diller, Lehrstuhl für Marketing, Universität Erlangen-Nürnberg, Nürnberg.

Cowell, D. (1991): The Marketing of Services, Oxford.

Cox, D.F. (1967): Risk Handling in Consumer Behavior, in: Cox, D.F. (Hrsg.): Risk Taking and Information Handling in Consumer Behavior, Boston, pp. 34-81.

Coyne, K. (1989): Beyond Service Fads: Meaningful Strategies for the Real World, in: Sloan Management Review, Summer, S. 69-76.

Crosby, L.A./Evans, K.R./Cowles, D. (1990): Relationship Quality in Services Selling: An Interpersonal Influence Perspective, in: Journal of Marketing, Vol. 54, July, pp. 68-81.

Crosby, P.B. (1979): Quality is free, New York u.a.O.

Cross, R.H. (1992): The Five Degrees of Customer Bonding, in: Direct Marketing, Oct., pp. 33-58.

Cunningham, M.T./Kettlewood, K. (1976): Source Loyalty in the Freight Transport Market, in: European Journal of Marketing, Vol. 10, No. 1, pp. 60-79.

Cunningham, R.M. (1956): Brand Loyalty – what, where, how much?, in: Harvard Business Review, Vol. 34, Jan/Febr., pp. 116-128.

Cunningham, S.M. (1967): The Major Dimensions of Perceived Risk, in: Cox, D.F. (Hrsg.): Risk Taking and Information Handling in Consumer Behavior, Boston, pp. 82-108.

Czepiel, J.A. (1974): Word-of-Mouth Processes in the Diffusion of a Major Technological Innovation, in: Journal of Marketing Research, Vol. 11, May, pp. 172-180.

Czepiel, J.A./Rosenberg, L.J. (1977): The Study of Consumer Satisfaction – Addressing the "So What" Question, in: Hunt, H.K. (Ed.): Conceptualization and Measurement of Consumer Satisfaction and Dissatisfaction, Cambridge (Mass), pp. 92-119.

Dahl, R.A. (1957): The Concept of Power, in: Behavioral Science, July, S. 201-215.

Dahlke, B./Kergaßner, R. (1996): Customer Integration und Gestaltung von Geschäftsbeziehungen, in: Kleinaltenkamp, M./Fließ, S./Jacob, F. (Hrsg.): Customer Integration – Von der Kundenorientierung zur Kundenintegration, Wiesbaden, S. 177-191.

Darby, M.R./Karni, E. (1973): Free Competition and the Optimal Amount of Fraud, in: Journal of Law and Economics, Vol. 16, pp. 67-88.

Dawkins, P./Reichheld, F.F. (1990): Customer Retention as a Competitive Weapon, in: Directors & Boards, Summer, S. 42-47.

Day, G.S. (1969): A Two Dimensional Concept of Brand Loyalty, in: Journal of Advertising Research, Vol. 9, No. 3, pp. 29-35.

Day, R.L. (1982): The Next Step: Commonly Accepted Constructs for Satisfaction Research, Paper presented at the 7th Annual Conference on Consumer Satisfaction, Dissatisfaction, and Complaining Behavior, Oct., Knoxville.

Debruicker, F.S./Summe, G.L. (1985): Aus Kunden Stammkunden machen, in: Harvard Manager, H. 3, S. 40-47.

DeSouza, G. (1992): Designing a Customer Retention Plan, in: Journal of Business Strategy, March/April, S. 24-28.

Dichtl, E. (1997): Kundenbindung durch Umsatzverzicht, in: Blick durch die Wirtschaft, Nr. 145, 31.7.1997, S. 9.

Dichtl, E./Schneider, W. (1994): Kundenzufriedenheit im Zeitalter des Beziehungsmanagement, in: Belz, C./Schögel, M./Kramer, M. (Hrsg.): Lean Management und Lean Marketing, Fachbuch für Marketing, St. Gallen, S. 6-12.

Dick, A.S./Basu, K. (1994): Customer Loyalty: Toward an Integrated Conceptual Framework, in: Journal of the Academy of Marketing Science, Vol. 22, No. 2, pp. 99-113.

Dieterich, M. (1986): Kosument und Gewohnheit. Eine theoretische und empirische Untersuchung zum habituellen Kaufverhalten, Heidelberg/Wien.

Diller, H. (1997): Preis-Management im Zeichen des Beziehungsmarketing, in: Die Betriebswirtschaft, 57. Jg., H. 6, S. 749-763.

Diller, H. (1996): Ziele und Zielerreichung von Kundenclubs, Arbeitspapier Nr. 45 unter Mitarb. von F. Frank, Universität Erlangen-Nürnberg, Nürnberg.

Diller, H. (1995a): Kundenmanagement, in: Tietz, B./Köhler, R./Zentes, J. (Hrsg.): Enzyklopädie der Betriebswirtschaftslehre, Band 4: Handwörterbuch des Marketing, 2. Aufl., Stuttgart, Sp. 1363-1376.

Diller, H. (1995b): Kundenbindung als Zielvorgabe im Beziehungs-Marketing, Arbeitspapier Nr. 40, hrsg. v. H. Diller, Institut für Marketing, Universität Nürnberg-Erlangen, Nürnberg.

Diller, H. (1995c): KAMQUAL – Ein Instrument zur Messung der Beziehungsqualität im Key-Account Management, in: Diller, H. (Hrsg.): Beziehungsmanagement, Dokumentation des 2. Workshops der Arbeitsgruppe "Beziehungsmanagement" der Wissenschaftlichen Kommission für "Marketing" im Verband der Hochschullehrer für Betriebswirtschaft e.V. vom 29.-30. September in Heiligenstadt, S. 35-96.

Diller, H. (1994): State of the Art: Beziehungsmanagement, Arbeitspapier Nr. 31, hrsg. v. H. Diller, Institut für Marketing, Universität Nürnberg-Erlangen, Nürnberg.

Diller, H. (1993): Preisbaukästen als preispolitische Option, in: Wirtschaftswissenschaftliches Studium, 22. Jg., H. 6, S. 270-275.

Diller, H./Goerdt, T./Geis, G. (1997): Marken- und Einkaufsstättentreue bei Konsumgütern, Arbeitspapier Nr. 58, Betriebswirtschaftl. Institut der Universität Erlangen-Nürnberg, Nürnberg.

Diller, H./Kusterer, M. (1988): Beziehungsmanagement. Theoretische Grundlagen und explorative Befunde, in: Marketing – Zeitschrift für Forschung und Praxis, 10. Jg., H. 3, S. 211-220.

Diller, H./Lücking, J./Prechtl, W. (1992): Gibt es Kundenlebenszyklen im Investitionsgütergeschäft? Ergebnisse einer empirischen Studie, Arbeitspapier Nr. 12 des Lehrstuhls für Marketing an der Universität Erlangen-Nürnberg, Nürnberg.

Diller, H./Müllner, M. (1997): Kundenbindungsmanagement bei Dienstleistungen, Arbeitspapier Nr. 54, Universität Erlangen-Nürnberg, Nürnberg.

Disch, W. (1995): "Leiter Kundenbindung" – schrieb der Egotist, in: Marketing Journal, 28. Jg., H. 2, S. 75-76.

Dittrich, S. (1998a): Kundenbindung bei LEGO: Bausteine des Erfolgs, in: Tomczak, T./Reinecke, S. (Hrsg.): Best Practice in Marketing – Erfolgsbeispiele zu den vier Kernaufgaben, St. Gallen/Wien, S. 119-129.

Dittrich, S. (1998b): Qualiflyer: Das Vielfliegerprogramm der Swissair, in: Tomczak, T./Reinecke, S. (Hrsg.): Best Practice in Marketing – Erfolgsbeispiele zu den vier Kernaufgaben, St. Gallen/Wien, S. 131-143.

Dittrich, S. (1998c): Club Suxess: Der Erfolgsclub der Creditanstalt, in: Tomczak, T./Reinecke, S. (Hrsg.): Best Practice in Marketing – Erfolgsbeispiele zu den vier Kernaufgaben, St. Gallen/Wien, S. 97-107.

Dittrich, S./Sipötz, E. (1998): IBM: Customer Relationship Management, in: Tomczak, T./Reinecke, S. (Hrsg.): Best Practice in Marketing – Erfolgsbeispiele zu den vier Kernaufgaben, St. Gallen/Wien, S. 145-159.

Dittrich, S./Wiemann, E.-M. (1998): "Customer Focus" – Kundenorientierung bei Hewlett-Packard, in: Reinecke, S./Sipötz, E./Wiemann, E.-M. (Hrsg.): Total Customer Care, St. Gallen/Wien, S. 114-131.

Domizlaff, H. (1939): Die Gewinnung des öffentlichen Vertrauens. Ein Lehrbuch der Markentechnik (Ausgabe von 1982), Hamburg.

Dowling, G.R./Uncles, M. (1997): Do Customer Loyalty Programs Really Work?, in: Sloan Management Review, Vol. 38, Summer, pp. 71-82.

Dresselhaus, D. (1999): Kundenbindung in der Automobilbranche: Die Dr. Ing. h.c. F. Porsche AG, in: Bruhn, M./Homburg, Ch. (Hrsg.): Handbuch Kundenbindungsmanagement. Grundlagen – Konzepte – Erfahrungen, 2. Aufl., Wiesbaden, S. 655-674.

Dubs, P. (1998): Strategisches Kundenmanagement und Retention Marketing im Retail Banking, in: Bernet, B./Held, P.P. (Hrsg.): Relationship Banking, Wiesbaden, S. 69-89.

Duden (1989): Duden Deutsches Universalwörterbuch, 2. Aufl., Mannheim/Wien/Zürich.

Duffner, B. (1998): Mit Prämien gegen den Preisverfall, in: Absatzwirtschaft, 41. Jg., H. 1, S. 24-26.

Dwyer, R.F. (1989): Customer Lifetime Valuation to Support Marketing Decision Making, in: Journal of Direct Marketing, Vol. 3, No. 4, pp. 8-15.

Dwyer, R.F./Schurr, P.H./Oh, S. (1987): Developing Buyer-Seller Relationships, in: Journal of Marketing, Vol. 51, April, pp. 11-27.

Dyllick, T. (1996): Erkenntnisstand eines Forschungsbereiches, unveröff. Skript zum Doktorandenstudium "Forschungsmethodik", Universität St. Gallen, St. Gallen.

Eckert, S. (1994): Rentabilitätssteigerung durch Kundenbindung am Beispiel eines Buchclubs, zugl. Diss., St. Gallen.

Edosomwan, J.A. (1993): Customer and Market-driven Quality Management, Milwaukee, Wisconsin.

Ehresmann, H.-J./Hensche, C. (1996): "Bayrische Vereinsbank" Durch besseren Service Kunden binden und Erträge steigern, in: Marketing Journal, 29. Jg., H. 1, S. 34-36.

Ehresmann, H.-J./Hensche, C. (1995): Was bindet Firmenkunden an die Bank?, in: Absatzwirtschaft, 38. Jg., Sondernummer Okt., S. 140-144.

Ehrlich, D./Guttman, J. et al. (1957): Postdecision Exposure to Relevant Information, in: Journal of Abnormal and Social Psychology, Vol. 54, pp. 98-102.

Emerson, R.M. (1962): Power-Dependence Relations, in: American Sociological Review, Vol. 27, Febr., pp. 31-41.

Engel, J.F./Kollat, D.T./Blackwell, R.D. (1968): Consumer Behavior, New York u.a.O.

Engelhardt, W.H. (1996): Effiziente Customer Integration im industriellen Service Management, in: Kleinaltenkamp, M./Fließ, S./Jacob, F. (Hrsg.): Customer Integration – Von der Kundenorientierung zur Kundenintegration, Wiesbaden, S. 73-89.

Engelhardt, W.H. (1976): Erscheinungsformen und absatzpolitische Probleme von Angebots- und Nachfrageverbunden, in: Zeitschrift für betriebswirtschaftliche Forschung, 28. Jg., S. 77-90.

Engelhardt, W.H./Freiling, J. (1996): Prekäre Partnerschaften, in: Absatzwirtschaft, 39. Jg., Sondernr. Okt., S. 145-151.

Engelhardt, W.H./Freiling, J. (1995a): Integrativität als Brücke zwischen Einzeltransaktion und Geschäftsbeziehung, in: Marketing – Zeitschrift für Forschung und Praxis, 17. Jg., H. 1, S. 37-43.

Engelhardt, W.H./Freiling, J. (1995b): Leistungspotentiale als Basis für das Management von Geschäftsbeziehungen, in: Diller, H. (Hrsg.): Beziehungsmanagement, Dokumentation des 2. Workshops der Arbeitsgruppe "Beziehungsmanagement" der Wissenschaftlichen Kommission für "Marketing" im Verband der Hochschullehrer für Betriebswirtschaft e.V. vom 29.-30. September in Heiligenstadt, S. 7-33.

Engelhardt, W.H./Freiling, J./Reckenfelderbäumer, M. (1995): Die Bedeutung der Integrativität für das Marketing. Ein Überblick anhand ausgewählter theoretischer und anwendungsbezogener Aspekte, in: Marketing – Zeitschrift für Forschung und Praxis, 17. Jg., H. 1, S. 48-53.

Engelhardt, W.H./Kleinaltenkamp, M./Reckenfelderbäumer, M. (1993): Leistungsbündel als Absatzobjekte. Ein Ansatz zur Überwindung der Dichothomie von Sach- und Dienstleistungen, in: Zeitschrift für betriebswirtschaftliche Forschung, 45. Jg., H. 5, S. 395-426.

Entholt, E. (1999): Vorwerk staubt Sympathien ab, in: w&v, H. 5, S. 87.

Eppen, G.D./Hanson, W.A./Martin, R.K. (1991): Bundling – New Products, New Markets, Low Risk, in: Sloan Management Review, Vol. 32, Summer, pp. 8-14.

Esch, F.-R./Billen, P. (1994): Ansätze zum Zufriedenheitsmanagement: Das Zufriedenheitsportfolio, in: Tomczak, T./Belz, C. (Hrsg.): Kundennähe realisieren. Ideen – Konzepte – Methoden – Erfahrungen, St. Gallen, S. 407-424.

Feinberg, F.M./Kahn, B.E./McAlister, L. (1992): Market Share Response. When Consumers Seek Variety, in: Journal of Marketing Research, Vol. 29, May, pp. 227-237.

Felber, H. (1998): Kundenbindung am Beispiel von Hilti AG Befestigungstechnik, Vortrag im Rahmen der GfM/VSM/STV Investitionsgüter-Veranstaltung am 15.9.1998 in Zürich.

Festinger, L. (1957): A Theory of Cognitive Dissonance, Stanford, Cal.

Fink, D.H./Meyer, N. (1995): Key-Account-Management – Effiziente Kundenbearbeitung im Vertrieb von Investitionsgütern durch Einsatz der Portfolio-Technik, in: Marktforschung & Management, 39. Jg., H. 2, S. 76-80.

Flachsmann, S. (1997): Kleben was das Zeug hält, in: Marketing & Kommunikation, Extra 97, S. 40.

Fließ, S. (1996): Prozessevidenz als Erfolgsfaktor der Kundenintegration, in: Kleinaltenkamp, M./Fließ, S./Jacob, F. (Hrsg.): Customer Integration – Von der Kundenorientierung zur Kundenintegration, Wiesbaden, S. 91-103.

Fließ, S. (1995): Industrielles Kaufverhalten, in: Kleinaltenkamp, M./Plinke, W. (Hrsg.): Technischer Vertrieb. Grundlagen, Berlin u.a.O., S. 287-397.

Ford, D. (Hrsg.) (1990): Understanding Business Markets: Interaction, Relationships and Networks, London u.a.O.

Ford, D. (1980): The Development of Buyer-Seller Relationships in Industrial Markets, in: European Journal of Marketing, Vol. 14, No. 5/6, pp. 339-353.

Fornell, C. (1992): A National Customer Satisfaction Barometer: The Swedish Experience, in: Journal of Marketing, Vol. 56, Jan., pp. 6-21.

Fornell, C./Wernerfelt, B. (1987): Defensive Marketing Strategy by Customer Complaint Management: A Theoretical Analysis, in: Journal of Marketing Research, Vol. 24, November, pp. 337-346.

Fournier, S./Dobscha, S./Mick, G.D. (1998): Beziehungsmarketing: Des Guten zuviel für die Stammkäufer, in: Harvard Business Manager, 20. Jg., H. 3, S. 101-108.

Frazier, G.L. (1983): Interorganizational Exchange Behavior: A Broadened Perspective, in: Journal of Marketing, Vol. 47, Fall, pp. 68-78.

Freiling, J. (1995): Die Abhängigkeit der Zulieferer. Ein strategisches Problem, Wiesbaden.

Gälweiler, A. (1987): Strategische Unternehmensführung, Frankfurt a.M.

Ganesan, S. (1994): Determinants of Long-Term Orientation in Buyer-Seller Relationships, in: Journal of Marketing, Vol. 58, April, pp. 1-19.

Garbarino, E./Johnson, M.S. (1999): The Different Roles of Satisfaction, Trust, and Commitment in Customer Relationships, in: Journal of Marketing, Vol. 63, April, pp. 70-87.

Gegenmantel, R. (1997): Machtcontrolling in der Konsumgüterindustrie, in: Absatzwirtschaft, 40. Jg., H. 10, S. 88-94.

Gemünden, H.G./Helfert, G./Walter, A. (1996): Geschäftsbeziehungen in Europa. Studie Klein- und Mittelbetriebe, in: Absatzwirtschaft, 39. Jg., Sondernr. Okt., S. 105-114.

Gierl, H. (1993): Zufriedene Kunden als Markenwechsler, in: Absatzwirtschaft, 36. Jg., H. 2, S. 90-94.

Gierl, H. (1991): Preislagenwahl und Produkttreue in Unternehmen, in: Der Markt, 30. Jg., Nr. 118, H. 3, S. 104-115.

Gierl, H. (1989): Individualisierung und Konsum, in: Markenartikel, 51. Jg., H. 8, S. 422-428.

Gierl, H./Marcks, M. (1993): Der Einsatz von Modellen zur Markentreue-Messung, in: Marketing – Zeitschrift für Forschung und Praxis, 15. Jg., H. 2, S. 103-108.

Gilbert,X./Strebel, P. (1987): Strategies to Outpace the Competition, in: Journal of Business Strategy, Vol. 8, No. 1, pp. 28-37.

Gitlow, H. et al. (1989): Tools and Methods for the Improvement of Quality, Homewood, IL/Boston, MA.

Gloger, A. (1996): Alleinstellung aufbauen, Aussergewöhnliches betonen und interne Motivation schaffen, in: Blick durch die Wirtschaft, Nr. 64, 29.3.1996, S. 9.

Grabitz-Gniech, G./Grabitz, H.-J. (1978): Psychologische Reaktanz. Theoretisches Konzept und experimentelle Untersuchungen, in: Stroebe, W. (Hrsg.): Sozialpsychologie, 1. Bd., Interpersonale Wahrnehmung und soziale Einstellungen, Darmstadt, S. 363-392.

Graumann, J. (1983): Die Dienstleistungsmarke. Charakterisierung und Bewertung eines neuen Markentypus aus absatzwirtschaftlicher Sicht, München.

Grey Strategic Planning (1996): Smart Shopping, in: Marketing Journal, 29. Jg., H. 1, S. 10-12.

Grünberg-Höltl, V. (1998): BP: "Karten allein sind zur Kundenbindung nicht genug" in: cards Karten cartes, H. 3, S. 34-36.

Güntert, A. (1999): Flaues Geschäft, in: FACTS, Nr. 41, 14.10.1999, S. 98.

Gummesson, E. (1987): The New Marketing-Developing Long-term Interactive Relationships, in: Long Range Planning, Vol. 20, No. 4, pp. 10-20.

Gundlach, G.T./Achrol, R.S./Mentzer, J. (1995): The structure of Commitment in Exchange, in: Journal of Marketing, Vol. 59, January, pp. 78-92.

Gutenberg, E. (1984): Grundlagen der Betriebswirtschaftslehre, Bd. 2: Der Absatz, 17. Aufl. Berlin u.a.O.

Haedrich, G./Tomczak, T. (1990): Strategische Markenführung, Bern/Stuttgart.

Hagemann, H. (1986): Lebenszyklus-Management, in: Hammer, G. et al. (Hrsg.): Planung und Prognose in Dienstleistungsunternehmen, Vorträge des Workshops vom 11./12. Okt. 1984 an der Fakultät für Wirtschaftswissenschaften der Universität Karlsruhe, Karlsruhe, S. 1-21.

Håkansson, H. [Hrsg.] (1982): International Marketing and Purchasing of Industrial Goods. An Interaction Approach, Chichester u.a.O.

Hallén, L./Johanson, J./Mohamed, N.S. (1987): Relationship Strength and Stability in International and Domestic Industrial Marketing, in: Industrial Marketing and Purchasing, Vol. 2, No. 3, pp. 22-37.

Hannan, M.T./Freeman, J. (1977): The population Ecology of Organizations, in: American Journal of Sociology, Vol. 82, No. 5, pp. 929-964.

Hansen, U./Hennig, T. (1996): Wie kompetent sind Ihre Kunden?, in: Absatzwirtschaft, 39. Jg., Sondernummer Okt., S. 160-166.

Hansen, U./Hennig, T. (1995a): Der Co-Produzenten-Ansatz im Konsumgütermarketing, in: Hansen, U. (Hrsg.): Verbraucher- und umweltorientiertes Marketing. Spurensuche einer dialogischen Marketingethik, Stuttgart, S. 309-331.

Hansen, U./Hennig, T. (1995b): Konsum-Kompetenz als Zielgrösse eines beziehungsorientierten Konsumgütermarketing – Explorative Befunde, in: Diller, H. (Hrsg.): Beziehungsmanagement, Dokumentation des 2. Workshopss der Arbeitsgruppe "Beziehungsmanagement" der Wissenschaftlichen Kommission für "Marketing" im Verband der Hochschullehrer für Betriebswirtschaft e.V. vom 29.-30. September in Heiligenstadt, S. 69-96.

Hansen, U./Jeschke, K. (1995): Beschwerdemanagement für Dienstleistungsunternehmen – Beispiel des Kfz-Handels, in: Bruhn, M./Stauss, B. (Hrsg.): Dienstleistungsqualität. Konzepte – Methoden – Erfahrungen, 2. Aufl., Wiesbaden, S. 525-550.

Hansen, U./Jeschke, K. (1992): Nachkaufmarketing. Ein Neuer Trend im Konsumentenmarketing?, in: Marketing – Zeitschrift für Forschung und Praxis, 14. Jg., H. 2, S. 88-97.

Hanzal, A. (1998): Einsatz von Data Base und Decision Support-Systemen im Relationship Banking, in: Bernet, B./Held, P.P. (Hrsg.): Relationship Banking, Wiesbaden, S. 185-203.

Harnischfeger, U. (1996): Umziehen in ein House of Relations? Wie professionell gestalten deutsche Unternehmen ihr Beziehungsmarketing?, in: Absatzwirtschaft, 39. Jg., Sondernummer Okt., S. 14-23.

Hauser, H. (1979): Qualitätsinformationen und Marktstrukturen, in: Kyklos, 32. Jg., S. 739-763.

Hax, H. (1991): Theorie der Unternehmung – Information, Anreize und Vertragsgestaltung, in: Ordelheide, D./Rudolph, B./Büsselmann, E. (Hrsg.): Betriebswirtschaftslehre und Ökonomische Theorie, Stuttgart, S. 51-72.

Heide, J.B./John, G. (1988): The Role of Dependence Balancing in Safeguarding Transaction-Specific Assets in Conventional Channels, in: Journal of Marketing, Vol. 52, No. 1, pp. 20-35.

Heinen, E. (1976): Grundlagen betriebswirtschaftlicher Entscheidungen. Das Zielsystem der Unternehmung, 3. Aufl., Wiesbaden.

Held, P.P. (1998): Relationship Banking als strategische Erfolgsposition, in: Bernet, B./Held, P.P. (Hrsg.): Relationship Banking, Wiesbaden, S. 37-66.

Helm, R. (1995): Strategisches Controlling für den Vertrieb zur Unterstützung der Marketing-Kommunikation, in: Marktforschung & Management, 39. Jg., H. 1, S. 27-32.

Hennig-Thurau, T. (1999): Beschwerdezufriedenheit: Empirische Analyse der Wirkungen und Determinanten einer Schlüsselgrösse des Beziehungsmarketing, in: Jahrbuch der Absatz- und Verbrauchsforschung, 45. Jg., H. 2, S. 214-240.

Hentschel, B. (1995): Multiattributive Messung von Dienstleistungsqualität, in: Bruhn, M./Stauss, B. (Hrsg.): Dienstleistungsqualität. Konzepte – Methoden – Erfahrungen, 2. Aufl., Wiesbaden, S. 349-378.

Hentschel, B. (1991): Beziehungsmarketing, in: Das Wirtschaftsstudium, 20. Jg., Nr. 1, S. 25-28.

Herkner, W. (1991): Lehrbuch Sozialpsychologie, 5. Aufl., Bern/Stuttgart/Toronto.

Herstatt, C. (1991): Anwender als Quellen der Produktinnovation, zugl. Diss., Zürich.

Heskett, J. et al. (1994): Putting The Service-Profit Chain To Work, in: Harvard Business Review, Vol. 72, No. 3/4, pp. 164-174.

Heskett, J.L. (1977): Logistics – essential to strategy, in: Harvard Business Review, Vol. 55, Nov./Dec., pp. 85-96.

Heß, G. (1991): Marktsignale und Wettbewerbsstrategie, Stuttgart.

Hilker, J. (1993): Marketingimplementierung. Grundlage und Umsetzung am Beispiel ostdeutscher Unternehmen, Wiesbaden.

Hippel, E. von (1988): The Source of Innovation, New York/Oxford.

Hippel, E. von (1986): Lead Users – A Source of Novel Product Concepts, in: Management Science, Vol. 7, pp. 791-805.

Hirschmann, A.O. (1974): Abwanderung und Widerspruch. Reaktionen auf Leistungsabfall bei Unternehmungen, Organisationen und Staaten, Tübingen.

Holz, S. (1997): Kundenclubs als Kundenbindungsinstrument, zugl. Diss., Bamberg.

Holz, S./Tomczak, T. (1996a): Kundenclubs. Marktuntersuchung der Deutschen Clubs, Ettlingen.

Holz, S./Tomczak, T.(1996b): Kundenclubs als Kundenbindungsinstrument – Hinweise zur Entwicklung erfolgreicher Clubkonzepte, Fachbericht für Marketing, 96/2, St. Gallen.

Homans, G.C. (1961): Social Behavior, New York/Burlingame.

Homburg, C. (1999): Kundenbindung im Handel: Ziele und Instrumente, in: Beisheim, O. (Hrsg.): Distribution im Aufbruch. Bestandsaufnahme und Perspektiven, München, S. 873-890.

Homburg, C./Bruhn, M. (1999): Kundenbindungsmanagement – eine Einführung in die theoretischen und praktischen Problemstellungen, in: Bruhn, M./Homburg, Ch. (Hrsg.): Handbuch Kundenbindungsmanagement. Grundlagen – Konzepte – Erfahrungen, 2. Aufl., Wiesbaden, S. 3-35.

Homburg, C./Daum, D. (1998): Das Management der Kundenstruktur als Controllingherausforderung, in: Reinecke, S./Tomczak, T./Dittrich, S. (Hrsg.): Marketingcontrolling, Fachbuch für Marketing, St. Gallen, S. 126-143.

Homburg, C./Faßnacht, M. (1998): Kundennähe, Kundenzufriedenheit und Kundenbindung bei Dienstleistungsunternehmen, in: Bruhn, M./Meffert, H. (Hrsg.): Handbuch Dienstleistungsmanagement, Wiesbaden, S. 405-428.

Homburg, C./Giering, A./Hentschel, F. (1999): Der Zusammenhang zwischen Kundenzufriedenheit und Kundenbindung, in: Bruhn, M./Homburg, Ch. (Hrsg.): Handbuch Kundenbindungsmanagement. Grundlagen – Konzepte – Erfahrungen, 2. Aufl., Wiesbaden, S. 81-112.

Homburg, C./Schäfer, H. (1999): Customer Recovery. Profitabilität durch systematische Rückgewinnung von Kunden, Reihe: Management Know-how, Nr. M39, Mannheim.

Horstmann, R. (1998): Führt Kundenzufriedenheit zur Kundenbindung?, in: Absatzwirtschaft, 41. Jg., H. 9, S. 90-94.

Hrebiniak, L.G./Joyce, W.F. (1985): Organizational Adaptation: Strategic Choice and Environmental Determinism, in: Administrative Science Quarterly, Vol. 30, pp. 336-349.

Hruschka, H. (1983): Folgegeschäfte. Zur Bestimmung der Umsatzverbundenheit von Haupt- und Zusatzprodukten mit Hilfe der Polynomial-Lag-Regression, in: Marketing – Zeitschrift für Forschung und Praxis, 5. Jg., H. 3, S. 165-169.

Hunter, R.E. (1998): Einführung von Servicegarantien, in: Manager Bilanz, II, H. 4, S. 11-15.

IMP Group (1982): An Interaction Approach, (Kap. 2), in: Håkansson, H. (Hrsg.): International Marketing and Purchasing of Industrial Goods. An Interaction Approach, Chichester, S. 10-27.

Iske, J./Notz, T. (1998): Der UBS KeyClub, in: Bernet, B./Held, P.P. (Hrsg.): Relationship Banking, Wiesbaden, S. 207-219.

Iverson, R.D./Roy, P. (1994): A Causal Model of Behavioral Commitment: Evidence from a Study of Australian Blue-Collar Employees, in: Journal of Management, Vol. 20, No. 1, pp. 15-41.

Jackson, B.B. (1985): Winning and Keeping Industrial Customer, Lexington (Mass).

Jacob, F. (1995): Produktindividualisierung. Ein Ansatz zur innovativen Leistungsgestaltung im Business-to-Business-Bereich, zugl. Diss., Wiesbaden.

Jacobi, O. (1996): Betroffene zu Partnern machen, in: Absatzwirtschaft, 39. Jg., Sondernummer Okt., S. 62-68.

Jacoby, J./Kyner, D.B. (1973): Brand Loyalty Vs. Repeat Purchasing Behavior, in: Journal of Marketing Research, Vol. 10, No. 2, pp. 1-9.

Jakszentis, C./Kohl, M. (1998): Kundenbindung durch Produktverantwortung, in: Absatzwirtschaft, 41. Jg., H. 2, S. 76-80.

Jarvis, L./Wilcox, J. (1977): True Vendor Loyalty or Simply Repeat Purchase Behavior, in: Industrial Marketing Management, Vol. 7, No. 1, pp. 9-14.

Jeschke, K. (1995a): Nachkaufmarketing – Begründung, Konzeption und Implikationen eines nachkauforientierten Marketing von Konsumgüterunternehmen, in: Jahrbuch der Absatz- und Verbrauchsforschung, 41. Jg., H. 2, S. 108-133.

Jeschke, K. (1995b): Nachkaufmarketing. Kundenzufriedenheit und Kundenbindung auf Konsumgütermärkten, Frankfurt a.M. u.a.O.

Joas, A. (1997): Der Kunde als Quelle für die Steigerung des Shareholder Value, in: Blick durch die Wirtschaft, 16.5.1997, Nr. 93, S. 9.

Johnson, M.P. (1982): Social and Cognitive Features of the Dissolution of Commitment to Relationships, in: Duck, S. (Hrsg.): Personal Relationships, Bd. 4, Dissolving personal relationships, London.

Joho, C. (1996): Ein Ansatz zum Kundenbindungs-Management für Versicherer, zugl. Diss., Bern/Stuttgart/Wien.

Jones, Th.O./Sasser, W.E. (1995): Why Satisfied Customer Defect, in: Harvard Business Review, Vol. 73, Nov.-Dec., pp. 88-99.

Joseph, W.B./Gardner, J.T./Thach, S./Vernon, F. (1995): How Industrial Distributors View Distributor-Supplier Partnership Arrangements, in: Industrial Marketing Management, Vol. 24, pp. 27-36.

Kaapke, A./Dobbelstein, T. (1999): Kundenbindung im Handel – Empirische Ergebnisse, in: Mitteilungen des Instituts für Handelsforschung an der Universität zu Köln, 51. Jg., Nr. 7, S. 133-144.

Kaas, K.P. (1992a): Kontraktgütermarketing als Kooperation zwischen Prinzipalen und Agenten, in: Zeitschrift für betriebswirtschaftliche Forschung, 44. Jg., H. 10, S. 884-901.

Kaas, K.P. (1992b): Marketing und Neue Institutionenlehre, Arbeitspapier Nr. 1, Johann Goethe Universität, Frankfurt a.M.

Kaas, K.P. (1990): Marketing als Bewältigung von Informations- und Unsicherheitsproblemen im Markt, in: Die Betriebswirtschaft, 50. Jg., H. 4, S. 539-548.

Kaas, K.P./Runow, H. (1984): Wie befriedigend sind die Ergebnisse der Forschung zur Verbraucherzufriedenheit?, in: Die Betriebswirtschaft, 44. Jg., H. 3, S. 451-460.

Kaas, K.P./Schade, Ch. (1993): Bindungsstärke in Kooperations- und Geschäftsbeziehungen am Beispiel der Dienstleistung Unternehmensberatung, in: Thelen, E.M./Mairamhof, G.B. (Hrsg.): Dienstleistungsmarketing: eine Bestandsaufnahme, Tagungsband zum 2. Workshop für Dienstleistungsmarketing, Frankfurt a.M., S. 73-99.

Kaplan, R.S./Norton, D.P. (1996): The Balanced Scorecard. Translating Strategy into Action, Boston (Mass.).

Karg, M. (1998): Dell Computer Corporation: Wachstum durch Direktvertrieb, in: Tomczak, T./Reinecke, S. (Hrsg.): Best Practice in Marketing – Erfolgsbeispiele zu den vier Kernaufgaben, St. Gallen/Wien, S. 49-64.

Kearney, T. (1990): Frequent Flyer Programs: A Failure in Competitive Strategy, with Lessons for Management, in: Journal of Consumer Marketing, Vol. 7, Winter, pp. 31-40.

Keaveney, S.M. (1995): Customer Switching Behavior in Service Industries: An Exploratory Study, in: Journal of Marketing, Vol. 59, No. 2, pp. 71-82.

Kempf, S. (1998): Die Zufriedenheitsinitiative der Commerzbank – Kundenbindung durch das Customer Care-Programm, in: Reinecke, S./Sipötz, E./Wiemann, E.-M. (Hrsg.): Total Customer Care, St. Gallen/Wien, S. 72-97.

Kestnbaum, R.D. (1992): Quantitative Database Methods, in: Nash, E.L. (Ed.): The Direct Marketing Handbook, 2. Aufl., New York u.a., pp. 588-597.

Kieser, A./Kubicek, H. (1992): Organisation, 3. Aufl., Berlin/New York.

King, S. (1991): Brand-building in the 1990s, in: Journal of Marketing Management, Vol. 7, No. 5, pp. 3-13.

Kirsch, W. (1991): Grundzüge des Strategischen Managements, in: Kirsch, W. (Hrsg.): Beiträge zum Management strategischer Programme, München, S. 3-38.

Klein, H./Lachhammer, J. (1996): Die Aufgaben des Beziehungsmanagements, in: Absatzwirtschaft, 39. Jg., H. 2, S. 62-66.

Kleinaltenkamp, M. (1996): Customer Integration – Kundenintegration als Leitbild, in: Kleinaltenkamp, M./Fließ, S./Jacob, F. (Hrsg.): Customer Integration – Von der Kundenorientierung zur Kundenintegration, Wiesbaden, S. 13-24.

Kleinaltenkamp, M./Fließ, S./Jacob, F. [Hrsg.] (1996): Customer Integration – Von der Kundenorientierung zur Kundenintegration, Wiesbaden.

Kleinaltenkamp, M./Plinke, W./Söllner, A. (1996): Drum prüfe, wer sich ewig bindet, in: Absatzwirtschaft, 39. Jg., Sondernr. Okt., S. 152-157.

Kleinaltenkamp, M./Preß, B. (1995): Asymmetrische Bindungen in Geschäftsbeziehungen, in: Diller, H. (Hrsg.): Beziehungsmanagement, Dokumentation des 2. Workshops der Arbeitsgruppe "Beziehungsmanagement" der Wissenschaftlichen Kommission für "Marketing" im Verband der Hochschullehrer für Betriebswirtschaft e.V. vom 29.-30. September in Heiligenstadt, S. 167-183.

Klemperer, P. (1987): Markets with Consumer Switching Costs, in: Quarterly Journal of Economics, Vol. 102, No. 2, pp. 375-394.

Klimek, L. (1996): Begeisterung ist das Ziel. Wie Heilo Kunden bindet, in: Absatzwirtschaft, 39. Jg., H. 12, S. 50-52.

Knauer, M. (1999): Kundenbindung in der Telekommunikation: Das Beispiel T-Mobil, in: Bruhn, M./Homburg, Ch. (Hrsg.): Handbuch Kundenbindungsmanagement. Grundlagen – Konzepte – Erfahrungen, 2. Aufl., Wiesbaden, S. 511-526.

Köhler, R. (1999): Kundenorientiertes Rechnungswesen als Voraussetzung des Kundenbindungsmanagements, in: Bruhn, M./Homburg, Ch. (Hrsg.): Handbuch Kundenbindungsmanagement. Grundlagen – Konzepte – Erfahrungen, 2. Aufl., Wiesbaden, S. 329-357.

Köhler, R. (1996): Marketing-Controlling, in: Schulte, C. (Hrsg.): Lexikon des Controlling, München/Wien, S. 520-524.

Köhler, R. (1993): Beiträge zum Marketing-Management. Planung, Organisation, Controlling, 3. Aufl., Stuttgart.

Kopalle, P.K./Neslin, S.A./Singh, M. (1999): The Economic Viability of Frequency Reward Programs in a Strategic Competitive Environment, Amos Tuck School of Business Administration, Hanover (USA).

Kotler, P./Bliemel, F. (1999): Marketing-Management. Analyse, Planung, Umsetzung und Steuerung, 9. Aufl., Stuttgart.

Kowalsky, M. (1996): Zur Verbreitung von Kundenkarten des Einzelhandels, in: cards Karten cartes, H. 2, Mai, S. 30-34.

Krafft, M./Marzian, S.H. (1999): Auf dem Weg zur Wertschöpfungspartnerschaft, in: Frankfurter Allgemeine Zeitung, 26. April 1999, Nr. 96, S. 33.

Krafft, M./Marzian, S.H. (1997): Dem Kundenwert auf der Spur, in: Absatzwirtschaft, 40. Jg., H. 6, S. 104-107.

Krapfel, R.E./Salmond, D./Spekman, R. (1991): A Strategic Approach to Managing Buyer-Seller Relationships, in: European Journal of Marketing, Vol. 25, No. 9, pp. 22-37.

Krcmar, H. (1992): Computer Aided Team – Ein Überblick, in: Information Management, Nr. 1, S. 6-9.

Kreutzer, R.T. (1998): Volkswagen: Kundenstamm-Marketing und Kundenclub, in: Belz, C. (Hrsg.): Akzente im innovativen Marketing, St. Gallen/Wien, S. 284-288.

Kroeber-Riel, W./Weinberg, P. (1999): Konsumentenverhalten, 7. Aufl., München.

Krüger, S.M. (1997): Profitabilitätsorientierte Kundenbindung durch Zufriedenheitsmanagement, München.

Krüger, T. (1999): Loyalitätsprogramme als sinnvolle Investition, in: Direkt Marketing, 35. Jg., H. 4, S. 20-22.

Krulis-Randa, J.S. (1990): Theorie und Praxis des Marketing-Controlling, in: Siegwart, H. et al. (Hrsg.): Management Controlling. Meilensteine im Management, Basel/Frankfurt a.M., S. 257-272.

Kumar, N. (1996): The Power of Trust in Manufacturer-Retailer Relationships, in: Harvard Business Review, Vol. 74, Nov.-Dec., S. 92-106.

Kurtz, A. (1997): Karten, Klubs und Knüller. So ziehen Sie Kunden an, in: Lebensmittel Praxis, Nr. 24, 19.12.1997, S. 22-25.

Kuß, A. (1991): Käuferverhalten, Stuttgart.

Kuß, A./Tomczak, T. (1998): Marketingplanung. Einführung in die marktorientierte Unternehmens- und Geschäftsfeldplanung, Wiesbaden.

LaBarbera, P.A./Mazursky, D. (1983): A Longitudinal Assessment of Consumer Satisfaction/Dissatisfaction: The Dynamic Aspect of the Cognitive Process, in: Journal of Marketing Research, Vol. 20, Nov., pp. 393-404.

Lamnek, S. (1995): Qualitative Sozialforschung, Bd. 1, Methodologie, 3. Aufl., Weinheim.

Larson, A. (1992): Network Dyads in Entrepreneural Settings: A Study of the Governance of Exchange Relationships, in: Administrative Science Quarterly, Vol. 37, No. 1, pp. 76-104.

Lehmann, A.P. (1998): Qualität und Produktivität im Dienstleistungsbereich. Strategische Handlungsfelder im Versicherungs- und Finanzdienstleistungswettbewerb, Wiesbaden.

Lehmann, A.P. (1995): Dienstleistungsmanagement. Strategien und Ansatzpunkte zur Schaffung von Servicequalität, 2. Aufl., Stuttgart/Zürich.

Lehmann, A.P./Ruf, S. [Hrsg.] (1993): Kundenpflege mit Strategie – Perspektiven des Kundenstamm-Marketing, St. Gallen.

Levitt, T. (1985): Der Verkaufsabschluß ist erst ein Anfang, in: Harvard Business Manager, 7. Jg., H. 1, S. 88-97.

Levitt, T. (1983): After the Sale is Over, in: Harvard Business Review, Vol. 61, Sep.-Oct, pp. 87-93.

Link, J. (1995): Welche Kunden rechnen sich?, in: Absatzwirtschaft, 38. Jg., H. 10, S. 108-110.

Link, J./Hildebrand, V.G. (1995): Mit IT immer näher zum Kunden, in: Harvard Business Manager, 17. Jg., H. 3, S. 30-38.

Link, J./Hildebrand, V.G. (Hrsg.) (1994): Verbreitung und Einsatz des Database Marketing und CAS. Kundenorientierte Informationsdienste in deutschen Unternehmen, München.

Link, J./Hildebrand, V.G. (1993): Database-Marketing und Computer Aided Selling: Strategische Wettbewerbsvorteile durch neue informationstechnologische Systemkonzeptionen, München.

Loeb, F. (1997): Innovation und Kreativität bei Loeb: Das Warenhaus hat eine ausgezeichnete Zukunft, in: Belz, C./Rudolph, T. (Hrsg.): Handelsdynamik, Kompetenz für Marketing-Innovationen, Schrift 3, St. Gallen, S. 46-55.

Loose, A./Sydow, J. (1994): Vertrauen und Ökonomie in Netzwerkbeziehungen – Strukturationstheoretische Betrachtungen, in: Sydow, J./Windeler, A. (Hrsg.): Management interorganisationaler Beziehungen, Opladen, S. 160-193.

Lorenz, K. (1973): Die Rückseite des Spiegels. Versuch einer Naturgeschichte menschlichen Erkennens, München/Zürich.

Lovelock, C. (1994): Product Plus: How Product + Service = Competitive Advantage, New York u.a.O.

Lowenstein, M.W. (1995): Customer retention: an integrated process for keeping your best customers, Milwaukee, Wisconsin.

Lühe, M. v.d. (1998): Zielgruppen effizienter ansprechen, in: Absatzwirtschaft, 41. Jg., H. 2, S. 46-48.

Luhmann, N. (1973): Vertrauen. Ein Mechanismus der Reduktion sozialer Komplexität, 2. Aufl., Stuttgart.

MacDonald, S. (1996): Wenn zuviel Kundennähe zur Abhängigkeit führt, in: Harvard Business Manager, 18. Jg., H. 2, S. 95-103.

MacMillan, I.C./Gunther McGrath, R. (1998): Machen Sie mehr aus Ihren Produkten, in: Harvard Business Manager, 20. Jg., H. 5, S. 98-106.

MacNeil, I. (1978): Contracts: Adjustment of Long-Term Economic Relations under Classical, Neoclassical, and Relational Contracts Law, in: Northwestern University Law Review, Vol. 72, No. 6, pp. 854-905.

Matthes, D. (1967): Die Markentreue, zugl. Diss., 1966, o.O.

Matthyssens, P./Van den Bulte, C. (1994): Getting Closer and Nicer: Partnerships in the Supply Chain, in: Long Range Planning, Vol. 27, No. 1, pp. 72-83.

Mauch, W. (1990): Bessere Kundenkontakte dank Sales Cycle, in: Thexis, H. 1, S. 15-18.

McAlister, L. (1982): A Dynamic Attribute Satiation Model of Variety-Seeking Behavior, in: Journal of Consumer Research, Vol. 8, No. 9, pp. 141-150.

McAlister, L./Pessemier, E. (1982): Variety Seeking Behavior. An Interdisciplinary Review, in: Journal of Consumer Research, Vol. 9, Dec., pp. 311-322.

Meffert, H. (1999): Kundenbindung als Element moderner Wettbewebsstrategien, in: Bruhn, M./Homburg, Ch. (Hrsg.): Handbuch Kundenbindungsmanagement. Grundlagen – Konzepte – Erfahrungen, 2. Aufl., Wiesbaden, S. 115-133.

Meffert, H. (1998): Marketing, 8. Aufl., Wiesbaden.

Meffert, H. (1994): Einführung in die Problemstellung, in: Meffert, H./Wagner, H./Backhaus, K. (Hrsg.): Beziehungsmarketing – neue Wege zur Kundenbindung, Wissenschaftliche Gesellschaft für Marketing und Unternehmensführung e.V., Dokumentationspapier Nr. 90, S. 1-5.

Meffert, H. (1989): Marketingstrategien in unterschiedlichen Marktsituationen, in: Bruhn, M. (Hrsg.): Handbuch des Marketing, München, S. 277-306.

Mertens, P. (1995): Integrierte Informationsverarbeitung, Bd. 1, Administrations- und Dispositionssysteme in der Industrie, 10. Aufl., Wiesbaden.

Metcalf, L.E./Frear, C.R./Krishnan, R. (1992): Buyer-Seller Relationships: An Application of the IMP Interaction Model, in: European Journal of Marketing, Vol. 26, No. 2, pp. 27-46.

Meyer, A./Dornach, F. (1995): Nationale Barometer zur Messung von Qualität und Kundenzufriedenheit bei Dienstleistungen, in: Bruhn, M./Stauss, B. (Hrsg.): Dienstleistungsqualität. Konzepte – Methoden – Erfahrungen, 2. Aufl., Wiesbaden, S. 429-453.

Meyer, A./Dornach, F. (1994): Das deutsche Kundenbarometer 1994 – Qualität und Zufriedenheit – Eine Studie zur Kundenzufriedenheit in der Bundesrepublik Deutschland, hrsg. v. Deutsche Marketing-Vereinigung e.V./Deutsche Bundespost POSTDIENST, Düsseldorf/Bonn.

Meyer, A./Oevermann, D. (1995): Kundenbindung, in: Tietz, B./Köhler, R./Zentes, J. (Hrsg.): Enzyklopädie der Betriebswirtschaftslehre, Band 4: Handwörterbuch des Marketing, 2. Aufl., Stuttgart, Sp. 1340-1351.

Michel, S. (1999): Wiederherstellung von Kundenzufriedenheit nach Servicefehlern, in: Manager Bilanz, Jan., S. 12-17.

Michell, P.C.N. (1986/87): Auditing of Agency-Client Relations, in: Journal of Advertising Research, Dec.-Jan., pp. 29-41.

Michell, P.C.N./Sanders, N.H. (1995): Loyalty in Agency-Client Relations: The Impact of the Organizational Context, in: Journal of Advertising Research, Vol. 35, March/April, pp. 9-22 .

Mikula, G. (1985): Psychologische Theorien des sozialen Austausches, in: Frey, D./Irle, M. (Hrsg.): Gruppen-und Lerntheorien, Bd. 2, Theorien der Sozialpsychologie, Bern/Stuttgart/Toronto, S. 273-305.

Mikula, G. [Hrsg.] (1980): Gerechtigkeit und soziale Interaktion, Bern u.a.O.

Milde, H. (1994): Category Management – die stille Revolution, in: Markenartikel, 56. Jg., H. 7, S. 343-346.

Montgomery, D.B. (1975): New Product Distribution: An Analysis of Supermarket Buyer Decisions, in: Journal of Marketing Research, Vol. 12, Aug., pp. 255-264.

Moorman, C./Zaltman, G./Desphande, R. (1992): Relationships Between Providers and Users of Market research: The Dynamics of Trust Within and Between Organizations, in: Journal of Marketing Research, Vol. 29, August, pp. 314-328.

Morgan, R.M./Hunt, S.D. (1994): The Commitment-Trust Theory of Relationship Marketing, in: Journal of Marketing, Vol. 58, July, pp. 20-38.

Morris, M.H./Holmann, J.L. (1988): Source Loyalty in Organizational Markets: A Dyadic Perspective, in: Journal of Business Research, Vol. 16, No. 2, pp. 117-131.

Morrison, D.G. (1979): Purchase Intentions and Purchase Behavior, in: Journal of Marketing, Vol. 43, Spring, pp. 65-74.

Müller, F. (1998): Die Kundenzeitschrift – eine empirische Untersuchung über Funktionen, Wirkungen, Erfolg und Management eines Instruments der Unternehmungskommunikation, zugl. Diss., Bamberg.

Müller, W. (1990): Kundenzufriedenheit als oberstes Ziel: Loyales Kundenpotential als strategischer Wettbewerbsfaktor, Teil 1, Gablers Magazin, Nr. 9, S. 41-46.

Müller, W./Riesenbeck, H.J. (1991): Wie aus zufriedenen auch anhängliche Kunden werden, in: Harvard Business Manager, 13. Jg., H. 3, S. 67-79.

Müller-Stewens, G./Lechner, C. (1999): Strategie und Wandel, in Vorb.

Mummalaneni, V./Wilson, D.T. (1991): The Influence of a Close Personal Relationship Between a Buyer and a Seller on the Continued Stability of Their Role Relationship, ISBM Report 4-1991, Pennsylvania State University.

Munkelt, I. (1997): Neue Erkenntnisse für kreative Prozesse, in: Absatzwirtschaft, 40. Jg., H. 3, S. 36-41.

Munkelt, I./Stippel, P. (1996): Themen, Thesen und Trends vom Relationship Marketing, in: Absatzwirtschaft, 39. Jg., H. 11, S. 20-26.

Muther, A. (1999): Electronic Customer Care. Die Anbieter-Kunden-Beziehung im Informationszeitalter, Berlin u.a.O.

Nelson, P. (1970): Information and Consumer Behavior, in: Journal of Political Economy, Vol. 78, No. 2, pp. 311-329.

Nielsen Marketing Research [Ed.] (1994): Category Management – Positioning your organization to win, Lincolnwood, Chicago/Illinois.

Nieschlag, R./Dichtl, E./Hörschgen, H. (1997): Marketing, 18. Aufl., Berlin.

Nolte, H. (1976): Die Markentreue im Konsumgüterbereich, Bochum.

O'Brien, L. /Jones, C. (1995): Loyalitätsprogramme richtig konzipieren, in: Harvard Business Manager, 17. Jg., H. 4, S. 98-105.

Österle, H. (1995): Business Engineering. Prozess- und Systementwicklung, Bd. 1, Entwurfstechniken, Berlin u.a.O.

Oevermann, D. (1996): Kundenbindungsmanagement von Kreditinstituten, zugl. Diss, München.

Oggenfuss, C.W. (1995): Vom Marketing-Mix zum Retention-Mix, in: Thexis, H. 4, S. 54-60.

Oggenfuss, C.W. (1992): Retention Marketing, in: Thexis, Nr. 6, S. 24-30.

Oggenfuss, C./Hunn, M. (1998): Kundenbeziehungen profitabel managen, in: Manager Bilanz, II. Quartal. H. 4, S. 18-23.

Oliver, R.L./Swan, J.E. (1989): Consumer Perceptions of Interpersonal Equity and Satisfaction in Transactions: A Field Survey Approach, in: Journal of Marketing, Vol. 53, April, pp. 21-35.

Ondrack, D.A. (1995): Entgeltsysteme als Motivationsinstrument, in: Kieser, A./Reber, G./Wunderer, R. (Hrsg.): Handwörterbuch der Führung, 2. Aufl., Stuttgart, Sp. 307-328.

o.V. (1999a): Virtuelle Ansage, in: Absatzwirtschaft, 42. Jg., H. 2, S. 10.

o.V. (1999b): Kundenbindung gab es bei Sunlicht schon vor dem Krieg, in: Frankfurter Allgemeine Zeitung, Nr. 125, 2.6.1999, S. 22.

o.V. (1999c): Die entscheidende Bedeutung einer engen Zusammenarbeit. Umfrage: Markenartikel-Praktiker über Kundentreue, Preispolitik, Handelsmarken und Erfolgsmassstäbe, in: Handelszeitung, Nr. 18, 5.5.1999 (Special), S. 10 f.

o.V. (1999d): Beziehungspflege per PC, in: Neue Zürcher Zeitung, 22.3.1999, S. 24.

o.V. (1998): Mehr Pro-Kopf-Umsatz, in: Absatzwirtschaft, 41. Jg., H. 10, S. 9.

o.V. (1997a): Feste Bindung durchaus erwünscht, in: EinzelHandelsBerater, Nr. 7, S. 14-21.

o.V. (1997b): Mindestens ein Kontakt pro Jahr, in: Absatzwirtschaft, 40. Jg., H. 11, S. 26.

o.V. (1997c): Kaiser III, in: Absatzwirtschaft, 40. Jg., H. 4, S. 13.

Palloks, M. (1998): Controlling langfristiger Geschäftsbeziehungen, in: Lachnit, L./Lange, C./Palloks, M. (Hrsg.): Zukunftsfähiges Controlling, München, S. 246-274.

Pankow, M./Petersen. R. (1996): Das Handwerk hat uns stark gemacht – jetzt machen wir das Handwerk stark, in: Lübcke, D./Petersen, R. (Hrsg.): Business-to-Business-Marketing. Relationship in der Praxis. Fallbeispiele, Gebrauchsanleitungen, Erfahrungsberichte, Stuttgart, S. 100-104.

Parasuraman, A./Zeithaml, V.A./Berry, L. (1988): SERVQUAL: A Multiple-Item Scale for Measuring Customer Perceptions of Service Quality, in: Journal of Retailing, Vol. 64, Spring, pp. 12-40.

Paul, M./Paul, S. (1997): Kunden-Illoyalität als strategische Chance im Privatkundengeschäft, in: BankArchiv, 45. Jg., H. 11, S. 875-890.

Peter, S.I. (1997): Kundenbindung als Marketingziel. Identifikation und Analyse zentraler Determinanten, zugl. Diss., Wiesbaden.

Peter, S.I./Schneider, W. (1994): Strategiefaktor Kundennähe – vom Transaktionskostendenken zum Relationship Marketing, in: Marktforschung & Management, 38. Jg., Nr. 1, S. 7-11.

Petro, T.M. (1990): Profitability. The Fifth 'P' of Marketing, in: Bank Marketing, September, pp. 48-52.

Pfeffer, J./Salancik, G.R. (1978): The External Control of Organizations: A Resource Dependence Perspective, New York.

Picot, A. (1991a): Ökonomische Theorien der Organisation – Ein Überblick über neuere Ansätze und deren betriebswirtschaftliches Anwendungspotential, in: Ordelheide, D./Rudolph, B./Büsselmann, E. (Hrsg.): Betriebswirtschaftslehre und Ökonomische Theorie, Stuttgart, S. 143-170.

Picot, A. (1991b): Ein neuer Ansatz zur Gestaltung der Leistungstiefe, in: Zeitschrift für betriebswirtschaftliche Forschung, 43. Jg., H. 4, S. 336-357.

Picot, A. (1982): Transaktionskostenansatz in der Organisationstheorie – Stand der Diskussion und Aussagewert, in: Die Betriebswirtschaft, 42. Jg., H. 2, S. 267-284.

Picot, A./Reichwald, R. (1991): Informationswirtschaft, in: Heinen, E. (Hrsg.): Industriebetriebslehre. Entscheidungen im Industriebetrieb, 9. Aufl., Wiesbaden, S. 241-393.

Picot, A./Reichwald, R./Wigand, R.T. (1998): Die grenzenlose Unternehmung, 3. Aufl., Wiesbaden.

Pine, B.J. II. (1994): Massgeschneiderte Massenfertigung: neue Dimensionen im Wettbewerb, Wien.

Pine, B.J.II./Peppers, D./Rogers, M. (1995): Do You Want to Keep Your Customers Forever?, in: Harvard Business Review, Vol. 73, March/April, pp. 103-114.

Platzköster, M. (1990): Vertrauen – Theorie und Analyse interpersoneller, politischer und betrieblicher Implikationen, Essen.

Plinke, W. (1997): Grundlagen des Geschäftsbeziehungsmanagements, in: Kleinaltenkamp, M./Plinke, W. (Hrsg.): Geschäftsbeziehungsmanagement, Berlin u.a.O., S. 1-61.

Plinke, W. (1996): Kundenorientierung als Voraussetzung der Customer Integration, in: Kleinaltenkamp, M./Fließ, S./Jacob, F. (Hrsg.): Customer Integration – Von der Kundenorientierung zur Kundenintegration, Wiesbaden, S. 41-56.

Plinke, W. (1995a): Kundenanalyse, in: Tietz, B./Köhler, R./Zentes, J. (Hrsg.): Enzyklopädie der Betriebswirtschaftslehre, Band 4: Handwörterbuch des Marketing, 2. Aufl., Stuttgart, Sp. 1328-1340.

Plinke, W. (1995b): Grundlagen des Marktprozesses, in: Kleinaltenkamp, M./Plinke, W. (Hrsg.): Technischer Vertrieb. Grundlagen, Berlin u.a.O., S. 3-95.

Plinke, W. (1989): Die Geschäftsbeziehung als Investition, in: Specht, G./Silberer, G./Engelhardt, H.W. (Hrsg.): Marketing-Schnittstellen, Stuttgart, S. 305-325.

Plinke, W./Rese, M. (1995): Analyse der Erfolgsquellen, in: Kleinaltenkamp, M./Plinke, W. (Hrsg.): Technischer Vertrieb. Grundlagen, Berlin u.a.O., S. 597-660.

Plinke, W./Söllner, A. (1999): Kundenbindung und Abhängigkeitsbeziehungen, in: Bruhn, M./Homburg, Ch. (Hrsg.): Handbuch Kundenbindungsmanagement. Grundlagen – Konzepte – Erfahrungen, 2. Aufl., Wiesbaden, S. 55-79.

Plötner, O. (1995): Das Vertrauen des Kunden, zugl. Diss., Wiesbaden.

Plötner, O. (1992): Bedeutung des Kundenvertrauens im Systemmarketing, in: Marktforschung & Management, 36. Jg., S. 75-79.

Plötner, O./Jacob, F. (1996): Customer Integration und Kundenvertrauen, in: Kleinaltenkamp, M./Fließ, S./Jacob, F. (Hrsg.): Customer Integration – Von der Kundenorientierung zur Kundenintegration, Wiesbaden, S. 105-119.

Polan, R. (1995): Ein Messkonzept für die Bankloyalität – Investitionen in Bank/Kunde-Beziehungen unter Risikoaspekten, zugl. Diss., Wiesbaden.

Popper, K.R. (1972): Objective Knowledge. An Evolutionary Approach, Oxford.

Porter, M.E. (1999a): Wettbewerbsstrategie, 10. Aufl., Frankfurt a.M./New York.

Porter, M.E. (1999b): Wettbewerbsvorteile, 5. Aufl., Frankfurt a.M./New York.

Prahalad, C.K./Hamel, G. (1990): The Core Competence of the Corporation, in: Harvard Business Review, Vol. 68, May/June, pp. 79-91.

Preß, B. (1997): Kaufverhalten in Geschäftsbeziehungen, in: Kleinaltenkamp, M./Plinke, W. (Hrsg.): Geschäftsbeziehungsmanagement, Berlin u.a.O., S. 63-110.

Preukschat, U.D. (1993): Vorankündigungen von Neuprodukten, Wiesbaden.

Priemer, V. (1999): Bundling. Eine Marketingstrategie mit Durchschlagskraft, in: Absatzwirtschaft, 42. Jg., H. 7, S. 62-67.

Pruitt, D.G. (1981): Negotiation Behavior, New York u.a.O.

Pümpin, C. (1992): Strategische Erfolgspositionen: Methodik der dynamischen strategischen Unternehmensführung, Bern/Stuttgart/Wien.

Pümpin, C. (1989): Das Dynamik Prinzip: Zukunftsorientierung für Unternehmer und Manager, Düsseldorf.

Raffée, H. (1993): Gegenstand, Methoden und Konzepte der Betriebswirtschaftslehre, in: Bitz, M. et al. (Hrsg.): Vahlens Kompendium der Betriebswirtschaftslehre, Bd. 1, 3. Aufl., München, S. 1-46.

Raffée, H./Sauter, B./Silberer, G. (1973): Theorie der kognitiven Dissonanz und Konsumgüter-Marketing, Wiesbaden.

Reichert, E. (1994): Kundenbindung im Computergeschäft – Veränderungen und Chancen in einer zunehmend offenen Systemwelt, in: Meffert, H./Wagner, H./Backhaus, K. (Hrsg.): Beziehungsmarketing – neue Wege zur Kundenbindung, Dokumentationspapier Nr. 90, Wissenschaftliche Gesellschaft für Marketing und Unternehmensführung e.V., S. 70-85.

Reichheld, F.F. (1996a): The Loyalty Effect, Boston (Mass.).

Reichheld, F.F. (1996b): Learning from Customer Defections, in: Harvard Business Review, Vol. 74, March-April, pp. 56-69.

Reichheld, F.F. (1993a): Loyalty-Based Management, in: Harvard Business Review, Vol. 71, No. 3/4, pp. 64-73.

Reichheld, F.F. (1993b): Treue Kunden müssen auch rentabel sein, in: Harvard Business Manager, 15. Jg., H. 3, S. 106-114.

Reichheld, F.F./Kenny, D.W. (1990): The Hidden Advantages Of Customer Retention, in: Journal of Retail Banking, Vol. 12, No.4, pp. 19-23.

Reichheld, F.F./Sasser, W.E. Jr. (1991): Zero-Migration: Dienstleister im Sog der Qualitätsrevolution, in: Harvard Manager, H. 4, S. 108-116.

Reichheld, F.F./Sasser, W.E. Jr. (1990): Zero Defections: Quality Comes to Services, in: Harvard Business Review, Vol. 68, No. 5, pp. 105-111.

Reinecke, S. (1996): Management von IT-Outsourcing-Kooperationen. Von der IT-Effizienzsteigerung zur Informationsoptimierung, zugl. Diss., St. Gallen.

Reinecke, S./Sipötz, E./Wiemann, E.-M. [Hrsg.] (1998): Total Customer Care, St. Gallen/Wien.

Reinecke, S./Tomczak, T. (1998): Aufgabenorientiertes Marketingcontrolling, in: Reinecke, S./Tomczak, T./Dittrich, S. (Hrsg.): Marketingcontrolling, Fachbuch für Marketing, St. Gallen, S. 90-109.

Richins, M.L. (1983): Negative Word-of-Mouth by Dissatisfied Consumers: A Pilot Study, in: Journal of Marketing, Vol. 47, Winter, pp. 68-78.

Riemer, M. (1986): Beschwerdemanagement, Frankfurt a.M./New York.

Robertson, T.S./Gatignon, H. (1986): Competitive Effects on Technology Diffusion, in: Journal of Marketing, Vol. 50, July, pp. 1-12.

Robinson, P.J./Faris, C.W./Wind, Y. (1967): Industrial Buying and Creative Marketing, Boston.

Rodgers, B. [mit Shook, R.L.] (1986): IBM – Einblicke in die erfolgreichste Marketing-Organisation der Welt, Landsberg am Lech.

Roosdorp, A. (1998): Coca-Cola: Leistungspflege durch agile Marktkommunikation, in: Tomczak, T./Reinecke, S. (Hrsg.): Best Practice in Marketing – Erfolgsbeispiele zu den vier Kernaufgaben, St. Gallen/Wien, S. 241-251.

Rose, S. (1990): The Coming Revolution in Credit Cards, in: Journal of Retail Banking, Vol. 12, Summer, pp. 17-19.

Rößl, D. (1996): Selbstverpflichtung als alternative Koordinationsform von komplexen Austauschbeziehungen, in: Zeitschrift für betriebswirtschaftliche Forschung, 48. Jg., Nr. 4, S. 311-334.

Rößl, D. (1992): Die Funktion und die Bildung von Vertrauen in der unternehmerischen Partnerschaft, in: Partnerschaftsmanagement in unternehmerischen Partnerschaften, hrsg.v. Betriebswirtschaftl. Institut für empirische Gründungs- und Organisationsforschung e.V., Dortmund, S. 54-71.

Rudolph, T./Busch, A. (1998): Cumulus: Die Einführung einer Kundenkarte bei der Migros, in: Tomczak, T./Reinecke, S. (Hrsg.): Best Practice in Marketing – Erfolgsbeispiele zu den vier Kernaufgaben, St. Gallen/Wien, S. 109-117.

Rumler, A. (1990): Outside in! Vom Konsumenten ins Unternehmen konzipieren, in: Absatzwirtschaft, 33. Jg., Sonderheft Nr. 10, S. 263-274.

Runow, H. (1982): Zur Theorie und Messung der Verbraucherzufriedenheit, Frankfurt a.M.

Rusbult, C.E. (1983): A Longitudinal Test of the Investment Model: The Development (and Deterioration) of Satisfaction and Commitment in Heterosexual Involvements, in: Journal of Personality and Social Psychology, Vol. 45, No. 1, pp. 101-117.

Rusbult, C.E. (1980): Commitment and Satisfaction in Romantic Associations: A Test of the Investment Model, in: Journal of Experimental Social Psychology, Vol. 16, pp. 173-186.

Rust, R.T./Zahorik, A.J. (1993): Customer Satisfaction, Customer Retention, and Market Share, in: Journal of Retailing, Vol. 69, No. 2, pp. 193-213.

Scanzoni, J. (1979): Social Exchange and Behavioral Interdependence, in: Burgess, R.L./Huston, T.L. (Eds.): Social Exchange in Developing Relationships, New York/San Francisco/London, S. 61-98.

Schanz, G. (1991): Motivationale Grundlagen der Gestaltung von Anreizsystemen, in: Schanz, G. (Hrsg.): Handbuch Anreizsysteme, Stuttgart, S. 4-30.

Schanz, G. (1993): Personalwirtschaftslehre, 2. Aufl. von 'Verhalten in Wirtschaftsorganisationen', München.

Schein, E.H. (1992): Organizational Culture and Leadership, 2nd ed., San Francisco.

Scheiter, S./Binder, Ch. (1992): Kennen Sie Ihre rentablen Kunden?, in: Harvard Manager, H. 2, S. 17-22.

Schineis, M. (1991): Misstrauen gegenüber Direktwerbung, in: Absatzwirtschaft, 34. Jg., H. 9, S. 88-90.

Schleppegrell, J. (1987): Vielzweckwaffe Portfolio, in: Absatzwirtschaft, 30. Jg., H. 5, S. 80-85.

Schlesinger, L.A./Heskett, J.L. (1991): Breaking the Cycle of Failure, in: Sloan Management Review, Vol. 32, Spring, pp. 17-28.

Schmidt, S./Hausdorf, A. (1999): Halten – Halten – Halten: Wo Kundenbindung wirklich zählt. Teilnehmerrückgewinnung bei E-Plus, in: eco, Nr. 4, S. 46-49.

Schminke, L.H. (1992): Kundenbindung durch Kreditkarten-Systeme. Affinity-Cards im Aufwind, in: Marktforschung & Management, 36. Jg., H. 3, S. 127-132.

Schoch, R. (1969): Der Verkaufsvorgang als sozialer Interaktionsprozeß, Winterthur.

Schütz, P./Krug, H. (1996): Top oder Flop? Kundenbeziehungen profitabel gestalten, in: Absatzwirtschaft, 39. Jg., Sondernummer Okt., S. 188-193.

Schütze, R. (1992): Kundenzufriedenheit. After-Sales-Marketing auf industriellen Märkten, zugl. Diss., Wiesbaden.

Schulz, B. (1995): Kundenpotentialanalyse im Kundenstamm von Unternehmen, zugl. Diss., Frankfurt a.M. u.a.O.

Schumann, J. (1992): Grundzüge der mikroökonomischen Theorie, 6. Aufl., Berlin u.a.O.

Schwaninger, M. (1994): Managementsysteme, Frankfurt a.M./New York.

Schweiz. Verkaufsförderungs-Forum (1998): Vagabundia 98. Facts und Figures für Markenartikler, Eigenmarken-Produzenten und Handel, hrsg. v. Fuhrer&Partner, GDI und IHA, Hergiswil.

Schwertfeger, B. (1997): Mehr Profit durch Loyalität, in: Handelszeitung, Nr. 20, 15.5.1997, S. 17.

Schwetje, T. (1999): Kundenzufriedenheit und Arbeitszufriedenheit bei Dienstleistungen, zugl. Diss., Wiesbaden.

Sheth, J.N./Parvatiyar, A. (1995): Relationship Marketing in Consumer Markets. Antecedents and Consequences, in: Journal of the Academy of Marketing Science, Vol. 23, No. 4, pp. 255-271.

Simon, H./Butscher, S.A. (1997): Automatisierung von Dienstleistungen: Gefährlicher Spagat, in: Absatzwirtschaft, 40. Jg., H. 2, S. 46-49.

Simon, H./Pohl, A. (1996): Vertrauen wächst mit dem Pricing, in: Absatzwirtschaft, 39. Jg., Sondernr. Okt., S. 168-172.

Simon, H./Tacke, G./Woscidlo, B. (1998): Mit einfallsreicher Preispolitik die Kunden binden, in: Harvard Business Manager, 20. Jg., H. 2, S. 94-103.

Skinner, B.F. (1973): Wissenschaft und menschliches Verhalten, München.

Söllner, A. (1996): Asymmetrical Commitment in Business Relationships, Arbeitspapier präsentiert auf der 1996 International Conference on Relationship Marketing: Development, Management and Governance of Relationships, Berlin.

Söllner, A. (1993): Commitment in Geschäftsbeziehungen. Das Beispiel Lean Production, zugl. Diss., Wiesbaden.

Soni, P.K./Wilson, D.T./O'Keeffe, M. (1996): Beyond Customer Satisfaction: Customer Commitment, ISBM Report 234996, Pennsylvania State University.

Spremann, K. (1990): Asymmetrische Information, in: Zeitschrift für Betriebswirtschaft, 60. Jg., H. 5/6, S. 561-586.

Spremann, K. (1988): Reputation, Garantie, Information, in: Zeitschrift für Betriebswirtschaft, 58. Jg., H. 5/6, S. 613-629.

Staehle, W. (1999): Management. Eine verhaltenswissenschaftliche Perspektive, 8. Aufl. überarb. v. P. Conrad und J. Sydow, München.

Stalder, P. (1995): Auf den Bonus fliegen, in: Bilanz, H. 8, S. 100.

Stanley, S.M./Markman, H.J. (1992): Assessing Commitment in Personal Relationships, in: Journal of Marriage and the Familiy, Vol. 54, Aug., pp. 595-608.

Stauss, B. (1997a): Führt Kundenzufriedenheit zur Kundenbindung?, in: Belz, C. (Hrsg.): Marketingtransfer, Bd. 5, Kompetenz für Marketinginnovationen, St. Gallen, S. 76-86.

Stauss, B. (1997b): Regaining Service Customers – Costs and Benefits of Regain Management, Diskussionsbeiträge der Wirtschaftswissenschaftlichen Fakultät Ingolstadt Nr. 86, Ingolstadt.

Stauss, B. (1995): Dienstleistungsmarken, in: Markenartikel, 57. Jg., H. 1, S. 2-7.

Stauss, B. (1991): Augenblicke der Wahrheit, in: Absatzwirtschaft, 34. Jg., H. 6, S. 96-105.

Stauss, B./Hentschel, B. (1990): Verfahren der Problementdeckung und -analyse im Qualitätsmanagement von Dienstleistungsunternehmen, in: GfK-Jahrbuch der Absatz- und Verbrauchsforschung, 36. Jg., H. 3, S. 232-259.

Stauss, B./Neuhaus, P. (1995): Das qualitative Zufriedenheitsmodell (QZM), in: Diller, H. (Hrsg.): Beziehungsmanagement, Dokumentation des 2. Workshops der Arbeitsgruppe "Beziehungsmanagement" der Wissenschaftlichen Kommission für "Marketing" im Verband der Hochschullehrer für Betriebswirtschaft e.V. vom 29.-30. September in Heiligenstadt, S. 137-165.

Stauss, B./Seidel, W. (1998): Beschwerdemanagement: Fehler vermeiden – Leistungen verbessern – Kunden binden, 2. Aufl., München/Wien.

Steiner, R. (1999): Hörnli, Gemüse und Ferien, in: Handelszeitung, Nr. 38, 22.9.1999, S. 3.

Stengel, Ch./Wandel, H.-U. (1993): Key-Account-Management als Antwort auf aktuelle Marktanforderungen, in: Droege, W.P.J./Backhaus, K./Weiber, R. (Hrsg.): Strategien für Investitionsgütermärkte: Antworten auf neue Herausforderungen, Landsberg am Lech, S. 431-441.

Stinchcombe, A.L. (1985): Contracts as Hierarchical Documents, in: Stinchcombe, A.L./Heimer, C.A. (Eds.): Organization Theory and Project Management, Oslo, pp. 121-171.

Stippel, P. (1998): Was bringt 1999?, in: Absatzwirtschaft, 41. Jg., H. 9, S. 100-120.

Stolz, M. (1998): Masse mit Klasse, in: Handelszeitung, Nr. 45, 4.11.1998, S. 21.

Stracke, G./Geitner, D. (1992): Finanzdienstleistungen, Handbuch über den Markt und die Anbieter, Heidelberg.

Strothmann, K.-H. (1979): Investitionsgütermarketing, München.

Süchting, J. (1972): Die Bankloyalität als Grundlage zum Verständnis der Absatzbeziehungen von Kreditinstituten, in: Kredit & Kapital, 5. Jg., S. 269-300.

Swan, J.E./Trawick, I.F./Silva, D.W. (1985): How Industrial Sales People Gain Customer Trust, in: Industrial Marketing Management, Vol. 14, pp. 203-211.

Szallies, R. (1996): Vom Bankkunden zum Finanzkäufer, in: Absatzwirtschaft, 39. Jg., Sondernummer Okt., S. 94-101.

Tacke, G. (1989): Nichtlineare Preisbildung. Höhere Gewinne durch Differenzierung, Wiesbaden.

Tacke, G./Mengen, A. (1995): BahnCard – Mit kundennutzenorientierter Kartengestaltung zum Erfolg, in: Card-Forum, H. 7, S. 56-60.

Tanner, J.F. (1996): Buyer Perceptions of the Purchase Process and Its Effect on Customer Satisfaction, in: Industrial Marketing Management, Vol. 25, pp. 125-133.

TARP/Technical Assistance Research Program (1979): Consumer Complaint Handling in America. Summary of Findings and Recommendations, White House of Consumer Affairs, Washington, D.C.

TARP/Technical Assistance Research Program (1986): Consumer Complaint Handling in America. An Updated Study Part 2, White House of Consumer Affairs, Washington, D.C.

Thibaut, J.W./Kelley, H.H. (1959) [Reprint 1986]: The Social Psychology of Groups, New York.

Tomczak, T. (1992): Forschungsmethoden in der Marketingwissenschaft, in: Marketing – Zeitschrift für Forschung und Praxis, 14. Jg., H. 2, S. 77-87.

Tomczak, T./Dittrich, S. (1999a): Kundenclubs als Kundenbindungsinstrument, in: Bruhn, M./Homburg, Ch. (Hrsg.): Handbuch Kundenbindungsmanagement. Grundlagen – Konzepte – Erfahrungen, 2. Aufl., Wiesbaden, S. 171-187.

Tomczak, T./Dittrich, S. (1999b): Kundenbindung – bestehende Kundenpotentiale langfristig nutzen, in: Hinterhuber, H.H./Matzler, K. (Hrsg.): Kundenorientierte Unternehmensführung, Wiesbaden, S. 61-83.

Tomczak, T./Dittrich, S. (1997): Erfolgreich Kunden binden. Eine kompakte Einführung, Zürich.

Tomczak, T./Reinecke, S. (1999): Der aufgabenorientierte Ansatz als Basis eines marktorientieren Wertmanagements, in: Grünig, R./Pasquier, M. (Hrsg.): Strategisches Management und Marketing, Bern/Stuttgart/Wien, S. 297-337.

Tomczak, T./Reinecke, S. (1996): Der aufgabenorientierte Ansatz: Eine neue Perspektive für das Marketing-Management, Fachbericht für Marketing, 1996/5, St. Gallen.

Tomczak, T./Reinecke, S. (1995): Die Rolle der Positionierung im strategischen Marketing, in: Thommen, J.-P. (Hrsg.): Management-Kompetenz, Wiesbaden, S. 499-517.

Tomczak, T./Reinecke, S./Finsterwalder, J. (1999): Kundenausgrenzung: Umgang mit unerwünschten Dienstleistungskunden, in: Bruhn, M./Stauss, B. (Hrsg.): Jahrbuch für Dienstleistungsmanagement 2000 – Kundenbeziehungen im Dienstleistungsbereich, Wiesbaden, (im Druck).

Tomczak, T./Reinecke, S./Karg, M./Mühlmeyer, J. (1998): Best Practice in Marketing – Empirische Erfolgsstudie zum aufgabenorientierten Ansatz, Fachbericht für Marketing, 1998/2, St. Gallen.

Tomczak, T./Roosdorp, A. (1996): Positionierung – Neue Herausforderungen verlangen neue Ansätze, in: Tomczak, T./Rudolph, T./Roosdorp, A. (Hrsg.): Positionierung – Kernentscheidung des Marketing, Fachbuch für Marketing, St. Gallen, S. 26-42.

Tomczak, T./Schögel, M./Ludwig, E. [Hrsg.] (1998): Markenmanagement für Dienstleistungen, Fachbuch für Marketing, St. Gallen.

Trawick, I.F./Swan, J.E. (1981): A Model of Industrial Satisfaction/Complaining Behavior, in: Industrial Marketing Management, Vol. 10, pp. 23-30.

Trulson, A. (1995): Eine halbe Sache, in: Marketing & Kommunikation, April, Extra '95, S. 16-17.

Turnbull, P.W./Wilson, D.T. (1989): Developing and Protecting Profitable Customer Relationships, in: Industrial Marketing Management, Vol. 18, pp. 233-238.

Ulich, E. (1972): Arbeitswechsel und Aufgabenerweiterung, in: REFA-Nachrichten, Bd. 25, S. 265-278.

Ulrich, H. (1981): Die Betriebswirtschaftlehre als anwendungsorientierte Sozialwissenschaft, in: Geist, M./Köhler, R. (Hrsg.): Die Führung des Betriebes, Stuttgart, S. 1-25.

Ulrich, H./Krieg, W./Malik, F. (1976): Zum Praxisbezug einer systemorientierten Betriebswirtschaftslehre, in: Ulrich, H. (Hrsg.): Zum Praxisbezug der Betriebswirtschaftslehre, Bern/Stuttgart, S. 135-151.

Vester, F. (1980): Neuland des Denkens. Vom technokratischen zum kybernetischen Zeitalter, Stuttgart.

Wackman, D.B./Salmon C./Salmon C. (1986): Developing and Advertising Agency-Client-Relationships, in: Journal of Advertising Research, Winter, S. 21-28.

Wahrig (1997): Deutsches Wörterbuch, 6. Aufl., Gütersloh.

Walker, O.C./Boyd, H.W./Larréché, J.-C. (1996): Marketing strategy – planning and implementing, 2. Aufl., Chicago u.a.O.

Webster, C./Sundaram, D.S. (1998): Service Consumption Criticality in Failure Recovery, in: Journal of Business Research, Vol. 41, No. 2, pp. 153-159.

Webster, F.E. (1970): Informal Communication in Industrial Markets, in: Journal of Marketing Research, Vol. 7, May, pp. 186-189.

Webster, F.E.Jr./Wind, Y. (1972): Organizational Buying Behavior, Englewood Cliffs, NJ.

Weiber, R. (1997): Das Management von Geschäftsbeziehungen im Systemgeschäft, in: Kleinaltenkamp, M./Plinke, W. (Hrsg.): Geschäftsbeziehungsmanagement, Berlin u.a.O., S. 277-348.

Weiber, R./Beinlich, G. (1994): Die Bedeutung der Geschäftsbeziehung im Systemgeschäft, in: Marktforschung & Management, 38. Jg., H. 3, S. 120-127.

Weigand, R.E. (1991): Buy In-Follow On Strategies for Profit, in: Sloan Management Review, Vol. 32, No. 3, pp. 29-38.

Weiland, H. (1996): Der Leser ist das Ziel, in: w&v, H. 45, S. 98-101.

Weinberg, P. (1999): Verhaltenswissenschaftliche Aspekte der Kundenbindung, in: Bruhn, M./Homburg, Ch. (Hrsg.): Handbuch Kundenbindungsmanagement. Grundlagen – Konzepte – Erfahrungen, 2. Aufl., Wiesbaden, S. 39-53.

Weinberg, P. (1987): Markentreue und Markenwechsel, in: Graf Hoyos, C./Krober-Riel, W./Rosenstiel, L./Strümpel, B. (Hrsg.): Wirtschaftspsychologie in Grundbegriffen: Gesamtwirtschaft – Markt – Organisation – Arbeit, 2. Aufl., München/Weinheim.

Weinberg, P. (1977): Die Produkttreue der Konsumenten, Wiesbaden.

Weinhold-Stünzi, H. (1987): Grundsätze des Kundenstamm-Marketing, in: Thexis, 4. Jg., Nr. 2, S. 8-14.

Weißenberger, B.E. (1998): Zur Bedeutung von Vertrauensstrategien für den Aufbau und Erhalt von Kundenbindung im Konsumgüterbereich, in: Zeitschrift für betriebswirtschaftliche Forschung, 50. Jg., Nr. 7/8, S. 614-640.

West, S.G./Wicklund, R.A. (1985): Einführung in sozialpsychologisches Denken, Weinheim/Basel.

Westphalen & Partner (1993): Cards und Clubs, Informationsbroschüre der Westphalen & Partner GmbH, Hamburg.

Wiechmann, J. (1995): Kundenbindungssysteme im Investitionsgüterbereich. Eine Untersuchung am Beispiel der Werkzeugmaschinenbranche, zugl. Diss., Bamberg.

Wiencke, W./Koke, D. (1995): Der Kundenclub als Dialogmarketing-Instrument, in: Markenartikel, 57. Jg., H. 5, S. 183-186.

Wiezorek, H./Wallinger, A. (1997): Wachstum mit Gewinn: Die Ausschöpfung von Marktpotential, in: Absatzwirtschaft, 40. Jg., Sondernummer Oktober, S. 142-155.

Wild, J. (1975): Methodenprobleme in der Betriebswirtschaftslehre, in: Grochla, E./Wittmann, W. (Hrsg.): Handwörterbuch der Betriebswirtschaft, 4. Aufl., Stuttgart, Sp. 2654-2677.

Wildemann, H. (1998a): Die Ausschöpfung des Kundenwerts verlangt Service jenseits der Kernkompetenz, Teil 1, in: Blick durch die Wirtschaft, Nr. 74, 17.4.1998, S. 5.

Wildemann, H. (1998b): Die Treue der Kunden beruht auf Berechnung, Teil 2, in: Blick durch die Wirtschaft, Nr. 75, 20.4.1998, S. 5.

Wildemann, H. (1998c): Kunden ein Leben lang binden, Teil 3, in: Blick durch die Wirtschaft, Nr. 79, 24.4.1998, S. 5.

Wildemann, H. (1999): Kundenorientierung durch modulare Organisationsstrukturen und segmentierte Auftragsabwicklungsprozesse, in: Hinterhuber, H.H./Matzler, K. (Hrsg.): Kundenorientierte Unternehmensführung, Wiesbaden, S. 257-287.

Williamson, O.E. (1975): Markets and Hierarchies: Analysis and Antitrust Implications. A Study in the Economics of Internal Organization, London.

Williamson, O.E. (1985): The Economic Institutions of Capitalism. Firms, Markets, Relational Contracting, New York.

Wilson, D.T./Soni, P.K./O'Keeffe, M. (1995): Modeling Customer Retention as a Relationship Problem, ISBM Report 13-1995, Institute for the Study of Business Markets, The Pennsylvania State University.

Wimmer, F./Zerr, K. (1995): Service für Systeme – Service mit System, in: Absatzwirtschaft, 38. Jg., H. 7, S. 82-87

Wind, Y. (1970): Industrial Source Loyalty, in: Journal of Marketing Research, Vol. 7, pp. 450-457.

Wiswede, G. (1992): Die Psychologie des Markenartikels, in: Dichtl, E./Eggers, W. (Hrsg.): Marke und Markenartikel als Instrumente des Wettbewerbs, München, S. 71-95.

Wittbrodt, E.J. (1995): Kunden binden mit Kundenkarten, Neuwied/Kriftel/Berlin.

Wittmann, W. (1959): Unternehmung und unvollkommene Information, Köln/Opladen.

Wöhe, G. (1996): Einführung in die Allgemeine Betriebswirtschaftslehre, 19. Aufl., München.

Wolff, M. [Hrsg.] (1998): Gute Karten. 500 Kredit- und Kundenkarten im Härtetest, Wien.

Wunderer, R./Kuhn, T. (1993): Unternehmerisches Personalmanagement. Konzepte, Prognosen und Strategien für das Jahr 2000, Frankfurt a.M.

Zanner, B. (1996): Management von Reklamationen in Industrieunternehmen – mehr als ein notwendiges Übel, in: io Management, 65. Jg., Nr. 11, S. 50-53.

Zeithaml, V.A./Berry, L.L./Parasuraman, A. (1996): The Behavioral Consequences of Service Quality, in: Journal of Marketing, Vol. 60, April, pp. 31-46.

Zinnagl, E. (1994): Kundenanregungen und Beschwerden. Chance oder Gefahr im Finanzdienstleistungswettbewerb, Schriftenreihe des Österreichischen Forschungsinstituts für Sparkassenwesen, Nr. 2, Wien.

Zollinger, M. (1999): Coop belohnt die Kundentreue, in: Handelszeitung, Nr. 42, 20.10.1999, S. 4.

Anhang: Verzeichnis der Expertengespräche und Workshops

1 Verzeichnis der Expertengespräche
(Firmen in alphabetischer Reihenfolge)

ABB Power Generation Ltd., Baden (CH)

Lloyd, Jonathan	Product Manager Service, Gas Turbine and Combined Cycle Power Plants	15. Januar 1999 12 – 14.00 Uhr Baden

ABB Turbo Systems AG, Baden (CH)

Schweizer, Rolf	Supply Chain Manager (ehem. Leiter Ersatzteilservice)	18. Januar 1999 8 – 9.45 Uhr St. Gallen

The Body Shop Levy AG, Wangen (CH)

Catellani, Antonella	Leiterin Marketing/Kommunikation	24. Februar 1999 9.45 – 11.15 Uhr Wangen

Robert Bosch GmbH, Stuttgart (D)

Kansy, Hubert	Kfz-Ausrüstung, Koordination Produkt- und Marktplanung	25. Januar 1999 11.30 – 13.30 Uhr Stuttgart

Bossard AG Schrauben, Zug (CH)

Furrer, Edy	Leiter Verkauf Schweiz	27. Januar 1999 15 – 17.00 Uhr Zug
Nosetti, Raphael	Leiter Finanz und Services	

Coop Schweiz, Basel (CH)

Widmer, Fred	Mitglied der Geschäftsleitung	4. Februar 1999 16.30 – 18.00 Uhr Basel

Creditanstalt AG, Wien (A)

Basalka, Ursula	Kommunikation	17. Dezember 1997 10 – 13.00 Uhr Wien
Hoedl-Walsegg, Rudolf	Club Suxess Management	
Kamenicky, Ferdinand	Leiter Privatkundengeschäft/ Vertriebsstrategie	
Kreysler-Hehberger, Martina	Vertriebsstrategie	
Mußnig, Henriette	Marketing Service	

Anhang: Verzeichnis der Expertengespräche und Workshops 263

Credit Suisse (damals SKA), Zürich (CH)

Amstutz, Beat	Marketing Services	1. Juli 1996
Dr. Rutsch, Werner	Marketing Services	10 – 12.00 Uhr
Hunn, Matthias	Marketing Services	Zürich

Gillette Deutschland GmbH & Co., Berlin (D)

Müller-Hof, Georg	Marketing Manager	22. März 1999 10.45 – 11.45 Uhr Berlin

Heidelberger Druckmaschinen AG, Heidelberg (D)

Freier, Jürgen	Head of Customer Focus	25. Januar 1999 16 – 18.00 Uhr Heidelberg

Hewlett-Packard Schweiz AG, Urdorf

Sträuli, Ralph	Marketingleiter Commercial Channels Organization	16. Dezember 1997 10 – 12.00 Uhr St. Gallen

IBM Schweiz AG

Barcellona, Giuseppe	Client Relationship Representative der SBB, Bern (CH)	1. Oktober 1997 10 – 12.00 Uhr Bern
Berbet, Rudolf	Leiter Marketing/Verkauf, zuständig für öffentl. Verwaltungen/Hochschulen sowie für CSM- Process	6. Oktober 1997 12 – 14.00 Uhr Zürich
Klein, Thomas (zusammen mit R. Berbet)	Customer Operation Executive und Mitglied der Geschäftsleitung	10. Dezember 1998 15 – 16.30 Uhr Zürich

LEGO AG, Baar (CH)

Fellmann, René	Direktor Vertrieb	30. September 1997 9 – 10.45 Uhr Baar

Leica Geosystems Schweiz AG, (CH)

Schnider, René	Verkaufsleiter	27. Mai 1999 19 – 21.00 Uhr St. Gallen

LISTA Degersheim AG, Degersheim (CH)

Holliger, Peter	Leiter Marketing und Vertrieb, Mitglied der Geschäftsleitung	18. Januar 1999 8.30 – 10.00 Uhr Erlen

Loeb AG, Bern (CH)

Loeb, François	Vizepräsident und Delegierter des Verwaltungsrats der Loeb-Gruppe	19. Januar 1999 10.30 – 11.00 Uhr Bern

Gebr. **Märklin** & Cie. GmbH, Göppingen (D)

Lackner, Martin	Leiter Marketing Service	7. Januar 1999 14.45 – 16.30 Uhr Göppingen

Miele & Cie. GmbH & Co., Gütersloh (D)

Plüss, Jürgen	Marketingleiter	4. Februar 1999 18.30 – 20.00 Uhr Basel

Miles & More International Ltd., Partner der Lufthansa AG, Frankfurt a.M. (D)

Rehm, Christian	Leiter	26. Januar 1999 15 – 17.30 Uhr Frankfurt

Möbel Pfister AG, Suhr (CH)

Huber, Christine	Leiterin Pfister à la Card	3. Februar 1999 16.45 – 18.15 Uhr Suhr
Jaeggli, Thomas	Leiter Marketing & Kommunikation	

SairGroup, Zürich (CH)

Beerli, Stephan	Global Key Account Manager im Bereich Target Group Marketing	29. Juli 1996 14 – 15.30 Uhr Zürich
Eggen, Bernard	General Manager Market Communication & Sales Support	

T-Mobil GmbH, Bonn (D)

Knauer, Martin	Leiter Bestandskundenmanagement	1. Februar 1999 16 – 17.30 Uhr telefonisch

Walbusch GmbH & Co., Solingen (D)

Dr. Hentschel, Bert	Geschäftsführer	12. März 1999 14.50 – 16.00 Uhr telefonisch

2 Gesprächsleitfaden

Sämtliche Informationen werden vertraulich behandelt!

	Ihre eigenen Bemerkungen/Notizen
1. Welchen **Stellenwert hat die Kundenbindung** bei XX (z.B. Verhältnis der Geschäftsleitung dazu, strategische Bedeutung, hierarchische Einordnung, Verbreitung unter den Mitarbeitern, ...im Verhältnis zur Kundenakquisition)?	
2. Welche **Entwicklungen und Kriterien (intern/extern) gaben den Anstoss**, sich mit dem Thema Kundenbindung auseinanderzusetzen?	
3. Welche **Strategien und Ziele** verfolgen Sie, um Kunden zu binden? Welche **Erfolge** haben Sie bisher erzielt (z.B. Kundenverhalten, Umsätze, Kosten)?	
4. Mit welchen **hauptsächlichen Problemen und Herausforderungen bei der Kundenbindung** sehen Sie sich heute und in der Zukunft hauptsächlich konfrontiert?	
5. **Welche Kunden** wollen Sie binden? Können Sie diese genau bestimmen? Wenn ja, mit welchen Kriterien?	

6. Welches sind Ihrer Meinung nach <u>aus Kundensicht</u> die **ausschlaggebenden Kriterien, damit Kunden wiederholt bei Ihnen kaufen?** Unterscheidet sich XX diesbezüglich von der **Konkurrenz?**

7. Mit welchen weiteren **Instrumenten und Massnahmen** erreichen Sie Kundenbindung? Können Sie diese etwas näher beschreiben und bewerten? Welchen Stellenwert nehmen die Instrumente ein?

8. Wie bewerten Sie die Relevanz von **faktischen, ökonomischen** gegenüber **psychologischen Bindungen?**

9. **Messen Sie die Kundenbindung?** Wenn ja, mit welchen Kennzahlen und wie häufig?

10. Nutzen Sie diese **Messzahlen zur Führung und Steuerung** (MbO), z.B. Prämien, Leistungsoptimierung? Wenn ja, mit welchen Auswirkungen?

11. Sehen Sie notwendige **Veränderungen in Systemen, Strukturen oder Prozessen** bzw. **Führung und Mitarbeiteranforderungen?** Wenn ja, welche?

Herzlichen Dank für Ihre Bemühungen!

Anhang: Verzeichnis der Expertengespräche und Workshops   267

3   Übersicht zu den Workshops „Kunden erfolgreich binden" im Rahmen des Projekts „Best Practice in Marketing"

3.1   Teilnehmerinnen und Teilnehmer der Partnerfirmen

Name, Vorname [Firma]	1. Workshop 25./26. 6.1998	2. Workshop 16.–18.9.1998	3. Workshop 18./19.11.1998	4. Workshop 9.-11.6.1999
Dr. **Baumbach**, Michael [Hilti AG]				❏
Beeler, Peter [PickPay Betriebs AG]				❏
Bourcy, Frédéric [Prodega AG]				❏
Dengg, Franz [Hilti Deutschland GmbH]	❏	❏	❏	
Fankhauser, Walter [Prodega AG]				❏
Felber, Heinz [Hilti AG]	❏	❏		❏
Gilgen, René [SAP (Schweiz) AG]				❏
Graber, Marcel [Ascom AG]	❏	❏	❏	
Huber, Christine [Möbel Pfister AG]				❏
Jaeggli, Thomas [Möbel Pfister AG]				❏
Keller, Lucius [Warner Lambert (CH)]				❏
Kemper, Thomas [Best Foods]	❏			
Lüthert, Richard [Winterthur Versicherungen]	❏	❏	❏	❏
Lütt, Achim [Ascom Business Systems]	❏	❏	❏	❏
Maier, Claudia [Winterthur Versicherungen]	❏	❏	❏	
Martignier, Verena [Siemens Schweiz AG]				❏
Polasek, Stella [ATAG Ernst & Young]	❏	❏	❏	
Steffen, Josef [SAP (Schweiz) AG]				❏
Wittmer, Beat [Best Foods]	❏	❏		
Zwahlen, Marco [Gastrolog CH]				❏

3.2 Gastvorträge externer Referenten

Barcellona, Giuseppe
Client Relationship Representative der SBB, **IBM** Schweiz AG, Bern (CH) 16. September 1998, 10.30 – 12.00 Uhr, Berlingen
Thema: Kundenbindung bei IBM – die zentrale Bedeutung von Customer Relationship Management

Chandler, Danny
Marketingleiter, **Similasan** AG, Jonen (CH), 19. November 1998, 9 – 10.30 Uhr, Brunnen
Thema: Händlerbindung gegenüber Apotheken und Drogerien

Dr. **Kallenbach**, Rainer
Kfz-Ausrüstung, Leiter Koordination Produkt- und Marktplanung, Robert **Bosch** GmbH, Stuttgart (D), 18. September 1998, 13.30 – 15.00 Uhr, Berlingen
Thema: Zusammenarbeit mit OEM-Kunden bei Bosch

Hopfgartner, Ernst
The **Body Shop** Levy AG (Schweiz), Wangen (CH), 9. Juni 1999 14 – 15.30 Uhr, Minusio/Locarno
Thema: Kundenbindung bei Body Shop

Dr. **Kreutzer**, Ralph
Leiter Volkswagen Kunden Club, GmbH des **Volkswagen** Konzerns, Braunschweig (D), 17. September 1998, 8 – 9.30 Uhr, Berlingen
Thema: Der VOLKSWAGEN Club als Weg zur Kundenbindung – ein Praxisbericht

Lottenbach, David
SAirGroup Zürich (CH), 11. Juni 1999, 14 – 15.30 Uhr, Minusio/Locarno
Thema: Wertorientierte Kundenbindungsstrategie bei Swissair

Lütolf, Mario
Swisscom AG (CH), 10. Juni 1999, 8 – 9.30 Uhr, Minusio/Locarno
Thema: Joker – das Bonusprogramm von Swisscom

Nelson, Charlotte
Bonviva Programm, **Credit Suisse** AG, Zürich (CH), 19. November 1998, 14 – 15.30 Uhr, Brunnen
Thema: Kundenbindung heisst Kundenbegeisterung: BONVIVA von der Credit Suisse

Swart, Jan Bob
Cendant Membership Service, Maarssen (NL), 26. Juni 1998, 13.30 – 15.30 Uhr, Rorschacherberg

Weinrich, Dieter	Verantwortlicher im Bereich Beschwerdemanagement, **Stadtwerke Hannover**, Hannover (D), 16. September 1998, 13.30 – 15.00 Uhr, Berlingen
	Thema: Wirksame Umsetzung des Beschwerdemanagements – Erfolgskriterien, Erfahrungen und Softwareunterstützung
Wieder, Hans	SAP College, **SAP** Schweiz, 17. September 1998, 16.30 – 18.00 Uhr, Berlingen
	Thema: Kundenintegration bei SAP
Dr. **Zimmer**, Klaus	Leiter Zentralbereich Controlling Privatkunden, **Vereins- und Westbank** AG, Hamburg (D), 19. November 1998, 11 – 12.30 Uhr, Brunnen
	Thema: Controlling der Kundenbindung

3.3 Themen der Arbeitsgruppen

1. – 3. Workshop

a) Kundenbindungs-Mix

Stichworte: Bindungsstärke, Bindungsgleichgewicht (psychologischer vs. faktischer Art), Stabilität der Bindungen, Analyseschritte zur Identifikation des derzeitigen Kundenbindungs-Mix sowie Massnahmen, die zu einem optimalen Mix führen können

b) Kundenintegration (eigene Moderation)

Stichworte: Zusammenarbeit mit Kunden (Chancen und Gefahren, Beispiele), Integration in den Wertschöpfungsprozess, Optimieren des Informationsaustausches, Analyse von nicht ausgeschöpften Potentialen zur Zusammenarbeit

4. Workshop

c) Kundenclubs und Bonusprogramme (eigene Moderation)

Stichworte: Chancen und Risiken von Bonusprogrammen und Kundenclubs, Erfolgsfaktoren, Konzeption solcher Programme (Analyse, Gestaltung, Kontrolle, Infrastrukturen), Unterschiede in der Gestaltung hinsichtlich Privat- und Geschäftskunden

d) Kundenrückgewinnung und „Problemkunden"

Stichworte: Bedeutung und organisatorische Verankerung der Aufgaben im Unternehmen, Analyse von Abwanderungsprozessen am konkreten Beispiel, Erkennen von Frühindikatoren, Analyse abgewanderter Kunden (z.B. Wechselgründe; welche Kunden), Umgang mit „Problemkunden"

Zur Autorin

Dr. Sabine Dittrich arbeitet seit 1996 als wissenschaftliche Mitarbeiterin am Forschungsinstitut für Absatz und Handel der UNIVERSITÄT ST. GALLEN (FAH-HSG). Ihre praktischen Erfahrungen zum Thema Kundenbindung stammen aus verschiedenen Beratungsprojekten bei Unternehmen des Dienstleistungs- und Business-to-Business-Bereichs, aus intensiven Workshops und Plenumsdiskussionen mit Marketingführungskräften im Rahmen von Forschungs- und Weiterbildungsprojekten der UNIVERSITÄT ST. GALLEN sowie aus einem umfassenden Erfahrungsaustausch mit anderen Kundenbindungsspezialisten.

Die Autorin dankt allen Praxispartnern, Kollegen und Freunden, die zum Gelingen dieser Arbeit massgeblich beigetragen haben. Fragen oder Kommentare sind herzlich willkommen und können an *Sabine.Dittrich@unisg.ch* gerichtet werden.